胡故上將宗南先生紀念集編輯委員會 編纂
胡為真 增訂

胡宗南先生四書 之肆

令人懷念的
胡宗南將軍

胡宗南上將（1896−1962）

辦大事者非精心果力之為難，而仁恕存心相忍為國之不易也。

胡宗南

【出版序】

恢弘士氣，再造中興——胡宗南先生四書

胡宗南上將是中國近代史上赤忱效忠領袖、完成中興大業的重要傑出人物之一，雖然胡將軍去世已逾五十年，但其風範與事功卻常留人心，永載史冊。

胡上將以一文人之身，在國民革命風起雲湧之際，投筆從戎，進入黃埔軍校第一期，從此追隨先總統蔣公，歷經東征、北伐、抗戰、剿共、保臺等戰爭，尤其是在八年對日抗戰期間，扼守西北，成功擊退了日軍的進犯，保護西南抗戰基地，培訓人才，奮鬥到日本投降，協助國家完成中興大業。接著在與中共的爭戰中，盡心盡力，堅持到最後一刻，才由蔣公派機接到台灣，繼續為復興大業而奮鬥，可惜壯志未酬身先死，常使英雄淚滿襟，胡將軍享歲僅六十七。

英雄豪傑的事蹟，自然應該流傳於世，永垂典範。王雲五先生主持臺灣商務印書館時，倡導編印「中國名人年譜集成」，以供後人學習。《民國胡上將宗南年譜》由其舊屬於憑遠、羅冷梅所編撰，並經胡將軍夫人葉霞翟博士校訂，於民國六十九年七月出版，至今風行未已。

二〇一二年，胡將軍的長公子胡為真博士自國家安全會議秘書長職位退休，臺灣商務印書館決定敦請胡資政重新修訂多年前由商務出版的《民國胡上將宗南年譜》，並建議出版《胡宗南先生文存》、

《令人懷念的胡宗南將軍》等紀念集，以及由胡將軍舊屬徐枕撰寫的《胡宗南先生與國民革命》（今更名為《一代名將胡宗南》），總計四本書。

此項建議獲得胡資政同意，並願意在百忙之中撥空提供資料，修訂原稿。臺灣商務印書館能夠出版有關胡將軍的四本書，深感責任重大與非常榮幸。由於胡將軍對國家的貢獻，其事蹟載諸史冊，可為典範，好比儒家四書之可貴，乃敢建議編為「胡宗南先生四書」，逐月出版，以供流傳後世。

筆者愛讀史書，尤其是中國近代史，每當閱讀及此，不免掩卷嘆息。路遙知馬力，板蕩見忠貞，胡宗南將軍之事蹟，誠可謂忠貞愛國矣。

臺灣商務印書館前總編輯　方鵬程　謹序

民國一〇三年二月

編者註：

1 胡宗南先生四書為：《一代名將胡宗南》，《胡宗南上將年譜》，《令人懷念的胡宗南將軍》及《胡宗南先生文存》四種。此四書內容最早在民國五十二年時即已出版，儘管出版單位不同，但都是有關胡宗南將軍的重要著作，緣此，本館乃於一〇三年（西元二〇一四年）決定將此四書重新整理，並由胡將軍的長子胡為真博士等人協助，進行各書修訂。歷史的巨輪是永不停歇的，由於史料不斷被發掘，亦歡迎各界持續補遺，以俾繼續出版。

【推薦序】

黃埔精神的典範——胡宗南上將

國父領導國民革命，辛亥武昌起義，推翻滿清，建立中華民國，但政權為袁世凱等北洋軍閥所竊據。國父痛感只有革命黨的奮鬥，而無革命軍的奮鬥，乃於民國十三年，在廣東黃埔成立軍官學校，召訓全國有志青年從軍革命，並命蔣公為校長，以黃埔子弟為核心，組成國民革命軍，故蔣公亦被尊為軍父。

黃埔建軍，係以國父思想為核心的精神傳統。九十年來，歷經北伐（含東征）、抗戰、剿共、保臺四大戰役，全視黃埔精神的興替，決定戰役的成敗。九十年來，有光輝的勝利，也有慘痛的失敗，但只要黃埔精神得以傳承發揚，中華民國必能立於不敗之地，完成國父的建國理想。

蔣公曾明示，黃埔精神的精義，是團結、負責與犧牲。

團結是以信仰三民主義、效忠中華民國為基礎，三軍一體，如手如足；三軍一家，如兄如弟。以同甘苦、共生死的情感道義，形成萬眾一心的戰鬥意志。

負責是存誠務實，實事求是，精益求精，精練武藝，冒險犯難的戰鬥作風。

犧牲是成功不必在我，不成功便成仁的戰鬥志節。

亦即以黃埔精神，實踐於國家、責任、榮譽三大信念之中。

胡宗南上將是黃埔一期最年長的學生，入學時已二十八歲（當時學生平均年齡應為二十歲），曾有社會經驗，毅然攜筆從戎，故在先天上，他是黃埔一期最成熟的學生。歷經四大戰役，他的升遷在黃埔子弟中首屈一指，畢業後兩年（民國十六年），就當了師長，從帶四十人的排長，升到帶一萬人的師長。爾後從第一師、第一軍到第一戰區司令長官，先後統兵達百萬，而在蔣公心目中，直以接班人之勢期許之，乃因他是黃埔精神的標竿。

胡將軍是東征、北伐、統一、平亂、抗戰、剿共、保臺諸戰役，全程參與的唯一黃埔學生，功勛卓著，但似無赫赫之名。正如孫子所謂，善戰者無智名，無勇功，其尤足稱道者則為武德。

武德之首要為忠。胡將軍忠於三民主義，忠於中華民國，忠於領袖蔣公，忠於其職責，忠於其部屬，故能以身作則，同甘苦，共患難，士兵不能享受者，他亦不享受。值得一提的，黃埔一期於北伐成功後，恃驕而腐者不乏其人，豈止結婚，納妾者亦常聞，胡將軍以其官階，雖已有知心女友，但抗戰未勝，決不成家。唯忠能公而忘私忘家，無疑是領導成功的要訣。

抗戰期間，胡將軍曾經主持陸軍軍官校第七分校，地點在王曲。校中有兩幅重要對聯，一為「貪生怕死莫入此門，升官發財請走別路」；另一為「鐵肩擔主義，血手寫文章」。前者原出現於廣州黃埔，後者當出自胡將軍的壯懷，皆為黃埔精神之精義所在。

剿共戰爭自徐蚌會戰後，大局逆轉，總統蔣公引退。當時，胡將軍尚統領十個軍三十個師，為完整精銳的部隊，以中樞無主，竟滯留陝南五個月之久。迨民國三十八年十月，蔣公以總裁身分，赴重慶坐鎮，急調胡將軍入川，乃於十一月末，僅第一軍一個團，趕到重慶，掩護蔣公，於最後時機離開重慶，飛抵成都。

胡部陸續趕抵成都，面對叛離軍閥及共軍攻勢，保衛蔣公，在成都坐鎮十日，最後於十二月十日，由蓉安全飛臺。胡將軍達成勤王任務，並奉蔣公指示，率部轉進西康，在大陸行最後之奮鬥，以致犧牲殆盡，蔣公不忍其在西康殉職，於最後時機接至來臺。時窮節乃見，胡將軍臨難不苟、唯命是從的武德，足為年輕世代所效法。

高尚的武德，為不計名位，但知任務。胡將軍來臺後，蔣公命其赴孤懸的大陳島指揮。以大陸曾任戰區司令長官上將之尊，做一個師長的工作，且艱苦備嘗，他欣然前往。其臨危授命、不計權位的美德，正是崇高武德的表現。

民國三十九年三月一日，蔣公復職，重整軍備，自為當務之急，而召訓高階軍官，則親自主持。蔣公特聘日本的優秀軍官富田直亮（化名白鴻亮），來臺成立軍官訓練團，胡將軍亦入班旁聽受訓，與我同班。

抗戰時，我只是連長級的軍官，且在西南戰場，故無緣當胡將軍的部下，連照片都未見過，但久仰其威名，後竟成為同班同學，他是上將，我只是小上校而已。自有機會相處，始知這位身經百戰的西北王，至為低調謙和。他比我長二十三歲，在課業討論時專注傾聽，很少發言，但可看出他對大軍的指揮，有很多的感觸。

既為同班同學，偶而也有餘興，便是到他在臺北的小辦公室打橋牌。我的記憶裏，只有一杯淡茶，別無招待。他從未請我們用餐，這並非吝嗇，乃是多年儉樸的美德。

抗戰期間，胡將軍駐節西北重鎮西安，彭孟緝將軍時任西安砲兵旅長，要見他得依例先登記候約。但到臺灣後，彭將軍任參謀總長，胡將軍任澎防部司令官，彭總長到澎湖視察時，胡將軍都親迎於機場，對這位老部下兼新長官，執新部下之禮甚恭，彭總長連聲說不敢當。兩位對軍中倫理和階級服從，都立下完美的榜樣。

今逢黃埔建軍九十年，胡將軍長公子為真博士，整理乃父有關文件四件，編為「胡宗南先生四書」，重行付梓，見其孝思，這是最珍貴的精神資產。我身列黃埔子弟，重溫四書，深為感動。胡將軍是軍人武德的典範，是黃埔精神的標竿，凡我同志，應永遠傳承，並發揚光大，是為序。

黃埔第十二期　陸軍一級上將　郝柏村

中華民國一〇三年　時年九十五

【序言】

一份動人而及時的禮物

——寫在抗戰勝利台灣光復七〇週年前

本書是我父親宗南先生的長官、朋友、袍澤、學生和親人，在過去五十年間寫出的紀念文章集結而成，其中相當多篇出於父親民國五十一年逝世後，次年所編印的《胡宗南先生紀念集》，當年《紀念集》並沒有對外發行，僅僅分送親朋好友。

由於許多曾與父親接觸過的親朋故舊，在過去數十年間又陸續撰寫了不少紀念文章懷念他，此次商務印書館出版「胡宗南先生四書」，乃將這些文章彙集在一起，作成四書之肆，供外界參考。

數十年來，華人世界的朋友們對於先父討論甚多，尤其是他在大陸時期的各種事績，相關著作也不少，但作者們多半是根據二手資料，很少有直接接觸過我父親的經驗，甚至根本不知道他是怎樣的人，以致坊間以及網路上不乏道聽途說、真假難辨的憶測文字。本書的問世，在親炙父親言行方面具有重大參考價值，正好可補這方面的不足。

本書作者群全都是親身認識並接觸過我父親者，大半是他的朋友、同僚、學生，或是學術界、新聞界以及其他領域有相當聲望的人士，多與他有幾十年患難與共的交情，對他有深刻的了解；各篇文字都是每位作者從不同的角度，依據自身的經驗和感受來表達對先父的懷念，把他（她）所了解的胡將軍，父親特殊的精神，以及所處時代的特色，清楚地描述出來。又由於許多作者本身也都曾在中華民國不同的崗位上貢獻國家，甚至擔負過重要的責任，文章的字裡行間自然也突顯了他們對國家民族的熱愛，以及如何在內外交困的環境中為救國而奮鬥。

雖然這些都是當年的故事，卻都反映了珍貴的、動人的歷史事實，足以幫助當前的讀者們體會到先父那個大時代的背景和脈動，也能使國人更認識我們民族的根，再從這個根源去關切乃至於參與國家和民族前途的未來。

今年是黃埔建軍九〇週年，明年又是抗戰勝利和台灣光復七〇週年，商務印書館選擇在此時出版這「四書」，有其深刻的時代意義。切盼這套新書的發行，能成為喜愛研究中華民國以及中華民族歷史的朋友們，一個動人而及時的禮物。

胡為真

民國一〇三年十一月

目次

師友，同學及親人之追念

附錄

胡宗南將軍傳略

孔令晟

（民國九〇年四月二十八日撰）

一九二〇年代初期的中國，甫經孫總理中山先生領導革命，推翻滿清，建立中華民國。當時以一個落後的農業社會，在長年積弊積弱、外受帝國主義侵略分割，內部戰亂頻仍之餘，以及「五四」愛國運動和新文化運動相互激盪的時代洪流下，蔣公中正先生奉總理之命創辦黃埔軍校；又繼承總理遺志，領導國民革命，寫下了輝煌而又艱困的中國近代史蹟。

王曲師生心目中最敬仰的胡先生——胡宗南上將軍，就在這個時候，因愛國救國而考入黃埔一期。從此，參加東征、北伐、剿共、抗戰、戡亂等戰役，而退守台灣。胡先生始終以「領袖馬前一卒」自勉，事實上，逐漸的形成了蔣公最親信的股肱——一位擔當方面的大將。現在，擇其關鍵性的史實略述如後。

北伐勉強成功而統一後，中國政府在蔣公領導下，面對日本的公開侵略——從九一八到華北五省的特殊化，和共產國際指導中共的間接侵略；在這樣內外夾擊的狀況下，排除國內異議和責難，決定「先安內，後攘外」的大戰略決策。對日本一面交涉，一面抵抗，盡力避免戰爭擴大，以爭取魏德邁將軍所稱許的「黃金十年」。在此期間，一面剿共安內，一面加速國家建設。因此而產生了「五次圍剿」的成功，和兩萬五千里的緊迫追擊，以及影響深遠的「西安事變」。就在蔣公這樣的大戰略領導和運作下，我們的主任胡先生，開始嶄露頭角。

江西中共老巢，經一九三四年五次的圍剿後，自湘粵交界竄向貴州，再經「遵義會議」決定繼續竄向陝北，與當地土共劉子丹會合，再建根據地。

一九三五年春，胡先生率第一師暨配屬部隊約三個師兵力，奉命由隴南進剿，盤據川北的徐向前部約四個師兵力，共十餘萬人；進而強攻徐某堅守的摩天嶺—古陰平絕地，進佔青川，迫使徐向前西竄。此時，共軍主力正被阻在鎮江關，徘徊瞻顧半個多月，不敢越過松潘北進。自六月開始，產生了一系列的松潘爭奪戰。胡先生洞燭松潘的戰略地位，搶先予以佔領，轉取守勢。在守勢作戰中最關鍵的是李日基的堅守毛兒蓋[1]和康莊的困守上下包座[2]，迫使會合後的中共經由荒蠻的松潘草原北竄；胡先生又率部緊追入甘肅約千餘里。在此戰役中，胡先生優異的表現：一是在艱困環境中的領導，使將士忘身用命；一是政治上的運作，使各地土司志願為中央和胡先生效命，徹底堅壁清野，以困共軍。因此共軍餓死、病死比戰死的多達十幾倍。最後到達陝北時，僅有殘存的二、三萬人而已。

一九三六年十二月七日，蔣公親臨西安，被張學良劫持。同月二十五日，張學良幡然悔悟，親送蔣公返京，並自請處分。此次震撼中外的「西安事變」，得以順利解除，除了政治層面的折衝運作外，胡先生當時奉命統轄陝北中央部隊，以五天時間，鑽隙南下奪取寶雞，和潼關西進的桂永清部到達渭南，再配合中央空軍轟炸新城，使西安陷於三面包圍之中。此時，胡先生又領銜黃埔將領聯合通電，警告張學良與楊虎城，其所產生實質和心理上的壓力與貢獻，是不可磨滅的。

七七盧溝橋事變，中國全面抗戰開始，蔣公運用廣土眾民的地緣戰略條件和救亡圖存的民族意識：「勝也罷，敗也罷，就是絕不談和。」採取堅持抗戰到底，待機轉移攻勢的持久抗戰戰略。首先，誘迫日軍變更其作戰主軸線，獲取了十四個月的時間，從容的完成了以四川為中心結合大西北和大西南為持久的抗戰根據地。然後在上述根據地的支持下，以正面持久抵抗和敵後游擊相配合，逐漸形成了世界聞名的「中國泥淖」，使日軍深陷而不能自拔。同時，使「中國泥淖」，在《太平洋戰爭》中，對盟軍攻勢轉移，產生了戰略上的重要地位，使我國躋身於當時國際四強之一。

抗戰期間，蔣公把防禦和建設陝、甘、寧、青、新五省所謂大西北的方面統合大任，賦予有大將才德的胡先生。他東由潼關起，鞏固河防，與日軍對峙；北面對延安共軍，憑碉堡線封鎖監視；西面派部隊進駐新疆以防蘇俄。內部對地方勢力尤其是馬家部隊感召和安撫；這就是當時所謂的錦囊四訣：「東禦日寇」，「北制共匪」，「西防蘇俄」，「內服四馬」。此外，創辦「王曲七分校」，「戰幹四團」和「游幹班」等，訓練各類型的幹部；配合政治，組訓民眾，運用民力；推動思想文化運動，倡導愛國，抗日和反共。因此，由於胡先生的卓越領導，在持久抗戰期間，踏實的鞏固和支撐了大西北半壁河山。記得在抗戰最艱苦的時段，曾有和談的爭議；當時，蔣公力排眾議：「你們如果堅持要和談，那我一人單獨去西北，和胡宗南繼續抗戰到底。」可見蔣公對胡先生信任之深和倚畀之殷。

一九四四年盟軍在太平洋戰場的雙鉗攻勢，正逐漸的發展到最高潮，採守勢的日軍急需地面兵力和其他作戰資源的增援。不得已，日本中國派遣軍發動了同年春的中原會戰和同年冬的對貴陽攻勢。

中原會戰方面，日軍佔領洛陽後，繼續西進，窺伺關中。胡先生親率三個軍兵力，在靈寶[3]附近展開激烈的遭遇戰。激戰十餘日，終將日軍擊退，因此，確保了潼關，穩定了關中。

貴州方面，獨山失守，日軍進逼貴陽，重慶震動；西南各戰區預備隊已經消耗殆盡。此時，胡先生奉命，以所部劉安祺、胡長青兩個軍，出動了中美雙方運輸機兩百架，實施中國抗戰史上第一次大規模的空運增援。增援兵力到達後，立即擊退日軍，收復獨山，由此扭轉戰局，確保貴陽，穩定了大西南的局勢。

抗戰勝利後，中國共產黨以抗戰期間的地下發展為基礎，逐次的形成了控面、斷線、孤點的形勢，開始毛澤東人民革命戰爭進入第三階段的決定性攻勢。以國際和國內的統戰—國際間獲得史達林的全力支援和美國的參與軍調，最後發表白皮書以至停止軍援；在國內則破壞政治團結，孤立領導階層，攪亂社會秩序，製造信心危機，以及策反兵變，恐怖攻勢等作為，以密切配合和支援大規模面式運動戰的軍事攻勢。因是，由於東北的國軍瓦解，而致華北局部和平。最後因「徐蚌會戰」[4]的失敗，而放棄大陸，退守台灣。這是毛澤東創新戰略的首次奇襲成功。接著法國和美國在越戰時期因為未能接受我大陸失敗的教訓，同樣的難逃慘敗的命運，而且貽患無窮。

在這全面失敗的慘痛過程中，胡先生領導大西北的方面作為，仍然有不少可圈可點的事實表現。

一九四七年三月十四日，胡先生奉准以八萬多兵力，在相對戰力稍佔優勢的狀況下，對延安發起雷霆般的攻勢。由於將士用命，三月十九日就攻克延安。延安是中共經營十年左右的根據地，又是毛澤東最高指揮中樞所在地，其在戰略和政治上的影響地位是可以肯定的。因是，「五日攻克延安」，當時確曾震驚傳譽中外。

此後，全面戡亂形勢逐次向不利於我的方向逆轉，胡先生坐鎮西北，雖有瓦子街的大敗，但仍能迭挫敵鋒，復又不斷創造如涇渭河谷和大荔、黃龍山等戰役的輝煌勝利；使西北局面，到廣州淪陷、政府西遷重慶的時候，仍然能夠屹立不搖。當時，四面受敵，補給極端困乏，胡先生在領導上超常卓越的表現，是值得欽佩的。

一九四九年五月，中共再度進犯涇渭河谷及潼關一帶，政府已西遷重慶，胡先生奉命放棄西安，退守漢中。這樣的敵前大軍轉進，是不容易作為的。淝水之戰應是前車之鑑；但是，胡先生成功的完成了，而且有效的控制了川康陝南地區，使犯敵不能得逞。

一九四九年十月下旬，戡亂局勢幾已不可收拾，李代總統（李宗仁）臨危棄職，蔣公毅然由台灣飛往四川重慶坐鎮。此時，進犯共軍已經迫近重慶，真可說是危急萬狀。

一九四九年十一月十八日，胡先生奉國防部電：「務望貴部主力於十天內轉進成都平原。」十九日，又接總統府俞濟時局長電話：「奉諭：第一軍車運重慶；第三軍到新津。」此時，胡先生又將執行另一次大軍敵前轉進，投入另一個最為關鍵性的戰場了。

第一軍在轉進中，逐次的投入重慶附近戰場，成功地掩護了蔣公往成都轉移。軍長陳鞠旅和他部隊堅定英勇的表現，受到共軍方面的崇敬和稱譽。盛文的第三軍，有效的控制了成都地區，使已經叛逆的地方將領密謀劫持蔣公獻敵的企圖，不能得逞。蔣公乃在胡先生的建議下，於一九四九年十二月十日下午，離成都飛台。這是一個重要的歷史關鍵時刻；因為沒有蔣公在台堅定正確的領導，走三民主義的路線，就沒有今天台灣在政治和經濟上的成就，也沒有今天兩岸微妙的關係，來開啟一個大中國走向民主，開放、富裕和強盛的明天。

蔣經國先生對胡先生這一次的敵前大兵團轉進，在他的《危急存亡之秋》一書中，有這樣一段記載：

「……從六百公里與敵對峙的正面，轉進至一千公里長遠距離的目的地—重慶與成都，而竟能在半個月內，迅速完成，且主力毫無損失，亦戰敗中之奇蹟也。」

一九四九年十二月二十日，胡先生乘機飛抵西昌。翌年三月，共軍分八路進犯西昌，三月二十五日，南路共軍離西昌約一天行程。當日夜裡，參謀長羅列、秘書長趙龍文，另有蔡棨、裴世禹共四位親信，聯袂晉見胡先生。在會客室裡，一面淺飲，一面做了一次可感動天地的徹夜長談。

四個人的開場白是：

「總裁命令返台，不能不服從，此其一。共匪八路進犯，要活捉胡宗南，不能上當，此其二。反共真正的鬥爭，要從今天開始，此其三。」

胡先生說：

「……我不能離開此地。惟有與西昌共存亡，才能報答國家，報答領袖。」

如此般不斷地交談，到清晨四時，羅參謀長握著酒杯，低沉的，一句一句慢慢的說：

「楚漢相爭的時候，漢高祖被圍滎陽，假若沒有紀信代死，以後的歷史可能全變了。胡先生，如果你在此時此地犧牲了，將來七萬多個學生，三萬多的幹部，誰能號召起來，再與共匪作殊死戰呢？所以，我籌思再三，決定由我來做一個紀信。」

胡先生說：

「你的用意，令我感佩！但是，我不能比漢高祖啊！」

羅列參謀長接著說：

「我的意思是請你保留有用之身，輔佐總裁完成反共大業。此時此地的犧牲是我的事，不是你的事。」

最後，胡先生終於被眾人擁向機場，登上最後離開大陸的一架飛機，飛往海南島。

胡先生來台後，曾擔任大陳和澎湖的司令，他不計名位，一樣的認真努力執行任務。嗣後退居第二線，依然為蔣公所器重信任，視為幕後真實的最高層顧問。

現實政治的扭曲與無情，胡先生曾為大陸的失敗，受盡了委屈和誹謗，最顯著的像監察委員李夢彪等的誣陷彈劾，最後由政府徹查予以明文澄清。但是，胡先生對外始終保持沉默，只是說：「國家到了這步田地，我們當然要負責的；至於個人的成敗功過，還是讓事實去說話，留待歷史去評判罷。」

現在，胡先生過世已經四十年了。他一生追隨蔣公，自視「領袖馬前一卒」，一貫忠誠的為國民革命犧牲奮鬥；他對北伐、剿共、抗戰、戡亂的豐功偉績，方面大將的修為風範，足為歷史性的典範，應該由我們下一代認真的研究、鑑評和表揚。我是胡先生最忠實的學生之一，本文只是一個初步嘗試而已[5]。

孔令晟將軍，七分校十五期，王曲聯誼會會長。曾任陸戰隊司令，蔣中正總統侍衛長，蔣公的反攻大陸計劃參謀，警政署署長，駐馬來西亞代表。並曾任淡江大學戰略所教授。著有《大戰略通論》等書。

1毛兒蓋地區，位於四川省松潘縣西部。

2上下包座，位於四川省松潘縣北部，地勢險要。

3靈寶位於河南省西部，北瀕黃河，地處河南、陝西與山西三省交匯處。

4「徐蚌會戰」是國共三大戰役之一，發生於一九四八年。

5本文題目原為「永恆的懷念和崇敬—領袖馬前一卒，我們的主任胡先生」，載於中央軍校第七分校旅台校友「王曲聯誼會」發行之《王曲通訊》第三十五期。

媒體及各方學者之緬懷

一介布衣所認識的胡宗南先生

鍾樹楠

（民國五十一年撰）

民國二十四年蔣總統入川督率剿匪，當時我還是中學生。聽到胡宗南先生的大名，四川的中學生每愛談論胡先生的戰功，含有一種「崇拜英雄」的觀念。以後抗戰期間，胡先生坐鎮西北，威名赫赫！我也因年事漸長，對胡先生又有一種看法，認為他是黃埔同學當中的一個中心，胡先生的愛國，忠黨，服從領袖，表現出很高尚的情操，透過這點影響，黃埔同學團結在蔣總統的旗幟下，完成一部份革命事業，只要抗戰勝利後，期以十年，我國的革命事業，一定有很完滿的成績。

我記得在抗戰期間，到過西北的人很多，其中有兩位值得一提。一位是左右逢源的投機政客章士釗（行嚴），另一位是圓滑老練的政治書生胡霖（政之）。章到西安受到胡先生的款待，曾作詞「臨江仙」為贈，原詞是：

「部曲柳營百萬，賓遊代謝三千，登壇威重入門便，英雄多本色，韜略自先天！
君是天南一柱，我來劍外三年，相逢恰在茂陵邊，忝為長揖客，未敢議燕然。」

章詞在重慶發表後，胡先生的「西北王」的稱呼，已傳遍當時的政治圈！胡政之是當年《大公報》的負責人，到西安後，卻未蒙胡先生的接見，胡回到重慶在《大公報》發表紀西北行，其中有兩句話：「可惜譽滿西北的胡宗南將軍，此次憾未能識荊！」於是胡先生被塗上了一層神秘色彩！章詞之譽與胡文之憾，使我當時在重慶已有一種感覺，即是在我國當一名名將，其外來的毀譽很多，引致許多煩惱，在西方國家是很少見的！這恐怕是胡將軍過去之不願接觸新聞界者，其故在此。

抗戰勝利後，胡先生所部攻下延安，我以粗淺之見，認為當時如能集中兵力，向匪展開追擊，同時清除共匪「農村根據地」和「農民兵團」的潛伏性力量，華北的形勢不至如以後的逆轉。這一點，不論知兵者和論兵者，都責怪胡先生戍守西北十多年，豈尚不明我與匪的形勢？讓共匪首腦部得從容清理一場戰役的損失，重新恢復力量。這是以後我戡亂的一大關鍵？一直到去年（民國五十年），盛文（國輝）先生才向我談及此事，才知道受了劉逆斐蓄意的陰謀所擺布，劉逆以軍令幕僚首長的資格，故意將胡部南調，胡先生派盛國輝先生到南京陳述此中得失，終因劉逆的陰謀，使我胡部兵團分割使用，損失很大。表面上胡部仍擁百萬大軍，實際胡部之兵力，如李文兵團，范漢傑兵團，胡長青兵團，劉安祺兵團分散在東北華北與西南各地，另一兵團則在新疆，胡部在關中者所餘無幾。

三十八年西南戰局逆轉前，我的一位朋友范龍驤先生曾到漢中，他回重慶向我講，胡先生在陝南辦的訓練很有成績，范先生並推崇主辦訓練的袁樸先生，我因為基於一向對胡先生的看法，所以，內心很覺欣慰，覺得最後四川的保衛應該是不成問題的。以後重慶告急，胡先生所部由陝調渝掩護國軍西撤，那是三十八年十一月的事，我內心依舊有信心，認為胡先生必能守衛川西進駐西昌。十一月三十日，重慶淪陷，我也回到成都，已是兵荒馬亂的戰時景色。胡先生奉命任西南軍政長官，盛國輝先生任成都防衛總司令，接著盧漢叛變，劉文輝、鄧錫侯、潘文華三逆聯名宣告投匪，川西局面已不可為了！我在成都親眼看見當時撤退的混亂，和共軍十二月三十日進成都後的志得意滿情景，我內心當然很悲憤，我們失敗了！我們失敗得是如此的迅速而悲慘，個人是一腔熱血，滿懷悲憤。

於是，我對胡先生由中學生時代所生的敬佩之念，轉變到開始懷疑胡先生而對其有所不滿和批評，認為胡先生受國家培養數十年，得蔣總統知遇也幾十年，臨緊要關頭，竟如此不濟事，豈有不傷蔣總統知人之明？我這一懷疑蘊藏了十年，到了民國四十八年西藏抗暴事件發生，我在香港《真報》發表了二十幾萬字的史實評述，名為「川康風雲」，對胡先生在川康撤退戰役有極詳盡的評述，我直率的批評胡宗南先生難逃「誤國」之處！但我也把胡部轉戰川康的悲壯事蹟，如胡長青軍長的殉難，裴昌會所部在投匪後仍然有再反正打游擊，以及盛國輝先生等輾轉到台灣歸隊等事，都加以表揚。直到今天我始瞭然，三十八年的重慶局面，是已經大勢已去，敵人的滲透深入表裏，孤軍作戰，誰也無所作為，獨木實難以支大廈，胡先生在最後的局面中已盡了最大的努力，而且也是國軍大將中最後離開大陸的一人，如果以誤國之名加諸胡將軍則確有失公平之論，我相信很多過去誤解胡將軍的人恐怕會與我這民間布衣有同感。

四十八年十二月，我個人初次回國觀光，得識盛國輝先生，感慨話十年前舊事，能不憮然！由盛先生之介紹，認識了這位被人當年稱為「西北王」，被人毀譽集於一身，被人也被我批評為「誤國」的胡宗南先生，也認識了李文，馮龍，羅澤闓，程開椿諸先生。我與胡先生首次見面於浦城街胡宅，相見之下，這位曾領百萬貔貅，赫赫有名的大將軍，竟是平易近人，親切可愛，爽朗坦白，而又願意接觸到討論問題，好像學者教授一類型的人。那天，只有我和胡先生兩人，我很坦白說我過去無緣見胡先生，竟對胡先生如此不瞭解？胡先生說：「其實國家對你也不夠瞭解。」胡先生又為我分析當前環境深信反攻復國一定成功，並勉勵我為多難的國家努力。我與胡先生夫婦及三位小朋友便餐，毫無客套，有如多年老友。於是，我恍然大悟，胡先生何以能將將帶兵，坐鎮西北，成一番事功！主要就是他無鄉愿氣，無官僚味，勤勤懇懇，為國家，為領袖盡其本分和責任。我辭出胡宅後，回到旅館思索了一夜，我自己獲得了初步的結論：㈠國家的政治大環境起了變化，非一二好軍人所能全部扭轉。㈡政治風氣一有問題，也非一二人所能改變。㈢如胡先生這樣的人，過去不太多。尤其是有魄力尋求人才，深入的理解問題和解決問題的人，更少。㈣過去的算了，今天和明天應該怎麼辦？㈤蔣總統太辛苦了！負責任的幹部應該如何為蔣總統分憂分勞，而且要見諸力行。

以後，又和胡先生見過兩面，我回到香港後，胡先生在四十九年三月間有一信給我，鼓勵我多寫政論，闢斥邪說，而他給我的信，我認為他出於至誠，否則他不必多此一舉，反正他並未負這方面的責任。由是，我更認識了胡先生的為人，氣度，和責任感，不僅是一位標準軍人，而且可說是一位有卓見的政治家。

四十九年十月，我再度回國，正是雷震案發生後，我在台北發表了「我從海外來，報告海外事」的一篇〈雷案觀感〉，不數日，胡先生約我到他家便飯，胡先生很同意我對雷案的公正評判，胡先生說：「無論如何，雷儆寰是不識大體，他的行為，難對歷史作交代！」我更佩服胡先生的高超見解。以後，未曾見面。五十年冬，在張岳軍先生的金婚酒會裏，又遇見胡先生夫婦，我發現他兩眼微藍，較前瘦削，我不便問他是否有病？一直到最近，盛國輝先生向我說，胡先生本來知道他有病，但過於虐待自己，不肯就醫，以我兩次在胡宅便飯的體驗，木屋數間，簡單陳設，可見這位大軍人之「不要錢」，所以，我由衷的相信盛先生的說法，而至今耿耿於懷。

我今年春又由香港回國，第二天突見報載胡先生去世，到開弔之日，我到極樂殯儀館靜默的向胡先生致內心的哀悼，碰見羅澤闓先生，他說：「你已看不見胡先生了！」我說：「我還看得見胡先生的高尚的靈魂！」鼙鼓聲中思將帥。胡將軍之死，國家無異在此時失去了一座中興的明燈。

作者為媒體人及政論家，並創辦雜誌，縱論時局及人物多年。

憶胡宗南將軍

鄭學稼

（民國五十一年撰）

三〇年代的知識分子，喜談天下事。當我由東京返國後，有識之士議論一變。大家多知道：民族統一後，必然抗日。說到未來的民族戰爭，大家常談到國軍的第一軍軍長胡宗南將軍。

我由日本人的文章，早知道胡將軍。它說：胡將軍的部隊，是「皇軍」的最大假想敵。我還記得，它說胡將軍的履歷，是「第一」，也就是由連長而軍長，番號都是「第一」——我至今還不能證實這是否事實。它又說：胡將軍以軍為家，治軍嚴而有恩，士樂為之死。

七・七事變發生，我由對比中日兩國的歷史，做這結論：這是中日兩民族的第五次戰爭，也許是最後一次戰爭。我自問：在這一偉大的時代，也就是結束鴉片戰爭以來不幸歷史的偉大時代，我應幹什麼事？我自己的解答是到軍隊中去，把我的生命獻給我的第二母親——中華民族。我的《抗戰九年雜記》（後簡稱「什記」）開端是如此地記著：

「八月二日——『七・七』的砲聲，堅定我投軍的決心。為著它，早在七月半我已寫信給何師孟吾，要求介紹入胡宗南的第一軍服務。今天得何師電話，約我明晚同搭夜車離滬。」

何師那時是河南財政廳長，因公來滬。他是胡宗南將軍的好友，當他路過徐州時曾為我先容。八月三日，我隨何師離滬，他邀我先遊開封。同月二十五日，何師奉命赴京，我隨他於翌日抵徐州。我的「什記」有這簡單的記載：

「八月二十六日——到徐州，即往第一軍司令部，會見胡宗南將軍。他的談話和走路姿態，給我很深的印象。他問我關於日本的事情，臨走，我送他《西鄉隆盛傳》、《日本財閥史論》和《日本之軍部、政黨與財閥》三本書。後來他送何師至車站。夜半，車抵張八嶺遇警報，停四小時之久。這是我第一次所遇的空襲警報。」

我有寫日記的習慣，但有這缺點，即過於簡單。「什記」中所記和當代政要會見，多一筆了之。比較詳細的，都屬和文化有關的事；甚至友人數千言關於中國歷史前途的長信，我有抄錄的耐性。上面我記和胡將軍的初次會見，不及百字。可是，那次會談有幾件事還留在我的腦海中。當我倆走進胡將軍的司令部時——那地方是舊式營房或廟宇，我記不清楚了。有一個不能磨滅的印象：尊嚴和清潔。後來，他接待我倆到他的臥室，其簡陋使人不相信是軍長的起居處。一間長方形房間，靠窗放一張木桌，桌上有一篇文章（後來他給我看，是關於徐州地區的游擊戰計劃書）；房中放木製小圓桌，有四張木椅子，靠牆一邊放一行軍牀，上舖白被單。這些陳設，證實日本人的記載：胡將軍以軍為家的生活。我們三個人，坐在小圓桌邊談話，他削蘋果分給我倆。他的削法，不似我在東京所見慢慢地削去果皮，而似揮動大刀闊斧。我問他：如需要我，我由滬來徐就開始工作，他表示歡迎。可惜，當我倆於九月三晨車到徐州時，他已率全軍赴上海前線了。

一九三八年十二月十二日，《什記》寫：

「丁逢白由西安來信，云胡宗南先生決聘我為上校教官，另付方本禧信，內云：『胡宗南先生，禮賢下士，茲已決聘兄為上校政治教官，月俸百五十餘元，主持軍校第七分校課務。』覆不就。」

我記不得方本禧先生是否相識者。丁逢白先生當時在西安辦《抗戰與文化》，是一位反共的文化鬥士。《毛澤東選集》中有他的名字。我自和丁先生在漢口見面起，就成為好友。他的熱情，他的堅決反共，是當時難有的知識分子，後死於成都。我為什麼不去西安？那是容易解答的。由漢口到重慶，我曾因主張軍權統一、取消〈兩重政權〉的文章，引起一身的麻煩。毛共的《新華日報》，誣我為「托[1]匪漢奸」；我在《西南日報》的社論，也引起危害邦交的插曲。當日敢和我往來的人不多。在這一環境下，我有這想法：西安有一丁逢白，已夠麻煩了胡將軍，不應再加另一「摩擦專家」（這是毛共給我和我的友人的帽子）鄭學稼。就由這一決心，《西南日報》被日機炸毀後我到北碚復旦大學教書。

一九三九年八月十二日，「什記」寫：

> 「由渝返北碚，讀繆鳳林來電，邀赴西安任中國文化社主任編輯，月薪三百元。此機關之後台主持者為胡宗南將軍。函覆不能往，並謝繆君盛意。」

當時我在復旦大學的月薪只兩百元。我不為近人所說的「物質利益」和有前途的工作而放棄教書生活，是由於我已失去對政治的興趣。因此，同天「什記」接著寫：

> 「山居靜寂，頭腦為之一朗，我將居城市耶？」

繆先生知我是國立東南大學的先後同學。我倆認識，很特別。依「什記」，同年二月二十一早，他突來我住處重慶青年會宿舍（五月初大轟炸後，我才搬住北碚花好樓），「一見如故地和我討論許多學問上的問題。他對日本史有研究，說曾讀過我的《西鄉隆盛傳》和別的著作，甚為折服。」當晚，他就睡在我的斗室內。大概由於這次會見給他以好印象，他薦我於胡將軍。當時，胡將軍幕府中還有我的好友，余紀忠先生即其中之一。如果我有政治的興趣，我一定到西安去。

一九四〇年，特種經濟調查處成立，素無一面的陳介生先生邀我在該處工作。這是對日經濟作戰的機關，很合我的興趣；因此，我住在重慶。「什記」有這記載：

「一月二十九日——到何師孟吾處。……何師轉交胡宗南將軍來電，云：『程主任轉何孟吾同志，〇密。請勸駕鄭學稼先生同繆鳳林先生來西安一行。』胡宗南葛武棨叩有親印。葛為何人，我不知之。我決定復一長信，說不去西北的理由。何師請我任三青團宣傳處組長，辭卻之。」

我的覆信，沒有留下原稿。後來胡將軍曾給我回信，它保藏到去年我家失火止。我曾為中國文化社寫了幾本書，還留在身邊的，是《日本明治史綱》兩卷。

在我的記憶中，「什記」有下面未記的事：第一、紀忠兄某年同胡將軍因公抵渝，函我前往一談，我回信批評政局，胡將軍閱到它，叫紀忠兄勸我同往西安，我仍留北碚。到希特勒擊敗英法，我發表長文分析德國戰勝的原因，他閱後頗為讚美。第二、他又一次抵渝，曾經辦事處主任程開椿先生打電話到特種經濟調查處約我會談。只談半小時，因統帥電召他中止。談話內容忘記了。後來程主任告我：「這次恐怕你要同胡先生到西安去？」我問他：「為什麼？」他說：「胡先生的個性，是不放過他所需要的人。」我說：「請你回覆胡先生，我是走不動的。」那時，內子由滬經河內來渝，我的兩千多冊書也在北碚，我怎能離渝。而況，我正為陳介生先生工作，在道義上也不能一走了之。

到台灣後，前六組張主任請客，座有胡將軍。他穿舊中山裝，我和他熱烈地握手，相對無言。那時，我因為被解除教職，成為惹是非的人物，不便在多客人的場合和他談話。後來，我經過陳綏民先生送他兩本書——《史達林真傳》和《第三國際興亡史》，表示我心中仍留下他對我深重的情意。這是我和他最後一次的會見。

當聽到收音機報告胡宗南將軍逝世的消息時，我望窗外的天空，有閱《三國演義》到五丈原大星殞落的心境。我嘆息地對自己說：「一個歷史人物，在不幸時代中結束他的一生！」

我不知道後代歷史家對胡將軍有何論定語，我已聽到對他的評論：胡宗南擁數十萬眾，不能保川陝！我有理由說這非持平之論。兵學大家克羅西維茨說：「軍事是政治的延續。」當政治造成全面崩潰時，就集中數十萬人，亦無法挽回危局。這叫做「大廈已傾，一木焉支！」以我對胡將軍的瞭解而言，我相信他內心沉痛超過不公平的批評者，胡將軍是軍人，軍人的天職是服從；國家要求於軍人者是忠勇。誰如以這個標準評胡將軍，當承認他是模範軍人。

接近胡將軍的人告我：「他如以金磚建房子，亦無困難；可是，他要住公家的宿舍。」我接著說：「『聖經』載：天上的鳥兒有巢，人主沒有一寸地！」

接近胡將軍的另一人告我：「他的毛線衣，猶如麻布！」我接著說：「他是國史上的大將。」數十年來，軍人中清廉如胡將軍，能有幾人？一個有權的人不愛錢，公而忘私，就是中華民族所要求的最好兒子。胡將軍是我民族史上最好兒子之一。

《三字經》有這句話：「人遺子，金滿贏；我教子，惟一經。」胡將軍所遺給他的後人者是這四個大字「清白傳家」。生擁數十萬眾，死以清白傳家，他已不虛一生。至於以成敗論英雄，非真知胡將軍者。

作者為名作家，教授，中共問題專家，經濟學家，歷史學家，著作等身。

1 托洛斯基，蘇俄共領導人之一，與史達林決裂。

記與胡上將軍一夕深談

羅敦偉

（民國五十二年撰）

吾謀束置幾蹉跎，忍見江山付劫磨。鐵鎖千尋沉荻港，烽煙萬丈湧江陀。
館娃驚起秦淮夢，堂燕聽殘玉樹歌。痛哭六軍辭廟日，誓憑隻手挽天河。

胡宗南上將軍，我們認識雖然很久，可是上將軍是一位功勳彪炳的大將，過去都是負方面的重任。而我自民國十九年起即在大學教書，或者供職中樞。駐地多半不在一起，所以我們的交往，很生疏。直到早幾年，他調到國防大學受訓。而且他所編列的小組，由我負責指導。照例每期學員的參謀論文，由我總評閱。自此才在形式上及事實上有了親密的接觸。上將軍雖然以師事我，無論在前方或後方，見面時，必恭敬地稱「老師」，可是我們早已是相當瞭解的好朋友。

我和上將軍成為相當瞭解的好朋友，還不能說始於國防大學。因為在學校的時候，上將軍非常沉默。在小組不輕易發言。大家也很尊重他，也不大勉強他發言。參謀論文，就文筆論也很優越，可是也是一鱗半爪。畢業以後，不久他忽然下帖子，請我吃晚飯。那天同座的僅僅有廖主任教官笑春兄一人。三人同飲，對影成六。因為人少，談話非常親切也很和諧。我們彼此之間留下一種很深刻的印象。後不久，他又約我晚餐。這次卻只有兩個人。主客之間當然更加親切。飯後邀我作一夕深談。他發問相當突兀。大意是說，我們革命幾十年，也有相當的成就，尤其我們有很卓越的領袖，為什麼竟失敗於共黨之手，希望先生有一個根本上的解答。我當時即直覺告訴他，其根本原因，在沒有「主義」。共產黨堅信他們的主義，在任何地方，任何事務，儘管迂迴曲折，總是以達到主義最後勝利為目的。我們三民主義比共產主義的確高明萬倍，但是我們除開領袖之外，沒有人在行事的時候，想到主義。都是搖擺不定的臨時應付。例如財經方面，是實現主義最重要的一環，而歷來財經行政即最不重視主義。我很沉痛的告訴上將軍，抗戰前半年，我自中央訓練團結業。蒙總裁以前三名優秀人員召見。當年我即告總裁應趕快防止勝利後的經濟恐慌。總裁很為動容。面囑我上一條陳，由王教育長東原轉交。同時我出團以後，即撰一文，題為〈防止勝利後經濟剪刀式的恐慌〉，登在重慶掃蕩報上。黃少谷兄是社長，過兩天打電話給我說某閣員在行政院會上斥我為危言聳聽。隨後把我的意見就教於財經各專家，都表示反對我的悲觀態度。大家以為勝利後國際路線大通，一了百了，都非常樂觀。我的條陳，包括前方工業，軍行所至，隨即復工，不可一日停工。後方工廠，保本保息保利潤，非得到政府批准不得停工，以及外匯管理，幣制改革等等。我沒有料到日本無條件投降，留下許多龐大的工業，假定一日不停，日本技工也不遣俘，頂多東北九省被共匪佔據，何至經濟崩潰到不可收拾之境？所以我有前面一首詩「吾謀束置」，當然怪不得總裁，台灣十年生聚，十年教訓，假定真能按照主義去作，我相信一定可以反攻復國。所以誓憑隻手挽天河。杜工部所謂願挽天河洗甲兵，一定可以達到最後的和平。上將軍也很同情這個看法，隨後還提出了不少的問題。我都一一照個人的觀點加以詳答，似乎他都很共鳴。因此我們有了深切的瞭解。

上將軍駐節澎湖的時候，我特別同物資局張局長仁滔兄去拜訪他。他非常熱烈的歡迎我，連呼「老師，老師」不絕。翌日請我吃飯，張局長自然成為上賓。飯後上將軍還叫同吉星文將軍等人擺隊在大門口歡送老師，很具有些戲劇性，令人永久難忘。近年來他調回台北，我雖然很懶散，可是還承他數度來看我。還叫我替胡長青軍長寫過一篇傳記。我不敢高攀上將軍是好朋友，更慚愧的居於老師之列。可是我對於上將軍之為人是非常欽佩的。老同學李少陵兄為上將軍的老幹部，追隨上將軍數十年。平日每和我談及上將軍為人處事，有許多特立獨行之處。少陵兄《春雷集》中也有很多經歷西北的詩篇，猶憶其中有一首詠及上將軍的詩云：

「揮戈策馬駐秦關，共識軍中有一韓，生聚十年與越國，雍容三箭定天山。
乘風志士乘風起，破虜將軍破虜還。請看終南騰劍氣，光芒直射斗牛間。」

上將軍一生，大小數十戰。總領大軍幾十萬，經手國帑難以數計，而一生廉潔奉公，對袍澤都非常愛護。直到撤退來台多半都有安置。獨對自己及其家人生活很刻苦，絕不妄取一文，公私尤為分明，絕不以家事涉及公務。據說上將軍死後，其繼母聞耗自嘉義趕來奔喪。其夫人尚不識其人。平日遠居嘉義，由乃弟躬耕奉養。上將軍雖月有接濟，為數不多。故其家人，亦不知悉。即此一端，即可概見其處公私之際分為何如，實為今日之古人。宜乎出入軍旅數十年，最後還能以殘兵固守西昌，無如大勢已去，未能為力。各方責難紛來，而領袖確知其實情，實已無可為，深為體諒。因胡故上將宗南遺著編纂委員會徵稿於予，特記與之一夕深談，藉以紀念。

作者係統制經濟理論專家，曾任大學教授，立法委員，亦曾在經濟部、行政院等政府部門服務。

胡宗南上將品格足式

黃麗飛

（民國五十四年撰）

胡宗南上將在五十一年二月十四日病逝台北，至今日（五十四年二月二十四日）剛好為三週年祭，他的長官僚屬、故舊數百人，曾在這天的上午九時假台北市貴陽街實踐堂舉行紀念大會，何應欽、石敬亭、馬超俊、錢大鈞、蔣經國、谷正鼎、谷鳳翔、陳慶瑜、唐縱、袁守謙、鄭彥棻、錢用和、連震東、賀衷寒、胡新南、黃少谷、馬星野、陳良等均與會。靈堂上掛著胡上將夫人胡葉霞翟的哀聯及名士梁寒操的讚詞，梁氏寫道是：「一無怕死貪財意；獨勵忠師愛國心。」

胡宗南是黃埔軍校傑出學生之一，他的軍功雖也十分烜赫，但行誼更多足為世所式仰。是日主持紀念會的是胡氏的老師兼老長官何應欽將軍，在致詞時亦著重於胡故上將的行誼的讚揚，何將軍說：他跟胡氏有三十七個年頭的師生同事關係，見胡上將歷來有所請求或建議，皆著眼於國家大局，並不曾為胡氏自己所管轄的方面爭點什麼。胡氏對部屬很愛護，關心部屬並為部屬解決生活問題；自奉甚儉。胡氏更不計名位，但知服從領袖，效忠國家，譬如他在大陸，已是獨當一方面的長官，統領過大兵團作戰，但來台後，仍然能屈就大陸地區指揮官及澎湖防守司令。迄民國四十二年，胡氏奉調為總統府戰略顧問，何將軍說：這時他才發現胡將軍僅有陸軍中將的官階，於是才簽呈總統批准，升胡氏為上將（按係二級上將）。

是日在紀念會中，石敬亭將軍（現任國策顧問）曾應邀講胡氏生平，他盛讚胡氏生活的簡樸及為人爽快俐落，並談及胡氏的婚姻觀念。謂胡將軍的遲遲結婚，他不單是抱「匈奴未滅，何以家為」的觀念，而且還恐怕娶到個「母老虎」，難應付！又述及胡氏三十六年破延安敵巢後在西安與葉女士結婚時完全保密，在場的僅有石本人及幾位地方長官如陝西省議長王宗山等。可是到場的人，事前也不知道是婚禮。

當大陸整個淪落於毛共之手，胡上將是代理西南軍政長官，有部隊約十餘萬人，其一部退入四川。當時中央曾有意經營西康，以為游擊抗敵基地，並以胡將軍所部為主幹，惜局勢發展不如所料，計劃遂成泡影。據前西南軍政副長官兼西昌警備總司令賀國光將軍回憶說：三十八年秋，蔣總裁（其時已由李宗仁代總統）飛蒞重慶，賀氏由防地趕往晉謁，並建議總裁將國軍轉守岷江延伸至雲南之線，以雅安、西昌、會理為後方基地，派重兵鎮守雲南，鞏固西南邊區，謂如國事仍大有可為，賀氏進又報告：西昌之經營已有相當基礎。總裁乃垂詢糧食如何？賀答經常可供三個軍，不成問題。總裁甚為嘉許，當擬定先派大本營及閻百川「戰鬥內閣」遷駐西昌，因而下令胡宗南代長官部隊空運西昌，並已運到一營兩連。詎四川局勢轉變太快，計劃不及實施。迄三十九年一月，胡代長官宗南由海南島飛抵西昌，旋有顧葆裕軍長率隊約六百人、槍二百餘枝；及張振國、張選澄諸將官三十餘人；一同由四川沿樂西公路擊退富林劉逆文輝守軍而到達西昌。又有胡長青軍長率游擊幹部數十人，由天全繞道而至富林；田中田師長率部數百人由松潘繞道草地，經康定並予佔領，後被劉文輝逆軍所敗；張桐森師長率部在昭通反正來歸；王伯驊團長不願附敵，脫離其本師反正，由樂西公路而擊退富林劉逆文輝守軍，並留駐富林，此外，另有唐式遵上將與伍道源、周瑞麟等，分別由四川來西昌請領械彈，仍各回四川從事游擊戰。此時期歸來之部隊之整編與作戰，均由胡代長官宗南直接指揮。似此情形，如稍假時日，實不難成一支反共勁旅。無如共軍當時以三個軍之眾，較國軍絕對優勢之火力，分由雅安、昭通、昆明三路來攻，三十九年三月二十六日晚，共軍兵臨城下，賀國光副長官（西南軍政副長官並兼西康主席）乃奉蔣總統（是時蔣公已復職為總統）電令，同胡宗南代長官（西南軍政代長官）並偕西南軍政長官部王夢熊副總司令暨參謀長程冠珊，政工處長且司典、秘書主任耿心、科長孫桓章、李仲侯、譚炳森、稽查處長談榮章、秘書羅傑，書記余兆青、副官潘學謙、及副議長高上佑、廳長王夢周等。飛離此西陲反共孤城，暫時放棄大陸之戰鬥。賀、胡等一行所乘軍機，於三十九年三月二十七日晨五時安抵海南島之海口。賀、胡既離大陸，所遺西昌方面部隊，統歸羅列將軍率領，現仍供職國防部。至唐式遵上將所率領之游擊隊及胡長青軍長所部，轉戰失敗，俱在越雋為國捐軀。又顧葆裕軍長及張桐森軍長所部，亦均在會理為共軍所破；王伯驊一團，亦遭擊潰。

提及以上這段史實，賀國光將軍更扼腕嘆曰：當時四川告緊（總裁赴台後），在川的中央軍將領，頓成群龍無首之現象！藉使當時立得上峰指示機宜，或可保全一部份實力於川康邊境。又當李彌將軍反攻昆明時，我軍校學生七千餘人、憲兵四個團加上胡宗南部，若均能按照原定計劃已空運到達西昌、會理，必可支援李彌反攻成功，而雲南能夠保全，則大局又改觀矣！

記者念胡上將當日之退出西昌，原抱「江東子弟多豪俊，捲土重來未可知」之志，乃竟壯志未酬，突為病魔所纏，於三年前撒手塵寰，此殆浩劫之運，非智力所可逆料矣！

作者為文史作家。

「黃河」舊事念將軍

謝冰瑩

（民國五十一年撰）

在報上猛然看到胡宗南將軍去世的消息，我不相信我的眼睛，一連看了兩遍，不是同名同姓的人，的確是我在西安認識的胡先生。

懷著滿腔傷悼和葉蟬貞女士去慰問胡夫人，她滿臉愁容，淚珠滾滾而下，我也同樣感到傷心，不知要說什麼話安慰她才好。

我來過這間屋子，而且不止一次；可惜沒有一次遇到過胡先生。他整天在外忙於公務，我總是這麼想：有什麼關係，今天見不著，反正都在台北，總有一天會見著的；誰知他去得那麼早，那麼匆促，我們在台灣十多年，始終沒有見過一次面，如今除了看到他的相片，永遠聽不到他的聲音了，唉！人生是多麼地短促呵！

西北的精神食糧

不錯，人生是短促的；但是事業和精神是不朽的！胡先生一生的豐功偉績，自然有很多人去學他，在這裏，我只想寫出一點我和胡先生認識的經過，以及關於他的為人。

二十八年秋天，我因慢性盲腸炎發作，扶病從老河口回到重慶去開刀，傷口還沒有復元，就接到家兄國馨自西安來電報，促我即日赴京主編一個文藝月刊。我當時莫名奇妙，不知道該刊的宗旨是什麼？發行人是誰？稿費可靠不可靠？一連串的問題，在我的腦海裏翻滾，幾天之後，哥哥的長信來了：他告訴我胡先生新成立一個新中國文化出版社，計劃出版大批有關軍事、政治和文藝、哲學方面的叢書，還要發行文藝、科學、軍事、政治性的四大刊物；他是出版社的總編輯，因為有次他在王曲和胡先生談到我，所以胡先生立刻叫他擬電報稿催我速去西安。

最後，家兄還用命令式的口吻寫道：

「冰妹，用不著考慮，千萬不要遲疑，胡先生這個展開大西北文化運動的計劃，是我一個人擬定的，胡先生的魄力真了不起，眼光遠大，出版社的前途不可限量，妳千萬要來，哪天動身，先來電報，我叫妳三嫂去洛陽迎接妳！」

我把哥哥的信看了一遍又一遍，為了省錢，我沒有回電，只寫了一封航快給他，告訴他，我決定應聘。

抵西安的第二天晚上，胡先生在幹四團的貴賓接待室為我洗塵，還請了教育長葛武棨先生，副教育長蔣堅忍先生以及政治部十多位先生作陪，我還記得那晚吃的是西餐，我坐在胡先生的右邊，家兄坐在左邊，這種安排，顯然把我們兄妹當作今晚宴會的主客，我受寵若驚地望著胡先生，矮矮的個子，身體很結實，臉上露出嚴肅中帶有和藹的笑容。他不喜歡多說話；可是說起話來每句都是實在的，有力量的。

「我們距離延安太近，需要多做一點文化工作來感化那些迷途而不知返的青年；同時幾十萬國軍在西北作戰，沒有精神食糧是不行的，所以我特地要令兄請妳來幫忙主編一個文藝月刊，妳想用什麼名字好？」

「我們已商量過了，就用『黃河』兩字。」我回答他。

「好極了！好極了！我們正在黃河流域作戰，這兩個字太好了！太好了！」

我那時酒量很好；尤其在興奮的時候，也會把酒當作汽水喝的；但胡先生並不如此，他不喝酒，只舉杯表示敬意。

翠華山上

我到西安還不到一個月，《黃河》出刊了，在有沙漠之稱的西北，這是惟一的精神食糧，由五千份一躍而為一萬二，真是我當初夢想不到的事，我高興極了，胡先生每次一見到我便說：「《黃河》，編得好極了！好極了！幾時要請妳到王曲七分校去演講，妳是他們的老大姊，義不容辭，哈哈！」

可是我始終沒有去，原因是生了勝子之後，我自己餵奶，加之黃河的編務太忙，很少有社外活動。

「妳去不去翠華山？胡總司令請客。」有一天一位同事笑嘻嘻地告訴我這個好消息。

「不要開玩笑，總司令請客，怎麼會請到翠華山去？」我反問他。

「聽說他看見你們這些拿筆桿的朋友，整天趴在桌子上寫，寫，不斷地寫，太傷腦筋了，他要讓你們過一天輕鬆有趣的生活，所以請你們上翠華山。」

經他說明之後，我相信了，果然，兩天之後，我收到了請帖。到時候，由總司令部派吉普車接到山下接待站，然後乘轎子上山，一連幾十乘轎子，浩浩蕩蕩，蜿蜒而上，這是西安文武合一的大團結，也是我們這些搖筆桿的朋友，一件最快樂，最難忘的雅事。

記得當時我還寫了一篇〈我們在翠華山上〉登在《黃河》上面，那天胡先生的笑容和他談話的聲音，彷彿還在耳邊繚繞，而今人天兩隔已永遠聽不見他謦欬而簡練的談話了。

一別十九年

還有一件事，也是使我一輩子不能忘記的，正在《黃河》辦得有聲有色，銷路激增的時候，突然有天晚上半夜裏有四個偵探人員來把我抓到幹四團去禁閉起來，說我有左傾嫌疑。晚上兩點，葛先生審問我的時候，才知道他們收到一封告密信，說我是共黨駐西安的文化部長兼婦女部長，我的天！這不是要我的命嗎？好在他們在我家找到的證據都是反共的，於是某秘書在天還沒有亮的時候就來牢房叫我：「謝先生，我們現在送妳回家，請妳千萬不要把這件事告訴任何人；更不要寫文章發表，這是我們太糊塗，處理失當，只好請妳多多原諒！」

當時我氣得腦袋裏要冒出火來，我受了侮辱，受了一天一夜苦還不要緊，最可憐的是我那四個月的勝子，餓得差一點活不了，他不肯吃奶粉，逼得他的父親抱著他到四鄰去討奶吃。兩月前在台北賓館還和陳先生大動談起這件事，他說：「妳知道嗎？那次事情幸虧胡總司令打電話去，叫他們馬上釋放妳；要不然，還要多受幾天苦呢！」

可是我當時聽說是總司令的命令要抓我，現在想來，一定不是這麼回事，因為胡先生做事，他要經過再三考慮，決不至於魯莽從事，既有命令逮捕，又怎的一天一夜就釋放出來呢？

「胡先生為了要網羅人才，他是不願來到西北的人又到別處去。」

當朋友對我說這話時，我還不大相信，後來事實證明的確如此。我們離開西安到成都去時，他也一樣不願意，我們是請假離開的，一別十九年都沒有機會和胡先生見面，如今想來，實在太遺憾了！

期許

「人是總歸要死的，不過是遲早的問題而已，妳要千萬節哀順變，好好撫養兒女成人，使他們將來繼承胡先生的遺志。」

這是我勸慰胡夫人的話，希望她達觀，人死不能復生；但胡先生的精神是永遠存在的！

作者為名女作家，曾投筆從戎，並主辦各類刊物，來台後任教於師大。一生出版作品極多，代表作《女兵自傳》，被譯為多國文字。

追念胡宗南將軍

薛光前

（民國五十一年撰）

胡宗南將軍不幸去世，舉國同悲。遠道聞訊，悼念尤深。余與將軍在形式上並無深切接近，但在精神上彼此確多感應。綜計年平相敘，可以回憶者不過四次；但每次晤面，均遺有不可磨滅的印象。

第一次是一九三七年暑季，胡將軍任廬山軍官訓練團總隊長。余與蔣百里將軍偕義顧問同住廬山。一日，余詣百里先生寓，見一英俊年少之軍官，談吐邁放，不同平凡。經百里先生介紹，始知為將軍，是為識將軍始。又一日，余與偕義顧問至軍官訓練團演講，將軍率全團軍官列隊聽講；將軍正立前排，歷兩小時之久，不稍移步。事後來余寓，索取講稿，並相與研究演講要旨，其孜孜好學，鍥而不舍之精神，誠非常人所及。惟余之知將軍，泰半由於百里先生之轉述。將軍與百里先生，並無師生之誼，但將軍謙謙下士，輒以師禮待之，是以過從甚密。百里先生每次見將軍後，必為余述與其敘晤之經過。百里先生生平不輕易許人，獨於將軍，往往讚不絕口，譽為虎將。蓋百里先生生平喜虎，以虎最貞勇，而將軍不但具虎形，且有虎之美質也。自廬山見面後，抗戰軍興，將軍轉戰沙場，余則任職後方交通，音訊相隔，直至一九四〇年冬，余隨當時交通部部長張公權先生同往西北，視察交通，道出秦關，專誠往謁。時將軍駐節王曲，振軍整武，氣象萬千。翌日清晨，閱兵觀操，陣列嚴整，尤見其治軍之力。其時西北各地交通，觸處多難。中央政令，不易貫徹。惟將軍之治區，紀律嚴明，執法如山。蓋惟律己嚴者，而後治軍亦如之。余離王曲後，轉赴蘭州，不數日，將軍亦至，知余在，乃約至其所寓勵志社相敘，兩人同進晚餐，直至深夜。相與論天下事，慷慨悲歌，抱負千秋。將軍膺疆寄，作干城，其匡扶輔翼之功，人皆知之，獨其宏濟時艱之經綸，則未為世所盡知，抑亦將軍所屈志未申者也。

自抗戰勝利，將軍全力戡亂，余則服務海外；天各一方，不易再見。年來執教為生，講中國近代史，每一述及抗日剿共期間，將軍把守潼關，拒外患，弭內憂，功績彪炳，心嚮往之。一九五六年回台之時，擬再一見將軍，知綜兵澎湖，未能果願，而今天人永隔，能無悲懷？聞中國文化研究所新建所址，將以一樓名為「宗南堂」，以垂紀念，立意深矣[1]。

作者時為美國聖若望大學（St. John's University）歷史系院長，副校長。

1 此文原載「中國一周」第六四七期，一九六二年九月十七日。

立己立人，革命革心

曹志源

（民國九十五年撰）

最近讀到許多有關胡宗南將軍的文章，都是緣於一位嫁與英人霍利得（Jon Holiday）的華裔女作家張戎（Jung Chang）所著 *Mao: The Unknown Story*（毛澤東：不為人知的故事）所引起。張戎在此書中，曾憑她個人的一些似是而非，未經嚴謹考證的道聽塗說和臆測，以十分肯定的文字和語氣，指繪胡宗南是中共潛伏國府蔣軍的高層間諜。說他所作所為，特別是一九四七年三月奉令攻打中共首都延安一戰，不但事先防範不周，竟讓身邊寵信的侍從參謀熊向暉將作戰計劃全案密交周恩來[1]，致使中共能從容部署，調兵遣將，避重就輕，損失甚微；而胡軍勞師撲空或中埋伏，損兵折將，招致軍師長多人陣亡的不正常戰果……等等。

曾國藩說：「安樂之時，不復好聞危苦之言！」對於身經濯血抗日慘勝，和見證戰後國共互相殘殺的同胞，不論贏家或輸家，在創巨痛深半世紀後對張戎書中的褒貶描述，似乎都不會有輕鬆愉快的反應。但站在歷史和「學術研究立場」，真理愈辯愈明，原是無可厚非的。但作者必須「小心地求證」，而不能單憑「大膽的假設」便作出結論；那種作風，會破壞「學術研究求真」，必須遵守「不偏不倚」，客觀的、科學的金科玉律，才不致增添歷史上的朦朧迷惘。至於為了發洩作者個人的恩怨感情，設定前提，栽贓渲染，以達譁眾取寵的政治或其他目的，則自然更會有辱於身為作家的高尚情操了。張著係由其夫婿以英文寫成，出版後頗為轟動。原擬在台中譯出版，因上述考據欠佳，臆測、傳聞太多，為出版商拒印。近聞在香港已找到出版商承印，可能引起更多議論批評云云。

數十年國共內戰中，各種離奇古怪的兵家醜事，和政壇異象，確是很多。譬如軍閥政客的朝秦暮楚！貪污怕死，臨陣倒戈，臨危變節，出爾反爾之事，層出不窮，不勝枚舉。但謂胡宗南本人「心懷貳志」，曾與毛共合作，從事有害於蔣介石的勾當，則不但與史實不符；就以常識判斷，也有難能自圓其說，杜撰不易，和串聯不上的缺陷。蓋胡將軍從黃埔軍校一期畢業以後，追隨蔣公從事「革命」，南征北伐，智勇超人，深獲蔣公的信任提攜，情同父兄手足。在蔣氏「安內攘外」救國史上，十餘年間，曾領「百萬」雄師，持節坐鎮西北，擔負著「東禦日寇，北制共軍，西防俄帝，內顧回馬，並隨時待命馳援友軍……」的重任，功勳卓著，未曾有辱使命。他在「王曲」練軍，訓育文武幹部，更以「立己立人，革命革心」；「鐵肩擔道義，血手寫文章」一類出自內心誠摯的格言，自勵共勉，無時無地不以「國家」、「領袖」、「主義」……為成仁取義的鵠的[2]。

又，大陸赤化前，重慶危於旦夕之際，蔣公前往坐鎮。陳誠、薛岳等均有急電促蔣速離該地以策安全。蔣為守候胡軍南下，堅持至最後一刻待胡軍到達，始於深夜離別林園官邸，逆著難民、兵、馬車輛洪流，去白市驛機場飛赴成都，作「挽歷史狂瀾於既倒」的最後努力[3]。蔣公到成都後駐驛中央軍校。共軍輕取重慶後，不暇喘息，乘勝緊追，並花招百出，以威脅利誘對當地軍閥敗兵發動「心戰」攻勢，配合地下共幹凌厲的文宣民運活動，欲以「活捉蔣介石」作為「解放大陸的高潮或重點」[4]。成都軍校那時可說已在「四面楚歌」之中。依為重鎮的劉文輝等軍閥已倒戈投共，全賴胡將軍親率所部護衛蔣公，使蔣公得於最後撤退計劃；任務完成後，莊嚴而從容地從軍校正門前往機場，揮別蓉城，脫險飛台[5]，才有以後「十年生聚、十年教訓」，「臥薪嚐膽」，建設台灣為「三民主義的模範省」；在安定中，雖軍事負擔奇重，三個五年計劃，一次十大建設，便創造了台灣經濟奇蹟；為中國歷史寫下「台澎之治」的美好篇章，也影響和啟發了爾後鄧小平先生「經濟學台灣」的胸襟和「白貓黑貓論」，進入全面「大開放」「大躍進」的時代，因而有今日「中國的崛起」，經濟的發達，民主的進步，國運的昌隆；中華民族復興的光明遠景，有如彩虹在天，光輝奪目，使舉世為之刮目相看，胡宗南若有心支共害蔣，則何不「捉蔣」自重，奪得「解放」高潮的「錦旗」；為反共劃下句點，則不但無今日之台澎；亦無今日之中國，世界何去何從，為禍為福，也不得而知啊！

曹志源博士，曾任外交官十五年，執教美國大學三十年。散文政論，常見報刊。著作有《少年行》等七本。

1 此事大體見熊向暉所著《自述間諜生涯》。

2 抗戰軍興，胡宗南以勇敢善戰的第一師師長，而軍長總司令，而戰區司令長官；成為全國有志報國青年仰慕追隨的對象。中樞授權他在西安郊外的王曲成立中央軍官學校第七分校，長期訓練幹部，另成立「戰時工作幹部訓練團」（簡稱戰幹團），收容流亡學生，和左傾親共青年；予以短期教導，再從軍報國。家兄效時當年心切抗日，放棄大學教育，投筆從戎在武漢考取中央軍校第十四期，隨隊間關跋涉，徒步入川受訓。在銅梁畢業。後即請求加入胡軍，初任七分校少尉區隊長，後任戰幹第四團「教育參謀」，頗著成績。其對胡氏愛國忠誠，深具印象，與孔令晟將軍（見《傳記文學》二〇〇六年二月號胡志偉訪問孔將軍文及同年四月《中外雜誌》謝久等文）所見、所述各端，若合符節。家兄後經長官推荐，應胡黃埔同窗好友；十一集團軍總司令宋蔭國（希濂）將軍召，出任其侍從參謀職，相隨轉戰於滇西緬北，怒江前線有年，一如熊向暉之與胡宗南關係。宋於日本投降前一年，因與上司衛立煌將軍不和被調離，頗受委屈。家兄建議其效法鄉賢左宗棠，向蔣公請纓前往新疆開拓，「再栽楊柳十萬株……」以鞏固邊防。宋從其議，蔣公嗣以「新疆警備總司令」一職授之。家兄於宋離職後調任正在滇西作戰的榮譽第一師營長，恰逢日軍投降，抗戰勝利，隨軍去廣州乘美艦北上，接受青島，進駐濰縣高密地區。不半載即奉宋總司令電召去新疆，出任副團長，而團長之職，才二十四歲，戍守南疆輪台，焉稽有年。嗣宋調華中剿總任副總司令（總司令為白崇禧），兼十四兵團司令，渠亦跟進，任該兵團教導總隊長。不幸受大局影響，兵敗川鄂邊區。宋被俘，經囚禁多年，獲釋後寫《鷹犬將軍》一書，引起不少是非。家兄來台後發憤苦讀，先後憑考試畢業於美國步兵學校、海軍陸戰隊學校，及美國三軍參謀大學。於八〇年代，從台北國防大學教授任內退休，旋移民來美，居波士頓，依女生活，亦垂垂老矣！然對早年所見重大人事，仍依稀能憶。他堅決認為張戎書中所稱胡氏，為一種疑慮臆測和幻覺，不置識者一笑云云。

3 見蔣老總統當時侍從秘書，後任《中央日報》發行人及常務委員的曹聖芬所著《從溪口到成都》。

4 多年前曾讀杭州大學歷史教授所著《蔣介石在大陸的最後日子》，並附「宋希濂潰敗被俘記」等文。對胡宗南大軍入川後的「困獸之鬥」，描述甚詳。若張戎所指「胡存貳心」屬實，則胡何必要在成都護蔣。後又孤軍深入西康圖建反共基地，胡去西康抗共失敗來台後，被監察院調查彈劾受報界指責，他自以「敗軍之將，不足以言勇！」集謗一身，任人宰割，曾無片言隻字解辯，或推卸責任。全賴西北來台官民及軍中同志口碑力挺；如總統蔣公瞭解同情，得免於「難」。他蝸居台北市羅斯福路三段，浦城街與雲和街交口處的一日式小房，與蔣公近身幕僚人員鄭彥棻、張其昀、曹聖芬、周宏濤、熊丸、陳舜畊……等人為鄰，陳立夫先生出國前，亦居附近。雞犬相聞，來往頻繁。筆者一九五〇年考入台大前後，在沒有分配宿舍居住前，曾寄居家叔聖芬先生浦城街小宅。常在家中邂逅過去大陸各界聞人。軍方的胡將軍、湯恩伯將軍、黃達雲將軍、蔡孟堅、皮宗敢、唐君鉑、蕭勃……等常客，都曾見過多次。而胡將軍更以鄰近，步行五分鐘即到，個人如在家，間亦扮演開門，奉茶敬菸等角色。一九五三年冬，軍人之友社組織「大陳島勞軍團」，一行十餘人有立監委和青年代表……等。由內政部長黃季陸率領，乘水上飛機「藍天鵝」號冒險前往。當日晚間，駐軍在浙江沿海島嶼活動，待機反攻的游擊隊號稱反共復國軍數萬人。首長在地下指揮室茶聚座談，該首長與每一團員親切握手後，分贈名片一張，署名「秦東昌」而無職銜。黃部長發言向該首長及駐軍致敬慰問時，也以「秦先生」或「秦將軍」稱呼。團員中似乎都不知此沒沒無聞的秦將軍，秦司令究係何方神聖？他態度謙虛，發言誠摯，表情嚴肅中略顯委屈而不甚自然狀。惟對反攻事業，有信心而少顧慮。曾盼後方基地同胞，毋忘大陸失敗教訓，團結奮發，鞏固領導中心……：「茲當中共政權尚未穩固，清算鬥爭，三反五反，未遑寧日。人民望治心切，而百廢難舉之際，我們待機登陸，步步反攻，隨時都有可能，但如何建立基地，站穩腳跟，徐圖擴充發展實力，大肆行動，則不是我反共復國軍，游擊隊所能完成的任務了……。」個人當時是代表台灣大學，以「青聯會」總幹事的身份應邀前往。於此一充滿神祕色彩的午夜茶會中，聞其聲，見其人，下意識總覺得秦這個人很面熟。次日上午，他集合了數千勇士，與勞軍團見面，並行禮如儀，接受慰勞致敬。他舉手投足穩健大方，說話激昂簡潔，充滿著愛國熱誠和信心，有十足的大將風度，我在台上站在他側面仔細端詳，發現他與我在浦城街見到的胡將軍十分相似。然而，因為胡將軍過去在大陸時，雖名震天下，據說從不接受報界採訪照相。常輕車簡從，出入行伍民間而從不見報。故除親眼見過他而知道他是誰的人以外，很少人能鑑定他是何人。勞軍團任務完畢，在回程的「藍天鵝」飛機上（「藍天鵝」聞係自大陸撤退來台的兩架民用水上飛機之一。機身不大，只能裝載十幾二十人，為當年台灣與外島交通的主要航空器。），我公開地請問黃季陸團長和同行的人：「秦東昌司令的長相和風度是不是與胡宗南將軍很相像？」有人說沒有見到過胡將軍本人，也少見他的照片，無從比較。也有人質疑我為何有此一問。只有黃部長表情詫異地說：「的確很像！」我想他過去是見過胡將軍的，也是知情的；只是不願洩漏軍事機密，故作姿態而已吧！回台北後，我將此行報告並叩詢家叔聖芬，他說：「就是他啊！但你不要在外面亂說，這是現階段很敏感的軍事部署……很容易出紕漏的……」最近讀到大陸當局解密後的許多資料顯示，謂當年蔣介石反攻大陸的決心，可從大陸淪陷「解放」後，到東山島一次大舉登陸，得而復失期間，曾在閩浙沿海發動數百次登陸活動中見之。這些小規模游擊登陸活動，當年曾給予大陸當局極大的不安，蓋其不但封鎖了沿海港口，影響經貿，且數十萬海防部隊被其牽制。……故中共決心要消滅以大陳為基地的秦東昌反共救國軍，以除後患。若胡真如張戎所稱係潛伏共諜，為何如此？結果台灣方面，還是受美國的壓力和說服，在其海軍協助下，全師而退。在此之前，王生明所部都是死守「一江山」孤島的英勇戰士，全軍犧牲，永垂青史。王生明是長期追隨胡宗南的猛將之一，也是他為了報效他的老長官胡宗南，而視死如歸，請纓去與該島共存亡的。假如胡宗南如張戎所指，是中共的間諜，胡宗南會去屈就大陳島扮演「秦東昌」的艱苦角色嗎？會犧牲他的朋友愛將王生明和五六百英雄，而使中共為了爭奪「一江山」這彈丸之地，付出數倍於守軍的生命嗎？蔣介石後來還會輕心重用胡宗南為台海前哨的澎湖列島防守司令嗎？

5 見前註杭州大學教授著《蔣介石在大陸的最後日子》，及曹聖芬著《從溪口到成都》。

齊家治軍的楷模

錢用和

（民國五十一年撰）

抗戰時期，我在重慶，就已聽得胡宗南將軍，捍衛西北邊區，使共軍不敢越雷池一步，蜚聲遠著，令人欽佩，心嚮往之。

民國三十一年一月，國民參政會派我與陳逸雲女士，參加各界西北勞軍團，追隨團長程天放校長（國立四川大學校長），經成都，廣元，至西安。到西安後，拜會各機關首長，往訪胡宗南總司令，蒙在三十四集團軍總司令部招待，商勞軍日程，得面聆教益，瞻仰胡將軍英俊風範，和藹態度，剛毅木訥，精幹卓絕，證明在重慶所聞，名實相副，無怪識與不識，都表敬重。我們由西安出發，至蘭州，青海，寧夏勞軍，回西安，始慰勞胡總司令三十四集團軍部隊，看到軍紀嚴肅，軍容整齊，足見胡將軍，治軍有律。但他生活質樸，與士兵同甘苦，所以深得軍心，並受當地民眾擁戴。

我從西安返重慶，未能再向胡將軍領教，但三十六年，胡將軍任西安綏靖主任，以雷霆萬鈞之勢，直搗延安匪巢，名震中外，更欽佩萬分。可惜此時時局轉變，勝利還都，不久赤燄燎原，大陸淪陷，我隨政府撤退來台，此後雖曾參加澎湖金門勞軍，卻未見胡將軍，不知駐節何處。

四十一年十二月，中華婦女反共抗俄聯合會，策動大陳島勞軍，我同皮以書總幹事，呂曉道常務委員，趙筱梅委員等，乘藍天鵝水陸兩用機，在寒風凜冽，波濤洶湧，暮色蒼茫的海面下機，換渡船，登彼案。當地駐軍，列隊歡迎，火把照耀中，仍看不清軍官們廬山真面目。次晨從崎嶇山道，與嶙峋石隙中，穿越小徑，至反共救國軍總司令部，拜會秦東昌總司令（兼浙江省主席），握手時，不勝驚異，原來是久違的胡宗南將軍。自西安闊別，倏忽十年，想不到在此荒涼島嶼再見，相對笑談，深佩胡將軍，能作中流砥柱，任人所不能任的使命，埋頭實幹，更比在西安時，艱鉅百倍。

當時大陳島，除總司令部，新建簡陋辦公室外，很少民房，因為多岩石，也多鮮農產品。交通除本島可以步行，島與島間，全靠小船擺渡，二十餘島，軍隊分散，但集合受我們慰勞，行動非常迅速。胡將軍在總司令部，指著地圖，報告大陳地位，在反共戰略上的重要性，南與馬祖、金門、澎湖及海南各島，遙相呼應，可以肘制沿海匪軍數十萬，為台灣安全屏藩，不能以大陳島，貧瘠忽視。胡將軍分析戰略情勢，高瞻遠矚，運籌帷幄，瞭如指掌。

報告畢，以盛餐款待我們，島上缺乏蔬菜米麥，人民多吃地瓜海產，士兵糧食，大部由台灣補給，我們來飽啖米飯珍蔬，減少士兵所食，心感不安。胡將軍說：「貴賓到此，慰勞士兵，興奮萬分，深恐招待不周，務必開胃大嚼。」在熱誠和諧氣氛中，餐罷告辭，胡將軍率部隊，排列海邊，婦聯浙江分會，主任委員黃百器，領著婦女兒童來送行。我們對此海空山色，人影心聲，在依依不捨的情景中，揮手作別。

四十四年一月十八日，共軍大擊進犯一江山，大陳兒童人民軍隊，奉命撤退來台，我們冒雨到基隆碼頭，慰問招待。看到軍隊紀律嚴整，想見胡將軍治軍的精神。

澎湖為金門台灣的橋樑，我於四十一年，同皮總幹事，前往勞軍，風沙飛揚，一片黃土，比大陳的山石崢嶸，景色完全不同，但貧瘠之農產品卻相似。四十五年五月二十二日，同皮以書總幹事，呂錦花副總幹事，軍眷住宅督工小組楊建民少將等，乘空總專機，再赴澎湖，抵達機場，防衛司令官胡宗南將軍，暨高級官員，婦聯分會海陸空軍眷屬等，均在機場歡迎。胡將軍招待我們，分乘備就汽車數輛，至司令部休息。沿途見廣原綠野，高粱玉黍，滿植田畝，馬路平坦，夾道樹蔭茂盛，市區繁榮，三四年中，各方進步，如此迅速，足徵胡將軍與政軍配合的建設成績，有目共睹。

我們至澎湖新邨軍眷住宅，參加落成典禮，巡視自來水，防風牆，水溝等，並在大門口，蔣夫人所題「澎湖新邨」水泥柱旁，攝影留念。中午胡將軍在「力行社」，設宴款待我們，餚饌精潔，別具風味，大家早已飢腸轆轆，入座大嚼，不待勸酒，談笑自然，賓主盡歡。皮總幹事本擬起立致詞，但胡將軍不尚空言，無此客套，深佩他切實力行的作風。

我們當晚飛回台北，從此很少機會得晤胡將軍。五十年十一月十二日，本黨八屆四中全會，在陽明山莊開幕，至十六日閉幕，我與胡將軍坐相近，每晨到會場，必握手閒談片刻，他自四十八年離澎湖，返台北，卸去防衛司令官職責，如釋重負，精神顯出瀟灑輕鬆，應享耄壽。孰知於本年二月十四日，心臟病發，逝世於榮民總醫院，時只六十四歲，不能稱老。反攻在即，倘假天年，必將再搗匪巢，摧毀共黨在大陸政權，敬同胞於水火，現在將星遽殞，全國上下，痛失干城，尤其我對胡將軍，一向欽佩，更覺哲人其萎，無限哀悼。

胡夫人葉霞翟女士，為虔誠基督徒，時來此間，參加祈禱會，得常見面，和藹可親。她擅長寫作，最近贈我巨著《軍人之子》一書，描述胡將軍，為國宣勞，公而忘私。但伉儷情深，蘭桂挺秀，正羨齊家治軍，為人楷模，胡將軍雖死猶生，當永垂不朽。盼胡夫人節哀順變，教育子女，繼承勳績，以慰英靈。

作者曾擔任大學教授，國軍遺族學校校董，制憲國代，監察委員，婦聯會常委等。

追念胡宗南先生

張其昀

（民國五十一年撰）

民國九年，國立南京高等師範開辦暑期學校，胡宗南先生亦來參加。因為朋友的介紹，我們很快就熟識。胡先生是浙江省孝豐縣人，孝豐位於天目山區域，以產竹著名。青年們好詼諧，有時不稱其名，而戲稱他為「竹，竹，竹。」由今思之，這高風亮節的竹竿，確是胡先生全人格的象徵。

胡先生愛大自然。我們幾個朋友，喜歡於課餘上欽天山，登北極閣，遙望揚子江頭的落照，有雄毅的意境。時或於月夜上雞鳴寺，便在台城散步，鍾山是恬靜的，玄武湖泛起銀色的波光，偶聞槳聲，悠然而動古國之思。遇星期休沐，從鼓樓岡騎驢，過隨園故址，遊清涼山，烏龍潭，出水西門，訪石頭城故址。又經莫愁湖，至上勝河（明代稱為上關）看揚子江。誦李白之詩：「三山半落青天外，二水中分白鷺洲。」興盡而歸。少年時的同窗，永遠是愉快而甜蜜的回憶。

自南京離別以後，直至北伐勝利，才重行聚首。這時候他是全國聞名第一師師長。他從黃埔軍校第一期畢業以後，參加過東征之役和南昌之戰、上海之戰。及京滬底定，隨即北伐，克復蚌埠，會師濟南，以後就成為一位鎮撫中原的名將。他來找我，常約繆贊虞（鳳林）君同往龍蟠里國學圖書館，拜訪柳老師（詒徵，字翼謀，號劬堂）。我們是魚相忘於江湖，他仍以出身師範的寒士自居，所談的多半是史學、教育和南京的史蹟，真可以說是儒將風流。

他愛中大的校景（那時候已由國立南京高師而東南大學而改稱為中央大學），又愛鍾山的名勝。王荊公晚年隱居鍾山，有詩云：「終日看山不厭山，買山終待老山間。山花落盡山長在，山水空流山自閒。」最可以形容胡先生在千軍萬馬中涵養出閒雲野鶴的風格。他每到南京，常邀作者和贊虞，往靈谷寺一帶作半日的徘徊，在中央體育場和音樂廳一帶，欣賞鍾山的美景。昔人所謂：「前逼逸陌，朝夕爽塏；後望鍾阜，表裏煙霞。每賸春迎夏，華卉競發；背秋向冬，雲物澄霽。」多美麗的首都呀！他不多講話，但常作會心的微笑，真可謂「吉人之詞寡」了。

民國二十三年秋至二十四年夏，作者作西北的長征，為時一年。那時候他以國軍第一師師長，駐在甘肅天水，建立訓練基地。他要作者到天水同過新年，遂在他師部裏客居旬日。作者曾從鳳嶺出褒城，又從略陽出祁山，兩次從北而南又從南而北橫越秦嶺，最感興味。他說，有些地方，他不很放心，曾派了一名戰士，作短程的保護。作者曾經到蘭州五次。有一次他也在蘭州，說有一架軍用機因公赴天水，要我順便坐飛機，好領略隴阪的風光，這是作者第一次空中旅行，盛情至為可感。

抗日聖戰既起，他率軍增援淞滬，死守六週，屢挫日軍步、砲、戰、空聯合攻擊。於是世界人士對我國軍刮目相看。而他在軍事上所負的責任，也一天天加重，由軍團長，而集團軍總司令，而為第一戰區司令長官。他的主要任務，是鎮守關中，確保潼關。八年之間，日軍不敢以一兵一卒渡過黃河，關中盆地安然無恙。保陝西即所以保四川，功績之大，昭昭在人耳目。

抗戰時期，作者隨國立浙江大學遷居貴州遵義，他幾次邀作者重遊西北，以圖良覿，迄無以應命。惟吾友贊虞，則幾次應邀講學，在重慶晤面時，總盛稱胡將軍。他說：胡將軍與士卒共甘苦，戰時則身先士卒，將士皆親如手足，他尤注意退役傷兵、及烈士家屬子弟的生活，故軍心團結，真有「撼山易，撼岳家軍難」之慨。當時胡將軍兼任中央軍校第七分校及戰幹四團的主任，常派人深入華北各省，招收淪陷區青年，前後達七萬餘人之眾，其所耗費之心力，從可想見，蕭贊虞有一篇小說性的文章，記載與胡將軍的談話，內中有一位紀先生，大概是指作者，可惜原文已散失了。

贊虞又說：胡將軍老是不肯結婚，常說：「匈奴未滅，何以家為？」直至民國三十六年，他做西安綏靖主任時，和葉霞翟女士結婚，生育二子二女。葉女士是美國威斯康辛大學政治學博士，不僅是賢伉儷，也是真正的知音，雖古之梁孟，無以過之。那時作者在杭州，傳來了佳音，也傳來了最令人興奮的戰訊。是年三月，胡先生攻克共軍老巢的延安，其後榆林之戰、大荔之戰、陝西涇渭河谷之戰、運城之戰、中條之戰與臨汾之戰，他都能用兵如神，每次皆給共敵以鉅創。這幾年，我們僅匆匆見過幾次面，未暇詳談，但他那句「直搗黃龍」的壯語，畢竟已經實現了！

民國三十八年一月，總統下野，因為重外輕內，致自壞長城，時局乃急轉直下。在這一段痛史裏，胡先生曾急援重慶，轉進西昌，支持西南大局，發揮民族正氣，真可說是「國之干城」。來台以後，他曾對作者說過這樣的話：「辦事者非精心果力之為難，而仁恕存心相忍為國之不易。」民國四十年，胡先生在大陳島整頓海上游擊隊。四十四年，他任澎湖防衛司令，駐於馬公，金門砲戰的勝利，即以澎湖為中繼地。到了四十八年，國防研究院開辦，他奉總統蔣公之命，入院研究，他的畢業論文，題目是「論人才與建國建軍的關係」。畢業後，憑他的熱誠和聲望，連任本院畢業同學會會長數年。

最近幾年，我們詳談和深談的機會比較多了。最近一次值得回憶的談話，是在羽毛球場草地上，本院畢業同學聯歡晚會的席上。他坐在我的左邊，我說：贊虞生平藏書都在這裏，他本人在大陸，有種種謠傳，存亡莫卜，我以老友的資格，把他的藏書作為中國文化研究所史學部門的基本圖籍，有好些是在台灣無法搜集的。胡先生聞之，黯然神傷。我又跟胡先生說：「您還記得三十多年前有一位最賞識您的人嗎？」他說：「什麼人？」我說：「就是柳老先生。」他說：「柳老先生怎麼說？」我說：「有一次，您去看柳先生，您出來以後，他對著我和贊虞說：『燕雀安知鴻鵠之志哉？』」他說：「這話怎麼講？」我說：「我們改日再詳談。」

胡先生聽了很感動，席散後，他說不必另定日期，我們就找草地上清靜的一角，繼續談談好嗎？

我說：柳先生的意思，您不但是一位名將，且將成為一位名儒，我看了您的畢業論文，深深佩服柳師知人之鑑。我記得您在畢業論文裏，說過幾段極重要的意思：

「建國建軍最重要的因素是人才，尤其是經緯萬端之今日，不但對領導群倫、擔當方面之人才，需要培養和選用：就是對於一般工作的幹部，也需要普遍的精練和造就；特別是無數的科學技術專才的尋求、孕育和輔導。」

「造就人才的根本，主要在於培育。……這是建國建軍之第一件大事。」

「中國復國之人才，需要具有哲學、科學、兵學與品德的修養。」

「我們建國建軍的工作，要從台灣基地做起。在院長領導之下，充分發揮每一個人的智慧和才能，分工合作，齊步並進，為復國建國而努力。」

我說：宗南兄，我們是同志中的同志。除了恩師柳先生外，在教育學術界，我生平最景仰的人，一位是劉伯明先生，一位是蔣百里先生，他們都是深信教育救國的人。我本來立志終生為一大學教授，因為大陸沉淪，總統以國士待我，乃在中央服務，至今忽忽已十二年。現在想重理故業，以國防研究院畢業同學為基幹，創辦一所私立大學和研究所，以為安身立命的所在。這是一所反共實踐的學府，也是一所革命建國的學府，目的就是要實現老兄在畢業論文中崇高的理想。一般畢業同學會，常不免流於形式，惟有共同的理想和共同的志業，才能真正團結在一起，維繫於久遠。您說：「中國復國的人才需要具有哲學、科學、兵學與品德的修養。」是的，這樣的新學府，少不得一位蔣百里，您老兄出來領導好不好？我深信您不會辜負柳先生對您名將兼名儒的期許。艾森豪將軍不是也做過哥倫比亞大學校長嗎？他總是虛懷若谷，說道：「我半生戎馬，實在太荒疏，但好學終不會太遲，我竭誠擁護你的主張。」

過了幾天，他到了陽明山莊，對作者說道：「我知道，大學不僅是青年的會集，也是學人的結合。我們不是僅僅要作育後進，尤要者在於充實自己，教學相長。培養青年，固然需要相當時間，但學人們自我教育，相互切磋，收效最大，且不容稍懈的。當然，獻身教育，培養後一代，是極有意義的事。」他又說：「我知道，我們不是為大學而大學，為研究所而研究所。我們是朝著反共中興的大目標，才來創立一所新的學府。因為私立大學在系科設置和教學設施方面，比較上多有因時制宜，斟酌損益的餘地。」又說：「凡事決定要做，即知即行，終不會太遲的。」

想不到大學和研究所還在籌建時期，而胡先生還在壯盛之年，就這樣突然的離開了我們。使我們失去了一位領導者。他身後一貧如洗，確立了黃埔軍人的風範。今天，我含著淚寫這篇紀念文字，您的同志，您的同學，一定會群策群力，再接再厲，來完成您「建國建軍必先建人」崇宏的理想。現在私立遠東大學預定於今年秋季開學，正在積極建築校舍，延攬師資。「遠大」訓練新生的大講堂，要定名為「宗南館」，以告慰於故友在天之靈。

國防研究院第一期畢業論文，一部份是由研究員自己選定的，胡先生就是其中的一位。當開學後不久，他曾到我的辦公室，說過幾句話：「大陸淪陷，真如土崩瓦解。據我個人看法，基本原因，還在於一般青年和專家學者，往往對共匪真相，茫然不知。於是隨波逐流者有之，譁眾取寵者有之；是非混淆，黑白顛倒，正氣消沉，公道淪亡，而大亂隨之。故今後再造中華之惟一要務，乃在實踐『知難行易』的革命哲學。因為實踐篤行，本於真知灼見；不肯有真，何能實踐？這是我所以選定人才問題為畢業論文的用意。」言猶在耳，恍如昨日，敬錄之以追念良朋，並為同志間相互勗勵之資。

作者為我國地理學家及教育家，曾任中國國民黨秘書長，教育部長，革命實踐研究院主任，國防研究院主任；總統府資政，並曾創辦中國文化學院及中華學術院等。

堅苦卓絕——胡宗南將軍

陳昌枏

（民國一〇三年三月二十三日撰）

縱觀將軍一生，投效黃埔，誓為主義、領袖之信徒；東征，北伐，抗戰，總綰雄師，屏障西北，百戰功高。

及內戰方殷，千里勤王。嗣坐鎮西昌，整軍經武，力圖揮戈東指，匡復失土，卻因雲南攜貳，而壯志未酬。

今天，號角聲已遠颺，回溯國家多難，面對擾攘紛乘的歲月，將軍以身許國，其大節不虧，臨難不苟，勇於任事。語云：獨木難挽大廈之將傾，雖陵谷生變，將軍秉其孤忠，仍奮身不顧，斡旋乾坤。

三十九年抵台後，將軍依舊戎馬倥傯，席煖突黔，親冒鋒鏑，指揮大陳「江浙反共救國軍」，除無數次巡弋戰鬥，並分別於四十一、四十二年間，兩度對浙江沿海，正面實施大規模兩棲協同突擊作戰，為反攻大陸軍事行動揭開新紀元。

四十四年出任澎防部司令官，高階（上將）低用（中將職務）。期間，胡宗南將軍構築陣地、興建眷舍、擴建機場、籌設公墓、促進地方團結、倡建離島大橋、植樹築路、改良漁業，積極建設澎湖，地方民眾受惠感激。

將軍躬自菲薄，寧淡甘以潤舊屬，捨華膴而安清貧。杜甫云：「公若登台輔，臨危莫愛身」，將軍做到了，吾人當銘記弗忘。陶淵明詩：「誰云其人亡，久而道彌著」，一代名將之精神人格，與天地不朽。

作者為江蘇人，文史學者及作家，台大法律系畢業，公職退休。

這樣的將領能有幾個？

張自英

（民國五十一年撰）

被譽為西北王

有「西北王」之稱的胡宗南將軍，在抗戰時期，他的舉足輕重，關係著整個國家的命運。我們要在這裏特別提出的，便是在這一階段，他對國家有過驚人的貢獻，但一直為人所漠視，乃至於無聞！

當抗戰軍興，胡宗南將軍，一方面在甘、陝一帶積極整訓部隊，陳兵百萬，嚴陣以待，不但延安共軍，無由越雷池一步，即洛陽與潼關一帶的日本軍閥，也不敢前來進犯！由於這堅強的西北屏障，使當時抗戰的大後方，得以安定與確保，奠定了後期抗戰的勝利基礎。

在那時，胡宗南將軍，便奉命籌辦軍官學校第七分校，接受總統賦予更重的歷史任務，他一方面派員深入山西、河南、山東、安徽、江蘇、浙江等省敵後，招收流亡青年，以及搶救自西北各地走向延安共匪誘惑的道路上之青年，約四萬餘人。另外，再成立了戰幹團，大批吸收勢將為共匪所爭取的失學失業青年，據統計亦不下三萬人。將此七萬餘迷途的青年學子，培植而為抗戰、剿匪的忠貞幹部而效命疆埸！這是胡宗南將軍忠誠謀國，卻為國人所漠視，乃至被遺忘了的功勳！

從大陳到澎湖

來台後，胡宗南將軍，深體國步維艱，他不以大將軍自居，而且捨棄了陸軍上將的頭銜和享受，隱姓埋名地跑到荒涼而又危險的大陳島上，吃著燒餅、乾糧，穿著赤腳草鞋，指揮海上的游擊部隊，向大陸邊沿突擊，像一把匕首，刺進共軍的心腹，像一座燈塔，照亮了苦難同胞的心房！

以後，胡將軍又調職到澎湖，在風沙中生活，在戰鬥中工作！

由於他承受過革命的洗禮，國家需要他到哪裏，他便到哪裏；國家需要他擔任什麼職務，他便擔任什麼職務。

悼一代將星的殞落

此外，他的大將軍風度是：「無視於一切的毀譽，勇於承當一切的誹謗！」

他不吸煙、不飲酒、不應酬，也不講客氣話，私生活的嚴肅，使他的靈魂益增光輝！

在他五十歲的時候，還沒有結婚，他回答人家說：「匈奴未滅，何以家為！」一直到他指揮著部隊，直搗共匪延安老巢後，他才和葉霞翟女士結婚。

胡宗南將軍，當年被人譽為「西北王」，來到台灣後，沒有一點財產，這是他偉大的另一面，看自由中國，這樣的將領，能有幾個？

二月十四日凌晨，這一代將星殞落了！由於他承受了革命的洗禮，對自己偏愛「隱藏」與「無言」，因此，他對國家的貢獻，和不世之功勳，幾乎被世人所忽視與湮沒了！

我們於哀悼之餘，略記他的功動，以茲紀念，而垂不朽！

作者為文學家，傳記作家。

衛國干城少一人

趙尺子

（民國五十二年撰）

今晨台北氣溫應在十度以下，兼以小病，懶得起牀，擁衾讀報。不意本報第三條要聞便是「將星殞落，國失干城——胡宗南將軍昨逝世」。急讀「本報訊」，再讀「戎馬終生，鞠躬盡瘁」和第三版的「衛國干城少一人」，手已冷僵了，心也冰涼了！一位反共理論的知己，畢竟以六十四歲的不高之齡而一瞑不視了。早餐桌上想到朱霽青先生，趙大偉將軍和陳翊周先生三位師友之喪，除了各送輓聯，略述心中的痛悼以外，都曾發表文字，詳敘親炙的經過，對各位光輝的史蹟加以闡揚，供作史學或掌故家的採擇；一方也藉以稍抒由衷的哀悼；自然對於胡將軍更應在輓章以外誄以文章，否則感到太辜負他二十多年來對我的認識了。

那是二十九年年底的事了，由鄧寶珊轉來胡將軍致我的簽名信，記得是說七分校成立東北總隊和邊疆總隊，擬請我去講講課並為推薦一位蒙文教官和一位藏文教官等語。當即敬覆一信，告以我暫時沒法到西安教書，並允借本社（邊疆通信社）副社長張樂軒先生去作藏文教官，及總編輯謝再生去任蒙文教官。隨後便打發他兩位南下了。

轉過兩年，我搭胡將軍的座機由榆林經寧夏，在西安降落，轉道重慶述職。那次飛行，我只是「黃魚」，不過並非買賣的「黃魚」，而是司機趙本強兄好意的攜帶。因為三十七年毛澤東殺了我派駐延安的特派員鄭新潮，因此次年我發表《中共論綱》，由軍事諜報學之見地，論證「中國共產黨」

絕非政黨，亦非軍閥，更非土匪；實為赤色第五縱隊，冒革命政黨之名，作出賣祖國之事，毛澤東與汪精衛、溥儀、王克敏、德王等漢奸，實係同一型質云云，累得毛澤東下令要把我「隨地活埋」，這消息由他的偽葭縣縣長倪偉密告給我；從此我不能再經延安。本強兄才把我從空中帶出來。西安下機後，胡將軍的駐站參謀看到我使用了傅作義，鄧寶珊和二二軍高立卿（雙成）軍長給我的三個「參議」的名片，便報告胡將軍了。胡先生在接到某參謀的報告後，即刻派人向西安各旅館裏找榆林來的趙「參議」。接著先麟兄來訪，約定次日赴胡先生的晚宴。

這餐晚飯，吃得我十分尷尬。原來先麟兄以為我和胡先生是已經相識的，所以他將我讓到客廳門外，他便退去了。我走進屋中，看到五六位將官在座，不認識哪位是主人，主人也不知我是誰氏。我只好掏出名片，一一送上。胡將軍看到名片，才和我親熱地握手，連說「我是宗南」。其中兩位我還記得是山東的「二李」，長個子是李延年將軍，小個子是李某某。席面很別致，六菜一湯列陳在能轉動的飯桌上，侍者隨時轉動，菜餚便來到面前。沒有酒，上座便吃，吃完便罷，誰和誰都很少交談。我坐在胡將軍的右手，大約也沒有說上三五句話。飯後，客人各自散去，我也隨著辭出。夜裏，先麟兄打電話，約明晨到小雁塔一談。

次晨的談話卻是長談。主要的是談毛澤東集團問題。我說，中國共產黨並不是土匪，也不是政黨；他們是俄國在華編組的武裝間諜團即希特勒式的第五縱隊。現在承認他們是政黨和「八路軍」，是替他們掩飾了漢奸性和第五縱隊性。接著我說到對付毛澤東的戰略，上策是現在就把他們殲滅了，中策是抗戰勝利後馬上就把他們肅清，不過那就要多費手腳了；下策是維持目前的局面。他聽得很仔細，但不表示意見，偶爾也問一兩個問題，最後是囑我和副參謀長某少將（姓名遺忘）一談。告辭後，他派人引我去見那位副參謀長，一談便談擰了；那位副參謀長不但反對中共是俄國第五縱隊之說，而且根本批評我的上策是「違反國策」。結果不歡而散。

我從重慶返陝以後，胡先生派先麟兄送來七分校「上校教官」的聘書和預付三年的薪餉，另外密電本一個。聘書照收，薪餉璧還，因為那時上級規定我不得兼薪。以後我往返榆渝，都搭胡將軍的飛機來去，過陝必請飯，必問用不用錢。不過，慚愧得很，我沒有為七分校講半小時的課，也未曾啟用一次密碼本。

《中共論綱》出版，備函贈給他一百冊。不久之後，他翻印一萬冊，並經由鄧寶珊送來一函，略云：「吾兄以蒙古問題之專家，發現『共黨赤間』之秘密，可謂一針見血。吾人剿匪二十年，至此始打出道理來，曷勝欣快！」他評拙作為「剿匪二十年，至此始打出道理來」，當然我對他頗有知己之感了。

三十四年他飛到榆林去，下榻二十二軍的西花廳，和馬占山將軍，鄧寶珊，高立卿將軍等召開軍事會議。我覺得毛匪秘密人員可能對他不利，派出我僅有的兩名衛士，暗中警衛，自己也佩上手槍，追隨左右。這事似乎曾引起八十六師師長徐之佳兄的不瞭解，因為他既不知道我在榆林的工作，又不知道我是七分校的教官，只知我是一位新聞記者，而新聞記者豈有武裝之理？曾問我為什麼要帶槍？我沒有答覆他。之佳兄現在不知還記得此事否？那次，胡將軍索去我寫的《六十年祭》，這是舉日本導演朝鮮偽「一進會」以吞併朝鮮，及法國導演越南偽「英豪會」而滅亡越南，和俄國導演偽「中國共產黨」以侵佔中國為對比，也是駁斥郭沫若《甲申三百祭》惟一的理論書。三十五年夏我到西安訪謁胡將軍，知道這書也已出版了。勝利初臨，他有電報給我，約往西安一晤，並云日期由我決定，先一日派機來接。我因當時正指揮騎兵挺進總隊接收包頭，歸綏，大同，迎接傅作義軍東進及馬占山將軍北進，忙得不得了，覆以無法分身。直到三十七年夏我赴西安接眷，又拜訪他，才知當年找我，是他有接收東北的任務，要我領路，好像對我工作都曾決定過的，胡將軍留心人才，是他頂了不起的地方；雖然我非人才，也是頗為感動的。以後便無緣相見，直到他從大陳回來，我們僅在中山北路匆匆一晤，從此天人永別！為國族為反攻，我深深感到他之死是無法補償的損失，我們應當想到，有英名的將領，這十三年來倒下來的真是不少了，能設法「保養」一位，便對大陸人心是一個寄託，一旦反攻，只他一個名字便可以號召多少忠義。

在私人方面，胡將軍之喪，給我一個「知己云亡」的悲哀！一種理論能在民國三十一年就被採用並大力傳播，在作者來看，比任何任務，更值得感奮。現在胡先生安息了，我謹以「上校教官」——

「當年不曾衷心當您的部下，而今天甘願以您的部下的身分，向您敬致誠懇的祝誄。我將在國史之外，蒐集材料為您寫成一部詳細的傳記，使您長存不朽。別了胡將軍！二月十五日敬寫於隱兵室。」

作者為歷史學者，作家，教授，新聞人，由於出身東北錫伯族，對於滿、蒙、新疆等邊疆地區有專精之瞭解及深厚之關係。

懷念胡宗南先生

郭廷以

（民國七十六年撰）

我在南高附中讀書時無意中在書店認識胡宗南，彼此喜歡看書。不久，他投考黃埔，他在革命軍中是不可多得的人，至少有守有為，很機警。民國十九年，我在河南大學任教，他剛帶第一師駐開封，往來才比較密切。民國二十五年，他準備出國，到南京和我一起吃飯，談到晚上十二點，他有幾次出國機會，這次要奉派到德國去，雖然他猛學德文，但又擔心德文不夠好，我說：「沒關係，可以去看看。」鼓勵他出國吸收新知。不料兩廣事變，他帶部隊南下，事平又轉到西北，沒能出國。他在西北時我對他有所建議，我說：「幾年來你對西北很注意，中日戰爭不可避免，中國的後方西北是不夠條件的，俄國靠不住，與其經營西北，不如經營四川或西南，四川的人力物力都足，很重要，蔣委員長已注意到了，頂好你有機會入川。」他說：「你的看法有道理，但共產黨在陝北，不能不防。」

抗戰初期，我到重慶不久，胡宗南要我去負責西北的文化出版計劃，我看他的計劃規模很大，時我因大病初癒，身體也不能太勞累，沒答應，後來繆鳳林去了，做了一段時期。

民國三十二年，胡先生又約我去西安，安排了飛機座位，我乘機去西北看看，他留我幫他，我還是推辭，看看他辦的學校，對他說：「我覺得你在西北沒奠定基礎，這不一定專靠軍事，也要靠政治、靠教育、靠經濟。」我總覺得，他不能在西北生根。當然西北條件也實在差，特別為他講左文襄建設西北的歷史。

抗戰勝利後，胡宗南任第一戰區司令長官，又約我去西安見面，這次在西安一個多月，談論的問題很多，經過這次對日戰爭，他比較中日的將領，頗稱道日本的將領和士兵。談到共產黨在淪陷區的勢力，我說：「國民黨也應該反省一下了，什麼條件都好，為什麼在淪陷區不能活動？這證明精神是差了，最低程度要恢復抗戰初期的精神。」談到土地改革，我說：「國民黨有很好的政策，有很好的號召，問題就在如何去實行。現在國民黨局面太大了，有些方面很難推動，鬥爭精神差了。」重要的是談他的動向，我說：「希望你能到東北，假如你老兄能去東北，應該特別注意平津，華北搞不好，無法支援東北。」我建議他特別重視東北及華北。這時，他統帶國軍在北方力量最大的部隊，但是他一方面已感受到中共力量的壓力，中共強行接收，問題很嚴重，而一方面內部發生摩擦衝突，中央要員有人對他有點意見，他非常傷心。我跟他是很談得來的，但有時也不大好接近，他不表示意見，不像具有一般人所說的英雄氣魄，不會說大丈夫如何如何，而不輕於表示意見，對蔣委員長是忠貞無貳，絕對的服從，很少進言，某些事被批評了，他也絕不解釋，有些事原是中央的命令，他也不諉過於中央，相當自愛。我對他建議，他是聽得進去，但事情不是你認為應該如何就如何的，政治是現實的，人事摩擦，就是學術也一樣，個人打自己的小算盤，中央研究院也如此，不從遠處大處看，為小處個人打算，處處壞大局。後來中央是派杜聿明去看東北，杜聿明希望胡到華北，但中央只調胡的精銳部隊第三十四集團軍（司令官李文）過去，在河南洛陽以東歸劉峙接收，劉自己並無部隊，出老河口，行軍又困難，這一帶中共捷足先登。

勝利後，在重慶的人個個爭先離開，爭接收，我也有許多機會，但我知道自己的能力，始終不肯擔任任何職務。基於朋友的道義，對胡先生有所建議，他竭力挽留我幫他，我很感激他一再邀請的好意，還是謝絕了，始終未與共事，他奉命去鄭州時我亦返回重慶。在西安遇見曾琦，他從太原出來，我們從西安同車到寶雞，由於寶雞檢查所沒很快替我買到機票，他先回重慶，我在寶雞等了幾天，引起西安方面對寶雞檢查所的不滿。此時傳說甚多，說曾琦在進行反政府活動，到太原去，與閻百川和日本都有點關係，實際內幕是不清楚的。

勝利後，杜聿明去東北，華北名義是孫連仲負責，胡宗南的精銳李文部隊也調去華北，他仍然在西北，大局敗壞後，才要他入川，那是沒有用的。

回到台灣後，胡宗南與我每禮拜至少見一次面，有時談論往事，他說：「要是早一點調我入川，後來就不會遭遇那麼多困難。四川不安定，用我的部隊防守北邊，後來還要調我的部隊到瀘州（訪者按：四川劉文輝、鄧錫侯、雲南盧漢均動搖叛變），沒法支持，你從前的看法頗有道理。」有次他問我：「你覺得我當團長、師長如何？」我說：「很好麼！你當軍長也很好。」他謙虛地說：「官做得越大，越覺得自己不行。」我問他：「當時你有如此感覺？」他說：「當時沒感覺，現在我承認你的話，承認知識的重要性。」從前我鼓勵他出國，要他注重文教經建，都強調知識的重要。失敗後他觀念改變很多，有些人不反省大陸的失敗，到此還耀武揚威，軍人常無法抗拒財色的誘惑，胡先生都沒有這些缺點，檢討過去十分虛心，對朋友很關懷很照顧，對蔣總統最忠實，最自愛，後來他志願到外島去，擔任下級軍官。

作者為著名歷史學者，大學教授，中央研究院院士，桃李滿天下，成立中研院近代史研究所，擔任所長，後移居美國。本篇錄自「郭廷以先生訪問紀錄」。

胡宗南戎馬終生軍人式範

卜幼夫

（民國九十四年撰）

胡宗南將軍一生廉介，立志做事，無私無我，見危授命，對領袖、長官絕對服從，不顧個人的榮辱，是一個接受命令的標準軍人；參與北伐、抗戰、戡亂無數戰役；尤其鎮守西北，光復延安，掩護中樞撤退，乃至大陳海上游擊，駐節澎湖，每每遭遇困境，卻無不達成任務，其不惜犧牲而配合全功的堅苦卓絕精神，尤足為軍人式範。

在媒體的印象中，鎮守大西北的胡宗南將軍，以其沉靜木訥恃才傲物，不喜與人交接為孤僻冷酷，故炫神奇。從不公開露面，接受記者訪問，不搞公共關係自我宣傳，除了一九四六年光復延安後接見京滬記者團外，戎馬一生，未曾見過任何報社的記者。

惟一的例外接受邀宴初次識荊

抗戰勝利後，一九四六年，棄武就文，白天念書，晚上在上海《申報》工作，一九四八年新專畢業，報社派我到華中戰區擔任特派記者，我在信陽（第五綏靖區張軫司令官總部）待了三個月，再轉往宛西戰場的南陽（第十三綏靖區王凌雲司令官總部），先後結識了驍勇善戰的好幾位高級將領（都是軍長級以上的官階），但我心儀的一代名將，均是在政府播遷台灣以後認識的，胡宗南將軍即為其中之一。

一九五〇年十月，資深立委覃勤邀約，我與家兄少夫偕往位於錦州街的湯恩伯將軍公館，參加胡宗南將軍的晚宴，記得陪客有中央軍校七分校政治部主任顧希平將軍，兩位立法委員及西北將領等，賓主一共八人，菜餚普通，一頓高級的梅花餐，沒有海參魚翅，胡將軍穿著白襯衫及卡其布的長褲，一身輕便裝的打扮，沖淡了方面大將軍威武的外觀，初次識荊，賓主禮貌性的寒暄，當我告訴他是軍校十九期出身，將軍馬上說「我們是同學啊！」胡將軍為黃埔一期老前輩，我是十九期的晚輩，他如此謙虛，實在愧不敢當；席間，並無副官扈從隨侍在側，當我添飯時將軍趕忙起身權充侍者，我馬上婉拒，將軍和藹親切，令人印象深刻，那是生平第一次瞻仰他的手采，也是惟一的一次，在軍事將領中，向被外界視為神秘的色彩一掃而空。

為李夢彪彈劾案撰文主持公道

那時，監察委員李夢彪等四十六人提出彈劾案，胡將軍一時成為了新聞人物，這次餐敘，他隻字不提此事，事後，我主動詢及立委覃勤，胡宗南將軍抗戰中保衛大西北，使日軍無法越雷池一步；一九四八年，大陸軍事逆轉，中央決定放棄中原，鞏固大西南，胡將軍奉命入川，因重慶失守太快，腹背受敵，仍在成都苦守一個月，中央政府始能從成都撤退來台，胡將軍功在國家，竟然遭到監委提案彈劾，有欠公允，基於新聞從業人員的良知與責任，決定撰文主持公道，寫了一篇題為〈等待公正的裁判〉報導，於一九五〇年十月三十一日在香港《新聞天地》週刊發表，在該文中，提及胡宗南有一本洋洋六千言的申辯書送呈國防部，另有一本萬言的附件，其中包括國防部下達的各項作戰命令，並詳述了申辯書的內容。

「等待公正的裁判」

「等待公正的裁判」一文後段為重點，原文如下。

在監察院對國防部處理胡案表示不滿的時候，立委江某、覃某分別領銜上書蔣總統及陳院長，前者獲得立委百餘人簽署，後者則有國大代表三百餘人連署。其內容大致是：

一、胡坐鎮關中，共軍無法越雷池一步，使西北屹然無恙，並經常整編殘破部隊，撥往其他地區，間接代替了「軍訓」工作。

二、三十六年攻入赤都延安，使國際間對政府重行估價，而共軍士氣隨之消沉。

三、總統引退，三軍無主，共軍渡江後，叛變投降者不勝枚舉，惟胡仍扼守陝南，原擬順漢江南下，直搗武漢荊宜，攻破共軍心臟，然因川湘軍節節失利，且總裁蒞臨渝蓉，力謀挽救，胡遂不得不移江漢之師；赴成渝之急，明知大軍轉進而不可為，但因愛政府，忠領袖，乃回師援蜀，凜凜大義，甘蹈危機，此一精神，與郭汾陽渾瑊之尊重朝廷，岳武穆吳玠之倡導忠義無二。

四、大陸易手，三軍無帥，山河土地，棄如兒戲，追溯責任，若均歸咎於胡，則欠公平。

五、是非黑白必須分明，反共抗俄收復大陸為當前惟一之任務，胡忠貞不二，反共意志尤極堅定，為國家培植與愛惜人才，為將士樹立風節，請畀胡新命。

以上兩段資料，加上監察委員六十人的闢謠談話，和李夢彪個人書面談話，已成為了台北政治舞台上的中心論談。至於是非曲直，只好等待著公正的裁判了。

胡將軍在答辯書中坦言「若罪有應得，則決不推諉」，足證其守正不阿。後來，奉總統電令轉送軍事機關，經過韓德勤將軍組成的調查小組調查，彈劾案並未成立，終於還其清白。

無私無我，忠黨愛國，效忠領袖

先哲說：「立志做事，不能有我有己」，這求之於常人，便是不易之事，但胡宗南將軍，確實如此自勉勉人。論其戎馬一生之豐功，從早年北伐參加棉湖之戰，捍衛大西北十一載，以至掩護大陸撤退，到大陳打游擊，出生入死數百餘戰役，他是一個英雄。其間頗多生死榮辱間不容髮之關頭，然而，以將軍志慮之忠純，性格之剛毅，卻只知有領袖、有國家，而不知有個人的生死。對其顯赫的一生，從未沾沾表功自我宣傳，同樣的，外界一切的物議與批評，也以「謗亦隨之」態度面對，保持緘默，不講一句話自辯，視若泰然。

無私無我，效忠領袖，盡瘁黨國，有功的事歸諸中央，有過的事，一定自己承擔。過去在大陸上，每次送給地方政府的禮物與金錢，都是寫著「奉　委座諭」，從不用他個人名義，對領袖之忠，肝腦塗地，絕對服從，不惜任何犧牲冒險犯難達成任務。

從大西北磐石之安，直到大陳島上，均以「無名無我」四個字為軍中信條。他以西北司令長之尊，來台後無聲無息的在大陳，在澎湖，埋頭苦幹，生活始終如一，從封疆大吏的方面元帥到駐節蕞爾小島，毫無怨天尤人之言，任勞任怨，身心困頓，出入風沙，從無請辭請調任何之表示，像他這樣一位風範的名將，環顧左右，簡直少之又少。

一生廉介，刻苦自勵，律己嚴謹

將軍刻苦自勵，律己甚嚴，一生廉介，一襲軍衣之外終生不治恆產，衣但求蔽體，食但求果腹，不喝酒，不抽煙，常自言匈奴未滅何以家為，年近半百而未成家婚娶，直到一九四七年延安光復，五十二歲時才與葉霞翟女士結褵。

私生活非常簡樸，從來沒有添製一套新衣服，公家發什麼就穿什麼，一年四季，都是穿著政府供給的軍服，曾經叱吒風雲統御雄師坐鎮西北的方面大將軍，撤退來台以後，仍然一本以往粗茶淡飯簡單樸素的生活，甚至私邸並無從僕，沒有僱用過傭人，洗衣燒飯，均由胡夫人親自動手，六〇年代的生活，雖然經濟蕭條，但一位方面大員六口之家，竟然兩袖清風，過著勉強溫飽的生活，每天只有四十元的預算買菜，有時連這四十元的菜錢也拿不出來，但胡將軍是一位硬漢，從不向人訴苦。

夫人投稿賣文，貼補家用

胡夫人葉霞翟女士，出身書香門第，曾經留學美國獲得博士學位，學貫中西，秀外慧中，相夫教子，是一位標準的賢內助，與胡將軍結秦晉之好後，並未如一般文武官員袞袞諸公的官夫人一樣錦衣玉食，相反的過著平民化的生活。

一九五九年，胡將軍交卸了澎湖防衛司令後，體重日漸下滑，又不肯到醫院徹底檢查，後來咳嗽日益轉劇，常常咳得整夜無法成眠，家人都體會到他病得不輕，一九六二年二月農曆年期間住進榮民總醫院，僅僅七天，一病不起，終於與世長辭；據醫師說，他的死，營養不良，體力衰弱，即為主要原因。六口之家，只有四十元菜錢，怎能奢談營養，何況偶爾區區之數的菜錢亦難以張羅。面對如此困境，胡夫人發揮了「自力更生」的精神，向《中央日報》副刊投稿，賣文貼補家用，初次碰鼻，遭到副刊主編孫如陵先生退稿，她傷心地痛哭，但不氣餒，再接再厲，一而再，再而三，皇天不負苦心人，第三次投稿被採用了，報上刊出她的大作高興極了，收到稿費後立刻加菜，孩子們便當盒的菜便豐富了，這一段艱苦生活的過程鮮為人知，甚至胡將軍也不露口風向外人埋怨。

雖然自己生活清苦，但愛部下，照顧貧窮官兵如親人，在澎湖司令官任內，流傳著一個「三分之一」的故事；胡將軍把每月薪餉分為三份，一份為台北的家用開支，一份留在司令部留給幕僚人員，一份則給貧困官兵的家庭，三分之一大愛的故事為僚屬們津津樂道，稱讚不已，過去，胡宗南將軍袍澤每年一度「王曲精神」的聚會，便是紀念他們的老長官。

蔣經國讚揚胡宗南忠誠體國

一九六二年胡宗南將軍辭世兩天後，時任國防會議副秘書長的蔣經國，在軍事會議中致詞時，推崇病逝的胡宗南將軍一生任勞任怨，絕對服從，見危授命的美德，勉勵革命軍人應以胡宗南作為力行的模範。

蔣經國曾指出，胡故上將平生處事，有功不居，遇謗不辭，其在大陸撤守前之所有行動，本來有極充分的理由說明，但卻從未為自己說過一句辯解的話，這種任勞任怨，不避誹謗的美德，令人可欽！

蔣副秘書長又指出，胡上將在大陸時一向是帶大兵團的高級指揮官，今日在台負重任的將領當年多半位列其下；但上海撤退後，總統命其駐守大陳指揮游擊戰，胡將軍奉令後即認真奉行；後來奉派防衛澎湖，他也負責力行，從不計較地位職權的高低大小，常說革命軍人必須視令如命，絕對服從。

最令人感動的，是胡上將見危授命，不畏犧牲的精神。一九四九年共軍攻成都，胡上將決心守衛防地，直到奉命離開時，已是從成都最後撤離的少數幾個人之一。他抵達海南島之次日，政府令其部署西昌防務，又立刻飛入重地，直到西昌危急，政府嚴令其來台，才忍痛離開大陸。這種臨危不懼，見危授命的精神，值得革命軍人效法。

蔣經國十六日又向一位舊日的僚屬引用他所著《危急存亡之秋》書中所記載的事實，說明胡宗南將軍當年是如何臨危授命而完成職責。

胡為真寫給許今野的一封信

胡宗南將軍逝世五、六年後，香港新聞天地社轉來一封胡為真先生寫給我的一封信，當時我在新天撰文用的是筆名「許今野」，所以來函請轉許今野先生。

函中大意是：

「荷承先生在家父生前為文主持公道，直到現在才知道這件事，奉母命向閣下表示十二萬分的謝意，茲奉贈家母近著乙冊，聊表心意，並懇今後時賜教言，以匡不逮。晚胡為真敬上。」

一九九六年胡宗南將軍百齡冥誕，在中山堂光復廳舉行了一場盛大的紀念會，《中國時報》創辦人余紀忠先生（中央軍校七分校政治部副主任），及蔣緯國將軍等軍政大員均與會，我也躬逢其盛，才與從未謀面的胡為真結識，後來，得悉他在外交部服務很久，是一位表現突出的外交官，我因經常出國旅行及訪問，結交了不少駐外人員，從而與外交部中層級以上的官員時有來往，與胡為真兄亦為其中之一，走筆至此，緬懷紅塵往事如煙，不禁令人黯然。

作者為媒體界聞人，創辦《展望》雜誌，著述甚豐。本文原載於《展望》雜誌九十四年七月號。

在台北認識胡宗南

卜少夫

（民國五十二年撰）

一方黑照三方紫，黃河冰合魚龍死；三尺木皮斷紋理，百石強車上河水；
霜花草上大如錢，揮刀不入迷濛天；爭瀯海水飛凌喧，山爆無聲玉虹懸。

——李長吉「北中寒」

一道幔子的形成

人們對於精悍而胸懷大志、統率百萬貔貅叱咤西北的驍將，過去，懷著神秘的看法者，理由很簡單：一、他從來不讓記者攝影，他的照片很少在報紙雜誌上刊載；二、他從來不接見記者，對記者發表談話，他的意見或主張，很少在報紙上刊載；三、他很少在公開場合露面，很少與人家周旋；凡此，都是與當時一般的軍政要人行徑不同，作風特異的。比如，甚至他的婚禮，只有三五人參加，在舉行後好幾天，才語焉不詳地透露出一鱗半爪來。於是若干年來，人們和他之間似乎隔了一層幔幛，幔幛彼物形相模糊，像廬山在雲霧中，自然越發覺得神秘起來。

這一作風，自三十八年從西南大陸撤退來台，直到現在，他依然保持著（他是更有理由保持著的）。據我所知，除我一人外，他還沒有接見過第二個記者，雖然有不少同業知道他那個公開的地址

「錦州街湯公館」，也曾多方設想和他談話，但都遭受到他的副官婉拒，而未能達到目的。

關於這一點，我並未提出來當面問過他，「這豈非有意規避民眾，脫離民眾嗎？」但我從他行動談吐，以及他左右的洩漏，我知道他之多少有點有意如此做法，大概不出下面三個原因：一、他自視很高，既不滿意於當時滿朝文武欺民盜世，衒惑弄權，獨行特立的性格，便格外強烈地自然表現出來；二、他是軍人，軍人以服務領袖命令為天職，除在職務上隸屬關係中述說必要的主張意見外，沒有對眾揚言喋喋不休的必要；三、他有他專心致志的工作，無謂的開會，酬應，只是耗損精力，浪費時間；他瞭解人類心理，他企圖用工作表現「不見其人」來擴大並加深人們對於他的印象。

也許不少人對此不加欣賞，正如我的一位美國朋友（在東京盟總供職）寫信給我論到麥克阿瑟（Douglas MacArthur, 1880-1964）「……我不能讚美一個自以為是上帝兼皇帝而且長期扮演這雙重角色的人物」。這是我這位朋友心目中的麥帥，這是他的愛憎，麥帥自然不能對自己被一般人看作為如何之形象負責任的，但麥帥不能禁止人們對他的批評。而人們的批評，在民主國家內往往又是成為政治上一種決定性的力量。

我和胡宗南將軍有兩次晤談的機會，兩次都是胡的主動，在一個星期之內，一次是邀我晚餐，座中有立法委員兩名，全體共四人，談了兩個半小時；一次是邀我飲下午茶，只是胡和我兩人，談了將近四小時。

他飲了一杯酒

在一座教堂背後，車子剛停在一座洋房前，大門便打開了，這是湯恩伯將軍的台北寓所，湯那時正住在遠離台北叫作鶯歌的一個鄉下，這房子便給胡用了。我走進會客室沒有讓我坐定，胡非常親切地把我和另兩位陪客邀進餐廳，他邊說：飯菜恐冷了。是的，餐桌上整整齊齊地擺好菜肴，甚至酒都倒好在杯子裏了，看模樣，至少半小時前便已安排了。

燈光雖然不頂亮，但餐廳至多十疊席大，藍布窗簾拉得緊緊的，我急切迅速打量我的主人，這一眼凝視，使主人舉杯向我敬酒時，我未能立即反應動作，而惶惑片刻，隨後感到失禮。

紅得發光的胖臉，厚實，濃眉而兩角上翹，髮不茂密，眼神迫人，一個屬於短小的身軀。白襯衫，下面是一條軍服褲子。整個的表現，是活潑，有力，陽氣而雄心。

「我不喝酒的，今天也敬先生一杯！」說著襯衫袖子捲著的粗胳膊向後一傾，他的肥手中的玻璃杯已一飲而空了。

我也一飲而盡。

酒是白蘭地，菜很簡單。談話的主題，集中在他的揮軍從西安到成都，雙流撤退，以及功罪問題。他承認從大陸上撤退是一種失敗，各方缺少配合也是造成這種失敗重要的原因之一，但他自信對中共作戰有極寶貴的經驗，還是有把握的。他很激動的眼眶中閃著淚光，說：「我當然要負責，失地戰敗，一個軍人只有以死謝國，我決心不出來，我的部下，我的參謀長對我說：即使你死了，對國家又有什麼益處，這是最愚蠢的行動，使敵人哈哈笑行動；留得有用之身，再謀報效國家，以贖前愆，這是最正確也是賢明的一條路。我來負責，代替你在這裏收拾殘部，徐圖再起，你可放心罷！他們甚至用自殺來勸我上飛機。我仔細尋思，他們的話很有道理，我悲愴地離開了他們。」

他搶著要替一個客人盛飯，客人固辭著，侍役走來接過碗去，我在想：胡的動作夠稱迅速，胡的表情夠稱親切哩！

「一個當事人，是不應該考慮到功罪問題的，這個問題該留給同時代的人議論，留給歷史家去做定評。當事人只問他能不能作最善的努力？有沒有作最善的努力！」

我看到他的眉毛攢擠在一起，我讀到他的倔強而睥睨一切的性格，似乎投鞭斷流的氣概還在。

我掃視了一下另兩位在座者。

「歷史上的功罪，往往也不盡可靠，今天我們不是還讀到許多翻案文章嗎？瞭解那個時代背景，客觀環境，才足以臧否人物，衡斷是非。不過近代由於新聞事業的發達，真實的報導，可以直接訴諸於大眾，功罪不難有一個準繩，較諸過去之尋求信史方便而又翔實得多。」

這次餐敘，胡的目的很簡單：使我明白他轉戰千里而又不得不隻身出走的原委，一也；聽聽我的意見（對各方面的），二也；我知道他無需我替他的行徑來一篇辯白（他知道我不是那麼一個有聞必錄的記者），因為他無論如何，固執地相信一般輿論不會影響他的未來，更不致傷害到他，雖然他願意結識也是誠意的。

我早到半小時

距離那晚敘餐的第五天下午，我一個人又應約前往訪他，我提前了半小時，侍役說：「你應該兩點鐘來的哩！」我很有禮貌地答：「我是來早了半點鐘。」

侍者把我直接帶進那間餐室，餐桌上卻早又擺好香煙水果，還有兩只高腳玻璃杯。我選了一張背窗的椅子坐下。

胡從樓上走下來，顯然在睡午覺中被叫醒。

他和我握手的手比前次更有勁。

我和他面對面。他始終保持著那份矜持，即使在有說有笑中。人與人之間的接觸是相當微妙的，它的深淺是被決定於無數的因素，小到一種氣氛也會影響到距離，素昧生平的一個新聞記者和一個退職將領的兩次晤談，不可能有更深度的彼此認識。何況再加上彼此若干程度的保留。

他始終採取從我獲得一些的態勢，最低限度也處處設防模樣；而我在職業養成的慣性，自然也不放鬆發掘探取的機會。結果，彼此都說得很多，局面既不像他舉行一個記者招待會，也不像我在作時事分析演講，從未一面倒。

反攻大陸這一機會到來，他是絕不放過的，他必須盡他的軍人職守，另一方面也有一股湔雪前恥補贖前愆的火辣辣熾熱情感，一直在他體內奔騰著，他告訴我，他的個人計劃，研究對共軍作戰成為他目前主要課程。

當時韓戰雖已爆發，國際局勢仍然是一片低氣壓，自由中國在各方面都還呈現著極不安定，面對著渾沌的前景，台灣海峽的海水沖擊著海岸的聲音，不時伴著島上人們若干失眠之夜。但是我的樂觀，和他的信心，彼此交流著，所以談得越發起勁。

我分析了當時的國際形勢，我又論究到共產黨決不會停止侵略的。在國際間他們有個所謂「世界革命」的目標；在中國大陸上他們也同樣不可能妥協或緩進，「聯共黨史」就是個前鑑，屠殺清算是必然採取的手段。

可是他似乎把反攻完全注重在軍事上的一種傾向，為我當時所不贊同的，但我沒有和他討論，我想，也許他是個軍人，自然專攻軍事，這並不是他忽略或摒棄思想戰的重要。此外，他又特別強調他的剿共把握，認為共軍沒有什麼，這一點我是從「自信」去領略它的意義了。

這個下午茶敘，時間談得不算短，他送到大門口，我走出來，一路散步，一路忖量。

做了總統還是人

以演海明威小說改編為電影「戰地鐘聲」（*For Whom the Bell Tolls*）一片而言，更奠立她在電影界地位的明星英格麗褒曼（Ingrid Bergman, 1915-1982），她曾對一個朋友說過這樣的幾句話：

「我或者是一個重要的演員，但並不是了不起的大人物，我不希望別人待我像聖女，因為我是一個普通的女人，我有一般人的過失和慾望，大家應該像普通人一樣的看待我才公平……」

這位瑞典籍女星的這幾句話，充分表現了她的人性，自然也表現了她的智慧。可是世界上有很多人，或是自己把自己看作高不可攀的，像神一樣，或是別人把他簇擁著作為萬能的，一無缺點的像上帝一樣；無論是那一種形式，久而久之，都會使他不知不覺地，陷入不識人間煙火味的境地。

在我兩次的訪問後，胡宗南將軍並無神秘之處，我發覺他和你我一樣，有常人的感情，有責任心，有強烈的工作慾望，有堅決的反共志願，如果他有什麼欠缺的地方，也不足驚異，我們可以督促他改正進步。杜魯門（Harry S. Truman, 1884-1972）為了有個記者批評他女兒的歌喉，要打那記者的鼻子，許多人對這件事大驚小怪，我並不同意。人做了總統還是個人，這件事如果太粗魯，一般人往往也會這樣感情衝動的。

未來的日子，從收復大陸到建設大陸，需要我們盡心力貢獻於國家的地方甚多，每個人都有他的機會，都有他的用處，胡宗南將軍卻失去了這個機會，也許這是他齎恨終生的地方。

作者為媒體人，名作家，亦曾任僑選立委，多年居於香港，創辦《新聞天地》雜誌。

部屬，學生及晚輩們的常思

哭我們的老長官

袁學善　苗德武　劉子琴　武良臣　杜國璽　蔣燕禮

（民國五十一年撰）

胡先生死了，好像青天霹雷一樣的，震動著我們這一群老衛士們的心弦，當我們扶著他的棺木，守著他的靈柩時，瞻仰著他的遺容，送著他的遺體安葬底時候，總覺得胡先生沒有死。總覺得他仍然在呼叫我們，我們從當兵時起，以及被選在他的身邊當衛士，以至在他身邊當副官，二十餘年來，我們總在他底左右，沒有離開過他，和胡先生朝夕相處，他待我們好像自己的家人子弟，和我們同甘共苦，騎馬、爬山，他總帶著我們，他自己常常跑在前頭，在冰天雪地中，他自己不穿大衣，不穿棉衣，總問我們怕不怕冷，在指揮作戰最艱苦的時候，他常徹夜不眠，總問我們睡好了沒有？吃飯的時候，總問我們吃飽了沒有？從第一師師長軍長，到第一戰區司令長官，他並沒有兩樣，好像他不是一位指揮數十萬大軍的大將軍，而是一位最可親近的一個常人，也是一個非常堅強的巨人。在他的腦海中，沒有個人，沒有家庭，只有領袖，只有國家，只有士兵。

他的精神好像永遠不疲乏似的，他的體力幾乎超過我們這一群年輕的士兵們，無論在任何時候，他總充滿著無比的信心，尤其是在戰場上，他好像無視於砲彈槍聲，也不在乎什麼危險困難，當我們和他同在時，心中也就無所謂危險和困難，真沒有想到像他這樣一個精神旺盛的強人，居然病倒了，而竟一病不起，今天領袖需要他，國家需要他，我們這一群老兵們更需要他，但他卻離開我們而長眠了，我們只有祈求他的在天之靈，指引著我們反攻成功。使我們能夠回到家鄉，重享家人團聚的田園之樂，並祭告他的英靈。

作者們均係長期在胡上將左右服務的副官，其中袁先生後來曾在長榮海運公司，武先生在中央銀行服務多年。

胡宗南將軍二三事

顧樹型

（民國五十一年撰）

胡宗南將軍不幸逝世了，筆者曾經是他的學生和部屬。僅就記憶所及的二三事，敘述如下，以紀念他高超的人格。

胡先生任第一師師長時，有一位少尉王排長，因結婚請求特別借支薪金三百元，他的報告由連營團旅長轉呈至師部。軍需處長以少尉排長每月所得，除十二元伙食外，每月薪金為十八元，婚後又不能將薪金全部扣發，即每月扣十元尚需三十個月方能扣清，所以擬了個：「該員月入有限，擬准酌借。」而胡師長卻准了旅長所擬的「擬准所請」，來了一個「照准」。王排長接到批准報告後，即持報告向師部軍需處領借支，而在領款時又將三百元的三字改成五字，但軍需處長是很清楚這件事情的，因此拿了原報告，親自見師長，說：「王排長蒙蔽長官，變造公文書」，並請求予以懲處。而胡師長看了並不加以追究，卻說：「王排長一定是需要五百元而改的，借給他好了。」胡師長對部屬真是恩重如山，尤其是平日表現很好的部屬，小的錯誤都能予以諒解。王排長追隨胡氏有年，出生入死，忠心耿耿，於抗戰之役初期即為國捐軀。

胡氏升第一軍軍長後，對部屬們都採取這種態度，故部屬愛之如家長。胡氏對民眾更是極端愛護，凡駐地及駐地附近，民眾生病，必為之醫治；民眾貧困，必設法救濟。如給資做小本買賣，贈送年老力衰的農民耕牛等事，屢見不鮮。民眾失業代為介紹工作之事，亦常有之。抗日戰爭開始時，胡氏在上海附近之楊行、劉行、蘊藻濱作戰，深得民心，於是軍民全力合作，堅守很久。至國軍奉命西撤後，第一軍內有很多特務長和副官，都是駐地的聯保主任和區長鄉鎮長。直至抗日戰爭勝利後，上海附近的老百姓，談起第一軍和胡氏，還是感激涕零的。

三十三年，胡氏任戰區副司令長官，其時胡氏事業已成功，但其生活仍甚清苦，曾手著「今日的戰士」一本小冊子，叫部屬士兵一起吃苦耐勞，收效甚大，替物力維艱的抗戰後期，節省了不知多少物資。

胡氏一生戎馬倥傯，席不暇暖，所以絕不談戀愛，蔣夫人曾代作伐，胡亦婉拒之。致有不明瞭胡氏者，疑其生理有缺陷而宣揚之。直到抗日戰爭勝利後之次年，胡氏始與金陵大學教授葉霞翟小姐在西安成婚。葉小姐年輕貌美，有學問，長寫作，個性賢淑，婚後不久並育一子，至此大家始知胡氏遲遲不願結婚之原因，為國家付託之責任太重耳。

大陸淪陷後，胡氏在台北市松江街購置上等房屋數十幢，全部贈給其為國辛勞的將級部屬，而其校尉級部屬，亦有現金贈與。胡將軍本身則兩袖清風，現所住浦城街寓所是向朋友借用的，身後也非常蕭條。

人最不容易做到的是不愛錢，不貪色和不自私；而胡氏統統做到了，真是一代完人。

作者中央軍校第七分校畢業，曾任國立西北大學軍訓教官、陝西省訓練團上校。

胡宗南在天水

蘇　鑑

（民國五十五年撰）

蔣公詠三千子弟兵

民國十四年，國民革命軍第一次東征，革命軍統帥黃埔軍校校長蔣公介石，在長平車站吟詩一首云：「親率三千子弟兵，鵾鴞未靖此長征，艱難革命成孤憤，揮劍長空涕淚橫。」詩中所稱「三千子弟兵」就是指參加東征的校軍教導第一、二兩團官兵而言，因為這兩個團的幹部及士兵，全係黃埔軍校的師生所組成，所以叫做校軍，也稱黨軍。第一團團長為何公（應欽）將軍，第二團團長為王茂如（柏齡）將軍，繼任為錢慕尹（大鈞）將軍。以後這兩個團隨著革命情勢的進展與需要編組成第一旅，「陸軍第一師」就是由教導第一、二團、第一旅在長期征戰奮鬥中所積儲精華擴編而成的勁旅，東征、北伐、剿共、抗戰、戡亂諸戰役中，始終扮演著重要角色，在國民革命軍陣營裡，可說是出身名門，是國軍中的一張王牌。至民國二十二年全國政令漸趨統一後，中央軍隊首先進駐西北者，就是這支勁旅。

胡氏與第一師淵源

陸軍第一師師長胡宗南將軍，浙江孝豐人，黃埔軍校第一期畢業，自參加革命獻身軍旅，追隨蔣公，畢生信仰領袖，永矢忠貞，至死不渝，數十年來蔣公倚為股肱，畀予重任，信賴有加。胡將軍曾做過四任番號均為「第一」的指揮官，即第一旅長；第一師長；第一軍長；第一戰區司令長官，傳為佳話。胡宗南雄才大略，文武兼資，自奉儉約，生活簡樸，不尚空談，身體力行，領導部隊時刻將全部精力灌注在官兵身上，深獲部屬愛戴，樂於效命，任師長時，尚能叫出全師大部份士官（班長）的姓名。胡將軍非常重視人才，求賢若渴，到處羅致賢豪以為國用，凡有志投效將軍麾下，來者不拒，概予任用。

雄厚戰力，堅強陣容

第一師隸屬部隊，原先有兩個步兵旅，一個獨立旅，駐戍天水後又增加一個補充旅；共計四個旅，十二個步兵團，一個騎兵團，連同直屬部隊總兵力共三萬餘人；相當於抗戰、戡亂時期兩個軍的人數，另外尚有童子軍一隊。據聞，第四軍張發奎（向華）將軍任軍長時即有「童子軍」之設立。第一師為國民革命軍之主流，歷任師長均一時之選。胡宗南將軍前任的師長有何應欽、王柏齡、王俊（達天）、薛岳（伯陵）、蔣鼎文（銘三）、劉峙（經扶）、徐庭瑤（月祥）諸將軍，均為國軍中的俊彥。第一師駐防天水時，副師長為彭進之將軍，參謀長為於達將軍，第一旅旅長為李鐵軍將軍，第二旅旅長為袁樸將軍（早先為黃杰將軍）、獨立旅旅長為丁德隆將軍，補充旅旅長為廖昂將軍。李鐵軍、袁樸、丁德隆均為胡宗南將軍黃埔一期同學，廖昂為二期，團長有李正先、羅歷戎、李用章、康莊、李捷發、李友梅、楊德亮、陳鞠旅、許良玉、嚴明、林樹人、胡受謙、蔡仲（騎兵團長）諸氏。連營長有徐保、劉雪非、陳榮觀、戴宗逵、何俊、袁書田等人。民國三十六年五月在山東孟良崮壯烈成仁的整編七十四師師長張靈甫將軍，原任獨立旅營長後升團長，以後方調往七十四軍。嚴明團長、徐保營長，在戡亂時期已積功升至整編第九十師及七十六師師長，分別在陝西宜川及寶雞戰役中殉職；胡受謙團長，湖北省人，抗戰期間轉任文職，曾三任甘肅省第四、五區行政督察專員，頗有治績，勝利後循原籍民眾請求，返里屈就縣長，三十七年不幸縣城為共軍攻陷，胡氏以守土有責，殺身成仁，大義凜然。何俊連長來台後任馬祖防守部中將指揮官。第一師中堅幹部全係黃埔菁英，素質整齊，陣容堅強，真是英雄薈萃，人才濟濟。第一師的大本營在天水，所屬部隊卻遍駐四個省區，師部，第二旅及補充旅駐天水及附近地區，第一旅駐甘肅徽縣，一個團駐成縣；獨立旅駐甘肅最南部與四川交界處之碧口，並以一個營推進至四川昭化之三堆壩，一個營駐陝西略陽；第二旅一個團駐省垣蘭州，一個營駐寧夏之定遠營，縱橫數千里，所負任務非常艱鉅。

駐防天水，軍民和洽

甘肅同胞自民初以來，歷經軍閥蹂躪，盜匪橫行，天災人禍，交相煎迫，由於飽受軍隊騷擾，提及軍隊莫不談虎色變，一向是敬鬼神而遠避之。第一師到達天水後，大街小巷遍貼「第一師為解救西北民眾痛苦而來」、「第一師不拉伕、不徵糧、不派餉、現錢買賣、公平交易」等標語，最初，天水同胞對第一師的紀律，將信將疑。胡宗南將軍領軍甫抵天水，為立信於民，嚴令官兵在駐地未整理就緒前，一律在外露營，不許踏入民房一步，天水民眾對軍隊印象耳目一新。官兵出動打掃街道、修橋補路、防疫治病，處處表現愛民行動。官兵所需糧秣副食什物等，均以現金購買，每月用於防區者經費約二十萬元，於是百業興隆，地方繁榮，軍民相處感情融洽，合作無間，天水民眾與第一師的官兵結了不解之緣，第一師的官兵都說天水為其第二故鄉，許多嫺淑漂亮的女學生和第一師青年軍官結了婚，以後都成了將軍夫人。目前在台者有何俊將軍夫人張瑾琴女士等多人。抗戰勝利後，天水民眾感戴胡宗南將軍盛德，特組致敬團至西安獻旗，胡宗南深為感動，殷勤接待，欣慰不已。陸軍第一師自民國二十二年三月三日接替陝軍楊虎城所屬十七師孫蔚如部防務駐戍天水，至民國二十四年三月三日前往四川松潘茂縣剿共，前後兩年時間，對地方各項建設貢獻良多，茲將犖犖分述如後。

㈠修築道路，闢建機場

第一師不僅為解救西北民眾痛苦而來，還有一個重要任務，就是協助政府建設西北。當時國內開發西北呼聲甚囂塵上，口號非常響亮，但是真正踐履篤行者厥為第一師全體官兵。西北地區，荒涼落後，原因甚多，主要關鍵，在於交通不便，胡宗南將軍有鑑於此，先由第一師官兵配合當地民工，修築自天水通往陝西隴縣的公路，由隴縣轉西安再通往東南各省，打開隴南各地對外交通門戶，商旅稱便，促進地方繁榮，風氣民智為之大開。接著在一年之內闢建兩個飛機場，一在東鄉花牛寨，規模較大，民國三十四年夏先總統蔣公從陝西南鄭蒞臨天水，慰問軍民，座機即降落於此。另一機場在縣城東門外，係由第一師官兵胼手胝足所修築，胡宗南將軍每日親臨工地荷鍤畚土，與士卒同甘苦，工程進展神速，歷時僅二月即落成；西安事變前不久，西北剿共副司令張學良（漢卿）視察天水軍隊，乘座私人波音機降落機場，極為稱讚。兩機場修築完成後，航空第四隊進駐天水，帶給地方更多文明進步與繁榮。

㈡建設地方，培養幹部

甘肅同胞飽經戰亂，民窮財盡，百廢待舉，各縣縣政猶襲遜清時代六科房舊制，縣府之內仍有捕皂衙役，腐敗落後，毫無民治氣象可言。胡宗南將軍認定建設地方改革政治，宜從組織與人才著手，特建議當時省主席朱紹良（一民）先生，設立「隴南地方自治人員訓練班」，招考隴南各地青年，代省府訓練縣治人才，朱紹良主席任班主任，胡宗南任副主任，湖南長沙李少陵先生任教育長主持其事，為期半年，主要研習課程為「三民主義、建國方略、建國大綱、地方自治法規、縣政研究、民權初步」等；畢業前在縣政府或鄉鎮公所實習一月，畢業後各縣政府爭相任用委聘，對建設西北發生了很大力量，後來有升任至縣長者。

天水地方教育向稱發達，滿清科舉時代，天水地方的學子不論參加甘肅鄉試或北京會試皆有傑出表現，文風熾盛，惟地處邊陲，交通阻梗，對外接觸不易，各級學校，暮氣沉沉，了無生機；胡宗南將軍看到此種缺失，銳意革新，遂利用學校暑假期間，舉辦中小學教師暑期講習班，以振作教師精神，健全教師心身，改進教學方法；胡宗南親兼班主任，每天主持升旗典禮，點名講話從不間斷，並經常派飛機遠至京滬、西安、蘭州迎接名流學者前來講學，前教育部長張曉峰（其昀）先生時任中大教授，就是被禮聘前往講學的一位，講習班的教材教具都異常新穎精良，講習班一連辦了兩個暑期，對天水地方教育很有振聾啟聵之功，教師精神為之一振，學生素質隨之提高，各級學校朝氣蓬勃，充滿欣欣向榮的新氣象。

㈢西北軍官班的成立

中央軍校遠在首都南京，西北青年欲從軍報國，投考軍校，關山阻隔，千里迢迢，談何容易，胡宗南將軍特呈准設立「中央軍校西北軍官訓練班」，班址設在天水西門外玉泉觀，考選西北優秀青年及部隊作戰有功之士官，實施為期半年之軍官養成教育。胡宗南兼班主任，周士冕[1]兼任教育長，分步兵、騎兵、工兵、經理四科。胡將軍非常重視該班師資，如教授「政治課程」之劉子清將軍（曾任陸總政戰部主任）及教授「俄文課程」之楊爾瑛[2]先生，以及李少陵、李武信兄弟均為飽學之士。「工兵科」教官特由戴雨農（笠）將軍派江雄風先生等三人，負責教授特種爆破、地雷、製彈等學術科。

班址玉泉觀處處充滿黃埔本校氣氛，班內的黃埔峰、黃埔路、黃埔亭、黃埔公園等均充滿歷史教育意義。軍官班共辦了四期。走筆至此，有關該班第一期畢業學員朱光祝壯烈事蹟特為介紹如下：

朱烈士，甘肅平涼人，以上士副排長積功升至團長。三十八年十二月底在西昌以七百餘人會同賀國光總司令所部警備團擊潰叛軍劉文輝（自乾）女婿伍培英一師之眾；旋因功擢升第一師師長，也就是陸軍第一師最後一任師長。西昌撤守後，西昌警備總部警備團長邱純川力戰陣亡，朱師長不幸被俘，劉文輝恨之入骨，要求共軍解至成都殺害，死狀極慘，令人不勝扼腕唏噓。

㈣築堤護城，修李廣墓

天水城南籍河，原有堤防護城，由於戰亂年久未修，水漲堤圮，危及城垣，妨害居民安全，地方政府束手無策。胡宗南將軍親督部隊搶修，築堤三華里以護城，滿植楊柳於堤上。護城堤地鄰「水月寺」為天水名剎，歷年駐軍多有破壞，水月寺時為第一師軍醫處駐所，胡宗南將軍以該地風光綺麗，斥資大加修葺，竣工之日命名為「中山公園」，春夏季節，園內綠樹成蔭，鳥語花香，亭榭樓台，小橋流水，相映成趣，遊人漫步園中，儼若置身江南，為天水附廓惟一遊憩勝地。漢朝悲劇英雄李廣將軍，上邽天水人，墓在城南五里處之「石馬坪」，年久失修，墓在一片荒煙蔓草之中，胡將軍蒞臨憑弔，感觸良多，因撥款大事整修，派部隊開闢墓道，種植花草樹木，使墓園煥然一新，每當國家假期，紅男綠女，絡繹於途，為天水民眾增添了另一休息去處。

㈤勸戒煙毒革惡習

西北民眾吸食鴉片煙毒者甚多，上至官吏，下及平民，一榻橫陳，曠時廢業，莫此為甚。家有賓客駕臨，首就煙榻，吞雲吐霧，燒土煉丹，以為時尚。良田美地，多植鴉片，暮春三月，罌花遍野，吸食鴉片者，身體羸弱，怠於工作；小則損害身體，大則傾家蕩產，盜賊由此滋生，煙毒為地方之大害，胡宗南將軍深感痛惡，苦心推動禁種、禁售、禁吸工作，田地悉令種植五穀，凡運鴉片至防區者一概驅逐，並由各校學生於星期假日至吸毒者家中遍搜煙具（包括煙盤、煙燈、煙槍、煙盒、煙籤等）予以銷毀，於是隴南各地風氣丕變，民眾再無公開吸食鴉片者，抗戰爆發後，依照總動員法令方始嚴厲禁絕。

(六)提倡運動，蔚為風氣

第一師官兵愛好運動，蔚為風氣；對發展地方體育工作貢獻甚大，首先在縣城內開闢了一個佔地萬餘坪的運動場，從而天水地方運動風氣風起雲湧，每日下午運動場上均有球類比賽，場內一片人潮。胡宗南將軍經常蒞臨觀賞。第一師駐防天水期間一共舉行了兩次運動大會，一次為全省性的，一次為地區性的——隴南第一次運動大會，動員了隴南十四個縣份的選手前來參加競賽，在甘肅省可稱是創舉，盛況空前自不待言。徽縣選手楊應才獲得乙組競賽冠軍，大出鋒頭。第一師在推廣地方體育工作上，負實際責任者為第二旅旅長袁樸[3]將軍及於胡長青[4]中將更是文武全才。胡長青將軍不但對各項運動樣樣精通，尤以撐竿跳高最為拿手，天水運動員會撐竿跳高者皆為胡長青將軍所傳授，胡長青且擅長音律，不惟能歌且能作曲作詞；隴南第一次運動大會的會歌，詞與曲都是胡長青將軍的手筆。歌曰：

「渭水岐山，秋高氣爽，黨國旗飄揚，隴南健兒集秦州，酣戰運動場，志氣雄昂精神壯，熱血滿胸腔，奪標爭前進，喝彩聲聲齊鼓掌，龍驤虎步的競賽，鳶飛鷹勝較高強，打破舊紀錄，為我西北爭榮光。」

此曲情詞並茂，氣魄昂揚。歌成之後胡長青將軍親自教唱，夫人黃德修（後赴台）女士以風琴伴奏，夫唱婦隨，台下學生莫不羨慕一對英雄美人。

㈦推展戲劇、遊藝活動

第一師駐防天水時，每逢重要節日慶典。均有盛大的遊藝活動，民國二十三年新生活運動倡導之日的化裝遊行，胡宗南將軍帶頭領導盛況感人。最大的一次遊藝活動是同年陽曆元旦，天水城到處懸燈結綵，張貼對聯，全城民眾如辦喜事，紫氣洋溢，一片歌舞昇平景象。上午軍隊與學生在東較場參加檢閱，隨之揭開遊藝活動序幕。東較場一共搭了四座戲台，分別演出平劇、秦腔、話劇、雜耍等節目。遊藝節目動員了天水全縣四十八個鄉鎮的民間遊藝社團，加上第一師各部隊、軍官訓練班、隴南地方人員訓練班等單位的遊藝隊達百餘單位之多，舞龍、舞獅、旱船、蚌殼、高蹺、擡閣、武術、走馬燈、皮老虎等全部出籠，夜間並有提燈大會。節目最出色而引人入勝者，首推航空第四隊飛行表演，軍官訓練班騎兵科學生的乘馬化裝表演（有過五關斬六將等節目），以及天水縣東泉、甘泉兩鎮特有的「擡閣」，精彩絕倫，歎為觀止，天水民眾大飽眼福，兩天之間，城開不夜，萬人空巷，稱得上是天水地方有史以來的盛事，至今仍令人回味無窮。這類大規模的遊藝活動，固然是軍民同樂共慶昇平，實則係在加強軍民感情，促進團結，意義非常深遠。

㈧兩年期間建樹甚多

陸軍第一師駐戍天水，短短兩年時間，致力於地方各項建設，一改民眾對軍隊觀感，從而軍民合作水乳相融，帶給地方安定繁榮與進步，人民過著豐衣足食的生活，尤以治安良好，天水地方成了夜不閉戶路不拾遺的社會，天水民眾有口皆碑，至今仍念念不忘。天水各項建樹，若與目前政府在台所從事的各項建設相比擬，雖有小巫大巫之感，可是在五十年前，這些建設工作全由軍隊來倡導執行，確屬難能而又可貴。第一師長胡宗南將軍逝世有年，各界人士為文紀念者多矣，但憶述「胡宗南在天水」者，尚未之見，筆者特撰此文以為補遺，並對胡將軍英靈致崇高敬意。

作者字景泉，為甘肅人，文學家及教育家。

1 周士冕，時任第二旅副旅長，黃埔一期畢業，曾任軍長及補給區司令，三十九年在四川瀘縣為敵殺害。

2 楊爾瑛，曾任台灣省青年服務團團長，政治大學、台灣大學教授。

3 袁樸，湖南新化人，曾任陸軍副總司令。

4 胡長青，民國三十九年任六十九軍軍長兼第五兵團司令，在西昌戡亂戰役自戕成仁，政府明令追贈上將。

回憶我和胡將軍的一段往事

蔣緯國

（民國八十四年撰）

今天是胡宗南上將軍逝世三十三週年紀念日，謹藉此申表余對上將軍的思慕之情。

回顧五十餘年前，基於余素極仰慕上將軍忠貞堅忍，審慎精密的將帥風範，並極嚮往大西北地區曠達雄偉的山河氣勢等原因，致而在余往德、美進修軍事返國後，毅然請命赴西北基層部隊服務，從此參加了抗戰救亡的行列。

記得當時政府為了鼓勵優秀學者從軍，與吸收先進軍事國家之有關體制，國軍遂有一個不成文規定，舉凡留學回國的尉級軍官，概以少校任官派職，而余適為國軍當時惟一受過「空戰戰術」以及與「陸海軍協同作戰」與「航空勤務」完整教育的青年幹部。當時我軍方正奉委員長命籌建一空軍指參幹部教育。所以空軍極力爭取余擔任空軍參謀學校之少校教官，惟余仍然選擇到西安由胡上將所率領之「第三十四集團軍」擔任陸軍少尉排長為榮，尤其是以到有革命歷史價值和地位的「陸軍第一師」為榮。於是就到第一師第三團第二營第五連報到，擔任其第一排少尉排長。

上將軍是浙江孝豐人，自幼刻苦耐勞，勤儉苦讀，於民國四年畢業於湖州公立吳興中學，並曾從事小學教職工作。根據孝豐老鄉長的傳述，早年上將軍對家鄉現代化建設的推動不遺餘力，其中尤以興辦印刷廠和開發電力公司為人津津樂道。雖然後來受制於環境因素，未能實現理想，但充分顯示上將軍熱心公益，造福鄉梓的胸懷精神。

上將軍二十八歲入黃埔軍校第一期，追隨領袖蔣中正先生獻身於救亡圖存的革命志業，於民國十六年，因功晉升第一軍第二十二師師長，為黃埔軍校學生升任師長的第一人。前後歷經東征、北伐、剿共、抗戰，並於民國三十四年任第一戰區司令長官，在鄭州主持日本受降，旋晉升上將，獲頒勝利勳章。

抗戰勝利後，由於美、蘇暗中聯手支持中共坐大，導致山河變色，最後幸賴先總統蔣公卓越的戰略作為，一方面卻有計劃而巧妙地將政府和國軍主力，由漢口折向廣州而輾轉退到復興基地台灣。另一方面則塑造國軍又一次以大西南偽作現成的對共軍作長期作戰之重地。胡上將追隨總統的意志，揮大軍西進，此一戰略得以竟功，其戰術行動則要歸功於胡上將軍率領所屬官兵，自西北南下，赤膽忠心，犧牲奮戰而奮戰犧牲，達成使命。

上將軍是一位典型的革命軍人，一生忠貞勤儉，負責任，尚氣節，冒大險，打硬仗，不辭勞怨，不計個人毀譽。他嘗說：「鐵肩擔道義，血手寫文章。」他以此自勉，並以此教導學生和部屬。上將軍一生所作所為，是在仁義的大道上，步步踏實前進。他一生所言所述，是鮮血所表現出的熱忱和純真，點點滴滴都刻印在他學生和部屬的心頭，余當然也是其中一分子。

現在插入幾段我與胡將軍的往事，以加強本文的人性方面之感情。我初到西北向胡長官報到後，在分發部隊之前，胡長官先派熊副官彙荃陪伴我去參觀他們的軍械庫，我突然發現一座丹麥造的輕重兩用機槍，我就信口找話說，向那位砲兵上校庫長：「請問庫長，這具輕重兩用機槍有多重？」他很快答說「八斤」，我說「不止吧！」那時那位行伍出身上校也自知有錯，急忙彌補說：「老秤，老秤」，我這位「蔣幹過江」也就體會到國軍之大的一般，但願我是一個盲人！不過暗暗想著這樣素質的官兵，要將精練有素的日軍打敗，必須另有一套才行。

到西北後的第二年，有一次機會，奉胡長官之命，由策劃設計並做一次步兵排對堅固碉堡攻擊的示範，並命各師連長以上指揮官，都來參觀。當時參觀者位於離一座迫擊砲的背面，砲目線附近的台地上，當時國軍的彈藥較舊者優先用演習訓練，想不到說時遲，來時快，我發現有一顆迫擊砲彈推力不足，竟然到我們參觀者站的台地上空就不再向前，直往下落。我是全場的演習指揮官，也是站在胡長官旁邊的說明者，我見當時的狀況，立即高呼「統統有，臥倒！」全場參觀的將、校、尉各軍官都就地臥倒，惟獨胡將軍一人直立不動，我就立即轉站到迫擊砲彈落下的方向與胡長官之間，為他作掩護，砲彈爆炸接踵而至，其中一個破片亦擊中了站在胡將軍旁邊的一位號兵的耳朵。

胡將軍對留學生，原本有一個先入為主的不良觀念，認為他只會擺個樣子，裝個派頭，最多上個講堂或寫幾篇半洋不中的文章，經過這次演習之實驗，以及那段真實的插曲，竟然使胡將軍對留學生的觀念改了，我在西北也算下部隊打響了第一砲。

說一件大事吧，也許這也是胡將軍悶在心裡從未向人透露過的秘密。我曾經向胡長官建議過三次，突擊延安，以除後患，甚至先斬後奏，把延安殲滅，再向重慶報告，結果還是不成，最後胡長官才告訴我，父親已經遺人密知，原來是美方不贊成我們打掉延安，且拿減停美援作為威脅。我這時是低層幹部，第一次開竅，原來美蘇是一鼻孔出氣的！多險惡的西洋人心呀！我心中從此進入一個新的境界！

回顧五十年前往事，彷彿昨日才發生，真是時光如流，歲月不居，然而個人生命在民族的傳承中，只不過是滄海一粟，真是個人生命有涯，而民族生命都是綿延不息，青山長青，老兵不老，藉此提出先總統蔣公的革命人生觀：「生命的意義，在創造宇宙繼起的生命，生活的目的，在增進人類全體的生活」，來與大家共勉，期望大家秉持革命奮鬥的精神，早日完成國家統一的大業。並且有朝一日實現海內外所有的中國人，生活能過得更好，中國人在國際上能受到尊重；「中國人」此一名詞是一個有內涵又值得驕傲的稱呼。

作者早年留德，參與德軍，抗戰時返國加入第一軍，其後在我國軍裝甲兵成長及國軍戰略教育上貢獻甚著，曾任聯勤總司令，三軍大學校長，國安會祕書長，總統府資政等職。

千秋青史慰忠魂

楊爾瑛

（民國五十一年撰）

宗南先生逝世矣，余悽愴悲痛不已，回憶往事，歷歷如在目前，二十八年相處，得先生之教導提挈者，恩重道長，畢生難忘於懷。嗟乎！國事蜩螗，先生鞠躬盡瘁已盡到最大努力，悲乎！一代英雄已長眠，留得人間淚滿襟！余哀輓先生曰：

「以身教人，埋頭苦幹，只求有利國家，得失榮辱焉足論，一片丹忱昭日月。
潛心學習，至老不衰，相期無負平生，親愛精誠常相勵，千秋青史慰忠魂。」

惟國士乃識英雄，惟英雄乃敬重國士

民國二十三年夏，東北各省相繼淪陷，山河變色，余自東北歸，先生率中央第一師駐節天水，開創中央軍校西北軍官訓練班，廣招西北青年而教育之。先生電何應欽將軍在故都聘請教官，余承恩師王叔梅先生之介紹，徵得鄉賢張季鸞先生之同意，前往任教。行前季鸞先生特為之餞行，席後懇談，彼曰：「國民黨治理國家，捨蔣委員長沒有第二人，胡宗南師長雖未晤面，但據聞最為蔣委員長所器重。」又曰：「國民革命距成功之期尚遠，最近數十年不能離開軍事力量來支持政府，繼蔣委員長治軍而有才能統率軍隊者，胡宗南師長為最有希望之人也。」余聆悟其意，亟盼早日能識胡公為快事也。及抵天水，余之精神為之一振，第一師乃國民革命軍之最堅強精旅，幹部年輕，信仰堅強，風氣純樸而有正氣，大家和氣而有信心。好像一個新團體新家庭。部隊所駐紮地方，出現一片新氣象，文人和武人相處，一團和氣，使我這個「九一八」後，在東北飽受驚險，而又不滿意當時華北局面的青年人，頓時獲得極大安慰和鼓勵，余在日記上寫著「我看這裏，深深的感受，失之東隅，收之桑榆；亡羊補牢，尤未為晚。國土收復，國事重整，都有了極大的信心和希望。」嗣與胡公多次接談，深覺其志趣遠大高潔，引人欽佩！且其治軍嚴明，待人熱忱，刻苦作風，篤實精神，處處使人感動。先生駐節師部，硬板牀上，只舖軍氈一條，辦公桌上，只蓋白報紙一大張，身結小皮帶，雖嚴冬亦不穿大衣。每晨天未曉而單騎出城，入城時，士兵有見之者，終日精神振奮，口唱軍歌不停，足證先生之精神貫注於士兵也。

二十四年春，先生入川剿匪，自摩天嶺至青川平武，循鄧艾入蜀之古陰平道，力攻而入，軍入松潘，自春迄冬，寒暑飢疲，疫癘時作，先生與士卒同甘苦，撫循益力，故戰士鬥志，始終旺盛，而毛匪過西康時尚有四五萬人，松潘之役而後，遂而澌滅，餘眾竄陝北者纔五六千人。先生勝利歸，駐節甘谷三十里舖，在山坡小廟住宿。西北入冬奇寒，先生門窗洞開，仍不著大衣，結小皮帶辦公，睡硬板牀，蓋一軍氈，聞者奇之。傍晚有一中學生來見，送先生土毛線衣一套，先生與之長談，達兩小時，臨別將其身邊僅有之物手錶與鋼筆贈之。先生喜愛青年，青年亦敬愛先生。

二十五年，總統臨潼蒙難，先生率軍揮淚東遷；抗戰軍興，先生率軍增援上海，堅守揚行、劉行、蘊藻濱大場一帶，浴血苦戰，死守達六週，寇不得逞，季鸞先生聞之告余曰：「一軍健兒，乃國家精旅，如此犧牲，不禁令人愴然淚落。」

二十六年，張季鸞先生因病回陝，與胡公相晤，國士英雄相遇，一見如故，擇杜曲傾談三日夜，惟國士乃識英雄，惟英雄乃敬重國士。不幸國士於三十一年九月六日逝世抗戰之首都重慶，英雄於五十一年二月十四日晨逝世於反共復國基地台北！追思季鸞先生之創痛未已，哀悼宗南先生之悲傷又加，新傷舊痛，交相加來，生者曷堪！因憶季鸞先生逝世後，余遵胡公囑迎靈回西安，安葬於南郊竹林寺。翌年余復奉胡公諭，籌款為季鸞先生修墓，並囑多多植樹以慰此一代報人。三十二年胡公囑余赴滬接季鸞先生之遺嗣來西安，擬保送空軍幼校，俟其稍長資助出國深造，惜其母不同意而未能達成先生之厚望。嗟呼！國難當頭，國事紛紜，使人對此一公正偉大之報人，不黨不私不求權不求名之氣態與風格追慕而引泣！嗟呼！使人對此一精忠報國之英雄，埋頭苦幹榮辱不計之典型人格，永懷難忘。嗚呼！吾人為國家爭獨立爭自由之革命大業未成，而忠貞卓絕之才相繼凋謝，國殤私誼，悲痛無已！

青年導師，革命典型

二十三年夏，共匪西竄，中央第一師開進西北，所經各地，有志報國青年，追隨先生而抵天水。西北軍官訓練班學生，有川籍陝籍甘籍，有新疆蒙古回族藏族子弟，麕集先生周圍，誓師玉泉山，研究主義，砥礪學行；有的讀蒙文，有的讀回文，有的讀藏文，有的讀俄文。朝氣蓬勃，氣象萬千，東進要消滅倭寇，收復失土，西去要重整山河，開闢新天地。晨起高歌怒濤澎湃，傍晚齊唱時代沒有我們的敵人。歌聲嘹亮，如擊鐘如擊鼓，步伐整齊如山崩如海潮，攻無不克，戰無不勝，敵寇與共軍聞之而喪膽。

二十七年春，先生移師關中，兼中央軍校第七分校主任，戰幹團教育長，整編華北各戰場退陝部隊捍衛黃河，封鎖陝北邊境，擊敗敵精銳土肥原師團，進攻匪巢延安，五日克之，世人只知先生治軍嚴明，師壯氣盛，殊不知當時關中民心士氣之盛也，實由於先生親愛精誠教育青年有以致之。先生在西北十餘年，其精神與時間用之於訓練青年者佔百分之六十，用之於治軍者，佔百分之四十耳。先生忠義之氣感動青年，親愛精誠教育青年，且其刻苦自勵，熱情奔放，革命之丰采，崇高之人格成為青年敬愛模仿之典型人物。先生每於晨曦之前，集合武青年於王曲，諦聽先生之訓話，復於夕陽西下集合文青年於戰幹團，演講、闡揚主義，分析人生哲學，青年聆訓之餘，未嘗不精神鼓舞，以昧入者，以明出，以疑入者，以悟出，以憂憤入者，以融釋脫落出，不徒先生之精神感召之至於斯也。先生當時所講「今日的戰士」，至今猶為其門生所樂道，嘗曰：「宇宙是一個大戰場，人類是戰場的主角，在戰場中生活，在戰場中發展，好山脈、好河流，都是戰爭的佈景，好身手、好學問，都是戰爭的技術，一切計劃，都是戰爭的劇本，一切訓練，都是戰爭的排演，一切行動，都是戰爭的演出。世界既然是戰爭的舞台，人類不能離開世界，就不能離開戰爭，要想做戰爭中主人，就要做一個堅強的戰士，一切的思想、生活、精神、技術，都必須與戰爭相配合，成為戰鬥的思想，戰鬥的生活，戰鬥的紀律，戰鬥的精神，才能適應戰爭，把握戰爭，推動戰爭。今天以戰場為出路，以戰爭為前提，惟戰鬥才能做勝利的事，惟戰士才能做勝利的人。」先生解釋：「戰鬥的思想，是主義的產兒，是責任的母胎，主義領導思想，思想推動責任，責任推動戰鬥。」

先生解釋：「戰鬥的生活，是生活範圍的擴大，是生活意義的提高，是生活過程的加緊。由戰鬥充實生活，由生活而實踐戰鬥。」

先生解釋：「戰鬥的紀律，是道義的信條，是無形的規範，要自覺，要自動，要自治，要自重，要自信。」

先生解釋：「戰鬥的技術，是血汗的結晶，是經驗的成績，以戰鬥鍛鍊技術，以技術加強戰鬥。」

先生解釋：「戰鬥的精神，是主義的光輝，是人格的表現，用戰鬥磨練精神，用精神完成戰鬥。」

先生更進一步的解釋：「㈠戰鬥的精神就是道義精神。道義精神：1.不貪名利，不圖享受，淡泊明志，寧靜致遠。2.摩頂放踵，冒險犯難，捨己救人，捨身衛道。3.不背叛國家，不出賣夥伴，患難相扶，生死與共。㈡戰鬥的精神，就是磅礡精神。磅礡的精神：1.像山嶽一樣的崇高，蓬蓬勃勃，頂天立地，出類拔萃。2.像雷霆一樣的威武，有聲有色，振撼人群，震驚萬物。3.像河流一樣的澎湃不停止，不休息，乘風破浪，勇往直前。4.像日月一樣的光明，沒有隱瞞，沒有污點，光明永在，浩氣長存。㈢戰鬥的精神就是犧牲精神。犧牲精神：無名為大，爭責任不爭權威；無我為大，爭道義不爭利害；下層為大，爭貢獻不爭階級。」

先生說：「今日的戰士，必須沉潛主義之中，為主義繼志，為主義傳道，為主義授業，為主義解惑，所謂繼志，繼承國父遺志，完成國民革命。所謂傳道，實行三民主義，發揚黃埔精神，所謂授業，收復中國失地，復興中華民族，所謂解惑，一個領袖，一個政府，一個主義。」

先生說：「今日戰士必須生死於主義之中，生於理智，長於戰鬥，成於艱苦，終於道義。所謂理智，擇善固執，貫徹始終。所謂戰鬥，克服困難，戰勝環境。所謂艱苦，汗血內流，百折不撓。所謂道義，篤信死守，不計成敗利鈍。」

先生說：「今日戰士必須擔負歷史的使命，做時代的先鋒。所謂歷史的使命，就是你們不要忘記，歷史的使命落在你們肩上，祖宗的遺產，交在你們身上，黨國的命運，握在你們手上，先烈的眼睛，釘在你們頭上，所以必須把黨國的責任擔負起來。所謂時代的先鋒，就是你們不要忘記，必須開闢黨國的前途，痛苦的民眾，要你們去拯救，要你們去教化，淪陷的山河，要你們去恢復，要你們去整理，廣大的土地，無盡的寶藏，要你們去保障，要你們去開發。光輝的歷史，幸福的國家，要你們去建設，要你們去創造。」

先生說：「今日戰士，人格重於生命，什麼都可以犧牲，人格不可犧牲，渴不飲盜泉之水，熱不憩惡木之蔭。責任重於權利，什麼都可以讓人，責任不可讓人，當仁不讓，見義勇為。（丙）知識重於虛名，什麼都可以滿足，知識不可滿足，博覽群書，專長一技，不靠情面吃飯，不憑資格賣錢。」

先生說：「今日戰士，不是群眾的乞丐，不是時代的跟班，不是功名利祿的俘虜，不是風花雪月的奴才，不是咬文嚼字的紳士，不是養尊處優的懶漢，不是狼心狗肺的叛徒。」

先生說：「今日戰士，是狂風急浪中的舵手，是懸崖絕壁的車夫，是黑暗時代的明星，是群眾的表率，是人間的神聖，是末世的英雄。」

先生說：「今日戰士，永遠抓緊現實，站穩腳跟，與天爭，與物爭，與艱苦爭，與錯誤爭，與強權暴力爭，以熱力推動時代，以心火點燃文明，惟戰鬥才能做勝利事，惟戰士才能做勝利人。惟青年才能做今日戰士，惟戰士，才是今日的青年。」

從這篇講演中，看出先生一顆光明燦爛的心，是青年導師，先生革命的精神，是青年革命的典型；所以無數的青年圍繞著先生，無數青年學習先生，更有無數青年嚮往先生。共軍拉不走一個青年，青年樂意跟隨先生；共敵煽動不起來青年，青年和先生樂意站在一起。當時西南聯大學生要去延安，到西安後，不再去延安了；先生的忠肝赤膽吸引住青年，當時西北半壁山河穩如泰山，日寇既不敢渡黃河，亦不敢叩潼關；共敵宣傳煽動既失效，又不敢逾越封鎖線。旺盛的士氣，無尤無怨的民心，安定的環境，樸實無華的社會，至今尤為人所懷念，實先生領導青年之成效也。

延安之功垂青史，成渝之忠昭日月

長期抗戰國策既定，國軍始獲重新部署，宗南先生率師移節關中。擔任抗戰與防共兩大任務。十餘年來，先生所訓練之青年及戰鬥部隊達三十餘萬人，防務擴至豫、冀、晉、陝、甘、新六省，成為長期抗日戰鬥力量之源泉，封鎖共敵之三千餘里之長城。三十三年雲南戰事告急，先生所率五十七軍空運昆明，參加遠征軍作戰，四十二軍復開新疆增防。三十四年秋華北局勢吃緊，三十四集團軍奉命由晉入冀。

三十六年三月十九日，先生親率部隊克服延安，喧赫中外之「赤都」，曲終人散，國際觀感為之一新，因憶洛川一夕之作戰會議，即決定共敵瓦解之命運，先生用兵之神速，作戰之英勇功在黨國，永垂青史。

三十八年冬（十一月三十日），共敵劉伯承攻陷重慶，率第三第五兵團與林彪所部，分道西犯。共軍賀龍所率之十八、十九兩兵團復由陝南南下，於十二月十二日破陽平關，十五日陷廣元，南犯劍門梓潼，而林彪之十五兵團亦由貴州畢節兼程向川西急進，企圖重重包圍成都。盤據灌縣茂縣之鄧錫侯、劉文輝兩逆，復於十二日通電叛變。郭汝瑰在敘瀘倒戈附逆，會合共軍陷樂山，竄彭山，強渡岷江，指向新津。在此危難緊急之際，宗南先生奉命保衛中樞，加緊部署，由陝南下之軍，晝夜兼程趕到成都附近僅六萬餘人，敵則十倍於我，眾寡懸殊，腹背包圍，左翼川軍蜂起叛亂，右翼友軍相繼覆滅，先生處此空前危局，不聲不響，苦力撐持，浴血苦戰，死守成都近郊，新津機場爭奪戰三進三出，保護中樞安全撤退，保衛領袖安全移節，先生可謂禁得起考驗，撐得住危局，先生衛道之典型永存人間，先生愛國家愛領袖之赤膽忠忱，照耀日月，先生為最後撤退大陸之一將領，應當是反攻登陸，把青天白日滿地紅的國旗插上南京城的第一人，嗚呼，不幸先生撒手西去矣！先生未竟之志，留待先生薰陶感染之青年，將繼其志而努力完成之。

作者為俄文專家，曾任國大代表，在大陸、台灣各大專院校任教數十年，著作甚豐。

胡先生的軍人本色

徐先麟

（民國五十一年撰）

如果「本色」二字的涵義是「真實」；「質樸」是「表裏一致」；「始終如一」是「不偽裝」；「不文飾」是「表現性格的本質」，則胡先生便是具有這種本色的一個典型。

他對人、對事、都是求「真」、求「實」，他為人質樸無華，表裡一致；他的性格，坦率爽朗，既不知道「偽裝」，亦不知道「文飾」；他的處世原則，不止是「多做事、少說話」，簡直是「只做不說」；不但不諉卸責任，而且勇於承擔責任，對青年後進，肯照顧，肯提拔；但於照顧提拔之中，從不阿私徇情。他用人，須經過遴擇，經過考核；但於遴擇考核之際，絕無「同鄉」「同學」等畛域之分，亦無「親戚」「故舊」等門戶之見，更從無任何派系的存在。至於個人生活之簡單樸素，淡泊自甘，早為國人所熟知，已不能再算為新聞了。不過一般人只知道胡先生在「衣」與「食」方面，「克難節約」的美德，不知胡先生在「住」的方面，尤其是當年駐節西北，身膺疆寄時期，其居處之簡陋，更是令人難以置信。他那時一直都是住在西安的董子祠——漢董仲舒先生的墓祠，那是一所建築簡單，年久失修的「廟宇式」的平房，全部建坪約三十餘席，胡先生僅用祠內正廳一間（約二十席）作辦公室，及廂房一間（約六席）作寢室，室內除滿佈作戰地圖外，僅有簡單木器傢俱。這樣的一所「官邸」，不但外表上毫無「派頭」可言，而內容方面，亦無任何現代設備。胡先生對之竟安之若素。在董子祠的附近，雖曾另外借有民房一幢，作為接待室——即一般人所稱的「東倉門辦公室」，實際上那裏只是作為會客室及隨員辦公之用，並非胡先生的生活起居之所，就當時西北一般生活水準而言，東倉門辦公室的建築與陳設，也只相當於一個團長的公館，至「董子祠官舍」，只能比得上一個連長的住宅而已。

以我追隨胡先生左右二十餘年的觀察與體驗，胡先生那種儉樸淡泊的生活，和處世接物的風格，可以說完全是出於自然，發乎本性；完全是一種「軍人本色」的表現。但若干不瞭解胡先生或根本不認識胡先生的人，不惟不以胡先生這種軍人本色為可敬可貴，而轉以通常的眼光來衡量他，竟對胡先生這種真實、質樸、表裏一致、始終如一、克難節約、淡泊自甘的美德，作種種歪曲事實的揣測，似乎對他的軍人本色，有所懷疑。懷疑他是一種「矯揉造作」，且有批評他為「神秘」，為「驕傲」，甚至稱之為「西北王」者。胡先生本人對於這種種的批評與顯赫的「封號」，是否在其生前亦有所聞，不得而知；不過即使他亦曾偶有所聞，以他一貫的風度，他是決不肯，亦不願加以解釋或申辯的，然而在現今這個社會，如果對於一種誤會與批評，只是一味的容忍，一味的緘口不言，必至「積非成是」，無形中造成一種「默認」，鑄成歷史上永難抹去的污點痕跡。

現在胡先生已經是遠離這個塵世了，生前他對於一切毀譽置之度外，今天既經「蓋棺論定」，關於外界抹殺事實的臆度與揣測，應該根據我們平日所親眼看到的與親身體驗到有關胡先生持躬治事的風格，與質樸平實的軍人本色，以真實的事例，來盡一點澄清的責任。

一、胡先生有矯揉造作嗎？

胡先生是否有「矯揉造作」，只須對他平日的生活言行，作持平之論，即不難求得一個正確公允的答案，「矯揉造作」的人，當著人面前，是一種生活方式；背著人，則是另一種生活方式；對某些特殊的人，是一副面孔，對其他的人，則另是一副面孔；在某一種環境，某一段時間內，或某一種情況下，是一種做法，一種扮演；而在另一種環境，另一段時間，或另一種情況下，則是另一種做法，另一種扮演。簡單的說，矯揉造作的人，是多變的，善變的，是專講利害，專講現實的，是旨在沽名釣譽，與投機取巧的。而胡先生，無論從那一個角度看，無論就那一方面說，都無法找出這一類的跡象，以前在西北的時候，他的生活是「樸素」、「淡泊」、「克難節約」；近年在台灣，他的生活，還是「樸素」、「淡泊」、「克難節約」。當他效命前驅，行軍作戰時，是住破廟，睡硬板牀，樂於與士兵共甘苦；而在他身膺方面大任，開府關中的時期，還是住破廟，睡硬板牀，仍舊與士兵們共甘苦。在抗戰期間，總統到西安主持軍事會議時，曾經偕同夫人蒞臨胡先生的住所——董子祠「官邸」去訪問過，並在祠堂後院的董子陵寢——一座雜草叢生的土塚的四周憑弔了一番，總統的侍衛人員，看到那所荒涼簡陋的「官邸」，也為之詫異不已，想不到司令長官的公館，竟是如此蹩腳的一座墓祠。

有人認為胡先生當年在軍中的衣服鞋子等之所以經常呈現破舊，露出縫綴補綻等痕跡者，乃是有意做給部屬和士兵們看，不過只是做做樣子而已，決不是他真的沒有錢去為自己製備服裝。當然，我們也不能說這種看法沒有一部份的理由。不過當胡先生臨終之時，榮民總醫院的護理人員，發現他裏面穿的那件毛線衣，已是破洞累累；據在場的友好們認出那件衣服，還是他以前在西北時所穿的舊品，那就不能不使我們對於上述的說法，發生疑問：此時此地，胡先生還要穿上這種破洞累累的衣服給誰看？給誰做樣子？而且在自己的家裏，把這種破毛線衣穿在衣服的裏面，外人又如何能看得到？如果不是病倒在醫院裏，且於易簀之際，為眾目所共睹；以胡先生當年地位的顯赫，今日仍是國家的上將戰略顧問，有誰能相信他身上穿的衣服，竟是那樣的破爛？因此，使我們對於他平日樸素淡泊的生活，獲得了更真切的認識，與正確的結論：「他既不是故意要在部屬和士兵們的面前做做樣子，也不是沒有錢為自己隨時添製衣服，而是他發乎本性的一種『惜錢惜物』的『儉德』。完全是一種克難節約的軍人本色，這種本色乃是『表裏一致』『始終如一』的，絕不能與『矯揉造作』混為一談」。

二、胡先生「神秘」嗎？

一般人之所以批評胡先生神秘者，主要是指胡先生在行動方面，多少帶有神秘性。因為看到胡先生無論是要到一個地方或是離開一個地方或是有其他的動向，在事前都是絕對不讓人知道的，甚至使人毫無預感。其實這在胡先生自己看來，完全是一件極平常的事情。他之所以不願預先把自己的行動告訴人，並不是故意要造成自己的神秘性；而是不便因他個人的行止，無端給人以不必要的煩擾。尤其是到各處校閱部隊的時候，更不應該將自己的行蹤，預先洩漏出去，致使各受校部隊，有臨時作偽，或偏重表面工作的流弊。至於其他公務旅行，如果預先發表行程，依胡先生的見解，那無異是一種「招搖」。其影響不僅使得對方「勞師動眾」，平添「迎」「送」的煩累；甚至令人有不堪「接風」「餞行」酒席酬酢之負擔。像這樣浪費時間與金錢的友情，乃是胡先生所不肯接受的。又因他所要去的地方，都有預定的任務或特殊的使命，其活動日程，都配當的十分緊湊，也很少有寬裕的時間來作私人的拜訪與公務以外的接觸。所以他為了確實控制時間，有效配合其活動日程與專心一意處理他的公務，不得不儘可能避免或減少一切不必要的聯繫，當然為了軍事上的保密與行動的安全，使他不能預先公開他的行程，也是重要原因之一。其次，說他神秘的，是指他不大願意接近新聞記者。其實胡先生並不是不願意接近記者先生們，而是他持有一種和別人不盡相同的觀念；他覺得在記者先生們面前的一言一行，都會留下一種痕跡來，都會於有意無意間將自己形成一個大眾所注視的目標。他為了嚴守他「多做事少說話」，及「只做不說」的原則，為了避免招致「自我宣傳」的批評，所以很少正式的舉行記者招待會或輕易向記者發表談話，他更少在旅途中接受記者先生們的訪問，也很少讓記者先生們替他拍照。記得在抗戰期間，有一位和胡先生相識已久的記者朋友，從遠道到西安去看他，彼此長談之後，那位記者朋友在臨別時硬要替胡先生拍張照片留念，胡先生對於這一要求，因礙於友情，不便固卻，遂讓他的記者朋友拍了一張照。那位記者朋友，並且當面保證那張照片，只留作紀念，決不向外發表；可是，隔不多久，那一次的「訪問記」和照片，都一齊在某畫報上登載出來。胡先生發覺之後，大為不快，並深以那位記者朋友的「背信」為一大遺憾。他以後之所以很少和記者先生們接觸，大概與那次不愉快事件，有多少關係。

我們明白了箇中原委，對於胡先生當年在西北時為了免得朋友們浪費時間，破費金錢，去接他，送他，招待他，而在旅行方面所採取的「悄然」行動以及為了避免招致「自我宣傳」的批評，而不得不減少自己和記者先生們直接接觸的種種苦衷，不但不應當再誤會為「神秘」，而且應該對這種體貼別人，謹嚴自處及「公而忘私」的軍人本色，致其崇高之敬意。

三、胡先生是「西北王」嗎？

在胡先生駐節西北的時期，有些報刊雜誌，往往在他們有關西北報導的「專欄」或「特寫」裏面，愛用「西北王」三字來稱呼胡先生。這一顯赫崇高的「封號」，就社會一般的感覺而言，總認為是多少帶有一點諷刺性或甚至是一種「不友好的恭維」。因為在這個「尊號」的裏面似乎有意無意的含有「大權獨攬」「獨斷專行」或「封建色彩」等意味，顯然以為西北方面的黨政軍一切大權，都統統掌握在胡先生的手裏，以為西北乃是胡先生的「勢力範圍」，是胡先生的天下。其實，這種看法與想法，不僅是對胡先生的為人與風格及其處世的嚴謹態度不太瞭解，即對西北的情形，亦不夠深入，胡先生在西北十多年，從不曾集西北地區的黨政軍大權於一身，連他駐節所在地的陝西省的黨政事務，亦很少預聞，陝省黨政機關的人事，一向都是由中央直接遴派，而由胡先生保舉的，都不見多；即就西北地區軍事範圍內的權責而論，亦並非全由胡先生一手包辦；除西安設有軍委會委員長行營外，蘭州還有第八戰區長官司令部，胡先生所直接節制的部隊，在抗戰期間，只限於第一戰區的管轄範圍；抗戰結束後，亦只限於西安綏署的建制部隊，而且戰區與綏靖區的一切大政方針，與重要措施，都完全惟中央之命是從，以領袖的意志為意志，絕無獨斷專行之事例。

胡先生對於軍事方面的權責，既然分辨得如此清楚，對於軍事以外的事，更是有分際，更是謹小慎微，不敢稍涉逾越。記得有一個時期，胡先生所轄部隊都對經費感到嚴重的困難，許多要辦的事，都無錢去辦，尤其是他所主持的幹四團和七分校，往往連學生的伙食費都接濟不上，那種艱苦支撐的情形，簡直與黃埔創校初期的窘況，毫無二致。當時胡先生幕下有幾位研究財經的專家，建議胡先生向中央申請在西安籌設一「西北墾殖銀行」，發行紙幣，藉以靈活西北的金融，紓解軍中經費的困難，用意雖屬至善，但未為胡先生所接受，他並對那幾位「獻策」的幕友們說：「我們是軍隊，我們的責任是如何想辦法去發掘兵源，充實戰力；而不是，並且也不必由我們想辦法去發掘財源，如果當軍人的人，也要辦起銀行來，那裏還有心思去打仗？」

我們從他這幾句簡單的談話裏，便可以看出他特有風格，便可以證明他是一位如何尊重體制，分辨權責，謹守範圍的軍人；便可以體會到什麼是「軍人本色」？在胡先生的觀念裏，軍人就只能做軍人所應當做的事——練兵、打仗——不應該旁騖其他；更不應該在牽涉「錢」的問題上費腦筋，所以他戍守西北的十多年中，除了專心致力於建軍有關各項工作之外，其他的事，非奉中央特別授權或臨時指示，他是決不會越權過問的。

此外，軍中一向所號召的「四大公開」（人事、經理、賞罰、意見）早在胡先生任第一師師長時期，即已切實奉行，貫徹到底，尤其是他本人能夠以身作則，樹立風聲，導以軌範，僅就其中最主要的「人事公開」一項而論，我們只須把胡先生所統率的幹部籍貫一看，其中佔百分比最大的，並不是浙江人，而是湖南人；其次，則為豫魯及東北三省的人，浙江籍幹部人數，竟列在第七位，至胡先生的孝豐同鄉，在比率上所佔數字，更是微乎其微，這一顯明的事實，便可以使我們確信胡先生那裏的人事，確確實實是「公開」的，而並非「徒託空言」。以胡先生這樣心地光明，治事嚴謹，明辨職責，崇法務實的質樸軍人，無論從任何角度去看，只要我們真正的持平衡量，都不應該把「西北王」這頂「荊棘冠冕」加在他的頭上！

四、從一件小事中反映出胡先生的偉大

當胡先生駐節西北的時期，海內外慕名「請見」「請纓」者，絡繹於途，胡先生對於各方英彥，亦盡量延納，優遇有加，故一時人才薈萃，朝氣蓬勃，但某次有胡先生同鄉老友某君，從洛陽專誠到西安拜訪，他於抵達西安之日，即函請胡先生預為約定晉見時間與地點，爾時，適胡先生正忙於七分校與游幹班的教育工作，不克分身，未予立即安排接見時間，隔不多日，某君又來一函，詳敘遠道求見之殷切，並於函中提供若干有關軍政方面的興革意見，頗多可採之處，但胡先生仍以事忙，未予作答，嗣後，某君雖又連續上書多次，胡先生亦迄無反映，這種沉默冷漠的情形，在胡先生當時求才若渴，禮賢下士的氣氛中，殊屬少見。因之，不但引起了某君的懷疑，即歷次簽辦該案的幕僚人員，亦大惑不解，某君自信與胡先生關係之深厚，決不致遭遇如此冷待，遂誤會為胡先生的左右有意和他為難，於是四處散佈空氣，指摘胡先生左右太黑暗，尤其對我個人更肆意詆譭，並深怪胡先生不應該將一個毫無淵源的人（因本人既非胡先生的同鄉，又非同學，更與胡先生無瓜葛之親），放在左右管理機要事務。此等不滿言論，久而久之，便傳到了胡先生的耳裏，胡先生仍是置若罔聞，有一天，適某

君之弟（爾時亦在西安某單位工作），因公晉見胡先生，胡先生乃於便中正色告知乃弟說：「你哥哥歷次寫來的信，我都見過了；我這裏的承辦人員，對於這類的信，都是隨時簽辦，隨時呈閱，向無積壓情事，你哥哥每次寫給我的信，我自己都有登記下來」，說到這裏，便隨即由衣袋中抽出一本小型記事簿，將上面所記乃兄來函之一欄，交給其弟看，並逐項指示的說：「你看，你哥哥某天，某次來信，我在某天，某天就看到了，其中並無一次延誤，而且每次信上，附簽的意見，都是於你哥哥有利的，為什麼你哥哥還要在外面說承辦人的壞話？我未覆你哥哥的信，是因為我在考慮一個比較適當的時間，完全是我自己把時間拖延了，與承辦的人毫無關係……」某君之弟，把那本小冊子的記載看過之後，非常受感動，當即以滿懷興奮的情緒及誠摯的歉意，將這事的經過源源本本向我合盤托出，要我原諒他的老兄對我的誤會，其實我本人對他老兄所給予我的抨擊，在那時根本還不知道。

以胡先生當時身兼多數要職，宵旰辛勞，日理萬機，對於一個私人的書札，及部屬簽辦的文件，竟能於百忙之中，一一親手存記，巨細不遺；對朋友的請託如此鄭重其事，對公文的處置，如此的認真，對部屬又如此的負責承過，這樣的長官，這樣的風格，誠屬見所未見！「見微知著」，「舉一反三」，胡先生的偉大處，在這類的小事上，更可以獲得充分的證明。

上述種種，只是就個人在追隨胡先生期間所親自見到，親自體驗到的，以及現在尚能清楚記憶的，在這有限的篇幅裏，略為指陳。其中某些事情，曾經引起過人的怪異；某些事情，曾經受過人的批評與指摘；更有某些事情，一直到現在還未能為人瞭解，為人諒解！其實在對胡先生有真正認識的人看起來，以及在胡先生本人的感覺上，都是些極正常，極平常的舉動，換言之，那都是一個人應該有的本質，那也就正是胡先生的「軍人本色」的具體表現。

作者與胡上將非親非故，但因才氣及忠誠而蒙信任，而擔任貼身秘書或駐京辦事處主任數十年。

教澤流長

劉殿富

（民國八十五年撰）

涵養與受益

作為一個軍官學校第七分校的學生，雖然操場，野外，學科，術科的小教程、大教程都覺得學到一些，但最重要的還是胡主任的風範與言行所給予我們這些學生的啟示與影響。胡先生是篤信陽明先生「知行合一」學說的實踐家，有一種合而不流的獨特風格，不瞭解其人者，往往以偏概全，認為胡主任喜歡標新立異；其實這正是針砭時弊所採取的校正作法，此其間所含蘊的價值與真理，真是無從估量；就七分校的學生而言，我個人當然包括在內，這些永遠是一部讀不完又受益不盡，且具「仰之彌高，鑽之彌堅」的教範；僅就記憶所及之點，筆之於後，以誌常敬。

思想要主義化，戰鬥化

我第一次聽到主任的講演，是在王曲校本部右側的操場上，第二次在河西大操場上，兩次一個講題都是「今日的戰士」，因內容長，需連續施教。講演開始胡主任目掃四周，然後，以堅定而宏亮的聲音，要求大家所有在場師生要作「今日的戰士」，然則，今日的戰士，又是什麼呢……然後，絲縷詳明的加以闡示。

「今日的戰士，必須沉潛在主義之中，為主義繼志，為主義傳道，為主義授業，為主義解惑。所謂繼志，繼承國父遺志，完成國民革命；所謂傳道，實行三民主義，發揚黃埔精神；所謂授業，收復大陸失土，復興中華民族；所謂解惑，一個主義一個領袖和一個政黨。」

這幾句話，真是如雷貫耳，開啟了官兵終生為三民主義犧牲奮鬥的抱負，而以「鐵肩擔主義」一份子自居。

其次，主任更要求在場師生，要做一個堅強的戰士，必須先瞭解環境。主任說：

「宇宙是一個大戰場，人類在戰場中做主角，在戰場中生活，在戰場中發展；好山脈，好河流都是戰場的佈景，好身手，好學問，都是戰爭的技術；一切計劃，都是戰爭的劇本，人類要想做戰爭中的主人，就要做一個堅強的戰士。」

接著又說：

「要做一個堅強的戰士，必須要一切的思想、生活、精神、技術都必須與戰爭相配合，成為戰鬥的思想，戰鬥的生活，戰鬥的紀律，戰鬥的精神，才能適應戰爭，把握戰爭，推動戰爭。」

又說：

「今天以戰場為出路，以戰爭為前提，惟戰鬥才能做勝利的事，惟戰爭才能做勝利的人。」

這一番講話，無形中又一次激發在場師生的戰志，又一次的做了全副精神武裝。

歷史使命與工作責任是奮鬥的指標

做一個堅強的戰士，首先應當知道你的歷史使命是什麼？你的工作責任在那裡。主任曾具體的指出：

「不要忘記，祖宗的遺產，交在你們身上；黨國的命運，握在你們手上；先烈的眼睛釘在你們頭上；你們必須把黨國的責任，擔負起來，而且不要忘記，痛苦的民眾，要你們去拯救；淪陷的山河，要你們去恢復；廣大的土地，無盡的寶藏，要你們去保障；幸福的國家，光榮的歷史，要你們去建設，去創造。」

講到此處，主任便大聲呼喚：「這是歷史的使命啊！」在這一莊嚴的召示下，在場師生無不動容。談到工作責任，主任則另有一番新解。他認為在「無名」「無我」「下層」中才能真正找到自己的工作責任。他曾訓示學生「無名為大，爭責任不爭權威；無我為大，爭道義不爭利害；下層為大，爭貢獻不爭階級。」他懇切的說：「我們要爭的是做大事，而不是做大官」，「責任重於權利，什麼都可讓人，責任不可讓人」，這是何等光明磊落的訓示，自然，「無欲則剛」，而所向無敵了。

主任曾勉勵師生「做一個今日的戰士，永遠要抓住現實，站穩腳跟，與天爭，與物爭，與艱苦爭，與錯誤爭，與強權暴力爭，以熱力推動時代，以心火點燃文明，這樣才能做勝利的事，做勝利的人。」聞者莫不刻骨銘心，永誌不忘。

做人要講人格，重道義

一般人都知道，主任為人講人格，重道義，不矜功，不伐能，謙以自牧，故部屬無不敬之愛之。

但就一些學生的角度來看，主任的處世待人，確乎是嚴以律己，厚以待人，風骨嶙峋而仁心內向，他對於「人格」及「道義」兩字有其非常深刻的解釋。

主任說：「人格重於生命，什麼都可犧牲，人格不可犧牲，渴不飲盜泉之水，熱不憩惡木之蔭。」這就是「有所為」與「有所不為」之分野之所在。

對於道義兩字，主任曾經對學生們說過：「做人要有一種道義精神，所謂道義精神，就是不貪名利，不圖享受，淡泊明志，寧靜致遠；摩頂放踵，冒險犯難，捨己救人，捨身衛道；不背叛國家，不出賣夥伴，患難相扶，生死與共。」

「做人要沒有隱瞞，沒有污點，像日月一樣的光明」，以這種「道義精神」，要求到一個堅強的戰士身上，可謂既高明且又合中庸之道，非但不苛，反覺至當，尤以戰場中為然。

前方生活士兵化，後方生活平民化

主任一生廉介，日常生活，除一襲軍衣之外，從來不治生產；行軍駐防，也多選廟宇、祠堂，以免擾民，為眾人皆知之事，平生尤不喜歡自我宣傳，從不招待記者，當十五期學生畢業時，請求發一張照片，印在同學錄上，也遭婉拒；直到今天，在同學錄上還沒有一張主任的照片。其律己甚嚴，在簡樸、規律，乃至苦修方面，無不力求臻於至境，不能不令人望而起敬。七分校地處西北，生產比較落後，經濟發展自然不能與沿海或內地各省相比，生活條件本來就差，主任教誨我們曾說：「一個革命軍人，應戰勝敵人，並應戰勝自然。」他曾這樣的說：「今日的英雄，是從群眾生長出來的，並非由天上掉下來的，所以要做到前方生活士兵化，後方生活平民化。」「要以身作則，實行新生活規條。」「日行百餘里，背負三十斤，一切自己來。」「燒餅、油條、高粱麵、小米稀飯，是上等的伙食，粗布衣，麻草鞋，是我們上等的衣冠，茅屋土坑、窯洞硬板，是我們美麗的住室。」（見主任講詞「今日的戰士」。）

七分校就在這種環境與這種教誨與陶鑄之下，教育出來了成千成萬，為國家民族犧牲奮鬥的青年戰士。就我親身體認，七分校學生，因補助副食，曾利用假期，走上終南山麓砍柴，曾利用空暇，整修窯洞，除濕土坑，以實踐「戰勝飢餓，戰勝寒冷，戰勝自然。」我們到今天還可以發現七分校畢業的同學，服務於任何單位，其吃苦精神，總是不落人後，都是由於胡主任的這種教誨所陶鑄鍛鍊而成的。

無限感思

主任胡公，是良將、是國士，是教育家，就一個學生的角度來思念胡公，真是既哀思又感恩，此次胡公百年冥誕徵文，我起筆較遲（不在國內），匆匆應命而又思靈萬千，且不知從何下筆，但既執筆，又處乎今日之環境，真是感慨萬千。但望胡公在天之靈仍能如生前之追隨領袖蔣公總統，蔭庇當前之國家民族父老同胞，度過艱危臻於太平。是所至臻。今胡公之正氣已與天地之正氣合一。而惟「與天地合其德；與日月合其明；與四時合其序；與鬼神合其吉凶」是祝。

作者係七分校十五期畢業，從事政戰工作多年。

往事如新

李鐵軍

（民國五十一年撰）

一

「平生知遇憶元戎，三十載相從百戰中，落落何堪公去日，欲銘風義涕何從。」

二

「平陳蕩逆紀征東，馳騁河婆許有功，初試霜鋒年少日，凱歌猶在夢魂中。」

民十三、四年討陳之役，林虎、洪兆麟由興寧出河婆，擬截斷我潮汕大軍後路，情勢危急，胡公時任教導第二團第二營代營長，奉命粉碎逆軍陰謀，必須攻佔河婆之最高山「橫峰」之敵陣，胡公命余率第六連衝上佔領之，公並親身參加，一舉將敵擊潰，繳獲無算，陳逆以陰謀未逞從此一蹶不振，追至江西尋鄔附近全部繳械，東征亦告結束，事後十餘年，有一天在西安東倉門閒談，胡公曾很興奮提起此事說：「從前幹勁真夠，我們兩人在橫峰打衝鋒，但我自己係營指揮官，亦走在最前面，未能運用全力，你看對不對。」我說：「指揮官有帶頭作用，革命軍人就是向前不向後，如果將士都向後不向前，又如何能統一中國，造出如此輝煌革命大業，胡公笑以為然。」

三

「英年北伐喜相隨，猶記錢塘放馬蹄，惆悵人琴今已杳，忍將九指老明時。」

民國十六年浙江桐廬新登之役，本營與孫傳芳部孟昭月旅激戰竟日，全營官兵傷亡殆盡，余亦身負重傷，傷右腿及左手，並打斷一食指，傷癒返部，胡公常戲呼我為九指將軍，余笑應之曰：差幸腿傷未斷，不然將為獨腿將軍，無法為公再效馳驅矣。

四

「公真大樹了無私，一旅常稱百勝師，二十萬叛軍齊解甲，至今河洛有餘威。」

民國十九年討伐閻馮之役，公任第一師師長，戰無不勝，攻無不克，叛軍畏蜀如虎，有許多友軍部隊，均臨時改掛第一師旂幟，以虎嚇敵人，繳械之日，鄭州以南，有許多叛軍情願向本旅（時余任第一師第一旅長）投降，不願向十九路軍蔡逆廷楷總指揮接洽，並勸說無效，蔡某氣極派兵攻打，其胞弟蔡某因此陣亡，余將此情報告胡公下令向鄭西後退五十里，作第二線之堵截，宗公忍讓為國之風，蔡某亦覺慚愧。

五

「死生摶鬥憶松潘，漏網毛酋膽已寒，劫後草原蒙雨澤，夕陽簫鼓萬家歡。」

民國二十四年，江西毛匪及豫鄂皖四川通南巴之徐匪，共計十餘萬眾，均竄集四川之松潘附近，擬竊據該地，藉資喘息，胡公以總指揮兼第一師師長名義，率隊追至松潘與匪激戰，將近五月，匪潰不成軍，毛酋僅率殘眾數千倉皇北竄陝西延安，與陝北匪劉子丹會合，劫後草原蒼涼滿目，幸經胡公代表領袖撫慰救濟，民漸來蘇，數十萬羌民，咸感威德，草原之上，載歌載舞，羌笛悠悠，歡聲一片。

六

「滬江轉戰到秦中，若定從容古將風，殲寇禦匪多勝算，西陲半壁賴惏懞。」

民國二十六年抗日戰爭爆發時，公任第一軍長，率本師（第一師）及七十八師等，由徐州開赴上海與日寇周旋，在寶山蘊藻濱楊行顧家鎮張家樓及北新經蘇州河高爾夫球場等地與日寇苦戰，前後三個月，達到消耗及遲滯日寇目的後，嗣奉命轉進至鄭州西安，擔任豫西自鄭州至潼關及陝東河防任務，並擔任鄭州死守，阻止日寇西侵。迄宗公升任第十七軍團長後，遂交由余以第一軍軍長名義，指揮二十五師之一旅二十師騎兵師等死守之，爾後西陲半壁，幸賴胡公雍容坐鎮，固若金湯。

七

「贊畫謀猷動上京，暴倭赤匪慴威名，魔都一指歸天漢，應入春秋冊義兵。」

民國二十八年起，赤匪藉抗日為名，陰謀篡奪背叛，游而不擊，到處暗襲國軍，胡公令余兼任陝北防守任務，率第七十六軍等部，進駐三原，防匪蠢動，俄總顧問特至三原諜訪謂：「何以由豫西河防移駐此地？」余答以「本軍作戰日久，需要來此整訓」，俄諜亦無如我何，當時國內許多騎牆黨派，不明共匪詭詐陰謀，亦為匪作倀，詆毀胡公如何如何，胡公均一笑置之，不加辯正，抗戰勝利前後，赤匪揭開本來面目，實行叛變，宗公揮軍北指，一舉而下延安。

八

「劫後西昌餘一木，海天遙望默忘言，從頭再佐中興業，不負神州父老恩。」

胡公於民國三十九年春杪，自西昌飛返海南，心情至為沉痛，意志很為堅定；斯時，余正于役海南，於戎馬倥傯之間，常伴公於海口之濱，散步談心，談失敗也曾談到過去成功，種種原由，感慨萬千，海口吃緊，余在前線指揮作戰，宗公自海口飛返台灣，曾親筆留書道別勗勉，以前遺墨原存不少，惜均於海南陵水新村登船作戰遺失。

九

「危疆波靜見才艱，公去人間非等閒，泰岳摧峰河墜月，英靈長護漢江山。」

一〇

「破碎鄉心恨未填，九原應作夢中牽，去無餘帛遺兒女，惟有丹心照日邊。」

「宗公」余之長官也，從民國十四年二次東征起，即在一塊從事革命工作，患難相從，前後計三十餘年之久；至民國三十七年冬，在甘肅河西警備總司令任內，因前西北軍政行營主任張逆治中心懷叵測，藉口調整西北人事關係，減少中央與地方之摩擦為詞，暗示要余離開河西，並偕余進京謁顧總長請另調工作，余被迫於三十七年十二月離職東歸，旋宗公擬以隴南王治岐等部，合組一兵團交余統率，開赴前線作戰，又因總統下野，人事紛紜，遂無結果，嗣余奉調廣州行營副主任，始實際離開我多年追隨敬愛之宗公長官矣。余過去隨宗公久，對其人格學識及治軍治民作戰等知之頗詳，其一生服膺三民主義，絕對服從領袖，熱愛國家，熱愛部屬，無虛文無粉飾，對事負責，對人寬厚，廉明勇敢堅忍樸實，克己任怨，人性中一切優良品質，公實兼而有之，生平更不知金錢地位艱險為何物，孜孜不倦，日以如何替領袖分勞，盡忠領袖為惟一願望，綜其一生，足資吾人風範，永垂青史者，不在其過去動功事業之輝煌偉大，而在其有一完整無瑕之高貴品格也。茲謹將回憶所及，於庖廚井臼蝟集之餘，敬撰宗公生平有光、有熱、有愛、無慾、無私、無為、簡略行誼一則，附詩七絕十首（見前文），藉伸景仰與悼念之忱，並獻於宗公長官在天之靈。宗公平日極少交際應酬，練兵作戰之餘，常靜坐斗室，處理公務，涵養身心，待人接物，多靜聽人家意見，如欲有言亦言簡意賅，函電往來亦復如是，寥寥數語，意盡其中，言必有中，言出必行，其見事之明，御事之勇，知人之深，用人之專，對人之誠，絕非常人所能及；外表冷靜，而內蘊如火熱情，與公無事閒談中，更覺其幽默生趣，如坐春風，極富人情之味，絕非有意中傷者，說他如何神秘等等所能知其萬一也，對群眾與部屬講話，以其極寓哲理，極富感情之辭令，來闡揚主義，擁護領袖，及指示做人做事，練兵作戰等原理，更能掌握群眾心理，深入淺出，恰到好處；絕不耽擱與透支別人時間，至激昂慷慨處，熱情奔放，扣人心弦，真是風動全場，有如攝影傳真，萬千聽眾立被吸引，願為他為革命赴湯蹈火而不辭，其感人有如此者。但公並非坐言而不起行者，公最反對官僚形式主義，與口號標語主義，練兵作戰均以身教為主，並注重啟迪，深入下層，軍營中之廚房、廁所、馬廄、操場、野外、講堂、寢室、醫院、病房，均有公之聲音笑貌，出征之日必有一篇（筆記或口講）極扼要精彩的訓示，臨陣則更是身先士卒，奮厲無前，可於余悼宗公詩「附後」東征時，見其一般也。公有軍中聖人之目，平日僅好吃柑桔水果，別無菸酒等嗜好；軍事之餘，除讀書修養（公文學修養極深，英文根柢亦好）外，常挈僚屬馳騁於原野高山大河之間，在大自然浸淫陶冶之下，養成其生動純潔，豐富感情偉大高貴品格，公雖身膺重寄，仍樸素無華，布衣粗食；至後方時常著中山裝一套，侍從一人，住無華屋，即開府關中時，亦僅在西安東倉門城沿董子祠舊廟修葺整潔，作為辦公及休息之所，另在鄰近租簡潔民房數間，作會客及接待僚屬之用而已，上海南京更無公之洋房別墅，可說一身之外無長物。年屆五十，而仍未娶，誰無妻子，誰無溫暖，其過去惟一安慰全寄託於革命大業，及為中華全民族求自由獨立之偉大事業中。公而忘私，國而忘家，求之古今良將，亦不多覯，公親炙領袖言行，對領袖之心聲意旨，有至深切之認識，是不折不扣為革命傳道與殉道者，猶記民國十七北伐完成之後，部隊整編，公由二十二師師長改任第一師第二旅長，不計職位之高低，夜以繼日從事整軍建軍工作；整訓完畢後，全國奉命校閱領袖蔣公並親蒞徐州校閱第一師，結果第二旅被譽為全國模範旅，本團（是時余任第二旅第三團長）受校成績列為全國所有陸軍之冠，第二旅團長以上軍官奉命到南京領袖官邸傳見，訓勉有加，並由蔣夫人出來一一握手，親如家人；宗公於內心欣慰之餘，除更勗勉部屬血誠擁護領袖益加奮發外，從未見公稍露矜誇得意之色，具見其氣宇之恢宏。又民國十八年，第二旅奉命西征，由安慶登陸，經潛山、太湖、黃陂，向漢口前進，沿途秋毫無犯，民眾夾道歡迎，兵未血刃，敵已聞風喪膽，全軍瓦解，願無條件接受中央裁遣；到漢口時新聞記者均震於胡先生之威名，聯名登門求見，藉瞻將軍丰采，被一一婉辭，並派員說明此次化干戈為玉帛，完全係領袖德威感召，新聞記者不得要領而退；此後宗公南征北討功業顯赫，威名滿天下，但從未在報上發表言論，或利用新聞政策來標榜自己；抗戰初期，大公報記者范長江（抗戰時赫赫有名權威記者，但思想有問題）在上海抗日三月血戰中，始終無法找到胡先生，後來電話希望到余處一談，余亦以軍人服從為天職，無發表言論之自由，十分抱歉答之作罷。宗公過去之謙沖務實，不計毀譽，不求申辯，一切以領袖之意旨為意旨，以最高領袖之成功快樂光輝為至樂，功績歸於大眾，勞怨集於自身，其大公無我之精神，除給部屬以不少啟迪外，實足以風末俗而勵來茲。公素有幹部決定一切之主張，平日愛才若命，才德兼備，鍥而不舍；黃埔老師劉堯宸先烈[1]，一期同學李夢華、劉戡諸位，皆為東征北伐時赫赫有名健將；人事滄桑，東遷西調，或存或亡，但風雨晨夕，剪燭話舊之時，總會常常提起他們，並說劉戡必須設法找他回來，其懷念舊人愛才惜才，真是情見乎詞。公對所屬具有封建色彩之部隊，亦極度優容客氣，獎勵有加，務使潛移默化，為國家保留一份元氣；如必須執行中央整建政策時，亦必先妥作人事上之安排，決不使受編調者吃虧抱怨，或變生肘腋。回憶民二十七年春，余任第一軍軍長時，受宗公指揮之七十六軍陶峙岳部，其內部分子複雜，參謀長陶晉初為一純粹共產黨員，營團級幹部潛伏共黨更不少，胡公對此傷透腦筋，決心整頓該部，但人事如何安排，才能滿足陶某慾望，才不致發生意外，有一天公來急電囑我到西安一晤，將上情說明後，要我將第一軍交出來給陶峙岳去接任軍長，問我有何意見，生氣不生氣，我說我是革命軍人，又是公多年部下，我之性情品格，公應十分清楚，過去在第一師第一、二旅任了三年團長，五年旅長，隨公轉戰數萬里，足跡遍中國，歷盡千辛萬苦，我何曾生過氣，說過一句怨言，今日只要對國家有利，茲赴湯蹈火亦在所不辭，不過有一點必須貢獻者，第一軍第一師係國家多年培育之革命基幹，為一純粹革命武力，長成非易，如領導非人，將使部隊變質腐化，或染上許多軍閥時代不良習氣，將為無可補償之損失；公說一切我有把握，你去整頓七十六軍好了；以後我同陶峙岳實行對調，不久陶某由軍長而總司令副長官，陶某當時內心雖有難言之隱，但國家與胡公對他亦不為不厚，此皆宗公愛人以德，無我無私之又一事實表現。綜公生平嘉言懿行，實在太多，決非不文如余者所能罄其萬一也。公去矣！從此國家損一棟樑，個人失去一個知己與良師益友，追懷典則，悲從中來，悠悠蒼天，曷其有極，希公於九原下好好安息。

作者黃埔一期畢業後參加東征，北伐，剿共，抗戰，戡亂諸役，並曾兩度戍邊並率集團軍赴新疆，抵擋蘇聯勢力入侵，苦戰經年，晚年移居美國加州。

1 劉老師係第一次東征時余之營長對敵作戰目無全牛，幾不知生死及敵人為何物，棉湖戰役如無劉老師果斷率前衛由鯉湖衝至敵後，後果將不堪設想；其後在惠陣亡，併此附誌。

您永遠活在我的心頭

——追思胡伯父宗南將軍

羅大楨

（民國五十一年撰）

敬愛的胡伯伯：

自從寒假期滿返校，就一直惦念著您老人家的病況，不意竟在二月十五日的報紙上，看到了您逝世的噩耗，使我頓感驚疑莫名！您的音容笑貌，一如在我眼前，我真難於相信一位胸懷大略的偉大軍人；一位誠篤忠勤的可敬長者；竟會在國仇未復，壯志未酬之先，而遽然逝去！

十五年前，我還是孩提初懂人事的時候，常從家父母的敘談之中，聽到有關您的英勇事蹟，因此在我幼小的心坎裏，一直深印著一位偉大英雄的影子。之後，有一次我隨同父親郊遊華山，經過父親的招呼，我拘謹地向您叫了一聲「胡伯伯」，當時您拉住我的手，摸著我的頭，向我親切問詢，並為我講述了一則動人的故事，您和藹可親的態度，和風趣雋永的談話，不僅去除了我初見生人時的不安，更體味著您是一位平易近人而又可敬可愛的長者。

大陸局勢逆轉，父親留在西昌督導戰局，多承您的督促和協助，使我們全家得由西安遷到南京，再經上海、福州而輾轉來到台灣，今天我們全家仍能團聚一堂，幾乎完全出於您的賜予，而今您竟捨棄我們悄然以去，將使這份無從報答的恩情，永遠留在我的心頭！

寒假返校前夕，我隨同母親到榮民總醫院探望您的病情，您依然和藹地對著我說：「我們這一代都老了，將來建國復國的責任，都靠你們了……聽說你在學校裏表現很好，一定要繼續努力……」接著您一陣咳嗽，但還繼續在說：「國家危難的時候，正需要你們，你應該把自己的一生貢獻給國家民族。」您雖然臥病牀榻，猶未一時或忘國家民族的重任，和對後輩的關護，更想不到就此匆匆一別，乃成永訣，但您對我的鼓勵與期許，會永遠銘記在我的心頭！

今天我獨自徘徊在黃埔先烈的忠靈塔畔，翹首北望，感念叢集，緬懷著您的過去，回憶著您曾對我談過的每一句訓詞，依稀的覺到您就在我的面前，您那和藹可親的態度，和諄諄親切的告誡，在我是記憶常新；我雖然遠在鳳山，無法請假北上見到您最後一面，但您的音容笑貌，將永遠存在我的心頭！

敬愛的胡伯伯：您安息吧！您雖然已經遠離我們而去，但您那忠誠愛國的精神，和公勤自守的德操，將永為後世的昭範，而永遠活在我的心頭！

大楨　五十一年五月十九日於鳳山陸軍官校

作者為羅列上將公子，陸官三十一期第一名畢業，後留美獲科技博士學位，服務僑社多年。

此心光明亦復何言

趙龍文

陽明先生自思南還，踰梅嶺，至南安，門人周積來見，開目視曰，吾去矣，積泣下問何遺言，先生微哂曰，此心光明，亦復何言，頃之，瞑目而逝。

（民國五十一年撰）

「那麼，國家社會主義和國家資本主義的分別，又怎樣呢！」一個眉目疎朗的青年，立起來發問。

那是民國十七年六月十七日，在杭州西湖大佛寺，走廊上面，藤椅上坐著三個青年，正熱心地討論著中國革命問題。那覺得很有興趣的青年，豁地站起來，朝一個比較年輕的發問。旁邊一個長臉而雙目炯炯有神的青年，卻笑著要吃飯。

原來那眉目疎朗的就是胡宗南先生，長臉的是戴雨農先生，年輕的就是作者。宗南先生喜歡山水，喜歡談問題，更喜歡找水木清華之地，找二三朋友談問題。那時他從前方請假回來小憩，寓大佛寺，就約雨農先生與作者共作長夜之談。

人生之快莫若友，快友之快莫若談。於是約作者往曲阜一遊。爾後在曲阜，在大王莊，在柳泉，在徐州的九里山，每日清晨，雙騎並出，林花碧柳，曉露如珠。則下騎徐步，娓娓而談。自個人修養，以至治平大道、歷史掌故，無所不談。既無名位的約束，也無利害的關係。莊生所謂我與魚相忘於江湖者，極似。積朞年的長談，使我對於宗南先生有所認識。

他的性格，有類於禪宗的高僧。智慧極高，苦行彌篤。為度人苦厄，不惜從刀山劍樹中救人。然非靈性相通，則決不作無謂的周旋。眾生平等，愈卑微者愈得青睞。至於達官貴人，則往往避之若浼。我常常笑他是禪門中人。實際上，他才是性情中人。對於戰士，那種愛護，珍惜，都是至性的流露。對於受傷的安置，軍官眷屬的生產事業，是那麼盡心盡力。與他個人一生不事生產，從不打經濟算盤，恰正成了強烈的對照！

他升任了第一師師長（前身是北伐時代的第一軍），請宿將林蔚文將軍物色一位參謀長，林將軍推薦了當時號稱儒將的於憑遠，憑遠先生性情恬澹，好讀書，能詩。宗南先生一聽，就很喜歡，親自到憑遠家中去勸駕。那時部隊在龍潭，師長穿了棉軍衣，去接參謀長上任，出和平門，安排了一架鐵路上的搖車。霜華滿地，朔風凜冽。師長請參謀長坐在當中，他和一位衛士坐在兩旁。這時從軍政部出來的於將軍，穿了黃呢制服，黃呢披風。師長和衛士卻一般穿著灰布棉軍服。搖車前進風很大，師長和衛士輪流搖著。前面發見火車來了，師長和衛士連忙抬搖車下鐵軌。參謀長想參加搖和抬，師長都不答應。這一幅畫面，恐在歷史上也罕見的。我想宗南先生此時的心境，一定有渭水訪賢，為太公御的誠意在。詩云：「穆穆文王，於緝熙敬止。」只是一敬，便消卻一切邊幅。

這次第一師是從河南開到江南，增援第十九路軍第五軍對日作戰。宗南先生與當時第五軍軍長張治中在蘇州閶門邂逅。二輛馬車，在大街上相逢。二人跳下馬車，宗南先生介紹他的衛士楊汝金（這時，穿便衣隨侍張治中問這是那一位），說：「這位是張先生，這位是楊先生。」在胡先生的心目中，楊汝金和張治中地位雖然懸殊，人格卻是平等的。想不到二十年以後，楊汝金當連長，在前線忠勇作戰；張治中卻投降中共，遺臭萬年！耶穌引漁夫稅吏作門徒，卻大罵祭司，在當時何嘗不驚世駭俗。可是事後大家平心靜氣想一想，這班祭司不但該罵，而且該殺。證明聖人所見，確實與眾不同。我們現在來看胡先生在閶門所表演的這個動作，自然是難能可貴的了。

二十一年以後，我在杭州服務。胡先生每年要回來看一趟父親。有時候我同戴先生送他到橫湖。由此棄車乘肩輿入山。奇怪的是那些轎夫，一看見胡先生，便說，「鶴落溪先生來了！」爭著來抬他。我笑問戴先生，「是不是因為宗南兄給錢大方？大家就這樣踴躍。」戴先生說，「這也難怪，他不但給錢大方，而且作了人家想不到的事。他一到家，先要招呼轎夫洗腳；吃飯還要請轎夫坐上橫頭呢！」我聽了以後，自己想：「我以為夠脫俗了，一比胡先生，自己卻變成俗不可耐了！」

二十五年，兩廣事變，聽說中央軍集中湘桂湘粵邊境，大戰一觸即發。後來中央以極大的忍耐，用談判來解決。第一師回軍武漢，我接到胡先生來信說，「陳兵於兩粵之境，決策於廟堂之上。化干戈為玉帛，措國家於磐石，懿歟盛哉！」我想：「這樣見解，已經不是一員師長的見解了，這已經是目營八表的統帥眼光了，他已看出時代需要團結禦侮，留下力量，來對付日本人了。」二十八年，我在浙江組織地方團隊，抵抗日寇。我寫信給他，曾有「白髮徒增，敵強如故」之語。他回信說，「以個人志節言，書生抗敵，何其壯也！以國家大事言，兄以政治長才，用其所短，非計之得也。」今天想起來，真是人見其大，我見其小。為之愧恧不置。

二十九年，我應谷紀常先生之邀，參與甘肅省政，遂往西安一遊。那時華北各戰場部隊，多開入關中整補。那時先生以第八戰區副長官名義，奉令主持各軍整補事宜。我去了，先生讓我住東倉門一號，同我研究華北局勢。他說：「天下事無論何事何物，未有無中心而能形成者，亦未有中心不定而能成功者。」這種把握中心，創造力量的主張，自有理論的根據。譬如把白糖溶化在一杯水裏，俟到達飽和點後，只要再放米粒大一點冰糖下去，所有已經溶化了的糖，就會以冰糖為中心，逐漸集中起來，黏在冰糖四周，成為一個大大的糖球。這種自然界的現象，說明了同性質的事物，一有了中心，便易於凝固。無論一國的乃至於國際的政治，正反各方面所號召的，都離不開這個原則。於是留在東倉門兩個星期，替胡先生寫了一點東西。那時七分校供給華北各戰場的軍事幹部，幹四團供給政工幹部。游幹班供給游擊幹部。幾萬青年，茹苦含辛，圍繞著西安學習，一概以三民主義為中心。這是波瀾壯闊，而亦是萬派歸宗。在翠華山懸崖上，赫然漆了十六個大字：

「生於憂患，長於戰鬥，成於艱苦，終於道義！」

象徵著四萬萬同胞一致抗戰的決心！

我們自從二十六年杭州一別，已經三年沒有見面，在生活上，看見他所住的房子，依然寒士家風。可有一件事大大地改變了，從前他喜歡抽香菸，現在一根菸不抽了。我問他為什麼？他笑而不答。後來我在他的房裏發見一張紙條，上面寫著：

「要做遠大高尚的事業，一定要先從最切近，最平易，最細微的事情做起。」

我一眼瞥見了，就說：「我找到了證據了！」

他哈哈大笑。

我回到蘭州，把在西安所見的，告訴了谷紀常先生，並勸他往西安一遊，不久谷先生到西安去了一趟。回來對我說：「宗南真了不起！像我們這種人算什麼呢？可是他居然遠到醴泉來歡迎我！」我說：「今天的形勢，陝西是前方，甘肅是後方，假使沒有蕭何運糧運兵，韓信怎樣打勝仗呢？」在抗戰時期，陝甘的合作，奠定了大西北的局面！

三十六年，谷先生辭去了糧食部長。我也離開了糧食部。這年底，中央派我去西安綏靖公署當秘書長。從這時，到三十八年五月西安撤退，一年半當中，經過了一連串的戰役，統帥部的燈火通宵，各方面的賓客雲集。有一天劉大軍兄很担憂的向我提起先生的健康問題。他說，「像這樣連日連夜的工作，就是鐵打的身子也是受不了的！前幾天燉隻雞送上去，今天先生要菜賬看，看了以後卻批著：雞貴不可吃也！」後來我從容談及此事，請先生以國家為重，善自珍攝，他卻哈哈笑了起來，說，「宗南自有攝生之道，何必吃雞？豈不聞飯疏食，飲水，曲肱而枕之，樂亦在其中乎？」

三十八年五月十八日晨一時，我接到電話到小雁塔去，他辦公桌上正擺著一張名單，先生說，「敵軍正攻安康，窺伺漢中，西安必須放棄，這張名單是我們需要接到漢中去的人，請你斟酌一下，補充好了，伯英先生和繆愷園二人，要請你親自去一下，帶一點現洋去，並把他們在天明前送到機場。」我一邊琢磨名單，一邊頓生了大義凜然的感覺。在百忙當中，不忘戰友，此豈非所謂終於道義耶！

六月十五日，我在漢中偶然吐了一口血。晚飯時奉命陪宋希濂將軍吃飯。李總司令鐵軍舉杯敬我的酒，董主席介生在座，說，「龍文兄剛吐血，喝不得酒。」先生聽到，馬上說，「剛吐血？應該馬上休息。明天派飛機到成都去檢查。」第二天，早上九時來電話：「可以起來嗎？」我答「當然可以。」「請你來辦公室一談。」我到了辦公室，他笑著說：「飛機預備好了，請你到成都去檢查一下。不過，我恨你，早不吐血，遲不吐血，為什麼現在吐血呢？」我說，「是不是有什麼任務？」他說，「蘭州被圍，隴南空虛。共匪正沿洮河南下如果由陰平入川，我們便不能在漢中作戰。你在甘肅久，隴南人地都熟，我已經請准閻院長，請你到隴南去，掩護本軍側背的安全。可是你正在吐血，我希望兩個星期回來。」我說，「兵貴神速，豈可為了一點小毛病，貽誤時機。一切都丟了，留了這條身子有何用？現在時機緊急，稍事準備，立刻出發，只當廢物利用。請先生毋以賤體為念！」此後借得一部《杜詩鏡銓》，陪我千山萬水而入武都。堵塞了陰平古道，組織了黑錯番族。等到奉令由武都經白水江撤退時，已經是大軍轉進向成都平原四面被圍的時候了。

賀龍的匪部由川北而南，劉伯承的匪部由川東而西，成都平原的川軍與雲南的盧漢相繼叛變。胡先生預備空運部隊入西昌。十幾天的陰雨，空運計劃失敗。成都平原的作戰，形成了四面楚歌的狀態。終於奉令撤離，重由海口空運西昌。

三十八年十二月二十九日，由海口飛到西昌，完整的部隊只有六個連！叛將劉文輝所部在西昌的卻有一個師。三個月的奮鬥，解決了這個師，收容散卒，訓練幹部，布置川西游擊部隊。在西昌發展成兩個團的力量。

三十九年三月，匪軍八路進攻西昌，激戰二十餘天，到了二十五日，南路匪軍離西昌只有一天行程。那晚上一時，參謀長羅列打一電話給我。

「睡了沒有？」

「睡了。有事嗎？」我說。

「有事。請過來談談。」羅參謀長永遠是那麼從容不迫的。

我到參謀長室去。冷梅正在寫遺書，看到了我，把一張電報遞過來，說：

「剛到的。」

「總裁的電報。要我們轉進到海口，把隊部交給高級將領。」我把電報念了出來。「把部隊交給誰呢？」

「問題就在這兒。胡兵團司令長青要三天以後才可以到爐鈷。別的人不能交。部隊不能交，胡先生就不能脫離這個險境，為了要解這個結，只有我來擔任這個任務。」

「冷梅兄！」我站起來緊緊握住他的手，「這是忠義凜然之舉，我深深地感佩！」

「這是一封信，一兩金子，一枝自來水筆，請你到台灣時，交給我的內人！」

「胡先生的性格，你是知道的。還得多幾個人去，作說明的工作。」

「好。去請蔡棨，裴世禺一起去。」

我們坐吉普車到了印海，已經是清晨二時，胡先生寓所卻是燈光明亮。我們進入門口會客室，只見胡先生左手挾了一包文件，右手拿了兩個玻璃杯。先衝著我笑了笑，讓傳令兵倒了兩杯酒。對我說：

「龍文兄，你是不應該留在此地的。早上就要走。這是我十年來的日記，請你帶到台灣，有空整理一下。」

「胡先生，這酒請慢點喝，總裁的命令，不能不服從。請多拿幾只杯子，大家坐下來談一談。」我說。

大家坐下來，茶几上擺著五只杯子。

「服從命令，是今天大義所在。此其一。共匪八路進兵，要活捉胡宗南，我們不能上當。此其二。反共不是一天完成，真正的鬥爭，要從今天開始。此其三。」我們作了幾句開場白。

接著大家發言，這一場談話，一直發展到清晨四時。羅參謀長最後發言，他用低沉的語氣，一句一句地說道：

「當年漢高祖滎陽被圍，假若沒有紀信代死，以後的歷史，可能全變了。我們犧牲了多少人，對於歷史，沒有絲毫影響，胡先生犧牲了，將來七萬多的學生，三萬多的幹部，誰能號召起來，領導起來，再與共匪作殊死戰呢？所以我籌思至再，決定我來作一個紀信！」

這幾句話，感動了我們大家，一致站起來，請求胡先生採納羅參謀長的主張。這幕可歌可泣的歷史，完成了「終於道義」的信條。

爾後浙海突擊，澎湖練兵，我都因為於役海軍，不克參加。一直到了胡先生逝世，看見遺稿，深以不得死所為憾。則耿耿此心，直與文山先生所云：「當其貫日月，生死安足論」者，亙先生一生而未變也。

猶憶在陝西時，有人持藍田牛性初先生遺墨貽先生者：「大將威如山鎮重，先生道與日光明。」我說，「大將何如？」先生曰：「大將何足道哉，先生之道乃自佳耳」，嘗念人世間功罪是非，原無定論，陽明先生功蓋天地，而論者猶彈其淆亂是非，為名教罪人。獨堯夫先生學參造化，臨終時示伊川以「面前路徑須令寬」，謂司馬溫公曰，「試與觀化一遭。」如此胸襟，方無沾滯，方不著相。乃作輓詞云：

「破金家寨，越漫川關，追擊松潘，掃穴延安，大將威如山鎮重。睡硬板牀，補腰皮帶，浮雲富貴，敝屣公卿，先生道與日光明。」

作者曾任浙江省警察局長，甘肅省民政廳長，西安綏靖公署秘書長、國大代表、海軍政治部主任、中央警官學校校長等。

黃埔之光，軍人楷模，民國完人

——紀念故主任胡宗南一級上將

孟興華

（民國九十九年撰）

故主任胡宗南一級上將（以下簡稱胡公）生於民前十六年五月十二日（陰曆四月初四），原籍浙江鎮海，隨父定居孝豐。二十歲以第一名成績畢業於吳興中學，即被聘為小學史地教員。民國十三年二月於滬考取黃埔軍官學校第一期。與賀衷寒同船赴粵複試及格編入第四隊。胡公考入黃埔第一期時已二十八歲，受訓時認識當時衛兵司令胡公冕，因係同姓過往較密。因胡公冕是共產黨員，而疑胡公已加入共產黨。賀告疑者：「共黨通告名單上既無（胡宗南）其人，則不應以篤信三民主義之忠貞同志為跨黨分子。」胡公於東征之役戰地與賀會晤，賀將上情告之。胡公聞之極為氣憤，即在前線發起「孫文主義學會」，以加速阻止共黨破壞陰謀進展。之後，中山艦事件、清黨、北伐順利成功，皆因「孫文主義學會」之成立，革命陣容日趨堅實與鞏固，共敵陰謀不能得逞，胡公貢獻最大。

詎料八十年後，華裔英人張戎女士所著《毛澤東傳》，其中一節描述「胡宗南是共產黨臥底間諜」（Red Sleeper）。扭曲事實真相，惡意誣陷、侮辱胡公——黨國忠良，引起胡公長子胡為真駁斥抗議，七分校學生聯誼會長孔令晟及各期學生代表等嚴正駁斥，並向出版社抗議，堅持「該書」胡宗南一節必須刪除，張戎不肯，使「該書」未能在台灣發行。而「該書」在香港出版，大陸禁售，台灣無銷路。但據說大陸中共仍在利用揑造資料，誣陷、誹謗胡公。因此，吾儕應英勇挺身依據歷史事實真相，為胡公討公道。

胡公二十八歲考進黃埔第一期，之前且曾任小學史地教員八年。可能是黃埔第一期學生中年齡最長、品學最優者。畢業後，即參與東征、北伐、抗日諸戰役。因其忠誠、忠貞、忠勤、忠勇、戰功彪炳，譽為常勝將軍，且升遷最快。民國十九年九月一日，即實授第一師師長，僅三十五歲。民國二十五年九月第一師擴編為第一軍，胡公升任中將軍長，僅四十一歲。二十六年七七事變，胡公奉命參與八月十三日淞滬戰役，親率部隊衝鋒陷陣，重挫日寇，而犧牲甚重。大公報主筆張季鸞撰文讚「第一軍國之精銳，如此犧牲，聞之泫然。」九月中旬第一軍擴編為十七軍團，胡公升任軍團長。二十七年一月軍委會令胡公率部移駐關中。胡公率部入陝後，初駐鳳翔，並奉命成立第七分校。以沿途收容之知識青年大專學生為骨幹為軍校十五期學生。之後，即深入敵後，淪陷區（如東北、華北、華中、華南，甚至南洋諸國華僑區），全國各地區招考新生。校區遍及甘肅蘭州、天水、陝西鳳翔、岐山、鄠縣、子午鎮、牛東村、小姜村、曹村、岳村、黃埔村（原皇甫村）等等，校部設於王曲鎮。三十四年美國魏德邁將軍參訪七分校時，給全校師生演講，讚譽七分校為世界上校區最廣、學生最多、教育訓練最精良的軍事學校，歷史見證。

回顧二十七年一月至三十四年九月，胡公於西北成立第七分校，戰四團；培育軍政幹部，擴編部隊，屏障西北國防——東抗拒日寇西侵；北防堵毛共南滲；西防禦俄帝侵犯；南屏障重慶陪都安全，功績卓著，無出其右者。八年抗日戰爭期間，胡公忍辱負重、任勞任怨、委曲求全，對國家、主義、領袖、盡忠、盡孝、教戰治軍，鞠躬盡瘁，功績戰績，功勳彪炳。譽為黃埔之光，軍人楷模，吾儕與有榮焉！

然而，在此期間，胡公遭受毛澤東及其共黨黨羽，扭曲事實真相，惡毒捏造、誣陷、誹謗胡公人格名節，不勝枚舉，令世人憤慨！毛共誣陷、誹謗胡公謂：「胡宗南忠誠有餘，奴才無能。」然事實證明胡公不僅為黃埔一期俊傑且為軍人楷模，歷史見證。毛共分化胡公部屬謂：「胡宗南用人，以『黃（埔）浙（江）（第）一（師）』為準，其他難為。」其實胡公用人才德俱全；不分省籍、派系。七分校文武教職，皆延攬全國菁英才俊，無省籍、派系之別。文職以留學英美法俄者為最（如余紀忠江蘇留英、洪士奇湖南、楊厚綵河北、周雨寰江蘇、王洽南河南、蔣緯國等皆留德；張卓貴州、彭孟緝湖北、何奇湖北、于厚之江蘇等皆留日；蔣鐵雄江蘇、劉恩蔭陝西皆留法，周士瀛江蘇留美，吳允周浙江陸大、馮龍湖北陸大等多非浙江籍，亦非第一師者）。因此，事實戳破了毛共捏造、誣陷、誹謗、分化胡公之謊言也。捏造謠言傳遍西北軍民社會，對胡公人格名節傷害極大，胡公從不辯白。待至三十四年抗日戰爭勝利，葉霞翟小姐亦獲美國威斯康辛大學政治學博士回國，胡公與葉霞翟博士於民國二十六年初在杭州相識相戀之婚約，本定於二十六年冬結婚；卻因七七事變抗日戰爭爆發，胡公以「匈奴未滅，何以家為」而未結婚。毛共捏造誹謗胡公謠言，不攻自破，真相大白。兩人本應立即結婚團圓。胡公又為消滅毛共延安老巢，苦勸葉博士再忍耐，嗣攻克延安結婚，胡公之忠貞節操，古今中外奇蹟，感動天地。之後，胡公率部攻克延安，蒙蔣公恩准結婚。匆匆由南京回西安王曲興隆嶺邀請兩介紹人，六位證人，以極簡單隆重儀式結婚。婚後第三天晨，胡公又趕赴西安辦要公，並買了機票，送三口新娘回南京。從此，胡公為戡亂戰役，國而忘家，與葉教授離多聚少，歷史見證。

至於西北戡亂戰事，由勝而敗，實因國防部有匪諜作梗，導致胡公部隊損失慘重。緣由，國防部第三廳長郭汝瑰及作戰次長劉斐皆係匪諜。抗日戰爭勝利即將胡公之三十四集團軍調冀歸十一戰區，第十五軍撥歸第五戰區，整編後第一戰區所餘兵力，僅剩整一、整二十九兩個軍已不足二十九萬兵力。三十六年三月十九日胡公率部攻克延安，民心士氣大振。七月十一日戰況緊急之際，奉令抽調九團兵力，東赴徐州。八月下旬又奉國防部令抽調三個有力師，迅開豫東歸德，圍剿陳毅匪軍。胡公命參謀長盛文赴京請求免調，作戰次長劉斐堅持不准。十一月下旬復奉令抽調三師兵力集中西安。因而胡公部隊由掃蕩追擊改為退守防禦。匪勢猖獗，瘋狂南下。三十七年二月導致瓦子街之役，整二十九軍孤軍苦戰而敗，雖令整一軍回關中，但大局已難獨撐。三十八年一月二十一日總統蔣公引退，李宗仁代理總統，倡導和談，四月二十一日和談破裂，匪渡長江，胡公奉令率部南移漢中，防守秦嶺。旋因四川軍情緊急，十一月十四日蔣公抵重慶，政府亦由穗遷渝，匪軍四集，戰況危殆。胡公率部急進，激戰重慶地區，救蔣公，掩護政府遷蓉。因川軍變節投共，成都艱困難守，胡公力勸蔣公返台，並掩護政府各院由蓉返台。復奉令率殘疲之師移駐西昌。胡公本欲死守西昌，建立反攻基地。蔣公念西昌新造之師，後勤補給不易，難禦十餘萬匪軍圍攻之守，乃令胡公返台。四月五日胡公在羅列（參謀長）苦勸，強扶登機返台。其離別情節，泣鬼神而驚天地！大陸沉淪胡公乃最後離開大陸來台的一位上將將領，歷史見證。

胡公來台後，遭李夢彪監察委員誣陷彈劾，胡公堅持不辯白。激起立法委員不平，聯名為胡公駁辯。之後，胡公奉總長令申辯。經國防部軍法局逐一驗證，認定監察院彈劾與事實不符，以不起訴結案。其後蔣公原欲任命胡公為參謀總長，胡公婉謝，卻於四十年九月請纓化名秦東昌赴大陳任反共救國軍總指揮，沈之岳化名王明為政治部主任，馮龍中將化名李奇威為參謀長，整編各自獨立的游擊隊，並親率部隊突擊大陸海岸三十九次，戰果豐碩。卻因四十二年韓戰結束，美軍顧問建議撤銷反共救國軍，胡公返台。四十三年二月奉命進國防大學受訓，以論文第一名畢業。四十四年八月奉命接任（中將缺）澎湖防衛部司令。當時參謀總長彭孟緝上將是胡公多年前部屬。胡公忍辱負重、任勞任怨、委曲求全，臨危授命；忠誠、忠貞、忠勤、忠勇、鞠躬盡瘁，建設澎湖，支援金門「八二三」砲戰。功勳彪炳，歷史見證。

最後，也是最重要者，鮮為人知相傳地胡公兩項光復台灣，保衛台灣，建設台灣地人與事。在人方面：台灣的黨政軍警文教重要幹部，多屬胡公在西北延攬培育地俊傑菁英幹部及學生：如孫運璿（甘肅電力公司工程師）、連震東（戰幹第四團教授）、劉安祺（七分校十六期總隊長）、羅列（第一軍長）、洪士奇（七分校副主任）、彭孟緝（砲二旅長）、陳建中（陝西省黨部主委）、馬志超（交警總指揮）、余紀忠（七分校政治部副主任）、王超凡（七分校政治部主任）、朱介民（七分校政治部副主任）、楊厚綵（七分校大隊長）創辦海軍陸戰隊首任司令、周雨寰（第二任司令）、周士瀛（陸供部司令）、袁樸（第一軍團司令）、徐汝誠（陸官校長）、何恩廷（陸戰隊司令、警政署長）等等不勝枚舉，均為七分校師長。七分校俊傑校友十五期有孔令晟（曾任陸戰司令、警政署長、馬來西亞大使等）、楊友三等十餘位中少將；十六期有言百謙上將（曾任總政戰部主任）、胡務熙（台灣省警務處長）、朱致遠中將（曾任陸官、政戰校長、輔導會主任委員）等十餘位中少將；十七期有董萍中將（曾任兵工署長、後勤次長、台鐵局長、台北捷運籌備處長）等十餘位中少將；十八期有屠由信中將（曾任海軍陸戰隊司令）等十餘位中少將。十九期有莊國華、謝久、龍元偉、蔣逢魁、錢懷瑜、王夏祥六位中將及十餘位少將、魏浩然（曾任台糖公司總經理、董事長）；孟興華；曾任駐美採購團軍資組陸軍代表、陸軍化校校長、內政部警政署簡任技正、沙烏地阿拉伯王國民防顧問四年等。

在事方面：其防衛台灣之國軍部隊，揚名國際之海軍陸戰隊、裝甲兵部隊都是七分校的班底，原台灣省警務處主要幹部亦多為胡公部屬，如馬志超之交警、蘭訓班、特警班等學生，均為胡公西北部隊的延續，對捍衛台灣安全，建設台灣，對中華民國生存發展貢獻最大。三十八年西北部隊由西安轉進時，胡公將西安各銀行的黃金美金，運到台灣。在台北市南京東路與松江路交叉地段蓋了數十戶高級眷舍，安頓西北來台之高級軍政首長，如董釗（陝西省主席）、龔浩老師（陸大教授）、李文上將（集團軍司令）、陳嘉尚上將（空軍總司令）、劉孟廉中將（軍長）、馮龍中將（漢中防衛司令、大陳反共救國軍參謀長、石牌實踐學院總教官）等不勝枚舉均居住此區。但有一戶較大者（即現在第一大飯店原址），留給胡公眷屬居住，胡公不住，作為幼稚園，自己居住在政府分配的日式簡陋官舍。由此可見，胡公畢生誠正修生，公正處世，嚴律己，寬待人，其清廉聖潔事蹟，忠孝節義情操，感動天地，乃真聖人，一代完人也。故有史家論：「清廉之官，滿清三百年來，以彭玉麟為最；民國百年來，以胡宗南為最。」乃蓋棺論定也，胡公在天之靈，可含笑安息了。

作者七分校畢業，曾任化學兵學校校長、王曲聯誼會總幹事。著有《孤兒奮鬥記》《兩岸問題解決之道》等書。本文原載《王曲通訊》。

胡宗南先生蓋棺論定

羅澤闓

（民國五十二年撰）

胡宗南先生逝世已經週年了，胡先生的為人和生平功業，已有許多朋友為文報導，但能把胡先生對黨國的豐功偉績，綜合而有系統的敘述者，尚付缺如。胡先生最憎惡鋒頭主義，尤其個人的所作所為，決不願自我宣傳，事事都是做而不說，縱被人誤解指摘，甚至誣衊而不辯，寧作無名英雄，不作鋒頭人物，這是胡先生的一貫作風。因之，胡先生的戰功政績，嘉言懿行，也甚少歷史文獻。古人說：「蓋棺論定」，胡先生死後，許多舊日袍澤，擬編印紀念特刊，以資弔念。我是胡先生歷任幕僚長之一，自民國二十八年到西北，先任三十四集團軍參謀長三年，旋調任師長兩年，嗣調委員長侍從室三個月，又調回任副長官部參謀長。至三十四年我調任青年軍師長，才離開胡先生麾下，先後追隨七年之久。對胡先生的為人處世，作戰練兵，將將育才，知之頗深。為使胡先生一生中對國家的貢獻，不被湮沒，胡先生的人格，不被誤解，我願於其死後為這一代名將的歷史功過作客觀公平的追述，使社會人士有所瞭解，使未來的史家有所依據：

戰史上最艱苦的一頁

胡先生自十三年黃埔一期畢業後，參加東征北伐討逆諸戰役，由排長、連長、營長、團長、旅長、升到第一師師長，這是他個人才識卓越，勇敢善戰的表現。但他的功業，直接關係國家之安危，民族之興衰，具有旋乾轉坤左右政局之影響者，當從他任第一師師長後參加剿匪戰爭開始。民國二十三年共匪從江西老巢開始流竄，經湖南、貴州、四川、甘肅，最後竄到陝北一帶，從江西出發時，將近五六萬人，到陝北後，僅餘四五千人，沿途損失十分之八九，戰力消耗殆盡，如果不是二十五年十二月十二日西安事變，共碟早已被消滅淨盡。共碟多年來把這一長途流竄，命名為「二萬五千里長征」，而今毛共王朝最當權的一批高級匪幹，都是以參加「二萬五千里長征」自豪，儼然以秧歌王朝的元勳自居。我們知道，迫使共碟二萬五千里流竄者，乃由於國軍在後面的跟蹤追擊，使共軍無喘息餘暇；而擔任此項「二萬五千里」長途追剿的主力就是胡先生。當時胡先生率領第一師，跟蹤追擊，指揮若定，士氣如虹，沿途地形天候補給衛生等的艱苦困難，非筆墨所能形容，尤其在川西松潘等不毛之地，對番人之交往運用，有許多可歌可泣的神奇，在最近台北《民族晚報》上李少陵先生所著《駢廬笴記》中，有片段記載，可資參證。共軍沿途消耗疲故事憊，幾全軍覆沒，而胡先生的第一師，則以整然勁旅，追到陝北，包圍延安。這一段為時兩年的二萬五千里長追，是剿匪戰史上最堅苦卓絕的一頁。共敵喊出「二萬五千里長征」的口號，在國際上大事宣傳，而我們有什麼可資紀念的文獻存在呢？有幾人知道這一戰役的重要性呢？這一長途追擊戰，在古今中外歷史上，恐怕只有中世紀歐洲的十字軍東征，和元朝成吉斯汗的遠征波斯，差可比擬。是我們反共鬥爭的戰程中，剿共戰役最足影響全局的一頁，胡先生的這一功勳，應該在歷史上，大書特書。

解決西安事變的核心武力

二十五年西安事變，是我國剿共過程中的一個嚴重關鍵。共軍長竄到陝北後，僅餘殘卒不及萬人，在延安作困獸之鬥，當時包圍陝北部隊，統歸張學良指揮，總統親蒞西安策劃最後圍剿，如果不是發生西安事變，則共軍的一點殘餘力量，必在短時間內可以殲滅，中國共匪早已根絕。所以西安事變，乃是共軍起死回生的惟一契機。但是西安事變發生後，如果不是中央處置適當，以軍事與政治雙管齊下，以及領袖偉大人格的感召，迫使張學良懸崖勒馬，幡然覺悟，在短短兩星期內，即自動親送總統回南京，而使共匪劫持領袖乘機奪取政權的陰謀，未能得逞，歸於幻滅，否則中共之竊踞大陸，禍國害民，恐早已在西安事變時實現。當事變發生時，我在軍政部何部長應欽先生麾下任幕僚，是時在陝北的中央軍，僅胡宗南、陶峙岳等部，其餘為張學良之舊東北軍，于學忠等之舊西北軍，及楊虎城之陝西軍。東北軍陝西軍叛變，西北軍態度灰色，胡先生處境頗為危險，何部長當電令在陝北中央軍統歸胡宗南指揮，迅速取捷徑鑽隙南下奪取寶雞，向東推進，與由潼關西進之中央軍配合夾擊西安，我記得胡先生覆電僅有簡單六個字：「五日完成任務。」我們當時很為胡部擔心：㈠共匪的反擊，㈡張楊的截擊，㈢灰色部隊的阻撓。但胡先生指揮適切，行動機警，且因救援領袖，士氣悲憤，果然在五天內迅速南下，一舉佔領寶雞，威脅西安；彼時由潼關西進的中央軍桂永清等部，亦攻抵渭南，中央空軍一度轟炸新城，西安陷於三面包圍之中，同時由胡先生領銜與一般青年將領聯合通電警告張、楊；張學良一面受領袖精神感召，一面也是在胡先生勤王部隊壓力之下而乘風轉舵，親送領袖還京，滿天陰霾，乃得重見天日，此又為扭轉國運的不可磨滅之功績。

抗戰期間支撐西北半壁河山

西安事變解決，胡先生即移師徐州，二十六年參與上海戰役後，回返西北，整編雜軍，訓練部隊。一面建軍，一面作戰，艱苦奮鬥，八年之久，抗戰終獲最後勝利，在這一偉大聖戰中，胡先生雄踞西北，支撐半壁河山，為領袖分憂分勞，為國家擔當重任，充分表現了公忠體國砥柱中流的雄才大略，當政府遷都重慶，抗戰進入艱苦階段時，華北華中華南精華富庶之區，大部淪陷。政府以重慶為中心，以川滇黔三省所謂大西南為右臂，以陝甘寧青新五省所謂大西北為左臂，如鳥之雙翼，車之雙輪，形成最後堅強堡壘，如折其一翼，傾其一輪，抗戰必歸瓦解。胡先生自軍團長集團軍總司令，副司令長官而戰區司令長官，西安綏署主任，雖職銜數度變更，始終駐節西安，鎮守關中，以一身繫半個天下安危，他的部隊，散駐各地，為控制大西北之基本武力。因西北地域遼闊，地方色彩濃厚，政治情形複雜，即以軍隊論，有舊東北軍，西北軍，陝甘軍，及寧夏青海馬氏回教軍，胡先生先後予以整編訓練，列入國軍序列，蔚成勁旅，對抗戰剿匪，均立有相當戰功。尤其對這些雜軍的高級將領，胡先生推心置腹，安撫綏和，使他們都心悅誠服，聽胡先生的指揮，作領袖忠實幹部，三民主義忠實信徒。這種感召薰陶的工作，胡先生煞費苦心，其對國家對領袖的貢獻，非局外人所能想像。去年胡先生靈櫬安葬陽明山麓，我在墓地邂逅了一位退役將軍繆澂流先生，他是當年張學良最親信的師長，後來在西北經胡先生整編後，成了戰力最強戰功最著的軍長，並曾任游幹班的副主任，來台退役後，鑽研佛學，隱居北投某古寺，儼然得道高僧。他特地跑到陽明山參加胡先生葬禮，虔誠悲痛，溢於辭色，胡先生感人之深，遺愛之長，由此小事，可資佐證。胡先生控制西北五省，其任務至為艱鉅，東面由潼關起，隔黃河與日軍對峙，河防戰爭，時有發生，北面對延安共匪的所謂陝甘寧邊區十三縣，憑碉堡線封鎖監視，最西派部隊駐新疆以防蘇俄，內部對地方勢力的鎮懾安撫，尤其寧青兩省馬家部隊，都擁有相當實力。當時我們在西北，錦囊中有四句口號作工作的指標：「東禦日寇」，「北制共匪」，「西防蘇俄」，「內服四馬」。足見胡先生任務的艱鉅與責任的重大。以四馬而論，胡先生和他們處得極為融洽，四馬的部隊，戰力頗強，他們雖未參加對日作戰，但對剿匪仍大有貢獻，如馬鴻逵騎兵曾兩次經定邊而解救榆林之危，予共軍極大創傷。因榆林是孤懸陝北的一個行政區，當時任行政督察專員者，為現任台灣省府社會處處長傅雲先生，定可為此作證。後來馬繼援軍在隴東之戰與胡先生部隊配合密切，表現特佳，胡先生對其支援亦不遺餘力。在抗戰期間，西北五省在胡先生慘淡經營下，士飽馬騰，戰力堅強，而配合政治，組訓民眾，運用民力，尤著績效，確實形成了抗戰勝利的堅強保障。據我所知道的一段內幕消息，三十三年末日軍以主力進攻貴州，重慶震動之際，日方透過國際外交途徑，曾以極優厚條件，誘我議和，時有部份人士鑑於戰局危殆，曾有動搖之意，惟領袖力排眾議，堅主抗戰到底，當時曾云：「你們如要與敵人談和，我一人單獨到西北去與胡宗南繼續抗戰到底。」足見領袖不屈的人格，以及重視西北，對胡先生倚畀之殷，由此可以概見。

三十三年春，日軍為求迅速解決中國戰局，在河南集結大軍發動攻擊，形成所謂「中原會戰」，我第一戰區在河南之部隊被擊潰，日軍佔領洛陽後，兩個山地師團進逼潼關，窺伺關中，胡先生乃出動三個軍，在潼關以東靈寶地區與日軍展開激烈遭遇戰，胡先生親至潼關華陰指揮，經十餘日激戰，終將日軍擊退，確保潼關，穩定關中，粉碎日軍進佔我大西北之迷夢。此一戰役，關係我後期抗戰局勢，並影響整個太平洋戰爭，至深且鉅。因當時美國在太平洋逐島攻擊，正陷於苦戰之中，日軍如能進佔關中，則中國軍事抵抗力量，可能趨於瓦解，日軍可在中國戰場抽調大量部隊（當時在中國日軍為一百萬人），轉用於太平洋方面，對抗美軍的攻擊，則整個太平洋戰局將為之改觀，日軍無條件投降，也將遙遙無期。此一關係全局之戰役，外人鮮知其詳。後之寫戰史者，於此一關鍵性的戰鬥過程不能不有所瞭然。

空運增援西南，挽救危局

日軍靈寶失敗後，於三十三年冬復在西南集結重兵，對貴州獨山發動攻擊，此為日軍在中國戰區最後一次攻擊，我西南各戰區因連年苦戰，筋疲力竭，預備部隊消耗殆盡，而此次日軍攻擊，兵力既眾，攻勢猛烈，獨山失守後，進逼貴陽，重慶震動，三十三年冬，中央乃調胡先生所部劉安祺胡長青等兩個軍，胡先生傾其精銳，盡速空運雲南貴陽增援，當時出動中美兩國運輸機二百餘架，晝夜不停，由西安分飛雲貴，此為我國抗戰史上大規模空運部隊之第一次，胡部到達貴州後，立即加入作戰，擊退日軍，恢復獨山，扭轉戰局，確保貴陽，穩定大西南局勢，終於贏得最後勝利。這又是扭轉乾坤的一戰，無人復知此為胡先生支援友軍之功。

攻略延安，確保關中平原

在三十四年抗戰勝利在望之際，共軍在各處已開始蠢動，叛亂之跡象，昭然若揭，胡先生早有明智判斷，深知一旦抗戰結束，共軍必將乘機作鼠竊叛亂的勾當，而延安乃為共方神經中樞，胡先生為掌握先制，曾毅然對延安發動總攻，崂山一戰，龍賀匪部潰退，一週之內揮軍佔領延安，搗毀匪巢，毛澤東倉皇逃走，最後渡河逃到晉西北區，此一戰役，雖未將共軍主力擊滅，而在政治上及國際觀感上影響至大。所以抗戰結束，日軍投降後，國軍對各大都市能順利接收，共軍政權，不為國際所承認，延安攻佔，乃為最重要因素。旋因胡先生所部李正先袁樸羅歷戎等軍，奉令空運平津石家莊等地，協助華北傅作義部，辦理接收。胡先生所部先後經貴州平津兩處空運抽調後，實力大為削弱，故爾後不得不放棄延安，縮減防線，而共軍主力乃由陝北南下，企圖擊潰胡先生部隊，佔領關中，以建立在西北偽政權之基礎。三十六、七年間經兩次涇渭河谷會戰，及大荔黃龍山等處會戰，胡先生終能以少勝多，迭次擊潰共軍，確保關中安全，為抗戰勝利後三年多剿匪戰史中，寫下最輝煌之戰果，直至三十八年最後由於成渝告急，始奉命撤離西安，移師漢中，馳援重慶，固守成都平原達二十餘日，後轉至西昌亦苦戰數月，實為我高級將領中由大陸最後來台之一人。

大陸淪陷的功過平議

抗戰勝利後，共軍公開變亂，在全國各地襲擊國軍，阻撓接收，裹脅民眾佔據地盤，由東北、華北、山東、河南、蘇北、皖北乃至山西陝北整個長江以北收復地區，國軍自日軍手中接管者，僅限於較大都市，而廣大的鄉鎮區域，盡為共敵游擊隊及其所謂民軍鄉幹村幹等所佔據，形成許多點線面錯綜複雜國軍與共敵相對峙的局面。國軍膠著於大城市及主要交通線上，為被動的防守，既無出產，又乏資源，而人口密集，食糧缺乏，反形成許多重大包袱。共敵乃實行以面制線，以線制點，個別包圍，以大吃小的戰術，逐步消滅國軍。此種在接收時形成的備多力分的戰略不利態勢，加以國際與國內之多種複雜因素，實為抗戰勝利後三十六、七、八年間國軍剿共失敗，大陸淪陷之主要原因。在各方面剿匪軍事節節失利狀況下，胡先生坐鎮西安，迭次擊潰共軍，造成涇川河谷及大荔黃龍山等戰役之勝利，西北局面，屹立不搖，而三十七年自東北會戰失利，瀋陽失守，繼而傅作義降匪，平津淪落；不久徐蚌會戰失利，武漢剿匪總部不戰南撤，於是整個長江以北除青島一點外，全陷於匪軍鐵蹄之下。至三十八年長江及上海會戰失利，京滬棄守，政府遷至廣州，領袖退隱，和談高唱入雲，整個大陸局勢，已成一片混亂，但胡先生所掌握的西北地區，從未打一次敗仗，亦未丟尺寸土地，與各方面剿共情形相比較，真可謂疾風勁草，一枝獨秀，惟此時胡先生處境已至為危險而困難，其間有：㈠經貴州解圍平津接收兩次空運部隊後，基本部隊實力削減，又派出部隊隨同陶峙岳入新疆駐防，以防俄寇，因之兵力分散不能集中，與匪作大規模之決戰。㈡自太原五百完人被殲，胡部一個師亦犧牲殆盡，晉省整個失陷後，胡先生東北兩面已在共軍包圍之下，西面新疆為俄寇所攝制，前門為虎，後門有狼，戰略形勢至為危殆。在廣州淪陷後，政府遷至重慶，此時胡先生始奉命放棄西北，退保川康，時又遭川中叛逆暗中反對胡部入川，與匪勾結公開叛變，胡先生在新疆所部，距離遙遠，無法後撤，陶峙岳孤軍遠戍，最後迫不得已而附匪，但數百忠貞幹部，組成嚙血同志會，由馬繼援羅恕人葉成等率領，間關萬里，翻越喜馬拉雅山，經印度跑回台灣。胡先生僅能率原駐陝甘部隊，第一步退守秦嶺，第二步退保成都。但距離遙遠，正面廣大，徒步行軍，需時數月，運輸補給極為困難，同時一面撤退一面作戰，以阻遏共軍之追擊，共艱難苦困為何如。當於此時，雲南龍雲盧漢所部，四川劉文輝鄧錫侯等軍閥，又先後變節附匪。共軍沿長江推進，川東守軍宋希濂鍾彬等被匪擊潰，羅廣文部叛變，重慶岌岌可危，胡先生部隊正長途跋涉無法集中，第一軍以一營一團為單位，倉促以汽車運至重慶增援，零星投入作戰，苦戰四晝夜掩護重慶撤退。此時胡先生僅餘李文、盛文等部，在成都背城借一，終歸失敗，殘餘部隊，退至西康。胡長青率餘部在中途猶苦戰至最後一人，本身亦壯烈殉難，最後胡先生奉令來台，羅列先生孤軍守西康失利後，在匪區輾轉二年，始逃返台灣。大陸局勢，乃歸瓦解。綜觀整個大陸剿匪失敗經過，胡先生實因各方面敗退於先，孤軍奮戰於後，戰略上已至無可挽回地步。時至今日，吾人對大陸淪陷，應自沉痛反省與檢討，胡先生退出大陸一段經過，是非功過，時至今日，應有作公正之論評，以免此一有功黨國之人，最後留下莫白之冤。

到台後忍辱負重，力圖雪恥

三十九年春，胡先生率少數幹部撤退來台，十多年在西北慘淡經營千錘百鍊的國家基本部隊，出生入死同甘苦共患難的萬千戰友，都隨著大陸之淪陷而淪陷了。胡先生懷著滿腔悲憤，和沉痛的孤臣孽子心情，追隨領袖重新幹起，把自己恢復到初進黃埔再作學生的地位，先後在國防大學，實踐學社，國防研究院等高級學府受訓，埋頭讀書，孜孜不息，旋復先後奉命出任大陳反共救國軍總指揮，澎湖防衛司令等職，部署外島防務，訓練守備部隊，同時整編選訓游擊部隊，以為深入敵後反攻大陸之準備，均卓著成效。最值得記述的是胡先生在「大陳」這一階段，他僅憑著他個人的一點聲威和苦幹精神，在那孤懸海上的島嶼中，日夜不息的經營戰場，而且曾親自指揮游擊部隊作戰，當時高化成先生問他，一旦戰事發生，我們既乏糧草，也無救兵，將如何處之；胡先生的回答是，力戰待援，如果台灣本島不能及時應援，我們應戰至最後一人，這一個指揮所就是我們最後的死地。後來扼守一江山的「王生明」之戰至最後一人而壯烈殉國，是乃受胡先生當時精神之所感，而有以致之。

胡先生在外島時自我貶抑，虛懷若谷，不計名位，不爭職權，但對他老部下老幹部，隨時隨地，都以十年生聚，十年教訓，臥薪嘗膽，誓雪國恥相勗勉。他的部隊，雖然都淪陷在大陸了，但經他多年培養剪栽薰陶訓練的幹部和學生從大陸各個角落，用各種不同的方法，冒險犯難，間關來台，投入領袖懷抱，繼續為反攻復國而努力者，不下千萬人，仍然形成了擔當第三期革命的忠貞幹部。這些幹部都曾經親受領袖的薰陶，胡先生的培育，胡先生雖然離開了領袖，離開了他們，這些忠貞自持的有為之士，必將善繼胡先生未盡之遺志，繼續在反攻復國聖戰中，盡其本能與本分，犧牲奮鬥，為反攻復國而努力，開拓光榮前途，以慰胡先生在天之靈，這正表示著胡先生精神不死！也就是我們革命軍人永恆的光輝！

作者黃埔軍校六期畢業，曾任三十四集團軍參謀長，第八戰區副長官部參謀長等職。

胡上將宗南先生的孤軍奮鬥記要

戴　濤

（民國五十二年撰）

大陸局勢逆轉，至民國三十八年冬胡將軍仍在西北獨當一面，與共軍對峙，十二月在成渝掩護政府撤退來台，三十九年尚在大陸最後據點之西昌與共軍苦戰，雖處境極為艱難，猶作孤軍奮鬥。在此危急存亡之際，充分表現出胡將軍的革命精神，忠於領袖，臨危授命，赴湯蹈火在所不辭，目睹其堅強之鬥志，打到最後一兵一卒的犧牲決心，有巍巍乎神聖不可侵犯的大義凜然的革命氣節，令人敬佩萬分，不幸天不假年，反攻復國壯志未酬，竟以積勞病故，與世長辭，哀悼之餘，略述在大陸「孤軍奮鬥」記要，以資紀念並表敬意。

在西北獨當一面與共軍作戰

胡將軍在抗戰時期，肩負對日、對匪兩面作戰的任務，其處境艱難為識者所深知，封鎖共敵區，屢經戰鬥，賴以穩定抗戰基地。戡亂開始，攻佔赤都延安，其後，在榆林之戰，大荔之戰，涇渭河谷之戰，運城之戰，洛川之戰，銅川之戰，莫不予共軍嚴重打擊，就西北戰場言，迫使當面共敵屢次頓挫，足證胡部戰力之強與孤軍奮鬥之力。

時至三十八年五月，共軍新增兵力由襄陽樊城方面北上，進迫紫荊關，安康，進窺漢中。胡部右後方已受威脅，左側背亦因寧夏甘肅不能確保，以致情況嚴重。是時關中陷於被圍態勢，不得不作戰略上之轉進，為配合全般決策，西安綏署始於三十八年五月十八日奉命由西安移駐漢中，但為挽回戰局，胡部曾在寶雞及天水方面對共敵作有力之反擊，以挫敵勢，得能確保秦嶺，大巴山之線，拒敵於川境以外，深得民心擁戴。

在成渝保護政府撤退來台

局勢演變，共軍由東南諸省直取川滇、胡部主力於三十八年十一月奉命由秦嶺向四川移動，先頭部隊第一軍正在行軍途中即遵命增援重慶，被迫逐次參加戰鬥，在江津南溫泉與共軍發生遭遇戰，繼則防衛白市驛機場，保護領袖掩護政府向成都撤退，由於重慶會戰未成，迅即陷匪於共敵，第一軍調動，影響原定西進部署，以致瀘州、宜賓、邛崍、樂山、雅安等要地均被叛軍劉文輝，郭汝瑰，及共軍劉伯承等先我佔領，致使胡部西進無路，陷於四面包圍。

成都盆地，毫無屏障，就地勢論，不利我軍內線作戰，共敵以十倍之眾，分路指向成都時，胡將軍即擬將其各個擊破；惜因友軍不聽命令，公然叛變附於共敵，以致孤掌難鳴；按戰略研究，既不能對共軍行各個擊破，惟有早日突圍，迅速脫離敵人包圍，但為領袖安全及掩護政府撤退來台，逗留成都兩旬之久，以致行動滯緩，陷於極不利狀態，此時胡將軍仍以堅強之決心與共敵一併，在簡陽，新津，成都附近予共敵嚴重打擊後，始於十二月下旬向西突圍，終因眾寡懸殊，在共軍四面合圍情勢之下，兼以彈盡糧絕，致遭慘重損害，但各部隊仍奮勇苦戰，至為激烈，副軍長沈開樾師長王凌舟、江承釗、及團營長官兵犧牲成仁者不計其數，其犧牲壯烈情形，可泣鬼神而動天地。

在最後據點之西昌奮鬥

此時西進部隊受阻，而孤城西昌亦已危殆萬分，先是為保衛西昌機場，曾空運步兵六個連前往，叛逆劉文輝所屬伍培英師企圖解決此一部隊，向機場襲擊，雖賴我官兵奮勇將其擊退，但叛逆部隊人數眾多，窺伺益亟，孤城的安危，誠如千鈞一髮。且從整個局勢而論，此時西昌已無可作為，當時有人提議，認此去西昌宜加考慮，但胡將軍毅然決然認為非去不可，充分表現其服從領袖，赴湯蹈火，和冒險犯難的精神，筆者深受感動，志願同往效命，此時，法幣拒用，無法徵糧，部隊補給及一切經費，全賴黃金支出，軍糈民食均告匱乏，兼以西康各地行政人員，多為劉逆文輝之爪牙，與共敵暗相勾結，阻力叢生，且遍地萑苻，夷人為患，軍政措施，備極困擾。

胡將軍於三十九年一月初至西昌時，積極整訓部隊，部署作戰，為培養新生及反共力量，整編地方團隊，新成立西昌人民反共救國軍六個縱隊，計十八個團，配合六十九軍胡長青，二十七軍劉孟廉，以及顧葆裕，王伯華，田中田、張天祥等之各一部，防守西昌三月之久。但共軍以數十倍優勢兵力由滇北川西總攻西昌，終因兵力懸殊，糧彈俱絕，雖經浴血苦戰，傷亡殆盡，代行指揮之羅列將軍與共敵格鬥，被刺負傷，墮於崖下，死而復活，幸免於難，軍長胡長青、劉孟廉相繼陣亡，西南人民反共救國軍第一縱隊司令鄧德亮轉戰甘相營，壯烈成仁。

胡將軍在奉到赴台命令時，堅持不肯離開西昌，願與部屬共生死，後經羅列、趙龍文等懇切勸請，遵從領袖命令來台，筆者亦曾進言，公為高級將領目標太大警衛困難，有礙游擊部隊行動，目前環境如此，不如赴台從事反攻復國大業較有積極意義；始抱著沉痛心情，於三月二十七日乘機來台。胡將軍雖然返台，但其部屬仍在大陸繼續奮鬥。按當時情況，全國陷於共敵，無法進行正規戰及大規模游擊戰，惟有分散、潛伏、進行地下組織戰，以待局勢之展開。近年以來，在隴西，秦嶺，川北，西康等邊區發生反共抗暴行動及游擊戰，大多為胡將軍當時所策劃部署，所以胡將軍雖然離開大陸，其部屬仍在大陸繼續奮鬥中。

綜合上述概況，可知胡將軍在抗戰時期所負兩面作戰任務之艱鉅，對當面共軍打擊之嚴重，西安之轉進，是在甘寧、晉、豫等省陷於共軍之後，為戰略形勢所使然，在成都盆地被迫作戰之不得已，是為保護領袖安全及政府撤退，不計大軍成敗利鈍及個人毀譽榮辱，始終服從命令，最後準備殉難西昌，其孤軍奮鬥之勇，對領袖國家之忠，黃埔革命精神以及革命氣節昭然若揭；迨至三十九年三月二十六日夜，始忍痛離開大陸最後據點之西昌，實為大陸最後撤退來台之最高將領。此時整個大陸淪陷，獨木難支大廈，勢所必然但仍鞠躬盡瘁，對黨國已作了最大努力，和貢獻。不料來台後反遭挾嫌攻訐，為任何人所不能忍，惟將軍處之泰然以為有領袖在，毋庸辯白，其相忍為國涵養之深，胸襟之寬大，足資矜式，今日胡將軍已蓋棺論定，略述所見，以供研究史實者之參考。

作者軍校畢業後加入第一師，其後擔任胡上將之幕僚多年。大陸陷共後，曾奉胡將軍命赴香港指導聯絡敵後工作。

培育人才，功在黨國

李惟錦

（民國五十一年撰）

胡先生去了！胡先生不復與我們同在了！胡先生不能攜手大笑和我們共同奮鬥了！胡先生也不能領導我們反攻大陸眼看祖國復興了！一代英雄硬漢，從此長眠不起，我們將在反攻大陸的聖戰中少了一盞明燈，少了一支號角，難怪我們大家都要同聲痛哭；不是為自己哭，也不是為他家庭哭，而是為國家哭，為反攻大陸的事業哭，因為這顆將星的殞落，確是國家的重大損失！他給我的印象太多了，太深了！因限於篇幅與時間，我僅能略舉幾件事來回憶他，掛一漏萬，實不足以形容胡先生人格之偉大與精神之堅強啊！

胡先生給我的第一個印象，就是威嚴慈祥，和藹可親。記得那是民國二十二年的春天，我正肄業軍官學校的時候，因為很久便欽慕胡先生的大名，終於得到了機會在南京四條巷他的駐京辦事處見到了他。他那種威嚴慈祥，樂觀活潑的態度，以及談笑風生的情景，令人回憶起來，彷彿猶在眼前。當時說好年內畢業後就到西北去追隨他，並且要我代邀一百個同學一齊去，誰知天不從人意，那年夏天我因運動受傷吐血；他說：「西北太苦，你等到身體強健了再去吧！」後來進了陸軍大學，兩年後抗戰軍興，聽說第一師要開到上海抗戰，我便請纓殺敵，不久第一師抵達徐州，我就奔往追隨。屈指計之，已經二十五年了！以胡先生精神的旺盛，體魄的健壯，生活的規律，莫不以為他至少還能多活一、二十年，誰能料想到他竟等不到反攻大陸而撒手永訣了！

先生對領袖之忠之愛，遠非常人所能想像！他以領袖之樂為樂，以領袖之憂為憂；愛領袖之所愛，惡領袖之所惡。他在一切大小的行為上，以事實證明了他對領袖的忠愛，已經成為了他的第二天性，這是值得令人感動，欽佩，效法的！

在我看來，先生的哲學修養是以「愛」為出發點；他愛國家，愛長官，愛朋友，愛部屬，但他這種愛是非常含蓄而不露痕跡的，是不易為被愛者所發覺的，有時要靠你自己去體會，有時要隔了很久才會感覺，甚至於你一生都不會感覺的。這也許是別人認為他神秘莫測的一點吧！

先生治軍，素以嚴明二字見稱，他是以德服人，不是以力服人。我追隨他二十多年，從未見他對部屬處罰過重，更未見他枉殺一人。他很善於運用部屬的智慧，使部屬照著他的企圖去放膽的做事，他尤其注重兩點：第一，原則方針的指示。第二，成果的檢討。他常以無言來啟發部屬，有時也提出問題來考驗部屬，訓練部屬；但是，我領悟最深的還是他那完整無缺的偉大人格與精神的感召。古人所謂作之君，作之親，作之師，先生可當之無愧了！

將軍具有極高度的自信心，相信精神可以克服一切，常忍人之所不能忍，苦人之所不能苦，這次心肝肺同時患病，一發而告不治，可能也是過份克制所致。真是令人無限惋惜！將軍自奉的菲薄，更是出人意料，生平無華衣，無豐食，無寬居，浴則僅水一桶，寢則板牀一張，左右勸其稍加改善，六十之年不宜再如此刻苦，將軍輒揮手而對曰：「很好！很好！」將軍一生不治產業，上不增國家負擔，下不與民爭利，所遺於子女者，清風亮節，偉大人格而已！

將軍戰績輝煌，功在黨國。北伐，剿匪，抗日，戡亂，無役不從，而其功勳最著的事，也就是常人最不易見到的事。他不貪名，不居功，常以無名英雄，苦行士自勉而勉所屬，他確是做了許多無名英雄的偉大事業！

將軍對於人才的培育，部隊的整訓，不遺餘力。他鼓勵了許多有志青年軍官遠走西北，到那艱苦的邊疆去創造事業，他訓練了無數西北子弟，使他們成為領袖的忠實幹部，他拯救了十數萬的淪陷區學生，使他們成為優秀的軍政幹部，他整訓了數十萬的大軍，使他們效忠領袖！這些潛在力量，大部份還留在廣大的西北滋長著。一旦國軍反攻，他們必然會蠭起響應的。將軍死而有知，當必含笑九泉了！

先生臥病時，曾感慨萬分的對羅上將冷梅（列）說：「今日何日？此地何地？領袖需要我們，國家需要我們，反攻復國的事業需要我們，而我竟臥病牀褥！……」言下嗚咽！真是語重心長，其沉痛之情，可想而知！最後先生又對羅上將說：「不要灰心！不要失望，跟從領袖必獲勝利！」臨危還不忘領袖，不忘反攻，我想這幾句話，也可能是他想對全體部屬學生所講的話吧；胡先生雖死，但他的精神仍然存在，他的偉大人格與功績將永垂不朽！我們要擦乾我們的眼淚，更堅強，更勇敢的奮起努力，遵照胡先生的遺言，追隨領袖，向反攻復國的革命事業邁進，我相信，終有一天，在我們的手裏，會奉上勝利之果來祭慰胡先生在天之靈！胡先生！請你安息在天父的身旁吧！

作者軍校八期畢業，追隨胡上將二十餘年，於民國四〇年代曾在澎防部擔任參謀長。

追懷胡先生

龔　浩

（民國五十一年撰）

抗日戰爭高潮之第七年，中原戰場失利，倭寇西侵，余由陸大應聘至西安，承胡公禮遇，委以心膂。乃以其駐節雁塔寺之中央——薦福樓偕居之，取其近侍焉。樓為隋煬帝潛邸遺址，崇墉高峙，臺榭巍然，楸槐叢擁，神物千年，極莊嚴穆清之域，庶乎鈴閣高風者也。余居樓中，靜几明窗，與圖史為鄰，終日澄思靜慮，為研擬軍事對策，以求貢獻於胡公，以故五年之間，客居斯樓，幾無虛日，其起居作息與胡公同，其精神意氣，亦無不同，而或偶然不同，恐預乎成敗之機，惴惴焉謹其心之所嚮，由是胡公益重余之自處，嘗謂「尊而必親」，幾無所不契。迨中原戰事再起，每日有作戰會報，推余綜合，預測敵我之行動，商進退之機宜，反覆辯論。一憑公之英斷，作最後之決定，故令之所至，矢無虛發，證驗未來，什符八九。余之遇公也晚，受知也深，觀摩所及，知公莫余若，嗚呼！公之獨有千古，尚有其本根所蓄者在，余親聆目見，用為來者述焉。

夫一代之偉人，必有天賦之至性，恆資乎人定之德操。綜觀公之一生：信仰主義，忠於領袖，引為神聖之職責。天地可易，而此志不變，金石可毀，而忠信弗渝，每至憂危震撼之時，死守善道，必曰此主義實踐之關頭也，必曰此領袖廟謨之使命也；用是安心立命，主一而不紛，擇善固執，忠誠而不苟，此公之大本內植者然也。其主於身也，恆宰執乎一日之時間。當西北軍事之繁，指揮數十單位，應付頻勞，日不暇給，而猶嚴定課程，深自策勵。某時學習西文，某時研習軍事，某時治公事，某時見賓客，始終不移，一切活動恆在時間輪轉之中，確切把握現在，用能從容措置而不誤。至若公在戰場上之活動，爭取空間之主宰，更躍馬縱橫。其臨陣如風雨之驟至，如雷霆之猛擊，縱其力之所至，以求捕獲戰機，故侍從僚佐，恆亙日夜而不得一息。余嘗陪巡視豫西戰場，事畢，竭一夜之時間，踰秦嶺七百里而至華陰，從者不揣何意，而不知公欲以兼程並日之勞，破空間之限制，有若拿翁「後發先至」之神妙也乎，其神速奮迅有如此者。其主於心也，好整以暇，入其室，蕭然澹泊，若一介枯僧，又似雍容儒者，簞瓢為樂，除書劍圖史外，別無長物，食則三盂，寢僅一席，凡服飾車輿，皆崇儉素，不蓄一文，不私一物，公之所以厲行戰鬥生活者，不以外物誘其心，享受隳其志，俾清心寡慾，智慮澄然，其操心也危，其慮患也深，常神明乎主宰，而不失其常度者，此則公之大本領也。其施諸人也，豪情高邁，熱烈雄懷，或器賢重使，揮萬金而不吝，或壯語慰藉，令人興奮破涕為笑，公屏室家之累，以軍隊為家庭，待官兵如子弟，時或噓寒問暖，時或推食解衣。

故三軍愛戴，行陣和穆，有岳家軍之風範焉，蓋其信仰所樹立者然也。嗚呼，公之修養如此，可謂本末兼賅，內外完固，用能鼓舞群倫，克戡大難，固不世之豪傑，當吾世誰能及之，抑後世誰所能繼耶？余嘗論公之鎮撫關中，受倭寇共軍夾擊之危，向兩面作戰，與抗日相終始，無日不在憂勤惕慮之中，不僅關中安堵如常，而赴援燕、晉、川、豫、新、甘各省，分兵四出，維護大西北，已非異人任。迨倭寇受降，共敵得俄寇傾助，益凶燄滔天，公猶獨當一面，直搗老巢，支撐最後，青史自有定論。今公往矣，繄畢生盡瘁黨國，而又遭時顛困，天不假年，所志未竟萬一，至彌留呼吸之頃，猶以「復國」為念，良可悲夫。然公之識拔人才，作育青年，幾遍全國，必能繼續無窮之生命，皆本公之精誠與浩氣，蔚為國魂，楷模百世，雖死猶生也。追維高義，情與淚俱，特揭公之恆德，知懋績豐功者所由來矣。並以告吾青年軍人，使聞風興起焉。

作者曾參加武昌起義，後畢業於保定軍校，曾任第一戰區長官部總參議，行政院設計委員等職。

綱維天人儀型百世

蔣堅忍

（民國五十二年撰）

世有常人不及之人，當為旋乾轉坤之事，其人也，必本於忠愛之性，發揮其純篤之情，卓然獨往，功名利祿，了不縈懷；終其生，為所抱持之信念是守，是誠可以綱維天人，儀型百世，而其人其事，足以傳也。吾人以視胡故上將軍一生為黨國奮鬥之史實，可以得之。

將軍弱冠從戎，矢志革命，東征北伐，已露軍事卓越天才，抗日軍興，轉戰南北，屢能克敵制勝，領袖寄望殷切。厥後坐鎮西北，兼綰軍政，東禦日寇，北防奸匪，內而整軍經武，以備非常之變，外而折衝尊俎，力持顛危之局，而將軍從容部勒，鎮靜以處，普遍實施民眾組訓，使西北各地全民皆兵，日寇雖陷洛陽，進迫潼關，而始終未能侵入關中，終八年抗戰之役，西北各省免於淪敵，里閈無驚，使西北充沛之人力與資源，得以支持抗戰全局，拱衛陪都，因而奠定勝利之基礎。

抗戰甫告勝利，共敵全面稱兵，將軍奉命進擊延安匪巢，大軍北指，以雷霆萬鈞之勢，一舉而克。陝北共敵近二十年之偽政權，瓦解冰消，陝北二十餘縣，次第收復，數十萬生民，重獲自由。

三十八年戡亂戰局逆轉，東南半壁，盡入匪手，西南各地亦相繼不守，當時環顧中原，僅西北一隅，尚屬一片乾淨土，然已陷將軍於重圍中，形格勢禁，孤旅奮戰，戰愈急而氣愈壯，將軍持節奔馳，却匪者再，卒以眾寡懸殊，忍痛西撤，間關跋涉，轉戰邊陲，所部傷亡殆盡，將軍處死難之境，蹈不測之機，而國人多不諒其所為，輿論非之，而將軍忠於所守，甘於任怨，曾無一語以自明，蓋以矢志報國，耿耿孤忠，終可大白於國人。

綜將軍生平，賦性耿介，不屑營謀，平時自奉儉約，家庭生活謹飭，蓋一本效忠黨國之心，而無纖毫自私自計之意，其心公，其行廉，其律己也嚴，其對人也恕，其事上也忠，其御下也厚，其於革命事業，則踐履篤實，奮勵以赴，生死以之！

堅忍追隨十載，稔知甚深，將軍高風亮節，足以風世，嘉言懿行，永垂不朽耳！

作者黃埔軍校四期畢業，曾協助創始我國空軍，並曾擔任西安戰幹四團副教育長，陝西省府祕書長，我陸軍政治部主任，國防部總政治部主任，高雄硫酸錏公司，國營中台化公司董事長等職。

胡先生的冒險精神

夏新華

（民國五十一年撰）

匪巢延安於三十六年三月十九日攻克後，作者隨胡宗南先生於二十一日進入延安，當時四周清理工作尚未完畢，槍聲與地雷爆炸聲不時四起，我們以匪陝甘寧邊區銀行原址為指揮所，位於延安東門外新市場盡頭的牛山坡上，胡先生揀了一個較小光線稍佳之窯洞住下，作者與衛士弟兄們住在鄰近的大洞內，只要站在洞口，即可看到延市多處白煙上升，那都是共軍逃走前放火焚燒文件與檔案的餘燼。我們毫未休息，胡先生帶著我到各處巡視，當時那是很危險的，隨處有共敵狙擊手出來活動，我向胡先生報告過這種情形，胡先生不但不聽，並叫我準備吉普車，更要把巡視的範圍擴大，走遠一點。最危險的幾次是到延安以北十里舖去看共敵魯迅藝術學院，在路上全是戰後景象，路面很壞，走了很久見不到一個人，好像在這荒山中只有我們這輛車子，我小心開車，真是提心吊膽。胡先生則左右察看，屢屢叫開慢點，看看清楚。到達十里舖以後，遙望共敵魯迅藝術學院還在延水彼岸，雖然延水正是乾涸的，但距有千餘公尺的流沙河灘，車子不能通過，胡先生下車說，走過去看，我說我留守車子，胡先生由熊、馬、苗三位副官陪著去了。所謂十里舖僅有十數間破爛不堪的土房子，和一些傍山的窯洞，靜悄悄的沒有一個人。我正站在一家門口抄錄一副共敵編的對聯時，突然山上下來五六個農夫模樣的小影子，急向我走來，我一看情形不好，我即很快的迎上他們去，並大聲說：「你們是這村裏人嗎？我是前站，國軍就馬上到了，請你們燒些開水！」不知道他們聽懂聽不懂，只見他們幾人交頭接耳說了一些話，我也沒有聽清，這時我轉身用手指著延安方向告訴他們隊伍到了，同時急走到車邊，按了幾下喇叭高喊胡先生回來，很奇怪的這幾個人也回頭向山上很快的走了，等胡先生走回來，我說趕快上車，開回延安。我到指揮所把剛才的情形一講，參謀處長貴英將軍說十里舖現有情況，等我報告胡先生後，胡先生不但毫不介意，並命令我明天多準備油料，到金盆灣去看看。那是在延安東南方向，攻延安時，第一軍第一師所走的最艱苦的路線，我當時也就沒說別的了，僅請求增加幾個衛士同去，胡先生不但不同意，並叫減去熊副官，使車子輕一點。這個方向的公路既不平，又狹，兩旁雜樹叢生，難走極了，舉目四望，視線有限，等我發現有地雷時，報告胡先生，胡先生才說掉頭吧。可是路狹得無法掉頭，只好又前進約半小時，始有一個小叉路，勉強把車子掉轉來，胡先生問我地雷在哪裏，我說一會要經過的，走了一會，我們停下，我指著離車子不過二三尺的路邊斜坡上浮土中，露出條索子的圓東西給胡先生看，可是我們來回經過兩次，沒有爆炸，確是天佑了。回到指揮所，我告訴總務處長蔣竹三先生說，這樣太冒險了，想個什麼辦法呢？他說把車子架起來，報告胡先生說輪胎壞了，車子不能開了，胡先生聽說車子壞了，十分高興，並叫我快給西安去電報，把好輪胎用飛機送來，修好車子我們還要出去視察呀！

作者為留美知識青年，電機專才，擔任胡上將侍從參謀多年，晚年移居美國，惟時常夢及胡將軍，涕淚縱橫，來信謂「叫我如何不想您」。

憶胡公宗南先生

劉安祺

（民國五十二年撰）

時光過的真快，倏忽之間，胡先生逝世已告一整週年了，在這一週年期間，風雨雞鳴，我好像是一如往常的時候與胡先生相晤對，我總以為胡先生仍然生龍活虎的活在人間，並沒有死，甚至於我以為胡先生再活上三十年五十年也不會死，因為胡先生在我的心目中，他是一個足以享大壽的「強人」，他有大德性，他有大抱負，他的志趣高超，他的思想脫俗，他一向自強不息，他的心身精神健康異於「常人」，他的胸懷行為，處處象徵著他是一位健全而充滿生命活力的「強人」，我以為他絕不至於倉促間突然因病而倒下去。領袖需要他，國家需要他，反攻復國需要他，他也絕不應該在此時在此地撒手而逝，但事實上，他竟是一病不起而逝世了，而且已經與我們人天永隔，忽忽一年了；造物者之不仁，真使人憾恨無既。

當著胡先生逝世一週年的今天，想起昔年我與胡先生的結識，想起胡先生對我的教範和禮遇，想起胡先生革命典型的風格，想起胡先生對黨國所建立的勳猷，實在使我感懷萬千，無法自已，不覺令人興起沉痛的哀思。

回憶我在民國十六、七年當連營長的時期，我就耳熟胡先生的令名，我就敬仰胡先生的盛德，我就聽聞他是一個典型的革命軍人，是一個黃埔學生的模範人物，只可惜未能及早償遂我的瞻韓之願。迄至民國二十一年「一二八」之役以後，我在南京一個小飯館中用飯，由於宋希濂將軍的介紹，才開始與胡先生初次結識，當時我們雖只有一個多小時的晤談，承胡先生看得起，義氣相投，一見如故，彼此即互許為「知己」，他的手采，他的學養，他的卓越見識，以及他對革命事業的抱負，經過這一次的直接認識，更對我起了莫大的吸引力，惜其時因彼此的職位不相等，部隊隸屬關係復相異，萍水相逢，倏忽間就各自東西了，爾後，征戰連年，一別甚久，直至民國二十七年夏於中原抗日，豫東會戰時，在河南蘭封迄朱仙鎮的戰場上，始又第二次遇見了胡先生，久別喜重逢，胡先生堅決表示：「志同道合的朋友，願彼此永不再分離」，戰役結束，軍行至葉縣之夜，胡先生忽急電促我往偃師轉長安至鳳翔，就第一軍之七十八師師長，兼軍校第七分校第二總隊長之職，士為知己者用，從此我由七十八師師長而第九十七師師長，而五十七軍軍長，直接作胡先生的部下逾六年有餘，直到民國三十三年春，於日寇犯湘桂、侵黔南之際，我奉命率五十七軍，自西安空運應援貴陽，因部隊指揮關係的變更，不得已，乃與胡先生作長時期形式上的分離，但我們的精神卻永遠在一起。其知遇與教誨亦永銘在自己的腑肺之中深深難忘。

憶起在我直接追隨胡先生六年多的時期中，據我接觸所見，默察所得，我深刻的認為胡先生的思想、生活、舉措、行為，確大不同於庸俗，為堅持革命立場，他能擇善固執，為顧全大局，他能「無我」「忘名」，敵我之際，他認得最清，正邪之防，他守得最嚴，功利之間，他看得最淡。他自奉十分儉約，他謀國耿耿忠誠，他肯為部屬擔當責任，他能為大局負重忍辱，我認為他堪稱為主義最堅強的鬥士，他夠得上是領袖最忠實的信徒。胡先生在我心目中，他不僅是一位典型的好長官，他也是我事業上最理想的一位好師好友好榜樣，他真不應該在他鼎盛之年，與世長辭，他真不應該在國家最需要他的時候，離開人間，這真是最大的不幸，胡先生竟然於此時此地死去了，他竟然死去已一整週年了，留下我們無限的追思和懷念，胡先生雖然已經死去了，但他的英名永在，浩氣長存！

作者黃埔軍校三期畢業後參加東征、北伐、剿共、抗戰、戡亂諸役，來台後曾任陸軍總司令，三軍聯大校長，中央信託局理事會主席等職。

胡宗南先生行誼

張政達

（民國八十五年錄音稿）

（張政達先生口述：王曲同學會所需要寫的那些東西，特別是有關胡先生方面的事情，由於最近我搬家，同時最近又要到美國去，實在是來不及整理了，我想我只好以錄音帶的方式，把它灌製下來。我所講的每一件事情，都是事實，但是在時間方面，或者在人的方面，可能會有所偏差，或者時差，希望有同學知道的話，能夠把它更正。）

徐蚌會戰以後，胡先生深深感覺到，我們反共的力量，恐怕消失得非常的厲害，特別對其他江南，尤其是內陸的部隊戰鬥力，他認為是大有問題，一旦共軍過江，大陸的情況，非常不能逆料。於是乎，他以一個非常機密的密電，密呈總統批准。這個案子知道的人並不多，胡先生在世的時候，當時受到彈劾案時，他曾經跟我講，我們對這件事情絕對不能提，我們提一個字，對我們的領袖有一個字的不利；我們講一句話，對先總統有一句話的不利。今天先總統以及故總統經國先生都相繼過世了，而這樁事情，我想必須要講出來，讓全體同學知道。

胡先生的計劃是，他向總統報告，在西北，我們的作戰體系可是非常完整，而我們當時有十三個軍的兵力。胡先生的希望是，拿七個軍放棄西安，來固守秦嶺，抵擋共敵彭德懷部隊跟其他部隊的進擾中原，而後索性退到四川的大巴山。而將其他的六個軍，就是我們西北所謂的精銳部隊，能夠撤到雲南去，先把它集中到四川的廣元，用兩千輛軍車，從廣元經過新津，經過西昌，到達雲南。而第一軍的第一師的部隊，從漢中空運到西昌去，把劉文輝的部隊趕掉，使這條到雲南去的路能夠暢通。這樣的話，胡先生的想法是，即使大陸全部淪沉的話，他可以在雲南，以六個軍為基幹，在一年到兩年之內，合為一百萬部隊。雲南的地勢是，一邊是靠金沙江，跟西康為界，一邊是跟貴州，以高原、高山、叢林為界，而後面是河內跟緬甸。共敵從貴州，或者西康，想進軍雲南，他的大部隊施展不開的，而後面越南跟緬甸，共敵不能繞道那裡包圍。所以胡先生認為像這樣的情況之下，他可以跟台灣成一個犄角之勢，來對抗共匪，而且他非常有把握，能夠堅守整個西南的自由之地。

總統當時是批准了，當然我相信國防部並不知道這件事情。所以從那個時候開始，共敵一渡江，打下了南京以後，西安方面，我們就主動的放棄，就按照胡先生的計劃，索性在秦嶺建立防線，其他六個主要部隊就向廣元集中，第一期兩千輛軍車集中到廣元，準備來運送這些部隊。而第一師的第一團到達漢中以後，立刻用飛機就飛到西康去。可是其中非常遺憾，第一次由第一團的團長朱光祖，帶了六個連八百人，用飛機空運到西昌以後，西昌的塔台始終廣播說西昌的天氣非常不好，所以使得第一師第一團的部隊就待在漢中，不能夠再繼續空運，我想這些都是匪諜所造成不能夠按照計劃來行動的一個很大的陰謀。當我們從西安轉進到漢中的時候，胡先生在漢中成立一個指揮部，按照這個計劃，開始部署秦嶺的防務，開始注意到大巴山的第二線，開始運送第一軍、九十軍、三十六軍、二十七軍等到廣元去。我們真正在廣元待過。

這個計劃正在進行的期間，上海、南京，甚至到了湖南、湖北，軍事剿匪的形勢，垮得之快，叫人難以想像。到了廣州丟掉以後，整個華南的形勢都變了，胡先生非常著急，希望這個行動趕快進行，當時，先總統認為在鄂北、湖南的北邊有宋希濂的十萬軍隊，在川東有羅廣文的十萬部隊，他認為這兩個兵團，可能還能夠扼阻住共軍的進攻。而事實上，以後被我們俘虜的共軍講，他們從湖南上來，他們根本就沒有遭遇到抵抗，一路上都是用卡車進軍四川。所以重慶在當時就到了非常危急的時候，總統眼看到（當時總統是在台灣）整個的總統府、立法院、國民大會、監察院，以及其他政府所謂的部門都在重慶，他感覺得情況非常危急，就以總裁的身分突然之間飛到重慶（民國三十八年十一月十四日），到了重慶以後，就希望能夠把政府的黨政所有重要機關趕快撤離重慶，否則不撤離的話，可以說黨也沒有了，政府也沒有了，所以在台灣就變成一個地方的軍事機構。所以在這個情形之下，總統就打電話。那個時候，我們住在成都的十三街，胡先生的一個臨時住的地方，而司令部我們是設在成都軍校裡頭。在十三街，每一次我聽到重慶侍衛長電話，也就是俞濟時先生的電話，我每次報告胡先生，我說重慶侍衛長電話，胡先生就很快的來接聽電話。胡先生對總統的這種忠貞，不是我們一般同學所能想像的，他對總統的任何一個命令，一個交代，從來不說一個相反的意見，或者說是不同意，或者有別的建議，他總是「是」，而且講話的時候，一定是立正。所以每一次俞侍衛長電話一來，胡先生一定是恭聽總統的交代。可是有一天，我跟他報告，我說重慶侍衛長電話，他說你告訴他我不在。我當然很奇怪，總統的電話來了，怎麼會不接呢？這樣差不多搞了兩三次。當然其中的情形，我是不太瞭解。不久以後，總統從重慶發來一個電報，電報的內容大概是這樣的：「宗南吾弟：弟部第一軍、九十軍等，如不派重慶，中正決定與渝共存亡。」總統的個性，我想黃埔軍校一期的將領們都非常的清楚，當時這個電報到達以後，就在當晚，胡先生就召集羅列跟其他重要的軍事幕僚長們，開緊急會議。在會中胡先生非常慷慨的就講，我們西北的部隊從攻下延安，掃蕩陝北，支援山西閻錫山防守太原，以及調出所有的部隊去支援其他戰區以外，我們的部隊是完整的。如果說今天我們在廣元的部隊還沒有送到西昌之前，而把這個部隊抽到重慶去的話，那我們的戰線等於是一面在防守大巴山、秦嶺，一面在重慶作戰，戰線之長，有兩千多公里，把十三個軍在這樣長的戰線上，來對付共敵四個野戰軍的力量，我們西北的部隊將從此沒有了，也許將來歷史上認為大陸的丟掉，是西北部隊的責任。所以他認為如果這樣做的話，恐怕是一個悲劇收場。羅列聽了這個話以後，也非常慷慨激昂的就講話了，他說：總統今天所培養黃埔軍校一期同學，是以胡先生為最受器重，今天總統有他的看法，如果因為你的部隊不去重慶，而總統真的如電報上所講的，跟黨、跟政府在重慶犧牲掉了，你將來會變成歷史上的罪人，即使你能夠把部隊順利帶到雲南，也按照我們的計劃，擴軍為一百萬，堅守雲南，你將來在歷史上的功名，也許要勝過於岳飛。可是你跟台灣的陳誠，在一個沒有政府，沒有黨，沒有名銜的指導之下，是兩個獨立的戰鬥體，到底能夠撐到什麼時間，不受共敵的殲滅，這個很成問題。所以今天，我們為了我們的領袖，為了我們的政府，我們只好放棄我們原訂的計劃，把部隊開到重慶去。當時在座的很多將領，都認為羅列所講的話是有道理，我們只好犧牲我們自己，只好服從領袖的命令，把部隊趕快開走。

這以後，第二天或者第三天，突然之間，蔣經國先生從重慶下來，他到了十三街的時候，跟胡先生見了面，兩個人是老朋友，經國先生講的頭一句話就是「我看到部隊下去了，他說要請問你一聲，部隊的軍中政治是什麼人給你負責的。」胡先生答「怎麼一回事呀！」他說「我經常到各部隊去，他說，只要我到的地方，多半是戰況非常不定的地方，我的吉普車下來，常常在部隊的中間穿過，部隊因為騾馬奔跑，常常對空鳴槍，口出三字經大罵。可是這次我下來，看到你的部隊，軍紀非常井然，我的吉普車經過這些騾馬群的時候，騾馬一樣的跑，但是，沒有一個士兵發出一句不好聽的話，或者怨言，更沒有什麼對空鳴槍的事情，所以我想知道你軍中的政治是什麼人負責的。」胡先生當時講是趙龍文、蔣堅忍（總政治部主任），另外還有徐煥昇、王超凡，他們來負責的。所以以後，故總統經國先生當總政治部主任的時候，台灣的陸、海、空、聯勤的政治部主任，都是西北人，海軍是趙龍文，陸軍是蔣堅忍，聯勤是王超凡，空軍是徐煥昇。我想蔣先生當時考慮到的情形，就是因為軍紀非常嚴肅的緣故。

蔣先生接著講，總統也沒有料到重慶有這麼快的危機起來，主要的原因是，湖北北路屏障重慶的宋希濂部隊，雖然有一個兵團是攔了，但是沒有打了幾天就垮掉了。而在川東的羅廣文部隊，一個兵團叛變了，於是乎共敵的軍隊就直衝重慶。如果不是第一軍迅速的開到的話，那真是不堪想像。所以當時因第一軍在重慶的血戰之下，總統能夠坐飛機離開重慶，飛到成都，黨和政府各部會，都能夠順利的撤退，到達成都以後，陸續的飛到台灣。所以這個經過，只有胡先生和我們西北部隊的犧牲，來換取今天黨政到達台灣，使復興基地能夠起來。可是胡先生從來沒有講這個，一直到胡先生遭到彈劾的時候。

這個彈劾案，原來是一樁微不足道的事情，各位同學都知道的，胡先生在西北獨當一面的，幾乎都是他的部下，所以他每一個禮拜天，到興隆嶺去休息的時候，他總是找當時的議長，參議會的議長王宗山先生，他稱他老師的，另外一個副議長，叫李夢彪先生，他總是邀請這兩位正副議長，以及和軍事沒有關係的西北大學教授，到興隆嶺上去打一個百分。他有一次跟王宗山就談起，他說剿匪的戰爭如果結束以後，國家就極需要建設，等到國家需要建設的時候，像我們都已經對國家不需要再做任何的貢獻了，我們不妨就蓋幾個茅屋、草屋，住在一起，大家打打百分，看看國家在工程師的建設之下，怎樣的變成一個強大的中國。他沒有想到大陸撤退以後，胡先生人還在西昌，王宗山就到辦事處去要房子。當時撤退以後，可以說到台灣來，房子的問題非常嚴重。胡先生也就叫當時的台北辦事處處長袁杰三先生，替他買了個房子。那麼李夢彪呢？監察院，他住在一個八個榻榻米的配給房子裡，一家人，當然非常的擠。他也幾次三番的要求給他買一個房子，說當時從前胡先生答應過的。可是在大陸撤退以後，西北很多的軍眷，師長級以上的眷屬，胡先生都已經送到台灣了。他們對他們先生在大陸的情形，以及家裡面的生活等等，事情煩的不得了。袁杰三在那一個時間去處理李夢彪以一個監察委員的身分來要房子，就這樣三番兩趟後就沒有理他，李夢彪就非常生氣。這檔子事情，胡先生完全不知道。李夢彪就在監察院開始邀了幾位監察委員，來彈劾胡先生。這個事情鬧得非常的大，到最後，簡直就沒有辯駁，而由總統召集李夢彪等幾個監察委員，到總統府去，問他們，你們是怎麼出來的？他們說我們是跟隨總統出來的。總統說，我是怎麼出來的？如果按照胡宗南將軍原來的計劃，今天便沒有總統，沒有政府，就是因為他犧牲掉他的計劃，來保障政府，保障領袖，你們才能夠安心的到達台灣。所以今天胡宗南，並不是他有罪，他非但無罪，而且他對國家，對政府是有功的。所以由總統頒勳給胡先生，這件彈劾案就此結束。

大陸撤退以後，我們奉到總統的命令，在三十八年的十二月二十四日，以最後一班飛機，離開成都，飛到海南島。到了海南島的時候，總統的電報來了，要胡先生立刻到西昌去。當時西昌的情勢，除了第一師有八個連在那裡以外，情況是完全不清楚，而且機場也沒有夜航設備。我記得很清楚，那是下午三點多鐘，胡先生奉到電報以後，立刻找當時的空軍副總司令王叔銘將軍。王將軍跟胡先生是如同親兄弟，他們雖然是同學，王將軍一直稱胡先生為胡大哥。他在海口指揮軍事方面的、空軍方面的作戰、運輸、補給的情形，他就勸胡先生，他說「大哥呀，這個天氣不能走呀，海口飛到西昌要很長的時間，夜間沒有夜航設備。怎麼降下去？降下去，西昌的情形怎麼樣，你完全不瞭解，我看還是明天早晨走。」胡先生講「叔銘呀，總統是要我到西昌去成仁的，我不得不走。我要馬上走，你立刻跟我準備飛機。」當時王叔銘將軍就準備了一架飛機，這架飛機可能是C46，前面有幾個座位，中間是一個很大的罈，完全是裝汽油的，因為這個油量可以讓我們飛到西昌足夠降下來，才能夠飛過去。胡先生帶了我們九個人，其中包括羅參謀長（羅列）、沈副參謀長（沈策）、高參室的主任蔡棨先生，還有作戰處處長，以及我們幾個隨員，一起是九個人，我們就在下午四點鐘左右起飛。飛機起飛以後，到達雷州半島，突然之間我們發現，軍用飛機各位都知道，座位的旁邊有一個圓孔，圓孔是用橡皮塞子塞住的，我跟夏參謀（夏新華）兩個人，常常把塞子拔開來透透氣。突然之間我們感覺到，怎麼我們的頭髮老感覺有雨水打進來，我們朝外一看，原來飛機左邊翅膀上面這個油箱蓋子飛掉了，汽油從這個左翅膀上面像一個水柱一樣的衝出來，當時我們立刻就跑到駕駛艙裡面去告訴駕駛員，說這個情形非常嚴重，如果這個汽油噴出來碰到一點火，飛機就在空中爆炸了。駕駛員立刻做處置，做緊急的處理，慢慢的從雷州半島折回來，駕回海口機場。這時候王叔銘將軍仍舊在機場等待，他看到飛機降下來以後，他就問什麼事情，駕駛員大概就報告情形，左邊機翼上面的油箱蓋子飛掉了，這個情形是非常危險的，一點汽油碰到翅膀下面引擎上面所噴出來的火，飛機立刻可以爆炸。所以當時王叔銘將軍是非常生氣，就對著機械員拳打腳踢，他也顧不到什麼禮貌。胡先生一再的勸他，說算了算了。所以就這樣，那一天沒有能夠飛到西昌去。

而在第二天的一清早，就飛到西昌去。到達西昌，西昌的機場是一個泥巴機場。胡先生一到西昌以後，那邊的部隊就是第一師第一團的團長朱光祖，帶領了六個連，八百人，他在機場迎接胡先生。他講，他到達西昌以後，遭遇到劉文輝的一個師加上一個旅，那個師長兼旅長是劉文輝的女婿。當時劉文輝的女婿就要我們第一師繳械投降，所以那個團長講情況是非常嚴重，他有一個師再加一個旅。但是他講，胡先生給我的命令是要保住西昌的通道，使我們的部隊能夠經過西昌到雲南去，所以人家要求投降的時間是九點鐘，他在早晨六點鐘，就帶著他的六個連，對劉文輝的一個師一個旅展開攻擊。他沒有想到劉文輝的部隊是那樣的不堪一擊，打一個多鐘頭，他的一個師帶一個旅就垮掉，他的女婿就逃跑。於是乎我們到達的時候，西昌的情形完全在第一師第一團團長的控制之下，俘虜了很多劉文輝的部隊，就開始希望能夠改變他們，來效忠老總統。

我們在西昌是一個非常艱苦的一個時期，所有的補給，都是從海口王副總司令用飛機運送過來。蔣經國先生曾經兩次到西昌來，傳達總統命令。在這個時間可以說，在西昌無所事事，真是來成仁的。羅列先生就發了一個電報給總統，他認為西昌今天的形勢就是滄海一粟，用不著胡先生在這裡主持，只要他（羅列）或者另外派一個將領在這裡就可以了，希望為未來的反攻大陸，讓胡先生離開西昌。蒙自的二十六軍跟第八軍行止決定以後行止，再做最後的定奪。一個多月以後，蒙自的第八軍跟二十六軍，開始向雲南撤退，放棄了蒙自。於是乎，羅參謀長又發了一個電報給總統，他說蒙自現在已經放棄了，西昌八百個人在這裡守著一個孤島，實在對整個的反攻軍事形勢沒有什麼大的貢獻，希望能夠把胡先生接回台灣，作為將來反攻大陸的時候之用。總統之後很生氣，發了一個電報，直接發給羅列先生，說他身為幕僚長，在國家到這個時間，不想幫助胡先生重新復興西昌這個基地，而只想撤退。這個罵得羅列先生非常的慚愧，或者感覺到非常的傷心。所以到了三十九年四月初、三月底的時候，總統突然之間來個電報，西昌撤退，部隊交由一個少將級的人員率領，繼續打游擊，長官部所有人員隨即撤退，撤退的時候，不要忘掉賀主席（賀國光）。所以當時羅先生收到這個電報以後，他堅決不走，他說總統認為我是一個貪生怕死的人，我過去一切的勳績都被抹殺掉了，我不能走。胡先生聽到這些話以後說，不走，我們大家都不要走，我們就在此成仁算了。可是羅先生講，我就是因為想讓你為未來的反攻大業做貢獻，才打這個電報給總統，如果你不走，那等於是說我以前所發的電報都是白發的。所以在趙龍文先生跟羅先生堅持的這個勸導之下，羅先生講他絕對在這裡待一陣子。那時候的戰況已經非常危急了，胡先生是住在西昌城外一個瓊海，總統的一個行館裏面，那是一個光山子上面的幾棟房子，那時候槍聲已經非常的響，傷兵已經陸續的退下來。那時候已經到了晚上九點多，共敵的軍隊多少不知道，反正我們剩的就是八百多人，所以羅列先生跟趙龍文先生，說是胡先生你再不走的話，我們恐怕走不成了，這樣的犧牲是毫無代價的。所以在九點多鐘之下，在羅先生催促之下，胡先生離開瓊海的行館，就到機場去。在飛機場，那裡沒有夜航設備，有一個連以火把在跑道的兩邊築籬，長官部的警衛隊，這個時候通通劃歸羅列先生指揮，飛機兩架，一架是我們駕駛賀國光先生，從晚上十點鐘離開西昌，整個大陸軍事的最後據點就此淪入共敵之手了。

我們到達海口以後，立刻從海口坐飛機轉到台南，從台南轉到台北。胡先生聽候總統的命令到花蓮去，於是我們跟隨胡先生又到達花蓮，我們住在花蓮賓館。這個時候，我想胡先生所想的，都在回憶他的一切事情，他每天下午，都是我陪他到花蓮的海邊去散步，他常常站在那裡，對著那個海一站就是十幾分鐘到半個小時。他曾經兩次問我，我們是應該在西昌成仁呢？還是應該在成都成仁呢，我們是不應該出來的，現在整個大陸的問題，何以對得起領袖，何以對得起國家。我們在花蓮住的期間，發生了李夢彪的彈劾案，當時鬧得是非常的兇。胡先生有三個非常知己的朋友，第一個是蔣經國先生，第二個是湯恩伯先生，第三個是王叔銘先生。胡先生在台北住的地方，是錦州街四巷，這是湯先生的房子，湯先生說這個房子就送給你好了，你就住在這裡好了。而胡先生自己的家就住在浦城街台灣公教住宅三等的房子，是一個二十四個榻榻米的小房子，他的家屬待在那裡。湯恩伯先生送給他的錦州街房子，是他平常在那裡看書、接見客人之用，我們幾個隨員就在錦州街陪他。而蔣先生、王叔銘將軍、湯恩伯將軍，大概每一個禮拜都有一次到兩次來看他。彈劾案在結束以後，有一次王叔銘將軍就進來了，我去開門，那時候的王副總司令，手上拿著一件東西，就跟我講，張參謀，你們馬上有事情幹了。我說什麼事情呀，他說胡先生馬上要當參謀總長。這大概是總統的交代，所以王副總司令講，我帶了一些空軍的資料，我來給胡先生做簡報的。但是過了一個禮拜以後，王副總司令又來了，他說，你們還是再休息休息吧。我說怎麼了，他說胡先生不願當參謀總長，他認為台灣的事情沒有他可以做的。聽說以後總統要他當陸軍總司令，他也是不肯幹，最後總統非常明瞭胡先生的心意，就想辦法要他到大陳島去。到大陳島去，對胡先生來講，也是一個非常重大的決策，沒有兵，沒有錢，那邊的游擊部隊叫他去整理，大陳島離開大陸只有咫尺之地，共產黨要曉得胡宗南先生到了大陳，派一連兵就可以把他俘虜走。所以他一直在考慮要不要去，這個時候陳副總統親自到錦州街來，告訴胡先生，總統有他的計劃，現在正是韓戰打的非常激烈的時候，如果戰爭再拖下去，美國極可能幫助我們進軍大陸，要胡先生能夠體諒總統的意思，到大陳去，整理游擊隊，把他編組成一支可以作戰的部隊。胡先生在這種情況之下，毅然前往，以國防部軍風及視察小組名義，坐了二〇九號運輸艦，帶著我們幾個人就到大陳去。

就這樣子，我們在民國四十年九月九日，在蔣經國先生、王叔銘將軍、湯恩伯先生基隆碼頭送行之下，去到了大陳島。大陳在胡先生的整頓之下，把很多游擊隊不能用槍、用船，形同海盜，編組起來，真正花了非常大的心力，而且以後變成了六個大隊，居然能夠不斷的對大陸實施反擊，打擊共匪，可以說是盡了胡先生最大的心願。

我在想像胡先生這樣一個偉大的軍人，他能夠不計他的個人名利，他把金錢真是看得如糞土。我剛才提過我們錦州街所住的房子，當時這個房子是湯恩伯先生送給他的，當他聽到湯恩伯將軍在日本病故的消息以後，他很快的把房契跟房子就送還給湯恩伯的母親，他認為湯恩伯的母親需要住這個房子。所以他自己搬到浦城街一棟二十四坪的小房子去住。所以我們今天西北的同學，我們想到我們的主任胡先生，他的為人，他的做事，真是我們所不能想像的。

我從民國三十五年十二月，跟隨胡先生，一直到民國四十二年他離開大陳，前後七年時間，我記得他每一次訓示我們的時候，總是以國家民族為重。我記得最好笑的一次是，民國四十年到了大陳以後，沒有兩個月，我就跟他去報告，我說報告長官，你常常講岳飛三十功名塵與土、八千里路雲和月，我今年就是三十歲了，我希望我能夠調一個工作。胡先生講，侍從參謀你知道英文是什麼，我說是 aide-de-camp，他說什麼人創造出來的，我說我不清楚，他說是拿破崙創造出來的，這是因為侍從參謀是重要的工作，但是我說那這是遵照你的意思辦事，我希望我能夠發揮我自己的能力。他聽了我的話以後，說好，就拿起筆批了一下，派張政達為參謀處第二科科長，就交給我，好好幹，下面講了一句話，辦完公以後，晚上還是要回到這個地方來招呼，我說是。所以我想胡先生的為人，他親愛他的部下，他為他的部下設想，但是他二十四小時可以說不能夠離開，隨時他會做很多國家重大決策的事情。我先講到這裡，以後再補充。

作者七分校十六期畢業，任胡上將侍從參謀七年，其後在政府相關部門工作多年後移居美國。

憶西安王曲軍校

——戰時全國最大的一所軍事學校

孫秉傑

（民國五十一年撰）

王曲軍校應時創立

黃埔建軍歷史過程中，抗戰時期基於軍事需要，除成都軍校擴大招生外，各戰區一共成立了九所分校，以西安第七分校最為突出，青年學生在七分校受訓的有兩萬五千多人，學員有一萬餘人。筆者為其中之一分子，回憶往事，彌足珍貴。

民國二十六年「七七」事變起，中日戰爭爆發，中華兒女毅然奮起，投筆從戎，波瀾壯闊，蔚為時代洪流。西安王曲軍校七分校應運誕生有兩項重大意義。一、全面抗戰需要大量的人力消耗和補充，政府為了擊敗敵人，贏取最後勝利，必須大量儲備革命幹部以適應需求。二、抗戰初期，平、津、京、滬相繼淪陷，愛國青年熱血沸騰，紛紛參加抗戰行列；中共逞陰謀詭計，大肆宣傳，不少青年學子湧向延安「抗大」，走入歧途，此一漏洞必須堵塞。當時開府關中，坐鎮西北之胡宗南將軍，受命兼任第七分校主任，大力培育青年幹部，擔負起艱鉅的歷史任務。

王曲在西安城南四十里，位於秦嶺主峰終南山的山腳下，自軍校七分校（簡稱王曲軍校）設立於此，山川競秀，草木爭輝，抗戰八年，光芒四射，名震遐邇。軍校以王曲為中心向外輻射，星羅棋布，擴及陝甘兩省。遠如甘肅之蘭州、天水，陝西之鳳翔、寶雞；近者如校本部四周五十里以內之曲江池、香積寺、子午鎮、牛東、曹村、留村、岳村、小江村、黃埔村（原皇甫村改名）等，均為教育訓練單位之基地。利用原有廟宇祠堂，改建營舍，克難創造，慘淡經營，每期招考七個總隊（成都本校每期僅招考三個總隊，其他八個分校每期招考一、二總隊不等），同時在校受訓學生多達萬餘人，明恥教戰，同仇敵愾，怒潮澎湃，氣勢雄偉，這在當時是國內最大的一所軍事學校。抗戰期間，物資缺乏，在校受訓的學生，打赤腳、穿草鞋、吃雜糧、睡地舖、整理環境、修築道路、入山砍柴、櫛風沐雨，與今日軍校設施相比，真不可同日而語。然而青年朋友們，在精神上的感受和啟發，卻是無比的豐盛。

明恥教戰，同仇敵愾

生活就是教育，社會更是一所大的學校。在部隊裡，行軍、作戰、宿營、警衛、出操、上課、打野外、作遊戲，固然是教育；而在日常生活上，早晚點名、整理內務、集合、開飯、擦槍、睡覺、縫補、拆洗、打掃清潔、植木蒔花、養豬、種菜、編織草鞋等等，亦是教育。這些瑣瑣屑屑都要從實際經驗中一點一滴訓練、磨練成功的。王曲軍校學生在緊張刻苦的生活中，也有輕鬆的一面，如各總隊均經編組成立國劇研究社，由教官指導定期演出，以兵演兵的方式達到自娛娛人，調節身心的目的。

學校徵收王曲對岸土地數百畝，闢作河西大操場，建築閱兵台，四周樹立巨型精神標語牌：「國家至上，民族至上！」「意志集中，力量集中！」「軍事第一，勝利第一！」「抬頭、瞪眼、挺胸、齊步」「從容乎疆場之上，沉潛於主義之中」「抵禦外侮、捍衛國土」「打倒倭寇、雪恥復仇」「不成功、便成仁」等，觸目惕勵，令人肅然振奮。每屆同學畢業，重大節慶，舉行閱兵大典，步、騎、砲、工、通、輜，數萬革命健兒，踏著悠揚的軍樂旋律依次分列，勇往邁進，雄赳赳氣昂昂、軍容壯盛。

王曲軍校網羅了全國的菁英，每期招生到沿海各省，深入到淪陷地區。莘莘學子嚮往自由，關山險阻，鑽隙西進，歷經艱辛；有的輾轉經年，始得到達受訓的目的地。寓教育於行軍與戰鬥之中，鍛鍊成鋼鐵毅力，堅定了革命信心。王曲軍校的教育，是完整的軍官養成教育，包括入伍訓練和各種分科教育，以及幹部的專長訓練。學科與術科並重，不僅注重課堂講授，同時注重操場制式教練和野外戰鬥演習，陸家墳加強營模範陣地的構築及賈里村村落攻防的實兵戰鬥尤具特色，由於胡宗南將軍的一元領導，學校教育和部隊訓練相互結合，齊頭並進。當時尚沒有像現在國軍各級部隊長職期輪調和經歷調任制度，但凡在部隊當連長有成績的，才調到學校充任隊長，當營長有成績的則調充學校的大隊長；當團長或副師長有成績的，則調充學校的總隊長。反之，在學校當隊長、大隊長、總隊長有成績的，則調充部隊的營、團長、師長。部隊訓練與學校教育彼此交流，理論與實際相互印證，密切結合，學校教育出來的學生，分發部隊服務，學以致用，無所扞格。部隊長與幹部之間，除長官與部屬的關係之外又多了一層師生關係，由於情份的交感，更加親愛精誠，鞏固團結，增強戰力，充分發揮團隊精神。

完整軍官養成教育

王曲軍校人才薈萃，濟濟多士，陣容異常堅強。各級教育領導幹部多是陸軍大學畢業學員。陸大是國家最高的軍事學府，由於胡宗南將軍勳業威望的吸引，陸大學員多以分發西北服務為榮；胡宗南將軍許多優秀的幹部分派到學校，「傳道、授業、解惑」，在教育上所收的效果是非常顯著的。胡宗南將軍身膺疆寄，統軍百萬，戍守西北，兩面作戰。一面對強敵日寇，鞏固河防，堅守潼關，採取攻勢防禦，伺機出擊；一面嚴密封鎖陝北共軍，使其在延安一隅不敢越雷池一步。保持大西北一片乾淨土，使政府無西顧之憂，從而徵集其後備兵源與資源以支援長期抗戰。胡宗南將軍除平時駐校督導外，嘗於每期學生畢業之前，集合應屆畢業之各總隊，在大操場四周露營，實施各項特定教育；親作精神講話，主要講題為「今日的戰士」和「新幹部的建立」，反覆闡釋其軍事哲學思想，歸結於「生於理智，長於戰鬥，成於艱苦，終於道義」。胡宗南將軍講詞深入淺出，發人深省；講話儀態自然親切，富幽默感，不時發出爽朗的笑聲，使聽之者精神鼓舞，深印腦海，歷久彌新。

胡宗南將軍曾陪同于右任院長、何應欽總長、白崇禧部長、朱紹良長官、萬耀煌教育長等，蒞臨河西大操場向學生訓話，他總是肅立在司令台的一側，身定，心定，意定，氣定，神定，毫不動搖，有一次陪同幽默大師林語堂向學生演講時亦復如是。胡宗南生平清廉剛毅，刻苦自勵，雄心萬丈，豪氣干雲。嘗於晨光曦微中，親率全校師生攀登終南山之絕頂，升旗歡呼；俯瞰關中平原，振臂舒嘯言教身教如春風化雨，發射出無比的精神感召力。

蔣公經常蒞校訓勉

胡宗南將軍乃一成功的軍事教育家，其一生精力與時間，全部用於訓練青年與治軍作戰。二十九年在黃埔村成立軍官教育隊將校班，胡將軍親自主持，分批調訓各級部隊長及重要幕僚人員。一、在終南山麓彌陀寺內，鑿山為室，兩洞相通，松柏蒼翠，環境清幽。二、在黃埔村西坡上之「常寧宮」。研討軍事學術，統一戰術思想，加強精神教育和政治思想訓練。胡宗南將軍嘗自矢為領袖蔣公馬前一卒，誓死作國父孫中山先生三民主義的鬥士。戰時西安迭遭敵機轟炸（王曲軍校曾遭受空襲），胡將軍為維護領袖蔣公中正的安全，特監督在王曲附近構築兩座「行轅」，乃一鋼筋水泥之建築物，湘子河流經其下，夾岸桃花林，地形異常隱蔽。每當蔣公中正巡行西北或召開軍事會議，輒相間點駐節於此兩地，因此在王曲軍校的官生，幸有較多機會恭聆蔣公的訓誨，瞻仰蔣公的威儀。

蔣公於民國二十七年十二月及三十一年八、九月間，兩度巡視西北各省並主持軍事會議。二十七年十二月二十四日上午八時親蒞王曲軍校，在校本部北側大操場，以最高統帥兼校長身分對全體教職員學生檢閱、訓話時，筆者正受訓於入伍生團，因部隊排在正中央，得以面對蔣公親炙教誨，蔣公在此次訓話中一再昭示：「要雪恥復仇，擊退倭寇。犧牲奮鬥，消滅在中國戰場上的敵人，解救民眾的痛苦，復興中華民族。要達成此一重責大任，必須具備四個條件：一、豐富的學問；二、高尚的道德；三、鋼鐵的紀律；四、優異的技能。學問、道德、紀律、技能，從何處做起，蔣公提示我們就是要研究三民主義。做一個革命黨人、革命軍人，如果不瞭解三民主義，不研究三民主義，沒有一個中心思想和信仰做你整個活動的指針，那無論做什麼事情，都不會成功的。所以研究三民主義，實行三民主義，是指導你做學問、做事業、雪恥復仇的一條大路。」全體官生肅立聆聽之後，內心至為感奮。

壯烈千秋，人才輩出

民國三十一年八月，蔣公中正重蒞西北，巡視陝西、甘肅、寧夏、青海等省後，於九月六日至十日，駐節王曲軍校常寧宮行轅，召集長江以北各戰區司令長官和高級將領，舉行軍事會議。九月七日對七分校官生及參加西安軍事會議全體軍官訓話。蔣公昭示：「西北是中華民族的搖籃，是建國的根據地，你們要以大將籌邊的精神，肩負起鞏固國防，開疆拓土的重任。」「我以為在西北我們軍人事業的發展，較之中國其他任何地方，其前途都更遠大，機會亦屬難得。中國歷代開國都是發源於西北的，而不是在東南或其他地方。」……

王曲軍校官生，受蔣公的訓勉、愛護與精神感召，忠貞不二，人才輩出，在抗戰戡亂期間，殺身成仁，捨生取義的不可勝數。高級將領中，如第二兵團司令官邱清泉將軍（黃埔二期，曾任軍校七分校副主任，輔佐主任胡宗南將軍主持校務，後統率機械化部隊，馳騁滇緬戰場，參加徐蚌會戰），第五兵團司令官胡長青將軍（黃埔五期，歷任軍校入伍生團長、總隊長等職，參加西昌保衛戰）與劉戡軍長、嚴明將軍等，剿共殉國，壯烈千秋。

將軍黽勉，留校服務

筆者於抗戰之初，棄文習武，負笈王曲軍校，畢業時以中隊第一名，總隊第三名成績，留校服務，作「訓練幹部的幹部」，未能直接投入戰場殺敵，有負初衷，深感遺憾。公餘之暇，曾輯錄蔣公訓示，編著《領袖的軍事教育論》，蒙胡宗南將軍慰勉，深感榮幸。抗戰末期，敵軍以強弩之末，猶圖作困獸之鬥，突襲侵入貴州，威脅陪都重慶。蔣公命令國軍健兒增援貴州，並在滇緬戰場及湘西前線全面反攻，逐步取得勝利，直至敵人無條件投降。那時筆者正擔任學校練習團工兵連連長，政府為增強陪都重慶的防衛力量，命令練習團撥交重慶衛戍部隊，於是全團三個步兵營，加上騎、砲、工、通等直屬連，官兵兩千餘人，由西安出發，乘隴海線路火車抵達寶雞；再沿川陝公路徒步行軍，途經鳳縣、留壩、褒城、沔縣，進抵川廣；乘民船，沿嘉陵江順流南下，到達重慶。士兵撥補部隊，幹部編入軍官隊，筆者請求就近前往復興關軍事委員會軍官訓練團受訓，結業時軍校函電催促，返回王曲，擔任教育處工兵科教官，直至抗戰勝利。

作者為中央軍校第七分校十六期畢業，擔任軍事教育工作有成。

追隨陸軍一級上將胡宗南將軍片段

陳和貴

（民國九十六年撰）

民國四十年的冬天，江浙地區沿海各島嶼的所謂「游擊部隊」奉令由一位名叫秦東昌將軍（以後才悉原是胡宗南將軍的化名）以「江浙人民反共救國軍總指揮」職銜來沿海整編統一指揮。約在四十年十月下旬，胡先生率領十餘隨員來坡山地區視察並召集我們坡山地區各部隊長開會[1]。

那天會議，形式上由江浙人民反共救國軍副總指揮鍾常青將軍主持（以後知道是曾任集團軍總司令的鍾松先生），主旨是宣導奉最高當局規劃，把江浙沿海游擊兄弟們如何加強組織，增加戰鬥力，配合中央反攻大陸政策，並把我們捧為「領袖的子弟兵」，「復國的大任在我們身上」等冠冕堂皇的話。胡先生幾乎沒有講什麼話，但注視與會的各部隊長的表情，據聞（以後由鍾先生處得知）胡先生很注重一個幹部的長相，他可以在面貌與談話眼神裡體察到一個人的個性忠奸，乃至才能幹勁！

四十年十二月，胡先生下了整編的手諭：江浙沿海全部游擊部隊整編為六個野戰大隊，一個海上（運輸）大隊。野戰第一大隊長——王相義，由王相義原有部隊整編，約有七〇〇餘人。野戰第二大隊長——徐禳，由原有之天台山部隊合編，約有四〇〇餘人。我們一〇一路所部合編為三個大隊。即：野戰第三大隊長——王樞，由一〇一路駐漁山列島的第三縱隊及十一縱隊合組駐防漁山島，約五〇〇餘人。野戰第四大隊長——王輔弼，以一〇一路突擊大隊為基員，共計約五〇〇餘人，移防一江山（王輔弼先生不幸於民國四十四年一江山戰役中重傷被抬到大陸）。第五野戰大隊長——陳和貴，以第七縱隊為基幹，共計約五〇〇餘人，留守坡山。第六野戰大隊——程慕頤（該部由很多單位組成，無常駐防地）。江浙人民反共救國軍總指揮部（以下簡稱「江浙總部」）設在上大陳島大岙里。總部重要成員除正副總指揮外，計有參謀長馮龍將軍，曾任第一軍軍長，政治部主任沈之岳先生。沈先生自大陳撤退回台後，先出任保密局（現改稱為情報局）副局長，後升任調查局局長，在局長任內頗有建樹，深為經國先生器重。其他較熟悉的有總務處方處長，人事處伍天祥副處長，還有顧錫九將軍，後調漁山地區防務司令。

這次整編最沮喪的是呂渭祥先生。最早聽說胡先生要委他「軍政督導員」的名義。這種銜頭，呂先生當然不能接受，只好黯然稱病返台「休養」。現在我的頂頭上司是只有胡先生與鍾先生，在組織系統上參謀長與政治部長主任都是總指揮的幕僚。

大約是四十一年二月間，那天已近黃昏，我們已吃過晚飯（因島上沒有照明設備，天未黑以前我們就吃晚飯）。我突然接到命令：「親率一五〇人全副戰鬥武裝，一小時內出發。」我遵命整裝完成，二條艦艇也已在坡山中岙海上等待。我們全部登上艦艇後，朝南方急駛約一刻鐘後，馮參謀長在無線電話中告悉：「目的地是銅頭島的『狀元岙』」。任務是「救援野戰第二大隊」。第二大隊被共軍圍困在「狀元岙」山頂，我方要在狀元岙的北邊名叫「老鼠嶼」的東邊一處全部是岩石的凹字型的小岙里登陸，但這個小岙形狀有點像棺材，附近島民為了吉利取名為「官才岙」。人碰到生死關頭之際，在這種地方登陸，我雖不迷信，心裡也難免有些毛毛的。

冬季裡海上大多時間都是強風駭浪，我們用四艘橡皮艇（每艘約可乘六人）以最迅速方式強行登陸。我是乘第一梯隊先登陸，這當兒雖因天黑，敵我都不易看清楚，但因一五〇多人，橡皮艇來來去去，共軍已發覺我們是在增援尚在山頭上苦戰的所謂「蔣幫」部隊，他們開始向我們射擊，因海岸是岩山，幾位弟兄被子彈或子彈擊中岩石爆炸的岩山片所擊中，已登陸的我站在一處較能掩護點，一邊指揮兄弟們分成三組：一組在原地找好掩護點，壓制敵人的火力；另二組包抄共軍的後面山坡前進（野二大隊的人員大多守在山頂的南北邊，共軍則從西南邊向我軍追進，故我救援人員要從老鼠嶼西邊向山頭進攻）。我們剛剛全部登陸完成，全部全力進入戰鬥之際，馮參謀長在無線手機裡呼叫我：「老五（我的代號）！老五！請回話！」

「我聽到啦！」我回答。

「情況如何？」他問。

「已全部進入戰鬥」我答。

「山頂戰況如何？」

「我不清楚！」我坦白回答，確是不清楚。

「我的前哨部隊正在向山頂挺進」，我補充說。

「不必！」馮參謀長用命令的口吻：「立即返回！」

「返回？」我驚訝得幾乎發抖，「返回哪裡？我們已全部登陸，全部進入激烈戰鬥中，你一定聽得到我們密集的槍聲！」

「我知道！」他不屑地：「這是命令！」

「命令？」我禁不住放大了喉嚨，「誰的命令？」

「我再重複一句！」他厲聲地：「立即儘速回到船上！」

「可是這當兒，撤退可能比前進更危險！」

「老五！你要知道違抗命令的後果！」他關了電話，沒時間讓我申辯。我趕緊命剛上岸的人先撤，並派人聯繫前哨隊部作最佳隱蔽方式撤回，另指定部份人員負責牽制敵人，掩護撤退。當我部剛要全部撤離完時，共軍似已全部攻佔原先我部欲攻佔的山頂，山上共軍用密集火力向我們掃射，因官才忝的海岸都是岩石，我雖沒有被他們的子彈打中，卻被炸爆的岩石擊傷多處，幸好都是輕傷。當我離岸不久，我的無線電話又響起，馮參謀長要我速向「旦陽號」報到。「旦陽號」停泊在距銅頭島約五浬左右的海上，我到達「旦陽號」時，銅頭島還有零星的槍聲，這是一個不吉祥的信號，可能「野二大隊」已失去戰鬥力。我有些情緒激動地進入「旦陽號」官廳，胡先生、馮龍等均在座，我與他們敬了禮後，就抱怨喊道：「我已全部登陸，且投入支援戰鬥，為什麼反令我撤退？這種行動非常危險，弄得不好，我方會全軍覆沒！」馮龍未等我說完就把我拉出官廳，並輕聲地責罵我：「你是在對誰講話？怎可對長官這麼沒禮貌，胡先生是愛護你及五大隊的弟兄們！因為我們已接到『野二大隊』的報告，他們支撐不住，無力壓制敵人的攻勢，你們支援可能只是增加更多的犧牲而已，所以胡先生要你立即撤回！」

大約晚上十一點鐘左右，銅頭島已沒有槍聲，我奉命率部回坡山防地。

我記述這一段，是表示當胡先生對我的愛護不知福，亦是在死亡線上只差一步，或是只差一分乃至一秒，「官才忝」可能真正成為我的棺材了。你想不到吧！這次事件竟影響到我的後半生命運。

胡先生經過一段時間思考後，我猜想他認為我對他的態度，不但不夠謙恭，幾乎已近乎驕縱（少年得志的人常犯的毛病）。

四十一年四月尾，他電召我去大陳總部開軍事會議。那天我到達總部時已是黃昏，由方處長接待我，把我安排在鍾副總指揮房間內，這間民房大約有十坪左右，鍾先生牀舖靠近最裏端的窗口旁，我的一張行軍牀則在門口邊，我的對面還有一張行軍牀，經鍾先生介紹後，原來是顧錫九軍長（在大陸時曾任軍長）這樣的安置讓我受寵若驚！有些不自在，但中國人常言道：既來之則安之。

第二天早餐後，鍾先生與顧先生均外出，我一個人留在房間裡，我感覺奇怪：胡先生的電文是召開軍事會議，其他野戰大隊長亦應該會來參加？但我沒有看到任何另一位大隊長。鍾先生他們近傍晚才回來，我們一起吃晚飯，飯後我正想向鍾先生探問召開軍事會議的事，沈之岳主任來了，他微笑著要陪我散步。真怪！政治部主任會專程來陪我散步？

我們在總部的各處通路，邊走邊聊，沈先生首先都是問我在坡山的生活狀況，其實是一些官樣制式的話。不過最後終於瞭解到所謂「軍事會議」的議題了。「有人向胡先生報告」沈先生退去了笑容說：「你要把部隊拉離坡山？」「拉離坡山？」我覺得這個議題真是離譜得荒唐！「拉到哪裡去？」我反問他「胡先生會相信這種流言？」

與沈先生的交談中，胡先生雖不全然相信，但他也捨不得我離開他！沈先生把「軍事會議」的話都說白了：「胡先生認為你是一位有為的青年，你受過高等教育，調你為幹部學校辦公室主任，負責籌設東南幹部學校。」事實上我對「大隊長」這份工作的興趣不是很高，而且胡先生已對我有些疑心，我就裝得很高興地：「那太好了！只怕我的能力不及，將來請主任多多指導。」到大陳後第三天，胡先生請我與他一塊吃飯，那天在座的除胡先生與我外，還有趙秘書長、鍾先生，只有四個人。胡先生在用餐中，很懇切地對我說：「你自作聰明，其實你很笨，有樓梯讓你可以爬上樓，但你要把樓梯毀掉。沒有樓梯，你如何上樓？」（這幾句話我現在還牢牢地記在心裡）。我低著頭吃飯，沒有吭聲！但我的眼淚禁不住掉下來。

民國四十一年五月五日，胡先生正式發佈訓令，調我為東南幹部學校辦公室主任。東南幹部學校擬設在上大陳中岙底一棟七開間的二層樓民房，這間民房樓上樓下共計約有二〇〇餘坪。據附近住民告知，這是上大陳最大最好的一棟的房屋，但十多年前被海盜搶劫，且在屋內殺死二個人，從此以後，沒人再敢住。

我名義上是東南幹部學校辦公室主任，但實際工作是做胡先生的侍從秘書，我的頂頭上司就是趙才標秘書長，我住在胡先生住所後面的一間活動房屋裡。我主要的工作是替胡先生草擬演講稿及往來函件。每二個星期，他要到東南幹部學校對學員講一堂「精神講話」的課，他選一個講課的主題，我幫他找一些相關的資料。

大岙里到東南幹校約有一五〇〇公尺路程，要翻過名為「大半山」的山頭（大陳島最高的山頭）已開好一條可駛吉普車的馬路，但每次去學校，他喜歡選爬山越嶺。山徑小路，高高低低不是很好走，一不小心就會滑倒。我跟隨他後面，看他走得有點吃力，有好幾次差點滑倒，但他不要我扶他（那時他年齡應是六十左右），我就故意喊累！並自言自語：「有車子不用？」胡先生沒有理睬，直爬到山頂，他已滿身大汗，他一邊擦汗，找了一塊較大且比較平坦的石頭坐下，對著大陸的方向很慨息地說：「這個地方如果能作為我的葬身之所，很不差，天天可以遙望大陸！」這種話題我當然沒有插嘴的資格，我只好默默地望向大陸。但他問道：「你看如何？」我真不知該如何回答？我吞吞吐吐地說：「我希望有機會隨您去西安！」

四十一年的冬天，有天蔣經國先生（當時任總戰部主任）來大陳島視察，公畢後胡先生送蔣主任到碼頭，蔣主任是乘水上飛機，用一條小快艇接送。那天蔣主任穿一件空軍們用的皮夾克，看起來神采奕奕！因有於禮貌，送客的人當然要待蔣主任飛機起飛後才能回辦公室，胡先生站立碼頭邊，遭寒風吹襲，我隨侍在側，只見他不停地的抖索。我正經地建議他：「應該穿那件半皮襖！」他有一件不算很破舊的半皮襖，但很少穿著，他喜歡穿一件與我們一樣的破棉襖。他瞪了我一眼，沒有吭聲。我一本誠心地說：「以您的地位身分，似乎太寒酸了！」他仍沒有表情，沒有吭聲！蔣主任的飛機起飛了，在碼頭送行的人都舉起手揮別。天空則飄起片片小雪花，當我們快要進屋時，他卻丟了一句：「年輕人不要隨便多嘴！」到現在我還不解他那句話，我說錯話了嗎？蔣主任這次專程來大陳島視察，與胡先生談了些什麼話？沒有人知道。不過我發覺胡先生的神態上較以前愉快！

四十一年底，有一天趙秘書長召我隨他同去胡先生辦公室，胡先生將手持著的一紙電文交給趙秘書長說：「回電文向何老師（何應欽上將）及領袖感謝。」

「嘩！」我看了電文笑著向胡先生鞠躬並連說：「恭喜！恭喜！」電文是由何應欽用總統府戰略顧問委員會主任的名義發來，內容大意是：「已奉總統明令：『陸軍上將銜胡宗南晉升陸軍二級上將。』」走出胡先生辦公室後，我有些不解地請教秘書長：「胡先生怎麼會只是一位陸軍上將銜？」秘書長淡淡地說：「我們不必去討論這事，你快去擬稿吧！」我追隨胡先生的時間不多，但他榮升二級上將，向何應欽將軍暨總統的感謝電文，是命我擬稿，真是深感榮耀。

民國四十二年，過完春節不久，行政院來文：要在大陳島成立浙省政府，並特任胡先生兼任省主席。

浙江省政府組織暫行條例：主席以下分設——秘書處、政務處、軍務處等三個處，趙秘書長兼秘書處處長，沈之岳主任兼政務處處長，鍾副總則兼軍務處處長。我奉調為秘書處秘書，並負責在下大陳尋找適當民房暫充省政府辦公場所。找了一間約四十多坪的平房，經沈主任勘察報告胡先生後，就在那民房的大門口掛起「浙江省政府」大牌，這可能是全世界最簡陋、最克難的省政府。

省政府專任人員除了秘書外，尚有二位科員、三位僱員，合計六人，其餘全是兼任人員，亦無辦公處所。自然省政府事實上也沒有什麼事可以做，每天雖然會有幾件公文，但大多是例行公文，不是「存查」，就是「等因奉此」而已。這可算是我走出學校以來最空閒、最愜意的日子，只是這樣的日子過得沒多久，大概是四十二年七月底，趙秘書長掛電話給我：「你真的想回台灣？」（因為我在胡先生及趙先生面前均表示過多次，懇求讓我回台灣。）「如果你一定要回台灣，明天上午十點鐘上某某艦（艦號已記不清）。」趙先生肯定地說。此艦停泊在上、下大陳中間的海面上已好幾天。我遵囑準時登上此艦，不禁呆住了，胡先生、趙秘書長、劉參謀、伍天祥等約有十餘人均已坐在官廳裡，胡先生示意我在他斜對面有個空位上坐下，問我返台後的生涯規劃。但我沒馬上回答（事實上，我還真沒有什麼規劃）。他對趙秘書長說：「保送他到步校高級班受訓！」望著我回答。

「謝謝！」我回答：「我想回台灣再多念點書！」

「你可以幹軍人！」他摸著下巴說：「你幹軍人會有出息！」

「你幹軍人，將來胡先生提拔你的機會很多！」伍副處長搭腔。

我婉謝了胡先生的美意，回台灣後沒多久，我進入台北紡織廠工作，胡先生奉調為澎湖防衛司令，我們完全斷絕了聯繫。但頭幾年春節由鍾先生召集帶我們到龍泉街胡府拜年。以後鍾先生移民國外，連春節拜年我也沒去。因為我工作地點在中和與板橋中間的積穗村（在五〇年代真是很鄉下），與江浙總部的老友們越來越疏遠，以後幾乎都斷絕了音息。

民國五十年秋天（大約是中秋以後），伍天祥兄突然電話約我到碧潭茶室喝茶，怪事！多年沒有聯繫，怎麼突然約我喝茶？他告知是胡先生要見見在大陳隨他左右的幹部。碧潭茶室位置在那塊碧潭大岩山的上面。我興匆匆趕到時，天祥兄已在茶室門口招呼，在靠近臨潭的茶室內，放置了十幾張椅子。不久胡先生由趙秘書長、劉參謀等陪同亦到達茶室。記得有十幾位長官參加。胡先生一邊喝茶一邊詢問大家生活狀況，輪到我時，我向他報告在台北紡織廠擔任工務行政科科長，他面帶慈笑說：「其實你幹軍人會更有前途！」他真是國家的標準軍人，念念不忘要替國軍培植幹部。這雖是與胡先生最愉快的一次會面，但想不到卻是最後一次的會面。

民國五十一年六月九日胡先生的追悼大會在南京東路殯儀館舉行公祭，我們這些曾經追隨過胡先生左右的晚輩，都列為執紼人。遺憾的是，待我們徐徐將靈柩送上靈車後，所有要到墓地的交通車都已擠滿人，我們只好佇立在南京東路旁，目送胡先生的靈柩漸漸離去。未能親自送胡先生上山，內心時時感到不安。

民國八十五年，蔣公陽明山官邸改為「陽明書屋」（與近年被歹徒縱火燒毀的草山行館不是同一處），我約了幾位朋友去參觀，但門口附近不准停車，而能停車的路旁均已停滿，我邊開車邊尋找停車位，結果距書屋約一千多公尺處發現一處路旁有較寬的停車點，我的車還勉強倒得進去，待車子停好後，又發現上方像個美麗的庭院，由茂密高大的龍柏圍繞著，「這上面是誰家的花園？這麼多綠油油的龍柏。」我邊說邊踏石階上去，三位朋友亦跟在我後面，待我爬完石階，原來是一個墓園，仔細一看，赫然是「陸軍一級上將胡宗南之墓」。我情不自禁地跪在墓碑前行鞠躬大禮。起立後我沿著胡上將夫人的墳墓，我當然也向胡夫人行了禮。說也奇怪，離開墓園後，心裡好像平安許多，似乎冥冥中胡先生要讓我再見他一面。自此以後，每當經過墓園附近時，我都會停車前去行個禮。

作者為國祥冷凍機械公司董事長，浙江東陽同鄉會會長。本文原載《浙江月刊》第四五八期三十九卷六期。

1 按，坡山地區當時由番號「江浙人民反共突擊軍第一〇一路」駐防，總指揮為呂渭祥先生，下分組有十一個縱隊番號，除第三縱隊及第十一縱隊駐防在漁山列島外（共計約有四〇〇餘人），其餘計有直屬總指揮部之突擊大隊及九個縱隊均駐防在坡山，但有幾個縱隊在坡山只有一個指揮部，全縱隊只有數十人，筆者時為第七縱隊指揮官，全部有三〇〇餘人。一〇一路所屬的十一個縱隊中，第七與第三縱隊是人員最多的縱隊。

胡先生在澎湖時期之行誼

梁廷琛

（民國一〇〇年撰）

各位鄉親、朋友，大家好：

我是故司令官胡宗南上將在澎湖時的司令部營務組長。在四（一九四四—一九四七）年中胡公言行所見所聞實事擇要報告數端。至於胡公的忠誠、忠貞、忠勤、忠勇、廉潔、公正、仁愛、誠信等豐功偉業的大事，我知之不多，不敢輕言。

我所見胡公的四愛：愛黨國，愛人民，愛部屬，愛家庭。

一、愛黨國

據台北陸總部劉安祺總司令與胡璉副總司令所談：胡公為黨國領袖，犧牲性命在所不惜，為總統蔣公安全離開成都，將叛軍劉文煇、潘文成驅離。在大局急變中，他率部到西康與共軍決戰，若失敗決心成仁以執黨國。民國四十五年除夕，胡公將自衛手槍交給我，並向我說：「跟我走到漁港碼頭」。面對東北強烈季風站立，帽子吹落，我即拾起，見胡公淚流滿面後說：「國家淪陷，人民受苦，怎不痛心！」（鄭學燧參謀返台時都是由我代理）。

二、愛人民

胡公常去大小離島及農漁村，人民的困苦對於緊急需要的事務，胡公都很清楚，且能及時解決。常找澎湖縣長李玉林研究解決之道為：⑴各離島及高雄市交通船的問題；⑵建漁翁島大橋及飛機場；(3)修碼頭建漁塭；(4)建公墓；(5)繁榮馬公市，建市場，修增街道；(6)尚有許多利民便民之事，很多人民感恩稱頌；(7)對於軍方戰備防衛工事因屬軍事機密，故從略。

三、愛部屬

時常到第一線視察，如有困難，即刻解決。

1.我隨胡公去小島、小門嶼，一班人為監視哨十人，問生活如何？有何困難？有一士兵說：「半年未吃過青菜，一月吃一次豬油，都吃魚；胡公即命我送青菜二十斤，豬肉十斤」。

2.美國兵艦多停漁翁島海上，其主官多送司令官巧克力糖及洋酒，三次都令我分送離島官兵。

3.他對所建的軍醫院視察，見一士兵需抗生素，否則得割腳，馬公買不到，醫院無有，即令台北辦事處買五十粒抗生素快寄馬公軍醫院長。士兵痊癒後，其母親見胡公，叩頭致謝。

4.常在連隊上同士兵用餐，以觀察官兵的伙食及營養狀況，以求改善之道。

四、愛家庭

1.鄭學燧隨從參謀因子女有事想請假一週不敢講，我給胡公報告，胡公說：當軍人就得犧牲，公而忘私，我也想我兒女太太，言下表情很難過，即令鄭參謀回台；

2.我返台時，令我買貢糖五包送交夫人，扣薪條交預財組，我住溫州街距胡府近。見到他家舊竹椅、電風扇，我給夫人說：「舊傢俱，換換吧？」夫人說不可，胡公說「克難不可唱高調」，前羅列總司令送一冰箱，胡先生即令送還羅列。

3.胡公令我送一封信親交夫人，夫人看信後大哭！胡公還交代我兩句話：告訴夫人保重身體，照護子女。回去我報告胡公：「夫人大哭」，他也落淚，揮手示我走吧。

胡公的日常生活

一、食：胡公初到澎湖僅帶一廚子及張書信（侍從），幼少年三人。他在宿舍進餐，每餐一葷一素一湯；一葷魚或蝦，一素即青菜，一湯魚骨湯或青菜湯。這是廚子向我親口說的。他說他要回台灣，他真的跑掉了。我令力行社廚子，每天照前餐樣送去，廚子說胡公每月送三百元餐費不夠，照公家補助加給你，各副司令官們問我：「胡公為什麼不與我們同桌吃飯？」我說他吃得不好，將胡公每餐吃的說明給副司令。我與鄭學燧研究後，報告胡公前司令官均同各副司令官同食，胡公有指示，他們報告也方便。胡公說：「每週一、三、五長官一桌，處組長兩桌，都在力行社大廳內進餐」（力行社每人餐費自出三百元，公貼三百元）。

二、衣：胡公均穿公發軍衣，僅有一套公發軍裝量身改的，洗燙後掛在吉普車內，有外賓時，才換穿。他冬用毛背心及毛襪子已破舊了，令我找人修補，背心送台北修補，我及家屬的襪子底爛了，均補一襪墊底，胡公襪子照我樣做了，他很滿意。

三、住：他令我將大床改為小床，將軟墊改為硬木板。床上僅棉被、棉墊、枕頭、軍用大風衣一件。洗澡，則令我買大水壺一個，綁在樑上用繩一拉可沖洗全身。我建議接水管，他說前任都沒改為什麼我要改？我說：「其他各司令官都到美軍招待所洗澡。胡公從未去招待所洗澡。」所幸不久，大部水管增修，解決此問題。

四、行：司令官配有一部轎車，他從不用，留給來賓用。只坐吉普車，台北辦事處也有一轎車，不准家人用，台北辦事處主任數次請問胡夫人隨時可用該車，家人從無用過該車。

有一次大颱風吹壞胡公宿舍三棵樹及力行社一棵番石榴樹。胡公找我買竹子及無用的舊衣，醫治樹木。他教我先用吹壞的硬枝，放在周圍用繩纏緊，再用布包上，將壞的枝葉去掉，我令士兵三名來幫我。四棵樹活了，兩棵力行社的果樹也活了，令我加肥料，果子結得大，枝葉更茂盛了。

胡公身為上將，儉樸清苦的生活，仁民愛物的品格獨一無二，真值得尊敬，永垂不朽。

我所耳聞的胡公

李振清司令官稱讚胡公是位忠貞、廉潔、大公無私的長官。他對東北軍、西北軍、川軍、中央軍一視同仁。

劉安祺總司令與胡璉副總司令在陸總部與各單位主官講話：要大家效法胡公的忠黨愛國，忠誠服從領袖、廉潔、誠信、仁愛、公正的人生志節，令人尊敬的長官。

在金門余伯泉副司令官及于豪章談話，時以「窮節乃見」稱讚胡公。

我於民國七十七年在西安與中共統戰部長談話，他說「胡公是蔣公的無能忠心的幹部等云，我同事張擇選是他姊夫說」：「梁是胡公部下」，「我說這都是你們共產黨宣傳誣衊的話。」胡公在西安北防共黨南侵，以免影響抗戰。東拒日軍不能西進，使大西北國防安定無後顧之憂，全力抗日以致勝利。「胡公功在國家，不可亂講等」，嚴正駁斥！

胡公對我家屬的救助

一、胡公到我辦公室交辦事情，見我桌上飯盒打開看，米飯上兩條小乾魚，即說：「你就吃這些怎麼作事呢？怎不到力行社吃呢？」，「我回報在力行社吃，家人就沒飯吃了。」胡公說：「不是有眷補麼？」我報告：「我家被共黨鬥了，共黨將我家掃地出門了，六子女無眷補，我比其他眷屬更苦。」胡公即令鄭學燧（胡公侍從參謀）到我家去看後，報告胡公，「梁家確比難民還苦。」不久，胡公親到我家去看。之後令我寫報告交鄭學燧，他將報告修改後呈司令官批示後云明，黃總司令飯後並交代我，叫鄭學燧在飯後將我的報告交胡公轉交聯勤，黃仁霖總司令說：「憲法一夫一妻我不能批。」胡公說：「該員作戰有功，應屬例外。」黃（總司令）說：「你真會做人情！」黃總司令批示：「梁員作戰有功，在大陸所生子女，由出生之日補發眷補。其他人不得比照。」我的前妻在大陸所生子女才有眷補。

二、我梁員之子女學費，都是胡公扣自己薪餉補助的。一年後有了中山獎學金即報停。

每年各節，處組長獎金都加倍發給我。胡公任滿離澎時，又給我七〇〇元，我買一台收音機以作紀念；我六個兒子，兩個師大研究所碩士，一個台商，三個上軍校，各為中校、上校、少將。第三代孫兒女皆為學士、碩士，兩個博士，僅有一小孫兒在大學中。我現已九十八歲算是壽康安樂了。此皆當初胡公救助之恩德，家族永不會忘的！

個人深感胡公不但是軍人楷模，也是軍中的聖人，更是歷史上的偉人，民國完人。

作者為當時九十八歲的榮民，曾於廈門戰役二度擊敗共軍。曾為「西北軍」幹部，於澎湖追隨胡將軍。

沉默的巨人：胡宗南先生

陳大勳（綏民）

（民國五十一年撰）

貔貅百萬動風雷，北伐南征將將才；
報國丹心青史在，收京未及有餘哀。

宗南先生的一生，可以說是生於憂患，長於憂患，死於憂患，他與國家近數十年來的興衰歷史息息相關，其生平可歌可泣之事蹟太多，而為人所瞭解者則太少。他的受領袖之知遇，絕非倖致，實有其堅苦卓絕，超乎流俗的人格與作風，以及高度忠黨愛國的真誠，公而忘私，國而忘家的精神，更非常人所能企及。他不僅是一個革命軍人的典型，而且是一位氣度恢宏，熱愛青年，陶鎔人才的教育工作者。

然而不幸的是眼見共敵形將崩潰，反攻大陸在邇，這樣一位曾經與共軍搏鬥三十年的百戰名將，溘然長逝，未能輔佐領袖盡收京復土之功，他個人衷心之悲痛由其臨危時的感慨：「當吾人反共的神聖事業勝利在望之際，自己臥病不起，未能及身效命疆場，完成反攻大業」底三呼渡河之悲壯豪語，可以概見。

我今天之哭宗南先生，非哭個人之私，懷念宗南先生，更非懷其私人恩德，而是悲弔此時此際國家失掉這樣一位無私無我，一片丹心為國家為領袖任勞任怨任謗的堅強鬥士和長城，他真是鞠躬盡瘁，死而後已。

有人以詠張江陵詩「恩怨盡時方論定，封疆危日見才難」，作為對胡先生的蓋棺論定之公平論語，似不為過。

當胡先生逝世的消息傳播時，無論是識與不識的人，莫不感到驚愕與惋惜，包括了對他生前不滿和曾加批評的人，至於他的朋僚部屬學生對他的哀禱和頌讚，我毋需一一引徵，由海內外對胡先生去世後的同聲悲悼與感嘆，可以瞭解大家對這一時代中一個平凡的非常人物之死去在心底所激起的波濤，豈止是普通的將星殞落而已。

當我們看到領袖和夫人到他靈堂前的悲戚，安葬時到他墓地的流連與傷感，副總統在安葬前辭靈時的悲切之情，經國先生感念「痛失知己」的戚容滿面，企之（袁守謙）先生的揮淚賦詩，君山（賀衷寒）、孟吾（何浩若）先生的哀傷無已，壽如（劉安祺）先生的含淚悲泣，叔銘先生的撫棺不忍離去，以及三軍袍澤的哀弔，部屬學生以及秦嶺遺眷的嚎啕痛哭，曉峰（張其昀）先生為弔胡先生特由《中國一週》所出的專號，達雲（黃杰）先生在胡先生出殯之日的〈我與胡宗南〉一文，滿紙真性真情，由此可知胡先生之為同輩的一代冠冕，自有其過人和感人之處，絕不是偶然的。

自己今天僅以多年來隨侍左右的片段追憶，述其事，懷其人，使後之世對宗南先生有所瞭解認識於萬一。

愛護青年有如子弟

二十四年的初夏，正當兩廣事變的前夕，長沙正是滿城風雨，胡先生率第一師到達後，使滿天陰霾，為之豁然開朗。當時湖南青年，由於受時局之動盪影響，意見頗有分歧，但大多數基於國家民族之大義，反對兩廣對中央用兵，並驅逐兩廣之代表離開湘垣，胡先生知道這種愛國的精神表現後，乃請當時的湖南教育廳長朱經農先生約集各校起領導作用的優秀同學二十餘人（今在台的有江國棟彭書隱兩兄），在長沙小武門外他駐節的辦事處會晤，八月初秋後的一個黃昏，我們這一群青年學生與他對面侃侃而談，他對大家則關懷備至。一一問答，隨後他再度約我與另外兩位個別談話，第三次他單獨請我共餐，從我個人的家世以及將來的志願無所不談，最後我曾以一種質問的口氣問他：「政府為什麼不抗日？」他則勉勵我好好的用功讀書，將來報國的機會正長，並且很嚴肅的說：「目前很多青年誤解中央，誤解軍人」，「有一天抗日戰爭發生我一定邀你參加第一線，並希望青年們投筆報國。」不久他回師西北，追剿共敵，在他軍書傍午之暇，猶有書信勗勉，二十五年秋即音信隔絕。

二十六年抗戰軍興，斯時我正在武大念書，忽然接到胡先生致朱經農先生轉我的兩封電報，囑即赴徐州一晤，當我趕到徐州時第一軍已於九月三日馳援滬淞作戰，當時留書囑我前往上海。記得九月十八的一個風雨之夜，在楊行的戰壕中見到了胡先生，此時他身穿破舊軍衣，頭戴斗笠，在砲火連天中神色自若，並且滿面笑容的說：「你很有勇氣，你來了，你還記得我們在長沙時的諾言嗎？自九一八以來，你們很多青年人對領袖的忍辱負重，國家抗戰的準備工作，不盡瞭然而有所誤解，今天你在戰場上可以看到了領袖代表民族人格底正義光輝，革命軍人犧牲忘我的精神，希望你不要回去，馬上負責組織戰地的青年，參加軍中工作。」我當時非常的感動，想不到他對一個普通的青年是這樣的一諾千金與愛護，翌日我即奉命在上海和蘇州動員了一批青年和童子軍五十餘人，成立了一個宣傳隊，從事於宣傳、救護，以及戰地的一般服務工作，斯時第一軍的四萬餘人，曾數次阻擋頑敵的進攻，擊潰過日本精銳久留米師團，犧牲慘烈，最後撤退時僅餘各種雜兵四、五千餘人，我戰地宣傳服務隊隊員僅余及另外五人突圍而出，胡先生知悉後深表痛惜。

第一軍自淞滬撤退轉至滁州壽縣一帶時，胡先生派員大量收容當地青年，不分男女，並組織了一個龐大的「隨南」服務團，對這群青年真是愛護無微不至，隨軍到達西安鳳翔後，旋即加以甄別編成為七分校學生的主幹。

同時他一面手令派我到信陽廖昂補充旅擔任政訓工作，一面要我趕回長沙與朱經農先生商量，設法號召三湘青年，參加第一軍，以作為革命新軍之骨幹，我轉至長沙後，往謁經農師，號召臨大同學們投筆從戎，並持經農師之名片往韭菜園「臨大」校園內往謁梅貽琦蔣夢麟兩先生，得他兩位之助，乃能正式以學生會名義號召同學從軍行，於是北大、清華、南開之優秀分子，均因仰慕胡先生之名，而風從雲湧；北大化學系的四大金剛孔令晟（後赴台）、倪中岳（新疆戰死）、靳古銘（西昌殉難）、潘裕然等不顧錢思亮先生等之勸阻，毅然投筆。旋即與曹日暉師長商量，在長沙郊外的廣雅中學內成立了西北軍官訓練班，三湘青年均踴躍參加了這一革命新軍訓練的熔爐，此時我們曾經和共敵在長沙的代表徐特立為「抗大」的招生，而展開了最激烈的鬥爭，但胡先生的英名，在青年群眾中有著相當的號召力，因而擊敗了共匪的誘騙宣傳和陰謀，軍官幹訓班就是七分校和戰幹團成立的前身，以後我自己也就成為軍校學生的一員。

在招生的同時，我們又著手組織了一個青年戰地服務團，把當時長沙臨時大學的精華網羅一盡，還有湘雅及中央醫院的醫生和護士們一行五十餘人，準備赴戰地隨軍工作。由曾在協和湘雅醫院任護士長而與謝冰瑩女士在湖南文壇齊名的李芳蘭女士任團長，由臨大學生會主席——洪同兄任副團長，余任指導員，到漢口時我曾經當面的告訴胡先生，這一群青年中，有少部份人思想較為左傾，胡先生的觀念則認為三十歲以前的青年思想未定型，只看我們自己的訓練與運用如何？周匪恩來為了我們這一群青年，曾在武大的東湖與我們單獨約談，希望大家到延安，而且特別在武漢大學作了一次公開的講演，因此我們曾展開過激烈的論辯，周匪罵我小資產階級的意識太濃厚，不明瞭所謂「延安聖地」的情況，並誣稱胡先生之第一軍沒有參加作戰。我罵他信口雌黃，沒有國家民族觀念，不懂抗日戰爭的神聖意義。後來我報告胡先生，他說我罵得好。而胡先生對這群青年之重視亦自此始。七分校、幹四團成立後復先後派員在各淪陷區招收青年，加以訓練和培植幾近十萬人。相機的粉碎了共匪在延安的虛偽宣傳與誘騙，阻止了青年的盲目投奔那所謂「抗日聖地」的紅色樂園。抗戰勝利時，更不斷讓很多軍校同學復學，有的則保送英美留學深造，迄今有多人已成為蜚聲中外之學人，如魏傳真之在美國成為太空專家，王沛與其他幾人成為核子物理家。林靜（徵祁）為中央社駐聯合國特派員，馬大任之成為威斯康辛中文圖書部主任，楊汶達之成為遠東第一修錶名家，馬蒙之任港大中文部主任。其重視青年，獎掖後進，為國儲才，培養有為有守之革命幹部，實已盡了最大的努力和貢獻，就是到了最後成都撤離前夕，猶命令將軍校、政大及川湘鄂流亡學生加以編組，向西昌隨軍轉進，其重視青年，這在中國的教育史上實應該值得大書而特書的一件事。胡先生自也不愧為一個革命軍人的教育家。

為國事三揮英雄淚

一個英雄人物是不輕易流淚的，尤其是胡先生這樣一位堅強性格的人物，更不會無故失態。但他卻是一位至性真情，高度愛國的志士，當國家遭遇著極大的憂患，而本身難以獨木支大廈的時候，難免不一彈英雄之淚。

猶憶二十六年上海撤退後南京失守時，原本是胡先生奉命擔任首都衛戍副司令，未幾復奉命去浦口收容與督戰，看到兵潰的情勢，南京的大火，他一面在指揮友軍部隊的撤退和整飭軍紀，一面說著：「糟了，完了」，「中國的軍人不能保衛自己的國土和首都，這是我們革命軍人之恥」，「三民主義的信徒，不能保衛總理的陵寢，這是每一個黨員之恥」，抬望眼看對江的煙火漫天，敵人的鐵騎縱橫，祖國山河破碎，真是悲憤填膺，寂然良久，不禁熱淚盈眶而出。這恐怕是他生平第一次的流淚。

三十七年和談正濃，他是公開反對妥協與和談最力的一人，並曾正式通電指斥匪偽陰謀，一月二十一日下午總統宣告引退的消息到達西安時，胡先生正在東倉門下馬陵的辦公室內，他面對著斗室內的軍事地圖和總統肖像，幾乎有兩個小時的沉默而未發一語，在房內踱來踱去，最後長嘆一聲，「我們完了。」跟著是掏出手帕搓著紅紅的眼睛。當他走出辦公室到後面董仲舒墓地前，徘徊良久乃至搥胸而失聲流淚，這是我第二次看到他的熱淚頻揮，他深深的瞭解到，此時總統的引退，無疑的使國家失去領導中心，三軍失去最高統帥，而予敵人以可乘之機，最後必然是首都不保而全面瓦解，因此，他曾拍桌痛罵主和這一群人的「無恥與無知」。記得他曾密電湯恩伯將軍，以及其他黃埔同學將領，囑堅定立場，反共到底，以寧戰死不投降相勗勉。同時對他自己防區內之部隊重新調整部署，並飭令西安綏署及其他有關單位，將眷屬作緊急之疏散，準備作最後之決鬥。他曾勉勵僚屬說：「我們是領袖的孤臣孽子，要準備作最後的犧牲，這一場戰爭是漢賊絕不兩立、忠奸絕不並存的艱苦鬥爭。」

三十八年五月以後，先生奉命撤離西安移節漢中，未幾成渝告危，總裁親臨重慶，十月第一軍奉命由秦嶺作勤王之師，七十八師與第一師夤夜間關趕到綦江，時共軍已繞至側背，在南溫泉一帶與匪苦戰四晝夜，掩護了重慶的安全撤退，盛文之第三軍先頭部隊趕至成都，解決了劉文輝、鄧錫侯、潘文華等之叛部，穩定了當時蓉城的亂局與人心，當時領袖曾堅決表示要與成都共存亡，惟斯時敵人四面合圍之勢已成，而成都平原無險可守，部隊則在秦嶺阻於交通運輸與補給，無法集結，故胡先生堅持領袖離開成都，以減少顧慮。並開始部署，每天差不多與在成都近郊之各部隊負責人懇談，並時時親臨前線，此時通往西昌之公路邛崍一帶已被叛軍及匪偽切斷，使我軍轉進西昌之計劃受阻，雲南盧漢已豎降旗。此時的大陸全局可以說是大勢已去，任何人也回天無力，懂得戰略的，瞭解當時大局形勢的人，才知胡部斯時處境之艱難。

直至十二月二十三日胡先生始奉命先至海南三亞再轉往西昌，當天清晨胡先生猶趕往新津機場諄囑戍守機場之馮倫意團長，必須掩護政府最後一架飛機之撤離，然後向目的地推進，當他回到華西壩時，成都空軍地區指揮官徐煥昇將軍頻頻以電話相催，機場即將破壞，而胡先生仍在從容不迫的與李文馮龍等將領個別談話，十點一刻到達鳳凰山機場時，飛機正升火待發，胡先生猶在機場附近巡視一周，並召集當時負責守衛機場之汪承釗與汪勇剛二人再三諄囑，寧戰死不投降，當飛機離地一剎那，胡先生臨窗遙望城郊，逐漸面顯戚容，當機身在成都上空盤旋時，他默然嘆息，最後背著衛士們自言自語的說：「我們一定再回來，我們要打回來！」一聲與淚俱，這可說是胡先生支撐危局到了最後的一人，深深感到無以對領袖付託之重，對國人期望之殷，大有徒喚奈何，而流出了他一生中最感傷的一滴英雄血淚。這一幕歷史悲劇，歷歷猶在眼前，其離成都時之「我們一定打回來」的最後呼聲，似猶在耳，而其人則永逝，他悲痛豪語和未完的壯志，只有待於我們後繼者來完成。

高山流水，痛失知音

胡先生個人確有孤傲的性格，但他對長者之尊敬，對部屬之愛護，尤其對朋友與同志的真誠，確有古君子之風，與一般人之敷衍應付，虛偽酬酢，泛泛論交，一味著重於現時的個人利害者，絕無可比擬，他之勇於為長官、為同僚、為同學、為同志負責背過，不惜加以全力維護，甚至因之任勞任怨，任謗而不辭，對於外間之毀譽則泰然置之，他對朋友素來是肝膽相照，以道義相期許，愛朋友有時勝過於愛他自己。

在他的輩朋中，最稱莫逆的，是戴雨農先生和湯恩伯將軍，這二位傑出的人才，都同樣的受到領袖之知遇，而他們對領袖的忠貞，對國家的貢獻，生前之毀譽參半，其生平之不為人瞭解者，有如三位一體，但他們都是至情至性，坦率豪邁的人物，而三人之訂交，亦可謂是時代所使然，真是所謂君子道義之交，在一生一死中，可以看出胡先生的真情流露：

當三十五年三月十七日戴先生乘機飛南京在戴山失事時，胡先生聞悉後，初未之信，待證實這一消息，幾至數夜失眠，感到無限的惋惜和悲痛，十九日清晨驅車離開西安至王曲青龍嶺，深居三日，常仰天悵望，若有所失，每臨深夜輒聞其長聲哀嘆，並將其與戴先生及朱世明三人之合照重行置於案頭，每日俯視憑弔，悲傷無已，他覺得這不僅是他個人失良朋，失知己，而是領袖失股肱，本黨失去堅強的鬥士，正當抗戰勝利之後，國家需要安定之時，戴先生之死，無疑的是國家最大的損失。自大陸撤退後，他懷念戴先生之情益深。前歲鄭介民將軍之喪，更增其個人失手足舊雨之悲痛，每至觀音山麓憑弔故友忠魂，輒唏噓不已。

其次是三十七年三月，劉戡將軍在陝北瓦子街的從容就義，以手榴彈自戕的悲烈壯舉，胡先生不僅認為他自己損失了一位同學中最親密的戰友和大將，而且對於劉將軍臨危時之鎮靜與作戰之英勇，推崇備至。當我由延安突圍回到西安時，他曾一再垂詢我與劉將軍在洛川及延安晤談時之情景，以及有關戰死時之遺言與交代，曾謂：「麟書最能知我，亦能諒我」，「麟書以兵敗無以見我而自戕，我更因失大將而無以對領袖。」當劉將軍與嚴明、徐保三位合葬之日，胡先生特破例為他們舉行了盛大的遊行送殯典禮，胡先生親自參加行列送到翠華山麓，親扶靈柩，為他們蓋上了光輝的國旗，待所有的同僚親友散去後，胡先生猶在墓地徘徊良久，佇立於淒風冷雨中，看散鳥歸林，戀戀不忍離去，當晚並囑我寫了一篇〈風雨懷舊弔忠魂〉的哀悼文字，送交西安各報發表；事後對其遺孤撫愛備至。當我三十九年奉命至大陸，四十一年及四十三年返台時，猶頻頻以劉將軍之湘中故里及其夫人與家屬之安危為問，其故劍情殷，風義感人有如此者。

湯恩伯將軍是自北伐以來，即與胡先生共患難、共戰場、共安危的風雲戰友，當其病逝日本時，使他感傷最深。以其死非其時，死非其地，而引為痛惜。當湯將軍忠骨歸葬之際，胡先生親自守靈至深夜不忍離去，其木柵墓園修建時他自己雖在前線，猶一再電詢陳大慶將軍，表達其關切之情。湯將軍之死，對胡先生之心理影響至鉅，故當其自大陳回台後，並上書總統稱今後別無所求，惟求在反攻時效命前驅，得一獻身之死所。求仁未能得仁，這恐怕是他一生引為最遺憾的事。

戴先生、湯先生與胡先生他們三位，可以說是風雲的知己；他們之中更有著很多共同的革命知己朋友。每當他們晤面促膝談心時，真是無話不談，但卻無一語及私，更無一語涉人。所談的莫不是如何為領袖分勞，為國家分憂。尤憶當三十一年重慶參政會有人將戴先生攻擊得體無完膚，戴先生氣得幾乎吐血，當其到西北巡視時，胡先生特勸其忍辱負重，不必與人辯是非爭短長，但求無愧於心；當湯先生在河南為人攻擊時，胡先生亦以此勉湯先生，要把一切過失自己擔起來，不要使領袖及國家為我們背過。因此他們是道義的相交，忠於領袖的革命結合，絕無所謂朋黨之私意存在。因為他們都是真性情中人，古人有云：「益者三友，損者三友。」戴、湯二先生之先後逝世，頗使胡先生有高山流水、痛失知音之感。於今這三位叱咤風雲的患難知己，均先後埋骨名山。在此鼙鼓聲中，當吾人憑弔忠魂時，更易引起無限的哀思。

大樹將軍之風範

漢光武時之馮異為雲台二十八將之一，拜偏將軍，封陽夏侯，在光武南陽起義之後統領師干、平赤眉、擊匈奴、歷領北地、安定天水、攻隗純於黃河之北，每當於止舍與諸將並坐論功時，馮異性謙退，從不與人爭，而獨屏立樹下，因此在軍中號為大樹將軍，這一名將故事，在歷史上常引為美談。

胡先生確具有大樹將軍馮異之風範。北伐、抗戰、剿匪、戡亂、反共抗俄，可以說是無役不從，而無役不是作前驅作砥柱，而且戰功彪柄，但他從來不以之自炫，不以功自居，亦從來不與人爭是非爭短長，更從不作自我宣傳與自我標榜。他要把一切的榮譽歸於　領袖、歸於同僚，一切的過失歸於自己。一生中以「無名、無我、無私」為其處世作人及訓練學生部屬之箴言。因此，很多人誤解胡先生沒有建立過什麼特殊的功勳。尤其是抗戰八年，胡宗南擁兵自雄。殊不知當十七軍團奉命駐防陝西時，僅剩第一師與七十八師的殘兵七八千之眾。蒞鳳翔之初，胡先生乃埋頭苦幹，銳意整訓自己的隊伍，為國家重建立一支堅強的新軍。斯時整個的西北，晉、陝、甘、青、寧、新、綏，均非中央所能絕對控制之地區。而大部份均缺乏嚴格訓練與戰力，斯時也胡先生一面整軍，一面作戰。當時黃河以北有敵人，陝北一帶有共敵，新疆邊陲有俄寇，甘、寧等地有內憂，而秦嶺、關中復為拱衛陪都之重要門戶。西北若有所失，必影響整個大局，八年抗戰胡先生之部隊固守黃河，敵人未越潼關一步；監視陝北共敵未敢南下關中。警備河西的走廊，從未發生任何變亂，最後且派精兵進入新疆，驅走俄寇，這一攸關西北及國家全局而兵不血刃的復土之一幕，我是奉派秘密先遣的一人，胡先生當時用心之苦，衡慮之周，誰也無法瞭解。抗戰中期，陝西已成為支援西北、華北各戰場的基地和幹部的儲備所。而且胡先生始終有兩個軍在敵後的中條山與晉東南作戰，三十三年春復遣精銳之師由劉安祺將軍及胡長青率領，空運支援獨山作戰，解重慶之危。有誰知當三十四年八月十三日日本宣佈投降前夕，胡先生曾命令余等指揮降落傘部隊，空降北平佈告安民，使匪偽企圖搶先進入北平之陰謀難以得逞。抗戰勝利後，胡先生所指揮之部隊，范漢傑兵團在東北，李文兵團在華北，胡長青軍在東南，陳金城軍在山東，鍾松之三十六軍在晉東南，李鐵軍楊德亮兵團在甘肅，陶峙岳兵團在新疆。當時雖號稱百萬之眾，實則留守關中者，其精銳不過第一軍與二十九軍而已。在山西危急時，有誰知當時胡部曾有一個整編旅，在太原作戰後犧牲殆盡。三十八年當最後戰局逆轉形勢下，由秦嶺日行百里，揮軍馳援重慶成都。第一軍在綦江與南溫泉一帶苦戰四晝夜，師長以下傷亡慘重，軍長陳鞠旅亦於負傷後失蹤，這樣才使政府能以安全撤退來台。究竟誰之功歟，將來公正的史家自有定評，毋待筆者之贅述。

三十九年由西昌撤退來台後，遭人彈劾，集謗怨於一身，他從無一語以自辯，且一再約束舊部，不許與任何人爭論，作辯冤白謗之無聊舉動，而且剴切真摯的表示：「我們身為國家軍人，為領袖負責的幹部，丟掉大陸，我們沒有責任，誰有責任？」當我寫了一篇文章準備在《新聞天地》發表時，他看後收下一笑置之，並向我說：「你是我的學生，你應該瞭解，數十年來我們吃國家的飯，拿國家的錢，我們有什麼貢獻，別人指責我們是應該的。我們是革命軍人，是領袖的幹部，只求俯仰無愧，一切誹謗加之於我，復又何辭？今後惟有益自惕勵，再圖報效領袖與國家，以補罪愆。」因此對彈劾他的事，泰然自處，對彈劾他的人，只是覺得他不瞭解而已。其個人之胸襟與勇於負責認過之精神，較諸憑異之功成弗居，實有過之而無不及。亦確實已到了進入忘我無我的最高道德境界，非有真正儒家之克己功夫與素養者，何克臻此！

禮賢下士，用人惟才

胡先生是有個性的人，也是有抱負的人，而且也是一個有心人，同時他本身是一位學養湛深、富有才華文采的人，但他並不因受領袖之知遇，身膺封疆之重寄，手握兵符而自恃自傲，更不以為權力代表了知識。因之，他對身懷一技之長，或青年有為及學術界知名之士，無不希望引以為用。當七分校成立之初，分函各方友好推薦人才。如親自函電馳聘，張大同、洪軌、汪伏生、劉亦常、張研田、孫慕迦、蕭涵恩、張云鶴、崔垂言諸先生至七分校任教，並分別委以總教官、主任教官及教育科長之重任。如何孟吾師之函薦余紀忠先生，當即委以機要秘書之責，旋即升任七分校政治部副主任，如敦請繆鳳林先生等專至西北七分校與幹四團講學。如禮遇周天僇、朱心凡兩位匪俄問題專家；如敦請顧希平、邱清泉、洪士奇先生等先後任七分校副主任，葛武棨、蔣堅忍兩先生負責主持幹四團教務；王大中、王超凡兩先生分長幹四團、七分校政治部；高化成先生長中正中學；吳啓誠先生主持外語班；梁幹喬先生主持十戰區政治部兼陝北區動員指揮官；如延聘繆鳳林先生主持新中國文化出版社；謝國馨先生及陳澄之等負編輯業務，謝冰瑩女士主編《黃河》；如延請趙梅伯先生之主持西北音樂學院；收羅影劇人組織西北劇團，由戴涯等主持發展與演出。當接篆第一戰區長官之初，即電請趙龍文先生主長幕笏，請陳大慶將軍、繆徵流先生先後主持游幹班。總計四個訓練機構，延聘之軍政幹部與專家學者共三千餘人。胡先生對軍事幹部之要求較嚴，但對敦聘而來之政治教官與文化工作者，則甚為客氣與禮遇，且一再告知七分校、幹四團方面負責人，對政治教官不必苛求，其用人採取的是絕對的開門政策。只要你是有志吃苦而到西北工作的，一律歡迎重用。因此有很多是慕名與毛遂自薦而來，絕無親疏厚薄、先後你我之分，從來沒有人問誰是什麼關係而來。例如胡先生最親近之侍從秘書徐先麟先生是赴西北考察交通建設時為胡先生所羅致，他的總務處長是馮玉祥內弟李忠毅。因此也從來沒有什麼人活動工作和奔走鑽營，和嫉忌排斥之風。記得有一次有一位同志向胡先生建議，檢查七分校、幹四團政治教官及某些人之信件，為胡先生訓斥而大罵說：「我們是為領袖儲備幹部與人才，疑人不用，用人不疑。」因是文武人才，在西北集一時之盛。胡先生差不多每週或每月，均要約請各級幹部及教官個別談話，或在王曲青龍嶺及東倉門便酌，盡量聽取各人的高見，凡有所建議莫不採納付諸實施。胡先生絕對沒有官僚作風，所有的人和幹部，都是胡先生主動的找他們，並且講是非，論功過，求品德，他確實作到了用人惟才，而且他的幹部任何人可以跟他爭辯得面紅耳赤，他絕不以為忤，並服膺真理，他始終認為唯唯諾諾，陽奉陰違，欺上瞞下的是小人與奴才，如果講價錢，論斤兩，爭待遇，爭名位，是商人的行為與庸才。他喜愛的是有抱負，有作為，有擔當，有血性，有熱忱，有品德，明大義，識大體，顧大局的卓越優秀人才，他常引用胡林翼的話：「人才無求於天下，惟天下自求之；人才不用於天下，則天下自失之。」因之他認為惟有人才才能擔負興亡的重任，是以他求才若渴的精神，始終如一，如延聘鄭學稼先生一而再，再而三，如與徐復觀先生一夕談後，即電邀其希望至陝北主持行署工作。如對其歷任幕僚長之知許與推心置腹，例如對於達、范漢傑、羅列、羅澤闓、盛文諸先生之授權與禮遇，確有劉玄德對諸葛武侯之作風。尤其對羅列將軍在西昌苦戰至最後願以身替胡先生殉國，許為軍中聖人。對盛文將軍之最後苦戰成都亦極為推許。故胡先生數十年來與其幕僚長，多能水乳交融，徹始徹終。同時胡先生對地方上之碩儒名宿，頗多禮遇，如親自為張鳳翽祝壽，如親訪興平關學大師張宏山，並囑余為文加以表揚，將其與張之合照公諸報端，是為生平第一次。

胡先生雖然愛才若渴，但亦嫉惡如仇，尤其對浮華無實，品格低劣，言大而誇的人，雖為有力者之薦引，亦不多任用或不願見，雖用亦絕不賦予重責。如范匪長江曾經寫過一本《西北角》，力捧胡先生，但淞滬作戰時，胡先生堅不與其晤面，在漢口雖經范一再要求，且持張季鸞先生之名片求謁，亦絕不與之晤面，胡先生認為他是投機取巧的文化流氓與小政客，談之無益。如後來郝鵬舉之因品德欠佳而不予重用，蕭作霖之言太浮誇，故當其離開西北時，而不加以挽留，魏巍雖經劉戡將軍之一再保薦而不予以任用，劉宗寬之因貪污而加懲辦不再錄用。三十二年章士釗到西安回重慶後，曾為詩文，對胡先生極盡阿諛之能事，以後來信即不作覆。這些人後來不是投敵，就是投匪，足徵胡先生不僅有用人之能，且有知人之明。故當胡先生開府西北，文武人才薈萃集一時，雖然待遇菲薄，生活艱苦，住的是土坑窯洞，穿的是土布衣服，吃的是黑麵小米，從無一人有怨言，亦從無一人爭名位，也更無一人因生活清苦出路狹仄而求去。這無它，實由於胡先生之精誠感人，他以國士待人，人以國士事之，其次則由他本身始終以身作則，故人人皆望風而景從，記得我們在軍校受訓時，洗臉用的是冰塊，飲的是冰水，真是寒天飲冰水，點滴在心頭，從不以為苦。是以在西北那樣一個落後而艱苦的環境中，無論是工作，是生活，是學習，是戰鬥，都形成了一種蓬勃向上，生機盎然，負責任事，勇往直前，義無反顧，沒有推託諉卸，互相嫉妒，逢迎奔走，所見的是精神奮發，時時戰鬥的新的風氣與作風。是以八年抗戰，胡先生所部雖在三面受敵中，不僅西北安若磐石，而且營地弦歌不絕，故當三十二年冬美國威爾基先生由蘭州經西安參觀了七分校之後，向胡先生說：「想不到在中國落後的西北的山區中，有全世界最大的軍官養成所，而且有這樣多的青年受著最卓越的訓練，中國抗戰必勝無疑。」胡先生之功在國家，與不平凡的成就和貢獻，絕非倖致，更難以使常人洞悉其堅苦卓絕之經歷與史蹟。

以上是我個人以一個學生投筆以至追隨其左右，來台後每週或每月尚向其報告研究大陸匪情之心得，與國際情勢之演變，多少年來朝夕相處，深知先生是一個雄才大略，愛黨、愛國、愛人底有心人，二十餘年來家國，八千里地山河，多少滄桑往事，都成追憶，這些一鱗半爪的追述，實不足以表揚吾師的生平事蹟功業於萬一。悄回首，我們多少同學少年，均已半白頭，每當懷念這一位訓練教育我們要頂天立地，繼往開來，捨己救人，捨身為國，患難相扶，生死與共的導師，離我們而去，使領袖失去馬前一卒，使後輩失去引路明燈，使學生失去保母，這樣一位高風亮節的巨人之消失，使我們回首西北悵望南天，欲哭無淚，他今天雖然死去，他將永遠活在人們的心裏；千萬人的懷念，千萬人的眼淚，永祝他的安息；最後僅賦七律一首，略述感懷，以誌永念：

怒潮澎湃領乾川，百戰沙場敵膽寒；威鎮關中支大廈，靖綏西北定天山。
十年樹木千秋業，一世孤忠百代難；南渡三呼聲宛在，八方子弟淚潸潸。

作者為著名之中共情勢專家，著作甚多，早年以大學生組織知識青年赴胡上將軍中參加抗戰，三十六年國軍克服延安後任為延安市長，來台後曾在光復大陸設計委員會、國民大學等機構服務多年。

我所認識的胡宗南先生

李潤沂

（民國五十一年六月八日撰）

「鐵肩擔主義，血手寫文章，服從領袖，從頭收拾舊山河，保中國」這一段話，是胡先生在民國二十八年秋任中央軍校第七分校主任時，集合近萬的學員生和教職員，在西安終南山最高峰升旗時所講的，像這種具有熱、力、光的革命心聲，深入每個人的腦海，歷久彌新。正當赤禍滔天，烽火遍地，亟待先生平亂救民的今天，不幸是先生遽返道山了。當先生臨終之前，還慨嘆的說：「國家需要我們，領袖需要我們，你看我病在牀上不能起來，是如何的抱愧。」的確國家領袖都需要先生，先生的長逝，對國家社會，真是無可補救的損失！先生生在一個大動亂時代中，擔任了北伐、剿共、抗日、戡亂的時代主角，在半個世紀裏，發揮了無比的愛國的忠貞與完整的人格，所以先生的辭世，有如一顆巨星從天際墜落，但那耀眼的光華和劃時代的貢獻，將永垂不朽，我原以一在大專執教的書生，忝列戎幕，公私生活追隨先生逾二十年，從各種不同的角度深切的認識到先生，不只是現代的名將，還是一位時代的巨人，關於先生的德業事功，早有定論，長留人間，毋庸贅述，茲願就先生片段的行誼與軼事，分項列舉，藉對這一代的巨人，敬致誠摯的悼念！

一、從日常生活來看先生的修養

生活是人生的實體，一個人的日常生活，就是一個人本質的寫照，所以日常生活不僅表現一個人的性格，同時也可以表現一個人的修養，我們要認識胡先生，最好是先瞭解胡先生的日常生活。

規律的日程

蔣總統為轉移社會風氣，加強社會心理建設，在二十多年前就提倡新生活運動，要求每個人的生活，符合整齊清潔簡單樸素的要求，而胡先生的日常生活，實為新生活運動中的楷模。

先生每日六時起牀，盥漱畢，散步或爬山約半小時，即寫日記，檢查昨日生活，計劃當天工作，七時半進早餐。上午八時至十時閱讀書報（公忙時即不讀書），十時至十二時看公事或會客，十二時進午餐，午睡概不超過一小時。下午二時至六時批閱公文開會或會客。六時半進晚餐，餐後散步並考慮與計劃重大問題，八至十時批閱公文，十時就寢。此種生活程序，除在作戰中或有其他重大事故外，數十年如一日，從無改變。

簡樸的習尚

先生自奉非常儉約，除早餐略進稀飯麵包外，每餐只有二菜一湯，遇有賓客共餐時，每多一賓客則多加一菜，從不在飯店菜館宴客，除參加紀念會或慶典的會餐外，甚少參加他人宴會。日用被服，異常簡單，睡眠時，只用軍毯二條及木板牀，嚴寒時加棉被一條。通常著軍中布製軍服，除嚴寒時行軍外，從不穿大衣。縱氣候在零下二十度以上，臥室內概不生火，不過在客廳中，每當嚴冬常設木炭火盆一，作為敬客之用。先生半生時間駐軍中國大西北各省，冬季氣候常在零下一、二十度以上，盛暑炎熱常在百度以上，而室內絕不用風扇。常曉諭部屬：「一個革命軍人，應戰勝敵人，並應戰勝自然。」先生不吸菸、不飲酒、不吃茶，亦無其他娛樂嗜好，暇時常作爬山騎馬散步等運動，來台後，喜作高爾夫球運動，閒約友人作橋牌之戲，實為一標準的新生活運動的實踐者。先生常訓示幹部：

「要不怕風霜，不怕雨雪，在風霜中我溫暖，在雨雪中我健康。要接受痛苦，接受艱難，從痛苦中創造幸福，從艱難中創造光明。要戰勝寒冷，戰勝飢餓，越冷越有精神，越餓越能奮鬥。」先生的生活，就是這種訓示的楷模。孔子說：「士志於道，而恥惡衣惡食者，未足與議也」，先生的生活也就是這句話最切當的範例。

苦修的住所

先生服務黨國四十餘年，從不營建私有宅第與園林，也不寓居高堂大廈，每遇行軍駐防，多卜居當地的廟宇祠堂，因陋就簡，隨遇而安，常人每以為苦，而先生怡然適然，恆本「有祠廟絕不住民房之言」。記得在民國三十六年二月第一戰區長官部高級幕僚會報後，我曾向先生談及共匪清算鬥爭事，先生很沉靜的講：「我可以和毛匪澤東相互清算一下，我為國服務二十餘年，無片瓦之存，無寸土之置，一身之外別無長物，就是連一個建立家庭起碼的妻子還沒有；反視毛匪澤東，極富貴窮淫樂後宮粉黛多人，他有何條件清算別人；再進一步的講，我可以清算任何共產匪徒，他們都是些掛羊頭賣狗肉的騙子，他們每個人都是為了自己的享受和中飽私囊而鬥爭別人，這就是我們戡亂必勝的可靠保證。」先生這種對共敵如見其肺肝然的批判，永遠藏在在座同仁的腦海中。

據追隨先生三、四十年的老部下都這樣講，凡先生軍行所至的地區，司令部大都是借住當地的祠堂寺廟，就如在松潘、天水、徐州、開封等地是。我是從民國二十七年春追隨先生服務，當時先生任第十七軍團司令（後改編為三十四集團軍），司令部就駐在西安南關小雁塔寺內，先生的私寓借住西安西南城角的下馬陵（為漢董仲舒陵墓），以後先生任第八戰區副長官，第一戰區長官，西安綏靖公署主任，無論司令部及私寓迄民國三十八年自西安撤退，概無變動。小雁塔寺為唐代建築的古寺，年湮代遠，斷瓦頹垣可以想見。下馬陵為一漢代陵墓，墓地只有廊房數間，先生將其改造作為臥房、客廳、隨員室之用，室內靠牆一邊，均有神像，以磚牆遮隔之，面積更顯狹隘，如斯陋室，先生竟安居十二年。因之民間神話盛傳，謂先生系苦修羅漢轉世？就是由於先生公私處所，到處均卜居祠堂廟宇，不住高樓大廈與眾不同的原因。其實先生畢生的所以安居陋室，固然是由於先生堅苦性成；主要的原因還是先生願以身作則為天下創，以轉移社會頹唐驕奢的風氣。

堅毅的進修

先生以自強不息的精神，從事治學與研究工作，生平不喜交遊，但對名流學者的延攬，可謂禮賢下士，每年暑期禮聘全國各大學的名流學者來先生所主持的軍校講學，藉以與先生論道。平時在先生的私寓中，經常延聘屬於師友間的專家學者，研究學術討論問題。例如曾陪同先生研讀英文的寧杼先生（曾任台灣省立師範大學外文系主任），與先生日共起居逾十年之久。至延攬的政治與軍事專家學者，更屬無法列舉。因此先生每遇重大事件，其見解與措施常有過人的地方。先生除在作戰中或有特殊事故外，每日讀英文與研究學術的時間，最少有三小時以上。來台後先生經友人借住小屋一所，作為專心進修的處所，每週除一定的時間返家與夫人子女團聚外，大部時間食宿起居，均在進修處所。年五十五畢業於國防大學，年六十二入國防研究院，都可以顯示先生治學的自強不息精神。先生每當解決重大問題或舉行重要會議之前，除詳細研究有關資料外，輒在自行靜坐或散步中沉思研究，所以對任何問題，都能作適當的處置，一般人大都認為係得力於先生的天分高，殊不知還是由於先生對任何問題能預作深入的研究所致。

對部屬的陶冶（擇錄自先生講稿「今日的戰士」中）

1. 以身作則，實行新生活規條，做到不吸煙、不酗酒、不嫖妓、不賭博、不唱高調、不說謊話、不失時間、不洩秘密。

2.今日的英雄，是從群眾中生長出來的，非由天上掉下來的，所以生活標準，要做到前方生活士兵化，後方生活平民化。

3.日行百餘里，背負三十斤，一切自己來。

4.燒餅、油條、高粱麵、小米稀飯，是上等的伙食。粗布衣麻草鞋，是我們上等的衣冠。茅屋土坑窯洞硬板，是我們美麗的住室。

5.大少爺之所以不能領導群眾者，因生活與下層隔離，生活不一樣，聯繫不一樣，利害更不一樣，對事漠不關心，對人毫無心肝，此大少爺所以總不能成功也。

6.精神生活向上流，以最忠實、最勇敢、最熱情、最廉潔的表現，永遠做榜樣給人家看，永遠以自己的模範來影響群眾，領導群眾。

從上述的這些生活習慣，我們可以認識到先生的生活極簡樸合理而有規律，也是先生自治能力與人格修養的寫照。亦即古人所謂誠意、正心、修身、齊家、治國、平天下大道理的實踐。

二、超群的風格與美德

是主義忠貞的信徒，是領袖楷模的幹部

先生常講：「實行三民主義是我們革命的目標，服從領袖是我們革命成功的保證，我們是革命的實行者，只要能夠信仰主義服從領袖，就可以建立了理想的富強康樂的新中國，不必他求。」所以先生獻身革命四十餘年，從不著書立說或標奇立異的自我表現，認為以主義的思想為思想，以領袖的意

旨為意旨，才是統一意志集中力量從事革命的正途。因之對領袖的命令，無論如何的艱難困苦，永遠是無保留的服從，不計犧牲一切，務期達成任務。就如民十五年擊破孫傳芳南昌之戰役，民十七年擊敗張宗昌會師濟南之戰役，民十八年擊敗叛軍孫良誠嵩山之戰役，民十九年於平漢路東擊敗叛軍唐生智之戰役，民二十至二十五年追剿共軍於皖鄂川陝甘各省，尤以入川甘陝邊區高原松潘番地，與共軍連續苦戰；又遭寒暑疫癘的侵襲，備極艱苦，而毛共亦因松潘之役，由四、五萬人，餘眾竄陝北時只有五、六千人。民二十六至民三十四年日本投降時止，駐軍陝甘豫晉新各省，遏阻日寇進犯，封鎖陝北共敵，防止地方叛亂，確保中國大西北的完整與安定，達成抗戰時期最艱鉅的使命。民三十六攻克共巢延安，隨與共軍在榆林、大荔、涇渭河谷、中條山、運城、臨汾等地決戰，無不予敵重創。民三十八年五月奉命移師漢中，擊滅進犯安康共敵，十一月急援重慶，掩護中央政府安全遷台，十二月轉進西昌，當時大陸除先生苦守的西康外，全部陷敵，在共敵七路進攻中，先生孤軍奮戰，苦守西康達四月之久。民四十年奉派駐守大陳，先生親率數千游擊部隊，前後攻擊共敵三十九次，予敵重創。民四十四年奉命駐守澎湖，整軍經武備極辛勤，長期留駐防地，從無返台渡假之事例。民四十八始調任總統府戰略顧問。我們瞭解了先生畢生對國家重大的貢獻，都是臨危授命，在極艱難危險中，仰體領袖的意旨，而克盡厥職達成使命的。

我們再就先生要求幹部作主義信徒和領袖幹部的下述兩段話，也可以看出先生是如何的來做主義的信徒和領袖的幹部（擇錄先生遺著「今日的戰士」及「新幹部的建立」中）：

你們必須記著：「你是主義的信徒！」

主義的信徒是主義的戰士，必須潛沉於主義之中，為主義繼志；為主義傳道；為主義授業；為主義解惑。繼志——繼承總理遺志，完成國民革命。傳道——實行三民主義，發揚黃埔精神。授業——收復中國失地，復興中華民族。解惑——一個領袖、一個政府、一個主義。

主義的信徒是主義的戰士，必須生死於主義之中。信徒是生於理智，長於戰鬥，成於艱苦，終於道義。擇善固執，貫徹始終，理智也。克服困難，戰勝環境，戰鬥也。汗血內流，百折不撓，艱苦也。篤信死守，不計成敗利鈍，道義也。

總理遺教，領袖訓示，對於我們的需要，正如空氣於身體呼吸之迫切，是行動的明燈，生命的源泉，勝利的決定，實際工作的導師，不可忽略。

你們必須記著：「你是領袖的幹部！」

領袖的幹部，就是領袖的學生，領袖的思想，就是幹部的思想；領袖的意志，就是幹部的意志；領袖的事業，就是幹部的事業；領袖的光榮，就是幹部的光榮。

領袖的幹部就是領袖的代表，要把領袖的光輝照耀到每一個地方，要把領袖的斧鉞制裁到每一個叛逆，要把領袖的呼吸傳播給每一個人民。領袖的幹部就是領袖的靈魂，你們是領袖的腹心，就要幫助領袖設計；你們是領袖股肱，就要幫助領袖工作；你們是領袖的耳目，就要幫助領袖檢查。

領袖的呼吸，必須在轉瞬之間，透過幹部，到達群眾，使得上下距離縮短，左右間隔不存，這個全靠有賢良的幹部。

為人之所不能為，忍人之所不能忍

呂新吾說：「大事難事看擔當，逆境順境看襟度，臨喜臨怒看涵養，群行群止看識見。」這幾句話，可為考驗一個人偉大與平庸的尺度，我們拿這幾句話來考量先生，才知道先生具有為人之所不能為與忍人之所不能忍的擔當與襟度。所謂「花繁柳密處撥得開，方見手段，風狂雨驟時立得定，才是腳跟」，這個時代嚴格的考驗了先生，先生也創造這個時代的偉大，茲舉事以說明之：

振聾發聵反和談的通電。

當三十八年春，國軍與共軍徐蚌會戰失敗後，共軍氣燄高漲，國內外惑於共軍欺騙宣傳人士，主張和談，於是和談氣氛濃厚，一般持觀望態度與幻想妥洽的人，不再作反共與繼續戡亂的主張，甚至有不惜贊成領袖下野，以換取與共匪和談而求苟全者。獨先生力排眾議，通電全國反對與共匪和談，擁護領袖繼續領導，力主政府戡亂到底，列舉史實，痛切陳詞，真是春雷一聲，振聾發聵，振奮了全國的民心士氣，並予共敵狂妄無止境的兇燄一重大的打擊。這是先生一生僅有的一次對全國朝野的通電；也是當時全國反對與共匪和談惟一的通電，像這種卓越的識見與不計一切的擔當，舉目斯世，能有幾人?!

對敵後青年的爭奪戰。

青年是國家的主人翁，誰能掌握青年，誰就能操縱時代，先生一向很重視青年，尤其重視與敵人爭取青年，先生常講：「我們如能在敵後爭取一個青年，敵人就等於損失兩個青年的力量；同時也等於我們增加兩個青年的力量。」所以當抗戰軍興，先生兼長軍校七分校及戰幹第四團的教育，為了削弱敵人的戰力，增加我們的戰力計，曾用盡心思不避艱險，秘密派人在共軍與日寇竊佔地區，招收青年學生入軍校及戰幹四團求學，當時曾組成浙江總隊，山東總隊，山西總隊，河北總隊，蒙古總隊等由敵後招收的青年數萬人。同時利用已受訓的敵後青年，再潛返敵後吸收青年，收效至大。再以共匪以赤區的抗日大學，不限學資，吸收全國青年，先生在匪區鄰接的要道，分設若干招待青年的組織，將盲目投向匪區的青年，大都誘導進入中央設立的軍政或普通學校。成為共軍在抗戰時期困據陝北無法發展的主要原因。像這種完全為國家久遠的打算，在極度艱危困苦之中與敵人爭取的壯舉，這是對敵人多麼嚴重的打擊。

無責任的貢獻無義務犧牲。

先生常以「生於理智，長於戰鬥，成於艱苦，終於道義」和「以道義相勉，精誠相見，肝膽相照，生死相依」的話，勗勉幹部，也在勉勵自己，我們舉一件現實的事例，可以深切的領會到先生確是一位終於道義的實踐者。當民國三十八年冬，先生統率大軍在川陝與共敵作殊死戰時，為了安定軍心激勵士氣計，將數百戶高級幹部的眷屬後送至台灣安置，於三十九年四月先生於西昌戰役結束，奉命返台後，在約五、六個月的時間內，先生的公職尚未發表，可以說係以一平民的身分寄居台北。先生召集若干高級舊部商討組織一輔導舊部旅台眷屬生活的社團，來照顧舊部旅台眷屬的生活，當時大部與會人員向先生建議，此項組織應緩辦，或不必辦理為宜，因第一照顧軍眷，係屬國家責任，並非私人責任，先生現在並無任何公職，係一平民，自無此項責任，亦無此種能力；第二現在留台的數百戶軍眷的丈夫，大部在大陸陣亡或失蹤，留台者多係老弱婦孺，情緒不佳，生活困苦，縱由國家關照，亦感困難，應加考慮；第三由大陸撤退來台的軍政大員，對部屬旅台眷屬在法律上因無責任，大部採取聽其自然態度，最關心者亦不過每戶酌送新台幣數百元，以資補助。先生聽了以後慨然的講：

「舊部旅台眷屬，我在法律上雖無責任，但我在道義上有義不容辭的責任，我要盡我最大的努力，為他們作最妥善的安排，關於這一點，我要和他們甘苦與共患難相扶，我不取法任何人。」

最後先生決定成立「秦嶺（秦嶺為原西安綏署代名）旅台眷屬生活輔導社」，指派幹事多人並指派我為總幹事，在眷區內成立幼稚園、醫務所、福利社等機構，經濟除部分向外募集外，大部均由先生自行籌措，嗣後又舉辦舊部留台子女獎學金，凡在中學或大專就學子女，成績在七十五分以上，品行列乙等以上者，每人每學期可領獎學金新台幣乙兩百元，迄今仍在繼續辦理中。對舊部優秀子女，資助赴美洲與歐洲留學者，亦有五六人。對舊部留台眷屬有特殊疾苦者，先生多予以精神上或物質上的慰問。其孑身病故，無遺屬照料者，先生均予以祭弔殮葬，使有所終。尤為難能可貴者，對舊屬旅台眷屬，大都予以一存身住宅的安置，而先生至蓋棺論定時，仍無一片瓦之置，在台北浦城街之住宅，係向台灣省政府所借用者，所借住宅之格局和大小，與舊屬旅台眷屬之住宅相同。似此薄於待己厚於待人之仁風義舉，不特求之於今人，實屬難能，即求之於古人，亦屬尠見。當先生在台北極樂殯儀館開祭之日，公祭者逾五十九個團體，全部弔祭者逾四、五千人，舊屬旅台眷屬弔祭者逾四、五百人，大都泣不成聲，表現出由衷而沉痛的哀悼，這也許就是先生仁風義舉的代價吧。

志在求一死所。

一般人由大陸來台，當然是志在求生；而先生由大陸來台，是志在求一死所。因先生來台後，曾向最高領袖表示，願求一死所，以安排一生最後的結局。民國四十年先生奉派為江浙反共救國軍總指揮，赴大陳島指揮數千游擊部隊，建立反攻前哨基地，整軍經武，克盡厥職。先生在大陸時期，曾任戰區司令長官，經常統率數十萬大軍，坐鎮邊陲各省，抗日剿共，勳業卓著。今奉命統率數千非正式編制的和無後勤補給支援的游擊部隊，尚不及一師長的權力，既不在美軍第七艦隊協防線內，又毗鄰大陸匪區，而大陳島的居民又不過一兩萬人，就先生過去擔負的權責論，一般人認為先生絕不會就任斯職，實際上先生的來台志在求一死所，領袖授與先生斯職，對先生是求仁得仁，所以先生是樂於應命，在大陳三年來，表現了無比的忠貞堅毅與冒險犯難的精神，殫竭智慮，不計犧牲，前後在敵我優劣懸殊的態勢下，主動攻襲共軍十餘次。尤以在四十一年八月，所部游擊健兒五百人，掃蕩浙南沿海島嶼南北麂及突擊汛地戰鬥，予敵重創，俟共軍大部隊到達後，始退返大陳。同年十月先生又以游擊健兒千餘人，登陸浙南沿海的雞冠山，羊嶼及閩浙交界之南鎮，都予敵人極大損失，俟共軍大部隊到達，始命退出。在敵我優劣懸殊態勢下，先生率部反攻大陸，居然也曾佔領了共軍據下的大陸土地，這是多麼艱險與不可思議的工作，但在先生的生命史中，終於寫下了這光輝燦爛的一頁！我們在台灣整天的高喊反攻大陸，試問在今天以前再有沒有統率武裝部隊登臨大陸的英雄?!

以沉默接受責難。

當三十九年春西昌戰役結束先生返台時，社會上有以先生戰敗失土的誤會而提出責難者，甚有少數刊物發行責難先生的專號，似以大陸的淪陷，責在先生一人？殊不知政府進行戡亂戰爭，責成數十個軍事首長劃分數十個地區進行作戰，先生不過是其中之一；當民國三十八年十二月底，成都戰役結束時，在整個的大陸領土中，戡亂戰爭已云終了，因再無整體的國軍，對共敵進行戰鬥，獨先生仍集殘餘疲憊之師，對共敵苦戰西進，至西昌整頓部署，重振軍威，繼續奮戰，使我青天白日的國旗，在西昌又飄揚了四個月之久，最後以共軍七路圍攻，敵我優劣懸殊太甚，始奉命自西昌撤退。事實上社會一般人士，對大陸上戰敗失土的其他要員，並未見有所責難，獨對與共軍奮戰到最後的先生，有所非議，似欠公允，況先生一切的戰鬥進退，都是奉命有據呢？因之當時先生的一般長官部屬以及好友等，都為先生鳴不平，願意以第三者的立場，在報章雜誌上為先生說些公道話。先生當時堅決反對的說：「我們是一個法治的國家，我願意接受國法任何裁判，對於社會一般的責難，願作自我反省的依據，事實真相終有大白的一日，那就是我對他們最誠懇的答覆，何能與人家爭長論短打筆墨官司，我只求仰不愧於天，俯不怍於人，對任何人的誹謗或責難，我既不生氣，亦不介懷。」不平則鳴，為人之常情，而先生這種克己忍性的功夫與不計他人無端責難的修養，實為常人所不能，這是基於先生深得孟子所謂「善養浩然之氣」的道理！亦合於老子所謂「善者不辯，辯者不善」的真諦。

默察古今中外的偉人哲士，都有一種堅強不拔的毅力與不為外物干擾的精神，曾記得美總統林肯講：「為任何事，只求竭余所能盡余所知，堅持力行貫徹始終，任何責難皆可置之不理，本店寧可關門大吉，絕不兼營他業，如事之結局判明我是，縱十萬流言於我何傷，如事之結局判明我非，即有天神十位誓言於我，是亦無助益，善惡為之在我，公道自在人心。」這段話，正是說明了先生所以從不重視外界無端的毀譽者，固與林肯總統的抱負和氣質是一樣的。

公而忘私國而忘家

我們很客觀的觀察胡先生畢生的生活，只能看到先生獻身國家的生活，看不到為私人享受或為家庭打算的生活，先生常講：「生活的潮流，要以最忠實、最勇敢、最熱情、最廉潔的精神，永遠做人家模範，來影響群眾，領導群眾」，先生以此語勗勉部屬，自己也是以身作則的實現這種生活，來作部屬的楷模，我願意舉出下述的現實事例，以說明先生公而忘私，國而忘家的精神，也許有人認為先生近乎矯俗干名，不近人情，要知道一個人的行誼，如果畢生都是一樣的，就是真情的流露，不能另帶有色眼鏡來衡量。

何處是公家。

如果有人問我胡先生的家，究竟在哪裏，我實在答不出來。因為社會上一般人家的標準，大都是以財產所在地作準據的，而先生畢生到處無片瓦之存，無寸土之置，無分文銀行存款，如行雲野鶴的一樣是到處為家，也可以說是到處無家。當然囉，先生有夫人也有兒女，但都是隨著先生寄居各地，迄今仍無一固定的住所，以一個曾任國家的封疆大吏，一身之外別無長物清苦如斯，使人似難置信，可是事實上這種難以使人置信的境況，到了蓋棺時還是如此，就不由你不信了。

內外有別。

先生畢生獻身革命，長度軍旅生涯，年過五十，始與葉霞翟女士結婚，感情甚篤，亦為先生真正知音。但葉女士以美國威斯康辛大學政治博士的學能，一心為先生治理家務，從不過問外事，故縱屬先生師軍長以上的高級幹部，十九均未曾與夫人謀面，亦不知先生的家庭究竟卜居何處？就以我來說，在大陸時追隨先生逾十三年忝任長官部幕僚單位首長，來台後當先生尚未派公職時，為先生綜理無名位的總務事宜達二年之久，但從未去過先生台北的家庭住所，亦從未與胡夫人謀面，迄今年先生棄世，在台北極樂殯儀館開弔時，我才第一次見到了夫人，此種情事，均足以顯示先生獨特的風格，社會上所謂「找關係走路線」的弊端，亦自然與先生絕緣了。

不知何日是壽辰。

社會一般人對於個人的生日，是絕對忘不了的，縱或自己不做生日，他人一定也要來為自己慶祝一番，而先生的壽辰究在何日，到現在還是一個謎，就連夫人也不例外。因為先生凡是對於私人的事務，從不麻煩別人，故對於自己的生日，亦不向外洩漏，我追隨先生逾二十年，從未見有人為先生慶祝華誕的事例，這雖然是一件小事，但正足以表示先生公而忘私的修養。

用人惟才。

先生具有卓越的識見，恢宏的氣度，用人惟才，不講任何關係，以長官部歷任的幕僚長論，都是延攬了過去毫無關係湖南廣東或福建的名將，就長官部八大處的處長而論，有六個處長是河北籍，另二個處長是安徽與山西籍。就所屬的將領而論，大部是籍隸湖南、陝西、山東、河南、河北等省，無論在所屬任何部門中，找不到一個是由於與先生有親屬關係而任職的，自古勝天下者用天下，先生在國民革命的過程中，所以能創造了光輝的歷史，自非偶然。

十載訂婚三日新娘。

先生於三十六年五月始與葉霞翟女士結婚，伉儷情深，生有二子二女，有一個美滿的家庭。但談到先生婚姻的結合與婚後生活，實富有傳奇性。先生係二十五年前，經某將軍介紹與葉女士在西湖相識，一見鍾情，隨即訂白首之盟，相約於當年冬季結婚，不想七七事變發生，先生以抗日救國為己任，本匈奴未滅何以家為之旨，遂將婚事延擱，一擱就是十年，在這漫長的十年中，不知有多少人關心先生的婚姻，先生均予婉拒，如果一般人處到先生的境遇，早已兒女滿堂妻妾盈庭了。因之社會上有不少人士對先生胡亂猜度，有認為先生生理上恐有問題？有認為先生係苦修羅漢轉世本性中，並無婚姻的宿根？這都是以常人的心裡來妄度一個偉人的胸襟，自是燕雀安知鴻鵠之志？直到抗戰勝利，先生的壯志已酬，本擬即時成婚以了宿願，但為了對這位苦待十年的意中人，表示崇高的敬意，表示願以偉大的戰果來作將來迎親的聘禮，所以又等到先生於三十六年三月十九克復赤都延安的第三個月，才與葉女士在西安王曲興隆嶺舉行婚禮，當時參加婚禮的人，共僅八人，為石敬亭、王宗山、祝紹周、顧希平、劉楚材、盛文等諸先生，而參加的人，都是到了禮堂，才知道是參加先生的婚禮，其他的部屬和社會人士，直到先生將新娘送返南京後，還不知先生已結了婚。事實上第一天下午將新娘由南京接來西安，第二天中午舉行婚禮，第三天可算是先生與新娘度蜜月的一個整天，第四天下午即將新娘送返南京。新娘的新婚歲月，整個不過三天，這是多麼短暫，又是多麼珍貴的時間哪！先生與夫人訂婚到結婚以十年計，像這樣公而忘私的精神，實不讓大禹治水在外十三年，三過其門而不入專美於前了。

為而不有，功成弗居

中國的老子認為一個人最高的修養，要做到「為而不有，功成弗居」的境界，先生畢生立身處世的風格，就是這種境界的楷模。先生常勗勉部屬：「(1)從名譽奉之於上，誹謗歸之於我中努力。(2)從平安奉之於人，危險歸之於我中努力。(3)從處置傷兵，掩埋戰友，支撐危局，援助友軍中努力。(4)從信仰堅於人，犧牲大於人，苦幹過於人，而不自視高於人中努力。(5)從不忮不求，不怨不尤，不矜不伐，不慌不忙中努力。」這都是說明了先生對「為而不有功成弗居」的看法和做法。

從不自我表現。

「寧作基石不作棟樑，無名為大，無我為大，下層為大」，這是先生勗勉部屬的作人作事目標，也成了先生自己行為的準繩。社會上的人士，大都知道先生有個怪脾氣，不照相，不發佈新聞，不對外發表演說，不參加私人宴會，也不喜歡別人對他作表揚的行為，這確是事實。因為在先生心目中，只有國家沒有個人，只有領袖，沒有自己，只有公沒有私，既無自己，當不需要為自己求名了。記得先生在軍校七分校兼任主任時，有某期同學畢業印製同學錄，向先生要一張照片，以便製版影印，就為先生拒絕了，並對來請的學生代表說：「你們要知道，軍校的教育，是在於訓練成一個實行三民主義的信徒，與服從領袖的革命幹部，你們現在就要畢業了，你們就是國民革命軍中服從領袖實行主義的主幹，在同學錄上不需要印上我的相片。」所以先生做任何事情，都是一種埋頭苦幹的作風，反對唱高調說謊話來表現自己，上述的事實，不過是一個例示而已。

施惠不願人知。

記得我在幼年時，曾讀過一篇後漢崔瑗所作的座右銘，其中有一句話「施恩慎勿念」，就是說一個人能有施恩即忘報的胸懷，就接近聖賢的境界。而先生對人施恩，根本就不讓受惠者知道，這種偉大的胸襟，已超越了施恩慎忽念的境界了。當民國二十五年雙十二事變時，先生正駐軍甘肅，在蘭州有一位負西北各省情報總責的中央負責人史某先生（後來赴台灣），也是先生的舊部，為蘭州的叛軍所拘禁，依當時情勢，勢必立即遇害，先生即電蘭州叛軍首長，命其立即將史君護送出境，叛軍懾於四面陷於先生部隊的包圍中，竟將本擬立即處死的史君，護送進入先生防地，叛軍首長對史言明係應先生電請而作之處置，當史君見到先生，陳明叛軍將其護送出境的經過時，先生僅云「很好很好」，避免談及曾電叛軍的經過。於民國三十八年三月，我赴銀川奔母喪時，到達銀川後，深獲馬鴻逵將軍的優遇，馬將軍對我說明，曾接胡將軍電囑予以照顧。當返西安晉謁先生談及馬將軍對我善為招待時，先生亦只云「很好很好」，避免談及曾電馬拂照之情節，先生對上保薦陞遷的部屬，亦從不向其本人說明其升遷，係由於先生保薦的原因。像這種施恩於人，而不願人知的氣度，縱覽古今中外偉人的史實，又能找到幾人？

樂以副職擔當重任。

從大陸上抗日戰爭到戡亂戰爭的十二年中，先生一向是充任了這個時代的主角，建樹了不可埋沒的功勳，但在名義上，先生常是擔任一個副職，就如先生在抗日時期，擔任第八戰區的副長官和第一戰區的副長官，戡亂時期又擔任了西南長官公署的副長官，但實際上先生都是擔負了主官的重任，這正是先生常講的「無名為大，下層為大，以最低階級，擔當最大責任」信條的實踐。民四十年先生臨危授命，樂於去大陳擔任幾千游擊部隊的指揮官，也就是先生這種信條的實踐。

稟賦與風度

積極、樂觀、誠懇。

「人生是戰鬥的，是積極的，是快樂的，故只許流血，不許流淚，只許大笑，不許大哭。責任重於權利，什麼可以讓人，責任不可讓人，當仁不讓，見義不讓。今日的戰士，永遠抓緊現實，站穩腳跟，與天爭，與物爭，與艱苦爭，與錯誤爭，與強權暴力爭，以熱力推動時代，以心火點燃文明，惟戰鬥才能做勝利的事，惟戰士才能做勝利的人。」這是先生對部屬經常的訓示，也是先生本性的流露。先生愈在艱危困苦中，戰志愈堅定，行動愈積極，從不表現頹喪的態度，或講洩氣的話。凡是應該做的事，幹部或人民有所要求時，就是先生無此權責，或無此力量，也不說沒有辦法的話，不是轉請有權機關為之解決；就是盡量設法為之逐步解決。所以任何疑難的問題，或危險的局面，先生一到了，大家都有一個必可迎刃自解的信心。

先生對人態度誠懇，言行一致，並有高度的熱情，常對人講：「宇宙萬物是靠了熱來生長發育，熱是力量的泉源，熱是生命的表現，你能熱的像火一樣，就可以熔化鋼鐵；你的熱能夠像太陽一樣，就可以吸引地球。」先生以這樣的誠懇和熱情，來對朋友帶部屬，所以在先生的生命史中，就找不出對先生絕交的朋友，或背叛先生的部隊的紀錄。記得在民國三十七年，先生有一個守運城的旅長覃春芳，因作戰不力，運城陷匪，我當時正為先生掌理執法業務，對覃判處死刑，覃對我說：「胡長官判我死刑，內心一定很難過，請轉呈長官，我是死有餘辜，以我的血也許可以振奮我軍剿匪的戰志，藉償報多年來長官待我如子弟的大恩。」行刑時，覃並高呼領袖萬歲，胡長官健康。以上述先生的熱情誠懇，足以感動死囚的事例，就可以推想到一般的部屬，對先生是如何的敬重了。

仁愛、孝順、守法。

先生仁愛性成，尤其對於同志愛袍澤愛的表現，更為充沛而顯著。當先生任第一師師長時，每月薪餉，照例親自發與受傷官兵。民十九創立第一師傷兵年會，凡退伍傷兵，每年六月皆來與會，除供給飲食旅費外，並另有餽贈。對烈士家屬子弟生活，均由師供給。嗣後先生任戰區長官時，另組織官兵福利委員會，救濟貧困遺眷軍眷及官兵，成立中正中學及中正小學，教育官兵子女，並指派我兼理渭灘墾區生產工作，所有收益，悉撥充福利委員會基金。愛護人民亦為先生的天性，非萬不得已時，絕不因軍事行動損害民眾的利益，萬一有必須損及民眾利益的軍事行動，亦均予以補償。並從無對駐地政府有借餉或徵借財物之情事。西諺：「仁慈是一種聾子，能聽見啞子能懂的言語。」先生從不作自我宣傳，但到處軍民對先生的敬佩，有如吹不散的人影，就是這個道理。

先生事親至孝，以多年軍旅生涯，未能迎養，不幸雙親相繼逝世，抱恨終天。故先生每年當雙親忌辰時，必帶隨從一人，覓一僻靜處所，對雙親致祭，甚至閉戶痛哭，盡其哀思。

安份守法，為先生的最佳修養，身任戰區長官，從不向當地黨政首長推薦黨政工作人員，或干涉轄區黨政正常工作。我為先生掌理執法工作多年，但先生從無有對任何案件指示，應從重或從輕處理的事例，一律依法辦理。有時對執法人員所辦案件，亦有發回再議者，但執法人員，如依法堅持原議時，先生略予衡量，仍予採納劃行。

三、壯烈的成都與西昌戰役

「獨木難支大廈，不能以成敗論英雄」，先生在大陸戡亂戰爭中，固然也是一個失敗者，但不因先生的失敗，而有損於先生對國家偉大的貢獻與高尚的人格。盡己之謂忠，先生在大陸戡亂戰爭最後的戰役中，已充分表現了軍人魂革命魂與民族正氣的精神，因為先生已盡了最大的可能與努力。要知道成都與西昌戡亂戰役進行的當時，整個大陸上的戡亂戰爭都已停止了，這是國軍與共匪在大陸上最後的一次決戰，共匪自可集中其所有的部隊，來對抗國軍最後殘餘的一支部隊，大勢所趨，就可以想像到先生當時的處境是多麼艱危困苦，但先生的表現，是震驚中外異常的壯烈。

成都戰役

會戰前敵我的態勢。

劉伯承自三十八年十一月三十日攻陷重慶後，率其第三兵團（轄三個軍）及林彪所屬之第十七、第五十等軍，分道西犯，十二月六日竄抵銅梁隆昌，另一部攻內江潼南，十五日陷三台簡陽，十六日迫錦江東岸直指新津。其第五兵團（轄三個軍）亦由長江南岸竄瀘州西犯。賀龍指揮之第十八第十九兩兵團，由陝南下，同月十二日破陽平關，十五日陷廣元，南犯劍門梓潼，林彪之第十五兵團，亦由貴州向川西急進，企圖與其他共軍包圍成都。加以盤據灌縣彭縣之鄧錫侯劉文輝兩逆，於同月十二日通電叛變，郭逆汝瑰在敘瀘倒戈，會合敵軍陷樂山竄彭山強渡岷江指向新津。當此危難緊急之際，先生奉派為西南軍政副長官兼參謀長，積極肅清反側，加緊部署應戰，當時集結成都附近之我軍僅六萬餘人，而圍攻成都之敵軍則十倍於我，雖眾寡懸殊，然在先生領導下，三軍一心，將士用命，士氣仍極旺盛。

會戰中壯烈的史實。

於三十八年十二月六日，我守備岷江之三十一師，錦江之一六五師及後援之第五兵團，開始與共軍浴血苦戰，支撐危局。迨十七日擔任成都防衛之第三軍加入奮擊，各部苦戰五日，卒將匪第三兵團擊潰，粉碎其攻奪新津之企圖。而劉匪之第五兵團，乘虛西繞折向邛崍大邑崇慶，攻我側背，我十八兵團奮勇抵抗，戰鬥慘烈，傷亡達三分之二。林匪之第十五兵團，由洪雅丹稜向蒲江西北前進，斷我入康道路。彭匪之第十八第十九兩兵團，亦於二十日續陷綿陽竄抵德陽什邡之線，此時之敵，不但兵力續增，且合圍之圈，益形縮小。先生召集諸將領會議於新津，咸以既無對敵各個擊破之可能，如以極端劣勢兵力背城一戰，勢必軍民同歸於盡，遂決定遵國防部指示，循岷江東岸，繞攻宜賓瀘州以突圍，進據西南高原再圖反攻。當十二月二十三日夜，各軍正按照計劃突圍之際，友軍十五兵團司令羅逆廣文竟通電叛變，變生肘腋，原計劃難以實現，我第五兵團及第三軍主力，不得不改向新津邛崍蒲江強進，預佔雅安以聯繫西昌，二十四日拂曉開始行動，擊攻共敵之第一層包圍，二十五日進抵邛崍蒲江之線，遇共敵之第二層包圍，共軍之後續部隊源源趕到，遂陷重圍，雖眾寡懸殊疲憊不堪，然猶奮勇死戰繼五晝夜，除一部突圍進入西康外，大部成仁，屍積盈野，血流成渠，發揮了革命軍人犧牲奮鬥精神的極致。是役也，我成都防衛總司令盛文，六十九軍軍長胡長青，九十軍軍長周士瀛，五十三師師長樊玉書，第一軍參謀長張銘梓，第一六七師師長曾祥廷，第二十七軍副軍長吳俊，第三十一師副師長黃鵬，參謀長劉禹田等負傷。第六十九軍副軍長**龐仲乾**，第六十九軍參謀長**陳壽仁**，第二一四師師長**王菱舟**等自殺。第一六五師師長**汪承釗**，第二五四師師長**陳岡陵**，第一六七師先後兩任師長**趙仁**及**譚文緯**，第一師副師長**高宗珊**，第七十八師副師長**梁德馨**陣亡。還有若干因戰局混亂，尚未查明以及不及列舉的忠烈官兵烈士。

在整個國民革命的歷史中，無論在北伐、剿共、抗日、及戡亂任何一次的戰役，論戰鬥的激烈，傷亡的慘重，與革命精神的發揚，成都戰役，堪稱空前。這雖是先生的戰果，也是黨國的光榮。緬懷忠烈，痛悼曷極！

西昌戰役

當三十八年十二月底，成都戰役結束，先生突圍進抵西昌，收容各方突圍之官兵，約一萬餘人，再號召夷人嶺光電，上司楊砥中，地方武力首長鄧德亮，川邊反共志士陳超川，諸葛世槐等。組訓地方武裝力量，慘澹經營，不三月擴充至三、四萬人，而匪見先生擴展迅速以後患堪慮，遂指揮其第十五軍，第六十二軍及新第十二等軍暨龍逆純曾朱匪家壁等十餘萬之眾，傾巢進犯，先生布置劉孟廉、陳超等於雷馬屏區域，用中田陶慶林張天翔等於康北區域，孫仿於寧東，鄧德亮於寧西，顧葆裕張桐森於康南與敵苦戰經旬或經月，直至三十九年三月二十六日，卒以眾寡懸殊，無法固守，奉命將軍權交與參謀長羅列將軍指揮，繼續與共軍苦戰，先生與西康賀主席返台。是役也，第五兵團司令**胡長青**自殺，第二十七軍軍長**劉孟廉**及第二軍代軍長**張桐森**戰死，戰況之慘烈，可以想見。而我青天白日國旗，在西康也多飄揚了四個多月，在戡亂史中寫下了光輝的一頁。

四、安息吧，一代的巨人

安息吧，一代的巨人。先生生前，已為國家建樹了不朽的勳業，為人間樹立了至善的楷範，先生逝世，也贏得了社會廣大的震悼與熱淚，先生在九泉之下，應無遺憾，所憾的是中國大陸尚未光復，大陸同胞仍在水深火熱中，失去了一位共敵的剋星，國家的將星與同胞的救星，確是一件無法比擬的憾事！

詆毀一個哲人是「蚍蜉撼樹」，恭維一個哲人是「泰山堆土」，先生的德業事功，是自然的偉大，任何人詆毀先生，有如浮雲掩月不損於明；任何人對先生的阿譽，有如泰山堆土不增高巍。先生在一個大動亂時代中，過完了多采多姿的一生，對這樣一個巨人的德業與事功，我的這枝禿筆，實無法描述其萬一，我願意用先生常勗勉部屬的三大精神——也是先生生平充分實踐的精神，寫在下面，來追念先生的風格，藉作我們後死者仰止的座右銘：

㈠道義精神

不貪名利，不圖享受，淡泊明志，寧靜致遠。

摩頂放踵，冒險犯難，捨己救人，捨身衛道。

不背叛團體，不出賣夥伴，患難相扶，生死與共。

㈡磅礴精神

像山嶽一樣的崇高——蓬蓬勃勃，頂天立地，出類拔萃。

像雷霆一樣的威武——有聲有色，摧撼人群，震驚萬物。

像江海一般的澎湃——不停止，不休息，乘風破浪，勇往直前。

像日月一樣的光明——沒有隱瞞，沒有污點，光明永在，浩氣長存。

㈢犧牲精神

無名為大——爭責任而不爭權威。

無我為大——爭道義而不講利害。

下層為大——爭貢獻而不爭階級。

作者為法學家，曾任七分校政治部主任教官，西安綏靖公署軍法處長，來台後擔任法學教授及司法院大法官等職。

一位不死的老兵

——哀念胡宗南先生逝世一週年

江國棟

（民國五十二年撰）

「在神看來千年如已過的昨日，又如夜間的一更。」這是在《聖經》詩篇中的一句話。人在世間的日子至多也不過三萬多天；真是世事如煙，轉眼即過。胡宗南先生似乎猶在人間，卻已逝世一週年了。對於許多人的死去，我總是懷著悲傷憶念的心情，獻上花圈挽辭，親往簽名祭奠。然而對於這位偉大軍人的離世，自從突然聽到噩耗，我心的深處就一直蘊含著無限的愴痛與哀思；默然參加對他的追思禮拜以後，沒有任何一點形式上的表示。我總覺得：這位軍人，曾是風雲一時的人物，但他卻是一個十分平凡的軍人，曾是官至上將的統帥，但他只是一個歷經滄桑的老兵。風雲與高位，失敗與挫折，每每都能使人淺薄，然而他卻始終那樣湛深，他雖然已死，但卻永生！

人常說：胡先生「朋輩遍朝野，部屬滿天下」。這可能是事實，我和胡先生可說一點私人關係也沒有，不是老師與學生，不是長官與部屬，更不是同學與同鄉。但在不太短的將近三十年中，卻有過一些不太平凡的相遇。

民國二十四年的一個仲夏之夜，儘管時鐘已過十二點，天還下著小雨，長沙卻仍然非常炎熱。我和其餘十一位青年同學，被引導到長沙北門外一座小公館的三樓客廳裏坐下，等候和胡宗南先生見面。胡先生當時已經是名聞全國的將領，我們是在前幾天，由教育廳朱廳長經農先生當面告訴我們，說胡先生要見見我們，一切都是非常秘密。我們在深夜和這樣一位人物見面，氣氛又是如此神秘，一個個心情都很緊張，想像這位人物不知道要講些什麼。坐了不久，胡先生來了，他身穿一套雪白的中山裝，強壯的矮個子，滿面春風，一見面就覺得他是一個親切和氣平易近人的人。一一握手以後，他按名問了一問家世和學校情形，以及對反共抗日學生運動的一些意見。末了，他勉勵我們認識偉大的領袖蔣委員長，絕對服從領袖的命令，堅持反共抗日的立場，學生運動應該走建設的路線。我們以為到此，就已經結束，應該告辭了。不料胡先生要我們休息一下，自己出了一個題目「粵漢通車與中國統一」，要我們接下去舉行一次座談會，每個人一定要發表一些意見，我們大家似乎都很高興發言，但並沒有人作成結論。最後，胡先生留下我們的通訊地址，他也把他的通訊地址告訴了我們。叮囑常常通訊。如此我們靜靜的辭出，回到家裏，天快亮了。這是我和胡先生第一次見面。我們對他都有好感，也經常談到他，我認為湖南學生運動始終堅持反共的路線，共軍始終在湖南學生界抬不起頭，胡先生這次約談，是絕對的發生了決定性的發酵作用的。許多朋友從此和他經常有信來往。我認為我自己還是一個學生，胡先生的麾下，人才濟濟，我們這種通訊，只有增加他的負累，是沒有什麼意義的，所以一直沒有寫過信給他。第二年，曹日暉兄回長沙，其第七預備師駐節長沙北門外廣雅中學，他為胡先生徵集文武人才，當時有許多朋友欣然就道，我雖然沒有參加，深感這樣一位人物，在軍書戰陣之間，仍以廣求青年人才效忠領袖為念，這位將領是有作為有前途的。我好幾位朋友在胡先生那裏工作得頗為順利，但也有些朋友去了之後一面也沒有見過他。有些朋友勸我寫信給他或者到西北去，我總覺得這都會無所貢獻，既是如此，時間一久，除了心中對這位將領留有一些愛慕之情以外，就是和那些朋友，便也慢慢疏淡了。

民國四十四年七月間，我在陽明山革命實踐研究院聯戰班第五期受訓，胡先生正在院裏擔任輔導員。結業之前，舉行一次對抗演習，這是一次半自由統裁的演習，總統親臨裁判。我擔任藍軍政治部主任，必須針對敵我情勢，提出處置意見和建議。一般對我的報告，還認為滿意。剛剛演習完畢，胡先生通知我立刻去見他。一見面，他對我的見解幾番讚譽之後，一面親切的詢問我的一般情形，一面注視著我，忽然說：「我在哪裏見過你。」事隔二十年，而且只見一面，我真驚服他記憶力之強！這樣，我把和他第一次見面的情形告訴他，似乎引起了他很多的感觸，彼此沉默了很久，當時我在特種黨部服務，職務是國防部參議，他問我認識不認識蔣經國先生，他願為我介紹，我再把個人情況詳細一點報告他，他似乎非常高興，我臨走，囑咐我要經常讀書，注意國內外情勢的研究，他那種謙沖誠懇的態度，和第一次見面完全一樣。此後，只在各種公共集合或會議中見到他，雖然，我們之間，似乎連一點私情也沒有，但一見面，他總是走過來親切的垂詢一些讀書和工作的意見，對這位偉大軍人，如此熱誠的氣質，他那種愛護後進的謙沖精神，我實在敬佩。胡先生對其他的人想必都是如此，在現實社會，這是非常難得的。

民國四十七年九月，金門砲戰異常慘烈。我經常往來於金門馬公之間。胡先生當時擔任澎湖防衛司令長官。有一次，他約我去見他，就在他的辦公室坐下，早已準備了兩瓶白蘭地酒和兩個蘋果，這不是什麼談話，而是一種親切的慰問和鼓勵，含意是十分深刻的。他詢問前線士氣和政治工作情形，我將所見約略報告了他。他說：「任何驚濤駭浪，只要聽命舵手的指揮，一定會安全渡過。」在我報告前線所見非常樂觀之後，他追問我，為什麼會如此成功。我說當時是前後方同心、軍民同心、三軍同心、上下同心、中美同心，有此五個同心的緣故。而胡先生說這正是有一位領袖和有一個黨的關係，他認為軍隊是反攻最重要的力量，今天軍隊如此成功，組織和政工的作用很大。接著他說料事不易，知人最難，凡事以求心安為第一。對坐了一小時多，我說的話比他多，他並沒有講幾句話。但他這很少幾句話，意義是很深長的。在澎湖過路，總不便去打擾他。除了應邀和別人在一起吃了兩次晚飯以外，很少談話，有一次在澎湖機場相遇，胡先生照例那樣親切的握握手拍拍肩之後，問我前線砲戰厲害不厲害，我說受傷的很少。他說：「當軍人受傷是最有意思的，沒有受過傷的軍人，正如是一朵不開的花一樣。」這是何等深刻的意境！

在台灣，好幾次遇見胡先生，總是那樣親切而平凡。有一次他要我請他吃飯，我以為他是開開玩笑而已。後來遇見，又說為什麼還不請。我和內子真想請他和夫人吃一次便飯，但總不巧拖延下來沒有請。綏民兄和他談起此事，他說決定由他請我們。這位偉大的軍人，不送相片，不愛送禮，不喜請託。至今我不知道他的公館在那裏，我想他也一定不在乎這些的。忽然聽說他生病，又忽然聽說他死了，我失去了一位知己的長者，國家失去了一位偉大的軍人，令人痛惜！令人悲愴！久久無法自已！

蔣經國先生在胡先生生前與死後，曾以胡先生為典型教訓我們。他說胡先生一生無我，一生絕對服從領袖的安排，一生從不背後批評別人，一生從不解釋別人對他的誤會。這是對胡先生最偉大也最深刻的讚美！張其昀先生有一次和我說：「國防研究院同學會選胡先生做會長，他一死，恐怕再也選不出第二位像他這樣偉大的會長了，所以至今沒有再選會長。」國家長期陷在動亂與災難之中，有多少人真以國家民族為念！「中流砥柱」決不是權位可以代表，有時，甚至不是一種形式的東西可以衡量。歷史上多少人立功立德立言而名垂千古，但有多少人犧牲更大貢獻更多而卻一無所獲！海明威（Ernest Miller Hemingway, 1899-1961）所寫《老人與海》中的老人，他和風浪與沙魚經過極度艱苦危險的搏鬥，受盡創傷而凱旋的時候，他只是盡了一個漁人的天職，一聲不響的回到家裏。在他真是一無所獲的。任何一位偉人的貢獻，在乎他對時代的啟示。在虛名與實質、奪取與犧牲、權貴與民間、淺薄與深刻、個人與民族、現實與將來、利害與道義，這許多重要關節，能有最明智的選擇，這是智慧與毅力的結晶！他已經是國家民族的偉人了，在歷史上無名，比之有名，更為偉大！胡先生在歷史上必然是有名的，但他那些載乎史蹟的事情，遠不及他在無名處所承當下的有價值！他那種深刻澹泊的氣息，將在這個時代後起的軍人中發生巨大無比的影響！周聯華牧師在追思禮拜中說：「胡先生已經歸主」，願胡先生自己在天國永生，他在我們國家青年軍人的心中，永遠是一個不死的老兵。

作者軍校九期畢業，從事軍中政治工作及黨務工作多年，協助蔣經國先生，亦曾任中國國民黨中央委員。

我所見的胡宗南將軍

石敬亭

（民國五十二年撰）

胡宗南將軍，治軍三十年，不事生產，待人厚、律己嚴，潔身自好，甚為極峰所器重。任戰區長官時，桌上僅罩藍布一方，紅藍鉛筆幾枝（短者二三寸），無珍玩奇寶，客室磚地蓋席，窗櫺有豎少橫，寢室除簡單臥具外，別無長物，衣服恆至不能換。每到首都，雨農將軍見其衣服陳舊，代為更換，一次經理處請為添襯衣四套，他只批兩套。享客時，每桌多置四色小菜（豆腐乳、鹹菜類），中放一沙鍋，用大鍋燉就的雞肉粉條菜蔬等物，隨吃隨添，很少用名貴菜品。如遇特別宴會，較此稍豐滿而已。他的兄弟結婚時，向他借錢，他說到時都接到下馬陵來[1]我給你辦。屆時也沒用樂隊，行禮後，備了便飯一桌，請證婚、介紹、主婚、司儀、新人一吃而去。他自己結婚時，亦極簡單，先通知余到興隆嶺吃便飯，到時見他同新娘打掃屋子，整理牀鋪，才知道與他證婚，亦未帶去圖章。陝主席祝紹周攜酒兩瓶趕到，當是他的生日，參謀長盛文倉卒間聽說，帶了紅紙一張、紅燭一對，並當場寫了結婚證書。行禮時也沒有樂隊，禮成，備八碗便餐，大家吃了而散。

他的封翁，是在抗戰時捐館的，勝利後出殯，未出訃聞，他趕回原籍（聽說正日子未趕到），痛哭一場，哀思數日，仍回戰區任事。他的生日，部下與親朋，未有知道的，在西安住了許多年，從未聽說他做生日。盛文問過一次，他說「不知道是什麼日子」，糊裏糊塗吃了一頓。

皮相胡氏者，見他古裏古氣，多以為怪人相誹謗，殊不知較之自己享受很優，待人很刻。每遇婚喪生日，惟恐人客不眾，場面不闊，盡量張羅，盡量舖排，自擾擾人，既費精神，又耗金錢者，不又高出萬萬哉。

史載明將常遇春，生平財帛無所取，婦女無所幸，斯言也，可為胡將軍詠矣。

作者原追隨馮玉祥，亦曾代理陝西省主席、山東省主席，抗戰後任第一戰區副司令長官，來台後曾任總統府國策顧問。

1 胡將軍住下馬陵，在長安南門內原董仲舒治學之地。

胡宗南將軍的愛國精神

——寫於主任安息二十八週年紀念

陳　器

（民國七十九年撰）

我們浙江象山縣，不論男女老幼，都知道胡宗南將軍是共軍的剋星，追打共軍二萬五千里的大英雄，是蔣委員長西安蒙難時的功臣。在民國二十九年秋，獲悉胡宗南將軍派員來浙江招考陸軍官校學生，在愛國心驅使下我和蔣介玉同學等十八人，遂於九月二十二日夜間，偷渡日軍象山港封鎖線而考取，途經浙、贛、湘、桂、黔、渝、陝等七省，歷時六月走了九千多里路，於三月二十四日到達陝西王曲第七分校，第三次復試錄取後，編隊接受陸官十七期教育，畢業後派在西北服務多年，我對胡宗南將軍忠黨愛國的高尚志節，個人體認，分述如左：

一，民國三十年五月十五日，十七、十二總隊在河西大操場舉行入伍典禮時，胡將軍訓話要點：「你們穿上軍衣，戴上有黨徽的軍帽，表示為革命軍人，黃埔軍校的學生，一切要獻身黨國，去掉老百姓的動作，和大少爺的生活習慣，鍛鍊強健體格，學習殺敵技能，更要培養高尚品德節操以奠定做軍校學生的基礎。」

二，三十一年七月十一日，在牛東村營房大操場舉行升學典禮時，胡主任首先介紹副主任邱清泉少將，在二十八年十一月崑崙關戰役中，擊潰日軍第五師團，是一位勇敢善戰忠黨愛國的優秀師長。然後告訴我們升學後，要專心研究兵學，同時要以三民主義作靈魂，以領袖言行作燈塔之剴切訓示，典禮中，邱副主任報告拿破崙機動戰術和集中火力射擊，非常動聽。

三，三十二年三月十二日十七期十二總隊，在河西大操場舉行畢業典禮前一週，胡主任竟和我們一同住進帳篷，生活在一起，每天訓話二小時，其內容為「今日戰士」：

1.生活——要以身作則，前方士兵化，後方平民化。

2.工作——要有績效，從苦幹、實幹中努力，並養成口到、心到、眼到、手到、足到之習慣。

3.紀律——官誘不動、錢買不動、手槍威脅不動和被俘不屈的高尚氣節。

4.戰鬥——要奠定強健的體格，忠貞的思想，堅強的意志，然後具備非打不可，非勝不可戰鬥觀念。

最後以「生於憂患，長於戰鬥，成於艱苦，終於道義」四句話作為我們畢業同學的贈言，對二三七八名同學的思想、精神、毅力，奠定了堅定不移之基礎。

四，三十二年十二月二十日，胡將軍陪同俄國將領，到黃埔村高地，參觀馬克沁重機槍對空演習（三挺機槍形成火網，由重兵器訓練班學員擔任演習），我任演習排排長，參觀者提出重機化性能，和陣地配置，日軍飛機時速等有關問題，經我和胡將軍分別解答、說明。最後俄國將領和我比高矮（比我一七九高一點），並在雪地比賽穿衣服的有趣事（他著裝七件，我只三件），胡將軍在旁哈哈大笑，並拍拍我的肩膀，表示嘉許；從這次演習中，獲悉胡將軍於民國十四年在東征棉湖戰役中，擔任機槍連排長，發揚重機槍威力，擊敗敵軍，立過大功，所以他對重機槍性能很瞭解，並特別重視。

五，三十三年二月十日，我在重兵器訓練班受訓一年後，以第一名成績畢業，主任胡將軍特在興隆嶺召見，贈送我《三民主義》精裝本和四句名言「珠寶賤於糞土，責任重於泰山，生命輕於鴻毛，榮譽高於一切。」亦為胡將軍一生中之真實寫照，充分表現了愛國的精神和忠於領袖的志節。

六，三十四年三月十二日，教導總隊三個團，在曲江時接受胡宗南中將升任第一戰區司令長官後，校閱部隊指揮官，為副總隊長楊厚綵少將曾任十七期十三總隊總隊長，海軍陸戰隊司令，現年九十一歲，身體非常健康。我當時擔任撐旗官，在排頭。先閱兵分列後集合訓話，其要點為：「日軍集中十個師團兵力，打敗第五戰區部隊後，攻陷鄭州、洛陽，據情報研判，最近要向本戰區防地進攻，剛才看到大家體格強壯，精神飽滿，動作齊一，充分表現是一支訓練精良的部隊。本人特派你們教導總隊，赴豫西地區作戰，希望大家上下一心，發揚教導團在民國十四年東征時的光輝戰績。打垮日軍於『潼關』外，以確保西北門戶和國家的安全。」部隊於三月十六日在潼關外，河南靈寶地區佈防。可是日軍進攻的五個師團兵力，四月下旬已被我們前面部隊，一六七師、六十一師、二十八師（十五期孔令晟學長任營長，在豆腐店戰役中曾殲滅日軍一三九聯隊主力），一一〇師、四十二師等部隊擊潰日本一三七聯隊，留下屍體一千多具，俘獲步機槍、輕重機槍及火炮、騾馬等戰利品九百多種，及日本戰俘，於五月初經過我們教導總隊靈寶防區送入潼關呈繳西安長官部。直到民國三十四年八月十四日抗戰勝利，日軍始終和我軍對峙在豫西戰場，沒法進犯潼關一步，安定了我們後方的根據地者是胡宗南將軍，在抗戰時期，對國家有重大的貢獻。

作者七分校十七期畢業後參加戡亂戰役多次，來台後參與建設海軍陸戰隊，曾任陸戰隊士校校長，海總副參謀長等職，著作甚豐。

宗南先生典型常在

羅　列

（民國五十一年撰）

公以道義忠厚自期，謀國之忠，任事之勇，即此已足千秋，更遑論勳名事業；我託帡幪軍旅既久，倚畀之深，相知之雅，縱未臨危一訣，敢不竭心膂股肱？

宗南先生逝世後，為營墓穴於陽明山之陽，既竣工，擇期殯葬，使先生遺體得以早安窀穸，其時距先生逝世忽已三月有餘，撫今追昔，哀念何極。

我與宗南先生相從二十五年，憂患與共，終始如一，茲先生去身後之事略盡，而其生平持躬任事，接物待人之盛德，則或多未彰，今而後，繼志述事，端在效法先生之典型，發揚先生之德性，使其遺志克竟，夙願獲伸，而其清操勁節，得能永塞乎天地之間，廉頑立懦，常為後世的楷模，此則我輩後死者無可旁貸之責任。

宗南先生統軍近四十年，跟從領袖，盡歷北伐、剿匪、抗戰、戡亂諸役，大小數百戰，其功勳之彪炳，固已舉世同欽，而其志慮之忠純，品德之聖潔，則尤非我輩所能仰望於萬一。宗南先生律己之嚴，異乎常人，生平記載日記，數十年從未間斷，往往一言一動，事後加以省察，必求止於至當，其最足以供我輩效法者，當首推廉儉之德。昔先生總綰兵符，屏障西北，蒙領袖特達之知，受國家干城之寄，一時五省軍政，悉聽節制，而先生夙興夜寐憂勤國事之餘，居無重茵，食不兼味，嘗自言燒餅油條為我們上等美餐，窯洞土炕是我們安樂居室，自奉之儉，人所難及，其尤令人崇敬者，則為先生一生廉介，視財貨若糞土，從不稍治生產，為家人子女計。先生服官數十年，位洊上將，而棄世之日，內無餘帛，外無餘財，雖數椽之屋，尺寸之土，亦無所遺，且先生向不以此相標榜，雖戚友部屬之最親近者，亦從不知其底蘊。足見先生持躬立己，但行其心之所安，貧窮困阨，甘之如飴，倘非志節高超，曷克臻此？

先生一生以軍旅為家，以革命大家庭為家，從不暱其所愛，私其所親。其夫人葉霞翟女士，與先生議婚於十年之前，而結褵於十年之後；五十而未娶，只緣匈奴未滅，何以家為。先生婚後三日，即返居於軍旅之中，此後會少離多，絕少室家之樂，而伉儷情深，則全繫於革命報國之共同目標與事業。此於當世，或不無特立異行之感，且或謂先生具有怪僻者，殊不知人生有涯，而革命救國事業之有待努力者無窮，先生以天下為己任，惟恐力有未逮，時有未充，其人生之境域，生活之情趣，自與常人不同，而其竭忠盡智，傾全力以赴革命之事功者，亦於此略窺其端倪。

先生並非拙於辭令，其於剖析事理，闡述主張或排難解紛時，每條分縷析，語皆中肯，使人誠服。又每遇有詆毀本黨，或對領袖國家偶有建白，言語之間，未盡得當者，輒以「衛道者」自任，無不攘臂而起，駁斥辯難，聲色兩厲，而獨對其個人有關之事，或誤會滋生，或誹謗叢集，則反處之泰然，惟持緘默木訥之態度；嘗自言，事實是最好的雄辯，歷史是最佳的證人，在歷史與事實之前，人之語言，乃為多餘。蓋其信賴領袖，忠愛國家，乃出天性，而於個人窮通困達，毀譽褒貶，皆非所計。其秉持操守有如此者，豈孜孜於一己功利者所能企及？

先生前於抗戰時期，曾奉命在陝督編地方部隊，先後逾數十萬，一經部勒，皆成勁旅，而於整編期間，自不免汰弱留強，去腐生新，於舊習多所變革，於幹部或有調整。不知者徒聽傳言，以為先生奪人之眾以為軍，曾不稍假餘地。而先生受命中央，執行決策，則惟知一現代國家，必先求軍令政令之統一，既經整編，即更無新舊畛域之分，推功任過，恩意周摯，故受其指揮者莫不心悅誠服。即對於編餘人員，無分階級，亦莫不愛之護之導之於革命報國之正道，故一時或有怨望，而久後無不歸心。至於先生作育青年，提挈後進，為國家儲備人才，則尤不遺餘力，前軍校七分校，戰幹四團，西北游擊幹部訓練班在先生親炙教誨之下，英才輩出，總數達七萬餘人，其中資質優秀者，並多方設法，助其留學深造，及今學成歸國，皆已蔚為國用，而先生春風化雨之精神，至今猶為諸生所樂道，蓋其純厚得自天性，愛人出乎至誠，大德感人，久而彌深也。

宗南先生逝世後，舊日袍澤，多有紀念文字，我不過就平日所深自體會者略舉一二，實不足彰先生之盛德於萬一。自以為先生之忠貞廉潔，剛毅樸實，誠以任事，德以御人的精神，實足以為我輩後死者深省效法，永矢勿渝，必如此，而後能無愧對先生在天之靈，而先生形骸雖滅，典型長存，當永與名山勝蹟同垂不朽。

作者黃埔四期、陸軍大學、國防大學聯戰班，美國陸軍指參大學、國防研究院等校畢業，參加東征、北伐、平亂、剿共、抗戰、戡亂諸役，並曾任西南軍政長官公署參謀長、陸軍總司令、副參謀總長執行官、三軍大學校長、台灣機械公司董事長等職。

在大陳

鍾　松

（民國五十二年撰）

民國四十年春，胡將南上將奉總統任命為：一、江浙反共救國軍總指揮。二、浙江省政府主席。胡上將奉命後，即在台北策劃準備事項與工作計劃方案。於同年九月九日率領少數幹部，由基隆乘我海軍二〇九號艦於九月十一日到達大陳島，當時大陳列島中，散佈有我游擊部隊數十個縱隊番號，義胞三萬餘人，在島之軍民，無衣無食，飢寒交迫，其狀甚慘。且群龍無首，有彼此自相攻擊者，胡上將盱衡當時之局勢，審度當面之匪情，兼顧其他各項有關因素，作適當之抉擇，召集諸游擊部隊首長，相聚一堂，作三日之會議，策定在上下大陳建立軍政基地。並劃分為三個時期來進行。第一時期自民國四十年九月至十二月是紛亂時期，以建立軍政秩序為急務。第二時期是鞏固基地時期，以建立大陳地區防務，部隊訓練，部隊裝備，地方保甲等為主要事務。第三時期，是發展時期，以充實反共救國軍兵力，加強大陸情報網，擴大大陸邊沿突擊與海上游擊，組訓島民充實後備力量，發展浙閩贛邊區游擊基地等。並制訂江浙反共救國軍總指揮工作總計劃方案，浙江省政府施政方案。胡上將本擇善固執之精神，不避一切困難危險，堅持既定方案，按期實施，務期三年有成。

迨民國四十三年初，奉政府命令，撤退大陳，反共救國軍，浙江省政府，及所屬大陳義胞，全數撤到台灣，反共救國軍整編為反共救國軍第一總隊。隸於陸軍總司令部。浙江省政府機構撤銷，所屬各級員工，由行政院命令分發於台灣省各機構服務，大陳義胞由行政院救濟與就業分別安置。大陳地區之反共救國工作於焉結束。

胡上將在大陳主軍政反共救國工作，時不滿三年，但於此期中，在軍事：整訓反共救國軍步兵六個大隊，海上艇隊一個總隊。在政治：建立三門，臨海，溫嶺，玉環，平陽，等五縣縣政府。設立國民學校三十二所，浙江省立中學一所，造林，建水池，辦通貨等，政績斐然。並前後親率部隊，展開游擊戰爭，大小戰三十餘役，其中以洞頭，白沙，黃礁，金鎮衛，沙涅，鹿羊，積谷山，一江山，等戰役為尤著，中外聞名，功在黨國，傳載青史，流芳百世。

作者黃埔軍校二期畢業，後參加東征，北伐，平亂，剿共，抗戰，戡亂諸戰役，民國四十年擔任反共救國軍副總指揮，前往大陳，其後於民國五〇年代移居荷蘭。

鹿羊戰役四十年
——憶胡宗南將軍

池蘭森

（民國八十二年撰）

民國四十二年六月，胡宗南將軍化名秦東昌，率領我游擊官兵，赴浙江溫嶺所屬大陳游擊區，發動三晝夜的登陸戰——鹿羊戰役，本文作者就其親身參與此役的經驗，作此文追述，以紀念胡將軍及為國犧牲的九十八位烈士。

——原載之中央日報海外版編者註

秦先生每天都來督訓

傳記文學本年七月號刊出趙璵先生所撰「胡宗南化名秦東昌指揮海軍登陸」一文，末段記述「胡上將發動另一次登陸戰，稱鹿羊之戰，這次作戰包括來回航程前後連續三晝夜，四十二年六月十九日至廿一日發生在浙江省玉環縣東方海上十公里的大鹿島，包括北面約四公里的羊嶼在內」。

筆者就是該次鹿羊戰役，主攻部隊的政治室主任，當年我廿四歲，有幸參與胡宗南上將指揮的此役，謹願就作戰實況作一追述，以紀念我為國壯烈犧牲之九十八位游擊烈士，並對總指揮胡宗南上將致以崇高的敬意。

民國四十年春，我奉國防部大陸工作處處長鄭介民上將之令，派赴浙江省溫嶺縣所屬大陳游擊區，駐一江山，俟機挺進大陸之中華人民反共救國軍獨立第三十五縱隊。半年後，改編調至國防部獨立第四十二縱隊政治部副主任代理主任；再整編為江浙反共救國軍野戰第四大隊，經整訓後番號為突擊第四大隊，這支部隊為七個大隊中的勁旅。四十二年三月大隊調至上大陳大岙集訓，胡上將當時化名為秦東昌，我游擊官兵均尊稱秦先生。

部隊生活艱苦，住帳篷，一個月難得吃到一次豬肉，平時多以臺灣補給去的蘿蔔乾和黃豆做副食，魚民雖也打魚出售，但部隊窮，吃不起，只有望海興嘆。秦先生幾乎每天都來督訓，有一次講話最短，講詞是三句話、十個字，他站在司令台，左邊看看，右邊看看，向中間一站，笑笑點點頭說：「你們很好，我很高興，完畢。」

六月上旬某天，攻擊大小鹿山的行動開始，秦先生召集大隊長王輔弼、總教官朱向豪和筆者到其辦公室，那是山角漁村一座僅三個瓦屋的民房，庭院中以小白石鋪地，老樹一棵，室內薄木板釘成的茶几，放幾杯開水，一包早年臺灣公賣局出產的綠色軟包雙喜香烟，秦先生很客氣地讓請抽烟，他聽過我們三人口頭簡報後，很嚴肅的告訴我們：「你們要好好的打勝這次大小鹿山攻擊戰，我也要親自參加。」

不久，四大隊官兵搭乘海軍美頌號登陸艇，駛向大陳島南方的披山島待命，艦是平底，海浪滔天，上下顛簸，煞是辛苦，一連數次於黃昏駛到大小鹿山外，環繞航行以艦炮射擊，驚擾島上共軍，此時大鹿山上的長程火炮，已可射至披山島。六月十九日上午七時，攻擊軍戰鬥序列編成，指揮官為披山地區司令馮龍參謀長為總部處長楊炳鏞，攻擊命令以突擊第四大隊為主攻部隊，目標攻佔大小鹿山。突擊第五大隊為佯攻部隊，目標為牽擾羊嶼島共軍。突擊第一大隊為支援部隊，集中披山待命支援，指揮部開設於某某兵艦上。

命令指示：主攻之四大隊，須於廿日拂曉前，一舉佔領小鹿山，清掃戰場，運送傷患，完成補給等。白天休息，重新部署，運動至待機位置候命，協同海軍艦砲集中火力，開闢路線攻佔大鹿山後，於適當時機快速撤離，返航披山。

血肉橫飛的交戰陣地

十九日十九時，四大隊於披山背面美人港登艦，船團在黑夜中直向鹿山海面，船上燈火管制，禁止抽烟，離岸數百公尺，換乘游擊隊員駕駛的小舢舨，以手搖櫓快速衝向岸邊，同時開始以艦炮密集火網向小鹿山灘頭射擊。月黑流速，浪大船小，王大隊長和我分乘兩小舢舨，相互呼應於砲火中，隨第二舟，先後搶灘登岸，我的小傳令兵「阿益」持衝鋒槍緊隨身邊，礁石滑溼，乃以棉被覆蓋以減少人員傷害。

廿日凌晨二時許，小鹿山全島為我軍攻佔，第一隊政治指導員鄧國權於衝進核心陣地時陣亡，身上背有青天白日國旗，七時後，山洞間仍有零星戰鬥，大夥兒將重傷官兵及陣亡戰士遺體和俘虜之共軍護送至大陳島，於血肉橫飛的陣地中休息，以軍用餅乾薑糖等飽餐戰飯，中午秦先生指派楊參謀長代表他到小鹿山陣地慰問戰鬥中的戰士。十七時接指揮部命令：完成攻擊大鹿山準備，此項攻擊行動為由下向上之仰攻，大鹿山共軍火力只要控制對小鹿山之正面居高臨下，就易守難攻，而大小鹿山海中相連，退潮時水不及膝，人可涉水而過。

小鹿山前敵指揮所王大隊長、朱總教官和筆者決定指派第四隊為攻擊大鹿山第一梯隊，隊長呂玉柏受命率部在我八一、六〇炮集中強力射擊後，涉水衝鋒越過淺灘，進佔至大鹿山腳下，建立陣地，掩護我第二梯隊過灘，王大隊長和我則率本部隊官兵隨同二梯次衝上大鹿山。此時王大隊長對我笑笑說：「池主任你才廿四歲，我已有老婆孩子了，你連個女朋友都沒有交過，就從臺灣派到游擊隊來，這一仗打勝了將來我們還要吃你的喜酒。」

此時傳令兵報來第四隊隊長呂玉柏在大鹿山腳下，被山上丟下的手榴彈爆炸陣亡。大隊長隨即命令升副隊長為隊長率第一梯隊進攻，近廿一時，二梯隊集結向攻擊發起線運動，命令炮兵集中火力網，威力射擊支援第二梯隊，強行涉水進攻大鹿山，此時忽接秦先生密電命令停止進攻，待命約一小時，復奉指示，部隊於廿一日四時前撤離小鹿山，返航披山島。

前敵指揮所奉命後，立即調整部署，阻止共軍自大鹿山向小鹿山反登陸追擊。並掩護已攻進至大鹿山腳下之第一梯隊安全撤離，命將呂玉柏隊長遺體搶送上船，惜逢潮水上漲搶送不及，呂隊長就長眠於小鹿山腳下了。

穿著家人做的新布鞋走了

廿一日廿一時秦先生於披山地區司令部召開戰鬥檢討會，戰地作戰室只有數盞煤油燈，及幾根蠟燭，正是虎帳夜談兵，嚴肅的檢討會開始，主攻部隊王大隊長先報告，後輪我報告此次陣亡官兵九十九人，俘擄共軍六十一人。最後，秦先生訓示大略為：（一）我游擊隊以這樣的裝備，能打勝仗，是值得高興和欣慰的事。（二）大小鹿山共軍是三野陳毅部的一個加強營，他們才抗美援朝韓戰撤回來不久，我們四大隊能打共黨的王牌部隊而得勝，值得驕傲。（三）我要你們撤回來，是因為情報發現，昨天晚上共軍增援部隊已到，船團正運送砲火到達大鹿，我游擊隊絕不攻堅，打勝就走。（四）突擊大小鹿山其實我們這就是反攻大陸。

聽秦先生話後，作戰室的官員熱烈鼓掌，會議繼續進行約半小時，突然來自大鹿山共軍陣地的三發長程砲彈擊中披山民房，楊參謀長建議停止開會，秦先生不准，僅將門窗以布遮住使燈光不外露，繼續開會，半小時後，參謀長再次就近秦先生耳邊報告，又過十分鐘會議停止。會後方知，因顧慮有美國西方企業公司顧問在場，萬一出差錯不好，秦先生方接受建議散會。

佯攻部隊的第五大隊政治主任黃達先隨船團駛至羊岐海面，不幸被岸上武器射擊陣亡，據知黃主任在出發前收到臺北家人寄去一雙新的黑布面布鞋，非常高興，自語說：「我就穿這雙布鞋走吧！」他真的為國犧牲，穿著他家人親手為他做的新布鞋走了。

當運送重傷官兵的機帆船抵達上大陳島時，正巧有臺灣去的越劇勞軍團在島上勞運，名演員喇叭花、葛少華等名角數十人都一齊擁向岸邊，參加抬運傷兵，也不分四大隊的戰士和俘擄來的共軍，一視同仁，一起救治，毫無差別，毫無仇恨。住同一病房，吃同一伙食，四十年了，不知那六十一位被俘來臺的共軍，現在都已成家立業否，大家也該都有六十多歲了吧？

一無所有，有的是赤膽忠心

大隊自披山返大陳島後，秦先生特為舉辦一次慶功宴，召見王大隊長、朱總教官和筆者，再次訓示這一仗打的很好，要再好好訓練四大隊，過不久，還要有個「動作」。我們三人都明白，這「動作」二字就是還要再有一次登陸戰。

秦先生在大陳生活非常樸實簡單，怎麼也不像曾經統帥過百萬大軍的西北王。全島只有西方企業公司的顧問有一輛吉普車，雖然美方人士一再請秦先生隨時派用，但我從來就沒見過他乘吉普車來視察部隊，總是自己翻山越嶺徒步而行，他要求游擊隊員的信條是：「我們一無所有，有的是赤膽忠心，我們一無所求，求的是反共復國」，常常告訴部隊說我們是來贖罪的。

據我所知秦先生之所以用秦東昌為化名，又以九一九一為江浙總部番號，其用意是秦者陝西、西安古屬秦嶺，東昌乃其所居：西安東昌門內。九一九一會為雙十，以示十月十日之意，現任總統府顧問沈之岳先生（化名王明）時為秦總部的政治部主任，兼東南訓練團政訓組長，沈先生常因公務搭乘藍天鵝水上飛機，來往於臺灣大陳島之間，訓導組長就指定由我代理。

訓練團每週六上午均有會議，由副總指揮鍾松先生主持，各戰鬥團大隊長以上官員參加，並有顧問人員。中午必有一餐較豐盛的午餐，不外乎皮蛋、紅燒肉、黃魚和臺灣去的青菜等。我託了沈先生的福，才常有打牙祭的機會。

有一次餐後鍾先生宣布，秦先生要大家參加新任參謀長到職布達典禮，我隨眾將軍到達秦先生辦公室，庭院中，因我年齡較小，階級最低，站在最後，屆時秦先生率同一位官員自屋裏出來，向隊伍中間一站，另位官員立正在其右後方，秦先生大聲口頭宣布「命令，奉總統令，茲派徐世琪為江浙總部參謀長，爾等須服從」。至今我對最後五個字記憶深刻，參謀長化名孫某某，十年前曾任行政院研考會主委。

拋棄過去功名，一心報效國家

記得秦先生初到大陳島，是在民國四十年十月間，我正駐守在一江山，當時僅知國防部將有一視察組要到游擊區，點編游擊隊。不久各游擊司令奉命集合，在一江山、北山開會，會後大家都在猜測，會議主席是位鍾先生，另外介紹是李先生、王先生，但坐在主席右手的一位，沒有介紹；其人年約五十多歲，稍矮略胖，器宇軒昂，頗具威儀，也不發言，只見主席不時俯身向他說話，狀極恭謹，隨即傳出此人就是日本人岡村寧次大將，他是來幫助訓練游擊部隊的，所以他聽不懂中國話，也不發言，又過了許久才知這位就是胡宗南上將，也就是總指揮秦東昌先生。

據聞有位游擊司令，為人頗為霸氣，聽說胡上將要做總指揮，順口而說：「胡宗南要來，是他指揮我，還是我指揮他？」秦先生聽後，只是笑笑，他有位朋友，自臺灣寫信去大陳島，封面寫的是「胡宗南上將」，信送到他桌上，隨即順手一筆寫上「查無此人，原件退還」，可見秦先生是有心拋棄過去功名，來大陳，一心報效國家的。

秦先生不喝酒，某次臺北一位將領去大陳視察，有人建議，要加菜並備酒，秦先生接受意見，用餐時，加兩個菜，一是炒雞蛋，一是黃豆芽。先用餐，後喝酒，敬酒也僅三數杯而已。可見他是位不虛假的人，真乃英雄本色，絕不做作。

他帶同視察組到大陳時，借住在一位地方人士王相義先生家中的二樓上，老式建築，木板樓，一個人不下樓，常見其在樓上來回踱方步的背影。

秦先生調職回臺灣，是蔣經國先生親自到大陳島迎接的，他們二人私交非常好，總部舉行國父月會，秦先生請當時蔣主任講話時稱「主任」，而蔣主任則稱秦先生為「長官」，蔣主任在司令台上都是立正站在一旁，二人相互尊敬，每次蔣主任到大陳，他都將自己臥房讓蔣主任住。

一江水埋葬一群年輕戰士

十二月八日，我因戰功被選來臺參加經國先生主持的總政治部最後一次擴大政工會議，在北投幹校舉行，並代表部隊長慰問重傷來臺住院的官兵，他們在基隆接受市政府謝貫一市長的歡送餐會。筆者也受邀參加，這支游擊隊的勁旅，突擊第四大隊調到一江山駐守，四十四年元月全部陣亡，這就是名聞中外的一江山戰役，也是國共雙方最後一次戰爭。

現在我保存有鹿羊戰役陣亡官兵名冊，每當節令家中要祭祖時，我都將這名冊供奉在香案上，讓他們和我先人同受我一拜。方今我不祭他們，誰還會記得他們？「可憐無定河邊骨，猶是春閨夢裏人」，不知道這些烈士在大陸的家人，是否會因兩岸已交流，而等待他們回去，但他們是永遠等不到了。四十年來，大小鹿山和一江水仍屹立在東海的波濤中，那裏卻埋葬了一群年輕的戰士。

現在的將軍們，可以玩著球桿當槍桿，繞著球場當戰場，只要一桿進洞，照樣可以傲視群雄。想到秦東昌先生和他的游擊戰友對國家作的奉獻，馬祖的東引島上救國軍的紀念館內，留有他們不朽的史跡。秦東昌被尊為游擊隊員之神。每當我走過陽明山竹子湖時總要停車，去向秦先生的墓園行個禮，因為我追隨秦東昌先生做過反攻大陸之戰，這該是胡宗南上將畢生最後一役吧！

（原載刊於中央日報海外版，民國八十二年八月廿六、廿七日）

作者池蘭森將軍弱冠時參加蔣經國先生主持之「石牌訓練班」青年敢死隊，派往大陳協助沈之岳先生從事政治工作。返台後曾任經國總統聯合警衛安全指揮部主任及調查局督察室主任等職。

敬悼胡故上將宗南先生

余紀忠

（民國五十二年撰）

故陸軍上將胡宗南將軍之喪，定今日舉行公祭，一代名將，從茲星沉，雖然他的忠勇堅貞將永垂竹帛，但在此大局艱難之際，胡將軍中道而沒，就國家而言，是痛失干城；對於胡故上將的親友故舊、長官僚屬都是無以彌復的創傷，感念疇昔，令人愴悼不已！

昔英將惠靈頓論將，以能做英雄、能做凡人、能接受命令、能達成使命為四項「全才」。胡故上將實兼有之，論胡故上將一生之豐功，他從早年參加棉湖之戰，到守大陳打游擊，真可謂出生入死數百餘戰，他是一個英雄。但是，他的顯赫一生，卻從未有一語以自表，他對於「謗亦隨之」的種切，亦無一語以自辯，他又自處平凡之至。他見危授命，對領袖、長官的絕對服從，犧牲本身的主張，無顧個人的榮辱，是一個接受命令的標準軍人；而他參與北伐、剿匪、抗戰、戡亂無數戰役，尤其捍衛西北、進攻延安、掩護中樞撤退，乃至率領海上游擊，雖每每遭遇「客主之形既不相如，步馬之勢又甚懸絕」的困境，卻無不達成戰略要求。其不惜犧牲而配合全功的堅苦卓絕精神，尤足為軍人式範。蔣經國先生昨日引其在三十八年所著《危急存亡之秋》一書中的一段敘述，最足表揚胡故上將「受任於敗軍之際，奉命於危難之間」的事蹟。其十二月七日的記述中說：「父親今日約劉文輝、鄧錫侯來見，彼等避不應召，反來函稱『王方舟主席與其為難。』其實彼等已受匪方威脅，決心投匪，故已無所顧忌矣。同時滇盧之靠匪態度亦漸顯露，既不顧大本營常駐昆明，亦不肯接受滇黔剿匪總司令名義，其用心與劉、鄧如出一轍，父親認為其本人一旦離蓉，彼等或可能聯合發表宣言共同降匪，故仍繼續留蓉，必使胡宗南部隊部署完妥後再定行止……。」「此時胡宗南部隊已翻越秦嶺，跋涉長途，轉到成都平原。以六百公里與敵對峙之正面轉進，至一千餘公里長距離之目的地，而竟能於半個月時間內，迅速完成，且主力毫無損失，亦戰敗中之奇蹟也。」這一段話，一方面說明了胡故上將勞師赴難，轉戰千里的忠勇精誠；一方面也說明了，如果微胡故上將在那危急存亡之秋所表現「死節之臣」的奮鬥，當時大局是否尚能留有完卵，誠難確定。

我們讀諸葛亮前出師表，往往受「忠志之士，亡身於外」的形容所感動。胡故上將的忠於黨國，至少不能不說是到達了「夙夜憂慮，恐託付不效」的地步。以他所受的知遇，他的地位功勳，至少，當可以無生活後顧之憂，但是，他由排連長升至司令長官，一生廉介，一襲軍衣之外，終身不治恆產。來台後生活刻苦，以至身後蕭條之情景，決非外人所可僅想及，這一點異乎常人的風格，不獨足以勵俗世振軍風，也更增大家今日的哀思。

自古以來，「儒將」二字，表示一個軍人修養的高度，將而稱為儒，一般指的是文武兼全，其實儒家精神，在文識之外，重於仁愛，克己惠人。胡故上將黨性最堅，擇善固執的表現亦最強，然而不失其仁愛矜惜之心。當他鎮守西北，與匪搏鬥之時，他對於一般青年後進，愛護惟恐不至，即使對於受共產思想毒素所染而迷途知返的青年，亦莫不多方予以自新之路。更跡其生平，不遷怒、不諉過、不妄殺一人，絕不談政治是非，更從不輕易月旦時人，尤為當時相與者共同的認識。

先哲說：「立志做事，不能有我有己」，這求之於常人，更是不易之事。胡故上將一生確實的如此自勉勉人。他從鎮守西北，一直到大陳島上，都是以「無名無我」四字為軍中信條。他以司令長官之尊，來台後能無聲無息的在大陳、在澎湖，埋頭苦幹，從無一日改變其生活之常，亦無一言表達其遭遇之感受，健康削弱，身心勞頓，出入風沙，從無請辭請調任何之表示，舉眼當前，斯人有幾！

胡故上將去矣，以他的一切，原可大有為於復國戰鬥，不幸而竟為病魔剝奪其志，讀其最後遺言，正是「鞠躬盡瘁，死而後已。」不過，我們深信，將來的歷史，將使世人對他有更真實的瞭解與尊敬，必可慰他於泉下；而他的未竟之志，也必將由無數哀悼他的同胞，續以完成！

作者為《中國時報》（前身徵信新聞）創辦人，曾為中國國民黨中常委，中央評議委員主席團主席。早年於倫敦政經學院學成後返國赴西安，擔任胡上將機要秘書，後擔任七分校政治部主任，民國八十五年在台北市舉行胡上將百齡誕辰紀念大會，余先生擔任召集人，其胞妹余宗玲女士亦服務於胡上將總部，來台後曾任嘉義女中校長，教育部駐美文化專員等職。

胡宗南先生在西北

陳建中

（民國五十一年撰）

胡宗南先生的一生功業，與西北地區有著不可分的關係。抗戰前為著追剿共匪，他大部份時間駐節在甘陝一帶，抗戰及戡亂期中，也一直坐鎮關中，因此，他對陝西有著特殊的瞭解與情感。西北的父老兄弟對於這一位曾經長期共生活，共患難的朋友之死，亦莫不深切懷念。

我和胡先生雖早相識，但正式在一起則是在抗戰將近勝利，共敵逐漸揭開其陰謀叛亂，我奉命回到地方擔任黨務工作的時候。

那時他的司令部設於古都長安城南郊的小雁塔，個人則居住於城內的漢下馬陵，我們經常有機會見面，研商日益緊張的時局，並應付共軍不斷自「陝甘寧邊區」老巢所發動的各式各樣的鬥爭。

胡先生當時雖負責軍事，但對黨政均有指導監督之責，他對革命工作有著無比的熱誠，對黨有著無比的忠貞，中央雖曾授權他處理各方面有關之政策和人事，但他一切以最高領袖的意志為意志，對中央及地方黨工同志都非常尊重。那時我們有一個黨政軍的聯合會報，便是由胡先生親自主持，他盡力的使各方面的工作，密切配合，步驟一致，而集中全力於打擊以延安為發縱指揮中心的毛朱叛亂陰謀。

胡先生對於西北的剿匪工作，有其一貫的計劃。他的戰略，是首先鞏固陝甘後方，縮小對共敵老巢「陝甘寧邊區」的包圍，然後伺機予以搗毀。

當時共軍利用國軍與日本對峙局勢，在晉冀察邊區，蘇魯豫邊區，及晉冀豫邊區，晉察綏邊區等地，大量發展，但在陝北則始終未越雷池一步。

三十四年日本投降之後，共敵掀起全面軍事叛亂，利用「打打談談」，「談談打打」的詭計，以轉移國際視聽。但胡先生洞悉其奸，早有準備，當和談一再破裂之後，他麾下的國軍，即於三十六年三月，以迅雷不及掩耳的戰法，在全國烽火漫天中一舉收復了延安。對當時的民心士氣確有極大的鼓勵，使毛匪叛亂陰謀受到嚴重打擊，共黨中央也倉皇撤退到黃河以東的山西地區去。

記得延安收復後，我和幾個朋友去看他，在一個設於土窯內的臨時辦公室和他懇談，他指著牆上的地圖，分析當時形勢，指陳西北對剿匪戰爭的重要，認為陝北在共黨暴政解除之後，應即根據三民主義的指導原則，建立一個新的「陝甘寧邊區」，使西北成為勝利後國家建設的重點。

胡先生尤其重視陝西，他以為關中的地位，既可支援華北、華中，更可屏障西北西南。因此，他非常擔心在國軍深入陝北進佔延安之後，共軍抽出一股部隊，竄擾晉南，掠奪河東糧倉，如與豫北之劉匪伯承呼應，更可能截斷隴海交通，威脅關中，不幸以後局勢的演變，真的便走上這一途徑。致使華北華中的戰局急驟轉變，陝西也處於孤立無援之態勢，但斯時胡部仍須支援各戰場之戰鬥，亦云苦矣。

三十八年春夏之間，大陸局勢迅速變化，武漢撤退，京滬不守，但西北戰場，仍連獲捷音，繼涇渭河谷勝利後，又有陝東之戰，使共敵彭德懷無法進展。甚至太原失陷，賀龍等大舉渡河西進之際，西北的同志還曾計劃集聚三秦人民力量，長期固守，保持關中基地，以期待機進攻，扭轉全局。所以三十八年五月國軍由西安退到南鄭，胡將軍仍能以秦嶺為屏障，扼守了六月之久，直至共敵劉伯承部由湘鄂邊境進竄川東，中樞命其轉移四川，才離開陝境。西北自此失去反共的重心，大局也隨之逆轉。

在台灣幾年中，我們每次見面談到大陸時的情勢，他總說對不起西北人民，並念念不忘遺留大陸被共敵殺害的黨政同志，他常常和朋友檢討以往的失敗，希望將來有機會能再回到西北，為陝西同胞服務，在胡先生的心目中，西北的一山一水，長安的秦磚漢瓦，以至多少往事，莫不引起他的懷念和追思。當四十年奉命主持大陳前方軍事時，並化名為「秦東昌」，以示不忘當年駐節所在的長安東倉門之故居，和失敗的教訓，立志雪恥復仇。這種自我檢討虛懷若谷的精神，實在值得我們景仰和敬佩。

政府在台灣的十年生聚教訓，已經奠定我們反攻復國的基礎，可是在此反攻前夕，巨星遽殞，真是「壯志未酬身先死，長使英雄淚滿襟」！但我以為他將永遠活在人們的心中。

作者係中共元老習仲勳之同學兼同鄉。曾任七分校政治教官，國民大會代表，秘書長，中國國民黨中央委員，中央評議委員，亦曾任職情報機構，策反中共人士，韓戰結束時一萬四千位反共義士決心來台，作者功績甚著。

胡宗南先生之「二、三事」

張佛千

（民國五十二年撰）

胡宗南先生是一代名將。歷史上的名將，無不與士兵共甘苦；士兵在風雨中，在烈日下，將軍亦不張蓋；士兵營帳未立，將軍亦不入室。但通常是指將軍與士兵處於同一空間而言，而胡先生雖是獨處後方的私室，與兵營相隔數十百里，仍然保持與士兵同甘苦的精神。胡先生久戍西北，冬季苦寒，室中設有火爐，然非接見賓客，不許生火。兩手皮膚經常被凍得一條一條的裂開了。胡先生之治軍律身，真有宗教家之苦行。「雖古名將，無以加之」，這八個字真足以當之而無愧。

這一顆精芒照耀的將星殞落了，他的大德大行，凡是追隨他的人，都所共知，不需我再贅述。僅略舉我追隨期中所經歷聞見的小事，從這些小事中，亦可管窺胡先生的偉大。而胡先生之遭人誤解，也往往由於這些小事。

我在民國二十八年底到西安，不久便負責胡先生的總部西安辦事處。總部即設在西安城外離城僅里許的小雁塔，為什麼又要在城內設立辦事處呢？原來這個辦事處並不如一般辦事處，辦理領餉領械等事務，而是一個交際處的性質，負責對外聯絡的工作。這樣的工作，照理應該是由與主官有特殊關係的人員擔任。我與胡先生非親非眷，既非小同鄉，又非小同學，更非老部下，只不過是才到西安的新進人員。而當時的西安是長江以北七個戰區的樞紐，西南大後方也以西安為對北方聯繫的中心。冠蓋往來，相望於道。而胡先生所督訓的部隊，差不多分派到長江以北七個戰區每一角落。在抗戰艱苦期中，尚能整頓新疆，使中央威令達到從未達到的地區，雖由於第八戰區司令長官朱紹良先生的德望與睿智，亦即係以胡先生的部隊為前驅，為安定的主力。在抗戰末期，更抽調大軍，馳援西南。經胡先生所督訓指揮的部隊，數逾百萬。因此，前後方黨政軍民之接觸頻繁，乃為當然之事。或是禮貌周旋，或是公務接洽，或是請纓投效，或是陳情請願。而胡先生又是最不願以見客及應酬來浪費時間的人。更困難的是胡先生對工作從無一語指示，除了他曾向我說過一句「你做我的代表」以外，對什麼人不接見，什麼人可接見；什麼人不招待，什麼人應招待，招待到什麼程度；既無原則的指示，一切細節更要你自己去考慮。事後也不說「好」，也不說「不好」；我甚至希望他說「不好」，因為這樣我也可得到一點啟示，可據以研究改進。追隨胡先生很久的老同事們說：「胡先生不罵，就是說好。」因此，許多同事都認為胡先生的脾氣很怪，這件工作太難做了。可是我非常沉著寧靜，因為我想起《世說新語》中的一則故事：

「許允為吏部郎，多用其鄉里。魏明帝遣虎賁收之。其婦出誡允曰：『明主可以理奪，難以情求。』既至，帝覈問之，允對曰：『舉爾所知，臣之鄉人，臣所知也。陛下檢校為稱職與不，若不稱職，臣受其罪。』既檢校，皆官得其人。於是乃釋。允衣服敗壞，詔賜新衣。初允被收，舉家號哭，婦自若，云勿憂，尋還作粥待，頃之允至。」

我既追隨胡先生，當然因為他是明主。「明主可以理奪」，我不去管他的脾氣，更不應對他揣摩逢迎，我只是一切據「理」而行。

當我負責西安辦事處之初，我發現胡先生過去對地方人士的聯絡工作根本未做。要求軍民關係的融洽，進而運用地方力量，自是「理」之所應為。於是我先努力做調查與訪問的工作。不久，我第一次遇到考驗了。記得有一天，張鈁先生（曾任河南省主席，時任軍事參議院副院長，並為西北各省幫會的總頭領，負責組織抗日力量。為人豪放慷慨，又寫得一手草書，他在河南鐵門鎮老家以收藏石碑著名，平漢鐵路在他門前特設一站）約我到他家吃晚飯，華燈初上，賓客滿堂，他告訴我：「翔老（張鳳翽，字翔初，辛亥領導陝西革命，任陝西大都督，時張鈁先生是他指揮下的第一師長。西北人士對他皆尊稱為翔老，在西北耆老中，位望最高，人緣最好。後來共敵也利用他做傀儡，給他一個陝西省副主席的名義，聽說他精神非常痛苦，以沉默抵抗）明天六十生日，他的兒子不孝（翔老無子，以侄過繼），捨不得拿錢給老子熱鬧，今晚在我家暖壽，但明天一定要在他自己家中祝壽，我們大家來辦，老弟你負責籌備。」我只好滿口答應。當天胡先生出去視察部隊，要很晚才能回來。我便先同胡先生的機要秘書徐先麟兄商量，他告訴我，據他所知，胡先生從不為人做這類應酬的事，可能認為浪費無聊，也從未見人敢建議過。我只好留下書面報告，說明我的理由，請准用他的名義送禮並親臨祝壽。於是我仍然硬著頭皮籌備翔老明天的壽辰，當時我想：假如我不負責籌備，即是表示胡先生的拒絕，這大悖常「理」。假如明天胡先生不來祝壽，那就等於責備我這件事做錯了，我當立即捲舖蓋回重慶。但是我深信胡先生一定會接納我的要求，我有許允之妻作粥以待允的信心。於是我漏夜工作，預計明天祝壽的人，一定非常之多，布置壽堂，訂備酒筵，約集名伶名票堂會，趕搭戲台（翔老的住宅，正屋三大進，都是九開間，第一進大院中搭了一座戲台，還可容納千人坐著看戲，第二進大廳九間打通，接連走廊，可同時開酒席五十桌，其大可知。鄉下人走進大門，又退出去，以為是城隍廟）。一直到了夜間一點鐘以後，我還在大廳中工作，胡先生的電話來了，第一句即問：「你看送禮送什麼？」我忍住了高興說：「送壽帳或者再送一點錢。」胡先生問：「壽帳來得及嗎？」我說：「店家我已約好，可連夜趕製。」胡先生又問送多少錢，決定送兩萬元（時為民國三十年，兩萬元還很值錢），並用委員長的名義送。胡先生又問：「明天我什麼時候來祝壽？」我說：「上午十時。」胡先生說：「八時不更好嗎？」我說：「十時客人都到了，胡先生來了大家都看見，翔老更為高興。」

胡先生說：「我準十時來。」我放下電話，喜得跳起來。我覺得胡先生真了不起，為他辦事，竟是這樣痛快。第二天胡先生準時到張宅祝壽，西北的名流巨紳（豫魯晉等省人士多到西安避亂）差不多都到齊了，從大門口一直站到第三進的壽堂前，翔老躬著腰一一為胡先生介紹。大家高興，胡先生也高興；翔老又向他道謝我一夜籌備的辛勞，胡先生看到場面大，布置好，更加高興。晚間又陪翔老看戲，在前方軍事電話催請接聽之下，還坐了一小時才走。大家都說這是自從胡先生駐軍西北以來，第一次看到胡先生祝壽，許多人還是第一次與胡先生晤談。老同事們也多十分訝異，我的興奮，更不用說（以後張翔老與胡先生的關係，可舉一事為例：翌年春節胡先生首次宴請西北耆老，論齒、論德、論學問、論位望，各有千秋，難分軒輊。安排座次，大成問題。而胡先生對這些小節又非常注意。我求教於翔老，翔老乃自居末座，並代主人唱名安座，而由胡先生親自斟酒。於是人無間言，盡歡而散。由此亦可見當時胡先生與地方人士關係融洽之一般）。

又一次，我病了幾大，病好後，知道端木愷先生（時任國家總動員委員會副秘書長）自重慶到西安，曾兩訪胡先生不晤。我立即到西京招待所（中國旅行社所辦的最好的旅社）去看他。我對他的才氣縱橫，辯才無礙，久懷私慕。他以最富風趣的幽默語氣對我說：「我看不到胡先生嚒。」我說：「胡先生一定請您吃飯。」他說：「別開玩笑吧。」我說：「胡先生一定還沒有看到您的名片，他如知道您來，一定會請您。」當時我心中明白，端木先生的名片，誰敢延滯不報。胡先生之不見，其中必有原因。但是我認為中央要員拜訪地方軍事首長，如普通禮貌不能維持，大悖常「理」。所以我斷然的肯定的說胡先生如知道他來了一定請他吃飯。雖以端木先生之精明，但從他的眼光中，也似乎相信我的話了。我從各方面打聽，知道端木先生是中央派來密查陝西省政府與陝西省參議會的摩擦。我便判斷胡先生之意，只是為了避免嫌疑，不願捲入這一糾紛。因此，我立即向胡先生建議應請端木先生吃飯，而請省政府秘書長辜仁發、民政廳長彭昭賢等作陪，並特別安排辜彭等先到，端木先生後到，賓主接談，可證初晤。飯後留辜彭等後走，席間並使客人知道主人飯後即赴王曲（中央軍校第七分校所在地，離西安三十公里），明日按預定計劃出發檢軍。如此，則情禮不虧，更可證明置身於糾紛之外。這一建議，胡先生完全採納，當晚即請端木先生吃飯，陪客名單由我安排。這樣一來，我對端木先生所強調解釋的話，可由事實來證明了。當時陝西的省政設施，自然也難免有不盡配合之處；但胡先生只兢兢克盡他在軍事崗位上的本分。由於這一件小事，也可看出胡先生的樸質作風與光明磊落的襟度。

以當時西安地位的衝要，胡先生的局面之大，辦事處的工作，不僅十分忙碌，幾乎每事都要據「理」力爭，好在每爭必准，而且全盤照准。許多人都說胡先生的脾氣怪，實則胡先生一因忙於他的本分——軍事，二因他有他的觀點與顧慮。因此，我的建議必須說明其重要性，而且也顧及他的觀點與顧慮，然後自會照准。我擔任此項工作一共四年多，也有焦急為難之苦，也有痛快得意之樂。回憶起來，幾乎每一件事都是非常有趣味的。

《世說新語》的一則故事，給我以啟示；也證明了胡先生是一個了不起的明主——「可以理奪。」而胡先生選擇了我這樣一個毫無隱私的關係而又十分戇直的人，擔任這樣一個有代表性的工作，最令我永懷感激，永以為榮。

胡先生真正是一個盡瘁於工作的人，夙興夜寐，全部時間都放在工作中。他不讓時間有一分一秒的浪費。例如到車站接客，必須他坐汽車到站後走進月台，火車恰好剛剛進站。如係送客，則必須在火車離站前最適當的幾分鐘內讓他走進月台。所謂最適當的幾分鐘，有的為了話別，有的為了禮貌，要我自行斟酌，他從不事先明示或暗示的。

一般要人會客，客人多了，難免令客人等候。客人中多半是有事相求的，自然也只好等候；即使等候半小時一小時，也不致有何煩言。但胡先生會客，既不許讓主人等候（浪費時間），最困難的是更不許讓客人等候（不禮貌）。所以在約客之時，時間計算必須準確，聯絡必須確實。而且約見的客人當然不止一個，客人多了，難免也要稍稍等候，原則上還要分室等候，而胡先生在西安的私寓，是一所舊式的簡單的平房，也只可有兩間小室讓等候的客人小坐。換句話說，等候的客人，最多不能超過二人。因此，對較多客人的時間安排，就須更加謹慎。要研判每個客人談話所需的時間，要讓客人到達的時間彼此能銜接，既不可太擠，又不可間斷。

可是，胡先生雖然把握時間，十分緊湊，並不顯得匆忙，而仍保持大將從容的風度。會見他的客人，沒有一個人會感覺到是被安排在十分緊湊的時間程序之中，而只感到主人言笑之雍容。

胡先生每天工作緊張，真正是在「爭取時間」，經常覺得有做不完的事，經常覺得時間不夠，他要以緊張的工作，把每一個小時變成兩個小時，一天變成兩天。

胡先生是一個絕對不存私財的人。他在擔任師長的階段以前，自己的薪餉都送給後方醫院的傷病官兵，每月送完為止。口袋中沒有餘錢，當然更不使家有餘財了。

這裡，我所舉的一件小事，是我在西安聽到第一兵站總監程開椿兄告訴我的。大概是民國二十年春，胡先生返浙江孝豐北鄉鶴樂溪故里省親，開椿兄正擔任胡先生的隨從參謀，他的家在孝豐的南鄉，胡先生告訴他：「我在家裏住三天，你也回家住三天，然後我們再到南京。」可是，當胡先生走到大門外，臉上充滿驚訝之色，原來大門改造了，煥然一新。胡先生突然改變了主意，對他說：「你不要回去了，我們明天就走。」胡先生問候過他的父親（胡先生的母親早逝），並不問大門的事。第二天赴京，一到第一師的通訊處，立刻問通訊處的魏主任（以後胡先生未再用他，名字記不起了）：「你私自拿公家的錢給我家修大門，你害我貪污，你害我坐牢。公家的錢，可以做私人的事嗎？」胡先生除了立命將這筆錢改在他薪餉下扣除外，把這個通訊處主任痛罵了一頓。這件事經過是這樣：胡先生的父親（際清先生）一直在孝豐縣政府做一個並不重要的工作，家境並不富裕；民國十九年冬，胡先生自陸軍第一師第一旅長升任第一師師長（民國十七年北伐完成後，部隊整編，胡先生自國民革命軍第二十二師師長整編為旅長），胡先生的父親便自孝豐到南京，告訴師部通訊處的魏主任：「我家琴齋（胡先生以前的學名，後來一直不用，所以無人知道胡先生這個名字）當了師長，我想把我家的大門修一下。」於是魏主任便交給他大約二三百元。這樣一件事，就人情論，魏主任似乎並沒有什麼錯。光大門楣是人之常情，又何況是師長的老太爺親自來，而且錢的數目也不大。但是胡先生這樣做是對的，挪用公款，徇私逢迎，例不可開，風不可長。而他對父親並非不孝，除了每次省親帶一點吃的小東西外，逢年過節便在自己薪餉下寄一點錢回家。胡先生只是嚴守公款不作私用的原則。也有人以此批評胡先生不近人情。須知，光大門楣只是循俗之私情；而公私分明乃為奉公之大德。胡先生在台灣住的還是湯恩伯先生借給的房子，臨死所穿的內衣毛衣都是舊而且破。一個曾統百萬大軍的人，經他批准動用的錢不知幾千百萬，而其清操如此，真可以風勵末世了。

胡先生具有堅強的性格與特殊的毅力。這是一個英雄所必備的條件，不僅在「大事」方面多所發揮，即使在「小事」方面也常常有特出的表現。

大概是民國三十一年前後，胡先生在王曲中央軍校第七分校騎馬到某一總隊訓話。離開這一總隊集合之處尚有百步左右，坐騎突然受驚失蹄（胡先生每日清晨五時至七時騎馬，當日他經常騎的坐騎有病，臨時改乘新馬），胡先生出於意料，急躍而下，一足傷筋，一足骨斷。但是胡先生仍然若無其事的步行到達講台，把預定講的話講完，差不多已站了兩個小時，用一傷一斷的腿支持體重。當他講完以後，他的隨從副官已將汽車調來，他坐車回西安時，兩腿已經暴腫，醫生們對傷後不立即休息，增加醫治的困難，都大搖其頭。後來還是湯恩伯先生代請一位在河南極有名的專門接骨的中醫，才把傷腿治好。

傷筋斷骨，奇痛難當，而胡先生不願讓足痛改變他的計劃，這一種強忍功夫，充分看出他的堅強的性格與特殊的毅力。

這一類的事例很多，一直到他最後病重進醫院的當日，已經肝臟腫大，病情嚴重，呼吸困難，時時張口用力吸氣。而他仍然衣冠整齊，在室中來回行走。夫人僚屬勸其住院，仍然堅拒。直至丁農大夫來診，認為非立即住院不可，才住入榮民醫院。以年逾六十之人，對於嚴重的病痛，這樣頑強的抵抗，因此，有人認為這也屬於不近人情之處。

據我短期的追隨，敷淺的瞭解：胡先生所抱持的是一個戰鬥的人生觀，他所過的是戰鬥的生活。他要對一切敵人戰鬥，病魔也是他的敵人，雖然他也請醫診治，如果在生理上他要被病魔打倒，但在心理上他絕不向病魔屈服。所以當他的夫人僚屬憂惶焦慮之時，而他無視病痛，不願呻吟，不願倒下。中國古代名將馬援說過：「男兒當馬革裹屍，安能死於兒女子之手。」馬援所嚮往的死的方式，就是死於無棺可殮亦無親人在側的戰場之上。他並不說明是戰勝抑戰敗，倘係戰敗，固屬慘敗，縱係戰勝，亦屬慘勝。當然此語亦可謂不近人情，然此正是馬援之所以為馬援，英雄之所以為英雄。我知胡先生臨死時心中，必認為死不足懼，而死於病榻才是他最大的遺憾。然而他在精神上始終沒有表現被病魔打敗了的樣子，他在諸病環攻之中，他在最後彌留之際，依然是一個英雄。

如前所述，胡先生每天將工作時間支配得十分緊張，但仍保留讀書的時間。因知我常與地方耆老往來，他們大多藏書豐富，遂常令我前往借書。約定借閱一週或二週，一定如期送還，可見他的讀書時間，也支配得十分有規律，才能貫徹他的讀書計劃。我手頭有甚多胡先生令我借書的便條，現在僅存令我借《湘軍志》的一份了。

胡先生真正是儒將，他是柳詒徵先生的弟子，與張曉峰、繆鳳林先生為同窗好友。但是在張曉峰先生哀悼胡先生的文章發表以前，世人甚少知此淵源。更少人瞭解他對國學有甚深的素養，可見胡先生平時的含蓄。在我追隨期間，凡所建議，如不被採納，則繼之以書面報告，只要敷陳詳明，情理允當，必邀嗇許。記得我初到西安大約一個月後，周士冕先生（黃埔一期，曾任戰區政治部主任兵站總監等職，是一個有思想有操守的軍人）特來相訪，問我與黃達雲先生是何關係，並讚美我的文章寫得好；我非常訝異，因為我很久沒有寫什麼文章了。後來他告訴我是胡先生很高興的拿給他看，並說這封信寫得太好了。原來是我寫給胡先生的一封私信，是談黃達雲先生的事，我之得以追隨胡先生，完全由於達雲先生逾份的遊揚，達雲先生平時雅歌投壺，裘帶雍容；一入戰場，則為著名的勇將，那時正擔任成都中央軍校教育處長，軍事教育雖然重要，在他應有髀肉復生之感。以胡先生與達雲先生私誼之篤，何用我置詞；但我那封信只是由衷的至誠的寫出我對達雲先生的感激之忱。後來胡先生邀請達雲先生到山東發展抗日力量開創新局，不記得是什麼原因，此議未能實現。但周士冕先生口中所形容的胡先生對我那封信之讚歎神情，使我興奮很久。

胡先生的書法，也是龍飛鳳舞。我到西安不久，曾經寫了若干原則上的意見，胡先生親筆復我一信：

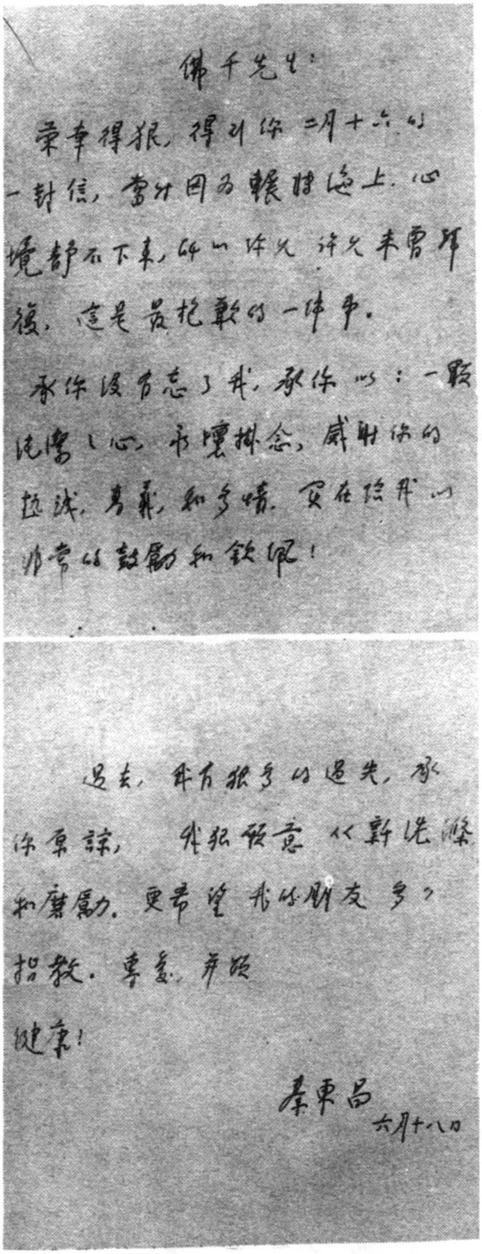
佛千先生：
榮幸得很，得到你二月十六的一封信，當時因為[illegible]上，心境靜不下來，所以你久許久未曾覆復，這是最抱歉的一件事。
承你沒有忘了我，承你以殷殷[illegible]之心，來懷掛念，感謝你的熱誠，勇氣和友情，實在給我以非常的鼓勵和欽佩！
過去，我有很多的過失，承你原諒，我很願意以新洗滌和磨勵，更希望我的朋友多多指教。專复，并頌
健康！
秦東昌
六月十八日

對於一個部屬陳述意見，立即親函復謝。可見其謙虛與納言的風度。

胡先生的書札，文情並茂。我最後接到的是他在大陳時以秦東昌的署名復我一封信（他在西安私寓是東倉門一號，他以此命名，亦有「不忘在莒」之義）。這樣一封謙懇感人的信，字跡如此挺秀，無人能知是出自一位將軍的筆下。迄今展閱，手跡猶新，而人天已隔。共匪途窮，反攻期近，胡先生已不能親統雄師，長驅萬里；神州將復，大將云亡，又豈僅胡先生個人的遺憾！

我在追隨胡先生之時，一直婉陳胡先生的闕失，而胡先生也勉我以：「千夫之諾諾，不如一士之諤諤。」但是在胡先生蓋棺論定之時，我寫出一點所知的小事與淺見，對世人與史家給他以公平的評價，或亦不無裨益。胡先生生前不願為他個人作任何宣傳與辯解，好在今寫此文，已無任何政治目的。只是如胡先生手示所引述：「以一顆純潔之心」，在死生風義之中，表露我誠摯的哀思而已。

作者曾任陸軍總部政治部主任，為知名作家、教授，對聯製作名家。

革命軍人——胡宗南上將

汪雨辰

（民國五十一年撰）

我認識胡上將是民國十六年初，當時胡上將是國民革命軍第二十二師師長。我在國民革命軍第一軍政治部任少校科員。在北伐行軍作戰中，經曹日暉將軍（時任二十二師政治部主任）介紹見過面。第一次給我的印象，是「蓬勃熱情」四個字。濟南克復，胡上將所部首先攻入。以日寇阻我北伐；我軍乃在黃河以南，山東境內整編；縮編為陸軍第一師。劉經扶上將的第一師縮編為第一旅。胡上將的二十二師縮編為第二旅。張克瑤軍縮編為獨立旅。劉兼師長；徐月祥（廷瑤）將軍為第一旅旅長；胡上將為第二旅旅長。我在縮編後的第一師特別黨部任少校幹事；旋任秘書。十七年到十九年的三年中，同在第一師，而只慕其人，並未在一起工作。直到十九年討馮作戰的蘭封之役時，胡上將在敵前受命代理師長時起，才正式做了胡上將的僚屬。

我從那時起追隨胡上將，幾十年受胡上將的啟迪、薰陶、磨練、訓誨，使我成為一個站得住的人，能工作的人，也使我認識了胡上將是一位革命軍人，是一位領袖的忠實的信徒。

胡上將的一生，完完全全的貢獻了國家，貢獻給領袖。其間功業與艱苦，不知有多少，寫不完，也不是我能寫出萬一的！現在胡上將不能再為國家分勞，不能再為領袖分憂了！但留給我們的是他對黨、對國、對領袖的始終不渝的志節；忠貞不二的情操。

昨天，謁見趙龍文先生，趙先生對我說：「我們正在編纂紀念胡先生的冊子，你追隨胡先生幾十年，而直接交你辦過許多事，我想你一定有許多手函及面示；你應該寫出來。我們以大家寫的紀事，來印成一冊，作個紀念」。我說：「胡先生實在偉大，我寫不出來，寫出來，反將胡先生寫小了！」趙先生說：「不，不要這樣想法，我們紀念胡先生，是平實的寫出事實，不是作文章來好看的。你只要把你接觸的事情，一件一件寫下來，尤其是第一師時期的，就可以了。」我不擅寫東西，但趙先生的指示是正確的，我應該寫。

我一直是一個軍中政治工作人員，今便從工作上受胡上將之命所體驗的一個角度上，觸到的寫來：

胡上將的治軍

㈠行軍，民眾夾道歡迎。

民國二十一年胡上將任第一師師長，我任特別黨部書記長。奉命加入剿匪戰鬥序列；從安慶指向舒城霍山一帶圍剿鄺匪紀勛。出發前，胡上將宣佈命令：「剿匪必先愛民。民眾不歡迎，雖勝亦敗。所以第一件事要做到『不擾民』、『不拉夫』；『不取民間一針一線一草一木』；『公平買賣，不賒不欠』；『借住民房，要打掃乾淨。物歸原處』。做到了，便是『不擾民』。監督命令之力行；由政治工作人員負責。」我們政工人員立即由師到團，各分編兩個組；一是前進工作組，一是後護工作組。「前進組」先部隊去行軍經過的村鎮，宣揚命令規定事項；同時付錢給民眾，請他們代燒茶水。到宿營地，加上先向民間商借民房宿營，當時的民眾，看見軍隊都很怕，連眷屬都逃避他處。經我們工作做了之後；民眾轉怕為奇，奇怪現在還有軍隊派人向他們說好話，講道理，付現錢的事，因而驚相走告。於是民眾回來了！相信了！歡迎了！「後護組」的人力較多，包括醫官擔架。任務是⑴一宅一宅的訪問，致謝。同時也檢查駐軍是否打掃乾淨房屋（包括擦去粉筆寫的番號沒有）；桌椅板櫈是否擦抹整潔，放回原處；門板睡過後是否裝上原門；如未，馬上動手打掃、擦抹、並照主人的意思，將東西放回原處。記下了番號，當日報告。遇見落伍病兵，由醫官診治，走不動的用擔架抬走。總之，第一師經過的所在，要做到看不到一點行軍駐軍的痕跡。有一次第四團駐過的地方，未將民間門板放上原處的事情被發現了，營連長一一重處。如此行軍，十年一日。軍行所至，民眾莫不夾道歡迎。

㈡駐軍，官兵懼怕民眾。

民國二十三年駐軍甘肅天水。軍律如前外，胡上將又宣示：「一切為民眾。官兵與民眾發生糾紛，不問情由，對當事官兵嚴懲不貸！」有一天，一個士兵在天水街上買一雙布鞋，因討價還價，起了爭執，適為巡查人員所見，當場以違背命令責罰士兵。因此，官兵不敢與民眾口角理論；形成了官兵懼怕民眾。但也正因如此，商民人等感於軍紀之嚴，深恐官兵因些許小事受罰，乃大家開會商定一個公約：「不二價。」因此，天水商人倒成了「不二價」運動的先進。

㈢最早的留守業務。

民國二十年第一師南入江西，軍官中一部份眷屬，有隨軍住在鄭州的。胡上將命我做鄭州留守主任。當時一般的留守，是看管營底。由政工人員做留守，實在罕見。胡上將交付我的任務是管理軍眷：第一要集中居住；代租民房，代付房租。第二是要大家生產；不分階級，但依興趣，各做手工。第三要將全部子弟，強迫進入附近各級學校教育之，並代付學費。第四是解決軍眷一切問題。以使有眷軍官奮勵向前，無後顧之憂。同時命補充團少校幹事劉大軍同志（已故）來助；專管傷兵，並解決傷兵一切問題。這件事無前例的工作，真是不好做，但胡上將之偉大深遠，由此可見。這稱謂國民革命軍留守業務的新創。當之無愧。

㈣公正無私的人事。

胡上將任師長時，遇有連長出缺，大家私議某排長應該升任。營長出缺，大家私議某營附或某連長應該升任。團長出缺，大家私議某團附或某營長應該升任。等到命令發表，一定便是某人，百不爽一。其實胡上將對人事從不預示徵兆，更絕口不與人談。但各級人事之升遷，一如出諸眾意評判。此無他，「用人惟公」四個字而已！

㈤自動公開的經理。

胡上將一生不要一文錢；即其本人薪餉之剩餘，及上峰偶有之賞給，皆悉數歸入公積金。而皆用於全體官兵身上。當時，尚係委任經理制度，照編制發給經費，由部隊長負責經理。第一師所屬除人員充足外，尚有結餘。但各部隊長皆自動推選各級人員，公開管理公積金。因並無明文規定，所以第一師成立了不成文的各級經理委員會之體制，自動經理公開。

第一師將領中，不惟胡上將一身以外無長物；他部下當過軍長師長的若干人中，現在仍有在替人送報，替人捲書報付郵為生的；且皆以自食其力，怡然自得，從不有貽笑他人之羞。其安貧樂道一如胡上將者，頗不乏人。

胡上將的生活

㈠衣。

胡上將任師長甚久。當時的軍制，以師長為戰術最高單位指揮官，因軍長，總指揮等，皆為戰鬥序列的編組也。我追隨胡上將以來，在軍營中沒有見他穿過灰布軍服以外的服裝。而且沒有見他穿過棉軍衣，更沒有見過穿皮衣的。儘管西北地區，天氣那樣寒冷，仍是穿夾軍衣。冬天，他臉上，手上，耳朵上，都是凍瘡；由紅腫而破裂，而潰瘍，他卻若無其事的不穿棉衣，不烤火。夏天，儘管烈日高照，汗流脊背，從未見過他脫過軍衣。所以他呼出「不怕冷」，「不怕熱」的口號。他自己能身體力行，確實做到。我們這些僚屬，見了他會汗顏自愧。在大陸時我未見過他穿過西裝，我只見他在休假期間，在上海，穿過藍布長衫，像一位鄉下的教書先生。

㈡食。

胡上將吃飯。獨吃時，二菜一湯；非常節約淡而無味。與眾同吃時，亦僅四菜一湯，三素一葷，或二葷二素，談不上珍饈美味，偶爾加點肉排鹹魚等類，但少得可憐（只有像豆腐乾大小的五六塊）。所以副師長參謀長等同桌吃飯的人，每天必另謀補充。而胡上將則吃得津津有味，從不有所謂「打牙祭」。我也同桌吃過，只見三素一葷，而且是刻版的，一樣炒青菜，一樣燒豆腐，一樣炒蛋，另一樣滷菜。那時，味精尚未出世，味之素很貴，伙房裏用不起，經年難得宰殺雞鴨，故其味道，可想而知。

胡上將私人不事飲讌，亦不赴他人之席，如禮貌上必須請客時，則四菜一湯，仍由伙夫去做，不過盤碗改大一點而已。後來當總司令，司令長官時，我也常去吃飯，仍舊如此。吃過之後，往往另謀補充。說起來，仍有點不好意思。

㈢行。

⑴一日之計在於晨。

胡上將一生早起。未明即起，行軍時，起牀後騎了馬到各部隊駐處去看，看完以後吃早飯。天亮了，集合，出發。駐軍時，起牀後騎了馬到各營房去看，看完吃早飯，天亮了，集合部隊升旗，進行操課。後來當了總司令，部隊相距百十里乃至幾百里，在他出巡部隊時仍未明即起，騎了馬飛跑，跑得跟從人員上氣接不上下氣，跟不上，只好半途等他。天亮了，回來吃早飯，辦公。三十一年冬天，在王曲黃埔邨辦將校訓練班，每天在操場上的燭光之下讀訓，訓話。讀訓完了剛天亮。

⑵一生不及私事。

我追隨胡上將數十年的漫長時間中，公私接觸也不少。胡上將從未談過一句私話，更沒有談過他自己的事。即如民國三十三年，胡上將向中央推薦我去接替他的甘肅省黨部委員時，我以為胡上將一定告訴我一些為第一師謀福利之類的話。等到中央命令發表，我去請示，胡上將告訴我：「實心為黨辦事，熱心為民服務」兩句話。我好像不滿足似的，再問他時，他說：「你是中央派去的，要知道中央是尊嚴的神聖的。」直到當了總司令以後，見面時，他才問一聲：「你太太，小孩子們都好嗎？」

(3)保密重於一切。

胡上將從當師長起，我沒有見過他在一間房子裏會見兩個僚屬。他交代事情，一定只有他與你兩個人當面交付任務。假如同時有兩個以上的人去見他，他是一位一位邀到另一間房裏同你接談。因此，胡上將的僚屬部下之間，雖然私交深厚到萬分，也從不問你職務上的事情；同時也絕不將職務上的秘密去和同事商談的。因為「保密」兩字，胡上將要求得很嚴。

胡上將一生不照相。尤其是照一幀戎裝相片贈與部屬朋友的事，絕未作過。而且對新聞記者攝取鏡頭，也必設法拒絕。有一次被記者先生偷攝了，被他發現了立刻要我們將那膠捲用錢買回。後來延安克復，我去延安工作，看到共敵的文件中有對胡上將傷腦筋的紀事。記載著因為找不到他的相片，沒人能認識他。派到西安的匪諜，對胡上將身上弄不到一點情報云（胡上將部克復延安，軍行神速，弄得共軍倉皇逃走，很多東西不及帶走與毀滅。圖書文件遺留甚多）。

(4)一個大前提。

民國二十一年胡上將於剿匪之始，訓示我政治工作人員說：「剿滅共匪，要基於政治工作。要我們的組織先入，政治隨之，軍隊跟進。」所以第一師的政工人員有特大的責任，也有無比的權力。剿共行動中，一切以政工為先，人員金錢，無限支援。胡上將的思想與作風，確實一向走在時代前頭。

(5)一件小逸事。

民國十七年兼第一師師長劉經扶將軍，奉命到開封去參觀馮玉祥的練兵方法，回到徐州，第一道命令是「剃光頭」（馮部皆剃光頭）。全師官兵，皆童山濯濯（一部份軍官都捨不得剃髮，但也只好剃，我也是不願剃的一個）。只有胡上將（當時第二旅旅長）仍舊留了西髮。劉上將大不為然。為此在紀念週中重申嚴令。胡上將似乎認為革命不一定是光頭。不剃，情願旅長不幹；乃向師長留下辭職書而去。嗣經總統（當時的國民革命軍總司令）特准他留髮，慰令以部隊為重。乃回九里山駐地，集中全力，精練部隊，成為鐵的軍隊。而胡上將一生留下一頭西髮，從未剃過。

胡上將在民國二十七年以前，是：「與士兵同甘苦，與官兵共生死。」為其生活中的中心生活。二十八年以後，是：「傳熱」，「傳道」，「傳業」，為其工作中的中心工作。三十七年以後，則是：「不成功，便成仁」，為其死事大局，死事領袖的心情。

胡上將離開我們了！安詳的休息了！在胡上將一生歲月，一生心血都成了貢獻國家的功業。其安息也，了無遺憾！

胡上將雖死逝，然其精神不死。胡上將永遠堅強的意志力，無窮無盡的創造力，無我無私的革命力，很早很深便浸入了他的每個學生，每個幹部，每個僚屬的腦海深處。這便是反攻復國的莫大潛力。

胡上將雖死，猶生！

作者於北伐時起即從事軍中政治工作，其後擔任第一師特別黨部書記長，甘肅省黨部委員等職。

永懷胡宗南將軍

胡　越

（民國八十五年撰）

胡宗南先生，這位官拜陸軍一級上將的長官，逝世已經三十四週年。生前他的一言一行十分謹慎，治軍嚴謹、恩威並濟、生活簡樸、平易近人、喜好讀書、進德修業、有良好的風範，留給部屬永恆的懷念；我曾追隨他在澎湖防衛部服務一段長時間，多所受益，終生受用，願將日常生活工作中所經歷的一些往事，略抒己懷，聊表追思。

澎湖是本島的外島，外島的本島。除馬公外，離島羅列，地形分散，深具戰略地位，尤其馬公與漁翁之間，更是天然良港，平時經營備戰，戰時攻守俱宜，是兵家看重之鎮，胡將軍主政期間，事必躬親，勤政愛民，兢兢業業的苦心經營，加強戰備，不管各離島有人無人均瞭如指掌，普設民眾診療所為民義診，改善漁民生活，發揮軍愛民精神，歷次對幹部訓示，均嚴格要求軍人不可干涉政治，但儘可能協助地方政府解決問題，不替百姓添麻煩，因此，仁慈為懷，日夜牽掛，即使有一艘漁船出海未歸或一艘船爐火未熄、米糧尚存而無人漂來海邊，必須查證，以確保安全，深得民眾敬仰。當年他在大陸西北統率百萬大軍，坐鎮澎湖卻從不提起，一切重新來的任事精神，事無大小，絲毫不大意，令人永難忘懷。

澎防部軍官團士官團，每週舉行餐會，胡將軍親臨主持，首由各單位主管報告，再從各報告中聽取基層有無意見或問題，即席解決，會後有餘興節目，大家參與表演，如此做法，可團結軍心、鼓舞士氣、與士卒同甘苦，關心伙食，由於他本身日常生活節儉樸實、刻苦耐勞，具有良好軍人特質，住的吃的與官兵一致，家在台北市並不經常回去，全神貫注部隊，關懷部屬生活。甚至每次宴請貴賓也是四菜一湯，酒則點綴而已。但我個人則最怕胡將軍請客，只要有我參加，一定要我代表先致詞，簡明扼要的將意義表達出來，目的只是大公無私，一切貫徹四大公開，別無他意，苦的是我才疏學淺，如同上一次考場，因為事前要知道宴客性質、對象、內容，經完全明白後安排名單，再四商定後舉行，如曾任立法委員梁許春菊，當年曾任省議員，回澎湖時胡將軍邀宴，客主相歡，即是一例。胡將軍參加地方各種會議則事先深入瞭解，如非必要謝絕參加，記得軍中電台台慶，單位雖小，責任及貢獻至大，胡將軍對該台甚表重視，瞭解甚詳，前往致賀。

其次，每週有科長以上人員會餐，聽取專題或讀書報告，在澎防路招待所舉行，由胡將軍訓示與結論，這頓飯很難吃是可想而知的，菜不豐富，參與者如不讀書，對本身職責未盡責任，面對面的提不出來，是何滋味？幹部決定一切，以身作則，胡長官領導得法，勉勵後進，言猶在耳。

副參謀長以上人員，每週六上午有高級會報，由胡長官親自主持，每次由我第一個報告，檢討一週重大工作及下週待辦事項，提出重點計劃，最後由胡將軍指示，如果沒有重大缺失，或榮獲獎勉，這就是一個心情愉快的週末，可輕輕鬆鬆的一遊林投公園，或海邊逍遙自在走一趟。

在公事方面，胡將軍每週安排的會報、會議、會餐都是政策上充滿建設性意義的必要聚會，特別是人在島上，集思廣益，寧靜致遠；會必議，議必決，決必行，行必果；由胡將軍親自掌理，驗收成果，豈能不圓滿？有些參謀會報則分層負責，胡將軍十分重視，並不一把抓，妨礙部屬專長發展，這是為將領虛懷若谷的長處。私下裏，胡長官於百忙中，每日下午必學英文一至二小時，教師是二處一位副處長造詣甚深，也是他的侍從秘書，敏而好學，不恥下問，胡將軍即是如此。

民國四十五年，我剛調往澎湖防衛部，一到職即奉命主持三民主義講習班，調訓對象為防區三軍部隊尉官以上幹部，分期完成，地點設於馬公中正堂，記得歷期開訓典禮，均由胡長官親自主持，結訓典禮則由各副司令官輪流主持。第一期開訓時，胡長官對我褒獎有加，特別說明本年的三民主義講習班是由一位最忠實最能幹的人來負實際責任，代表我主掌一切，相信這個班訓練一定有績效，會達成預期的效果，希望大家重視，努力學習。個人誠惶誠恐，時刻警惕，不敢稍有怠忽，所幸通力合作，達成胡將軍期許，榮獲上級獎勵。其實是胡將軍嚴加督促所致。三民主義講習班辦班多為暑期熱天，胡將軍每天下午一定在海濱散步，而三民講習班在馬公中學與水產學校之間，地近海濱，是胡長官散步必經之地，明查暗訪，果真胡長官隨時都來，一來詢問有無問題，二來瞭解學員真實狀況，最大的希望就是要縮短長官與幹部的距離，免除隔膜，胡將軍的散步，沒有拘束排場，連輕車簡從也不要，平易近人。

民國四十七年八月二十三日金門砲戰前夕，約一週前，胡將軍命令我會同李縣長（玉林）、鄭大洽議長及警察局長分別赴離島（大島如望安、七美、將軍、吉貝等）與各級地方幹部、民眾代表舉行座談，假如共軍由金門攻打澎湖各離島，軍民是固守或撤退至馬公，再撤退至台灣？並囑咐我等不表示任何意見，僅聽取各方面所言，回部後綜合報告，經一週之訪問，多數以加強防衛固守死守為主，不宜撤退，國難亦多，不如決一死戰，一週後廈門匪砲侵襲，澎湖為轉運站，本島防衛體系及離島意願早有準備，所謂澎湖防衛司令部，「防衛」二字早在堅強中，所以砲戰期間，澎湖肩負重責大任，我個人承辦傷患服務處，晝夜辛勤工作，從計劃執行到考核成果，榮獲上級獎勉，深感榮幸，若不是胡將軍洞燭機先，詳加指示，效果將不及如此。

八二三砲戰當夜，金門防衛部三位副司令官**吉星文**、**趙家驤**、**章傑**陣亡，遺體運抵澎湖，胡將軍命我妥善策劃處理，隆重祭典，更不得洩密，不得讓人知道三位副司令官是葬在澎湖。隨即動員全體幹部宣示處理方式，隨即三位副司令官夫人專機抵達，一一當面請示火葬土葬事宜，最後趙、章兩位火葬，吉將軍土葬，林投國軍公墓甫告完成，青山有幸埋忠骨，從此一代名將，抗日戰爭盧溝橋響起國軍第一砲的吉星文團長即長眠於此，令人無限哀思。而澎湖火葬場地設備尚差，使用木炭，一次僅能一人，事後建議改善，均獲解決。而保密事執行徹底，聊堪自慰，一直待國防部公布世人皆知三位的英名，現已將靈位入主忠烈祠祭祀。

砲戰期間，接待傷患，胡將軍時刻指示，極力支援，澎湖醫院太少，必須先在此換藥休息再轉運，但海二軍區碼頭缺少可供傷患接運之地，機場風沙強勁，晴雨均感不便，諸多困難，均經一一克服，胡將軍卓越領導，關愛部屬之情見於言表，對陣亡將士處理善後及呈請褒揚與優撫等頗多費心，而傷患服務處工作表現，令我終生難忘。

胡將軍愛護部屬無微不至，有一天中午我於海二軍區聽取簡報後回防衛部，應胡將軍電話有要事相商，由於事情緊急，我全身濕透，來不及更換即直接走向胡將軍辦公室晉見，他一見我如此，問及何故，我說車子無門，他二句話不說，要我先換衣，免生病，再要緊的事等你換好衣服再談，同時我的座車也命有關人員立即裝了車門。

澎湖有轎車，更有替總統準備的轎車，胡將軍外出一定坐吉普車，從不動用。記得有一次王前總長夫人率勞軍團蒞臨，車子不夠，他曾囑將總統座車開抵機場去接過一次，公私分明，絲毫不苟，是很難得的。而胡將軍久歷戎行，面帶嚴肅威嚴，內心仁慈。國大代表去澎湖勞軍，有位女代表顧碧琴忽然發生病痛，胡將軍親自照料取藥為之醫治。平時對部屬急難救助毫不遲疑，我每次去離島歸還報告，胡將軍必詳加垂詢，澎湖離島中更有他從大陳撤來之救國軍，可謂子弟兵，有時隨同他去視察，大部份他能叫出名字，沒待我介紹，他先開口叫出，親兵之情可以覺察，令人五體投地的敬仰。

澎防部副司令官鄭挺鋒將軍，調任台中預訓司令後因急病逝世，後在台北公祭出殯，適逢我亦在場，胡將軍立即問我他要不要送上山，我向他報告不必，待靈位發引送至門口為止，果然他接納愚見，等靈柩出門才回去，滿面愁容，十分哀傷，一再的說鄭副司令官太年輕，學貫中西，在澎湖幫他不少忙，英年早逝，老天何其殘忍？感嘆之情溢於言表。

此後胡將軍調陽明山國防研究院研習，我由澎湖調國防部，家住台北，每次去陽明山謁見，有時他用一堂課的時間與我長談，從個人私生活坐什麼車上山到工作情形，對部屬的關懷實非筆墨所能形容。如今胡將軍安葬於陽明山，哲人其萎，對我個人的恩澤不可磨滅。常言道不以成敗論英雄，胡將軍內心充滿憂國憂民之思，時時為救國救民而努力，一生戎馬，堅忍卓絕，支持政戰工作，忠黨愛國，發揚黃埔精神，是一位難得的黃埔健兒。許多他內心的話，他對我說問心無愧，也不好如何解釋。西北軍隊在大陸撤退時，由於國防部內潛伏著匪諜（劉斐次長），同時李宗仁代總統受其蠱惑，將他的部隊給共軍各個擊破，招致敗亡，他十分痛苦，礙於局勢又無法表露，有一次言談中他說到如果李宗仁歸案會審時，他願意作證，可見輿論及一般評議，胡將軍在他的心目中這些痛苦將含冤九泉，一代名將，是非成敗，大材小用，一個「忍」字見忠貞，我們對他的崇敬不是任何人可以誹謗得了的。

胡將軍夫人葉霞翟女士，畢業於美國威斯康辛大學博士，曾任省立師專（即今國立台北教育大學）校長，辦教育不落人後，文學基礎深厚。以筆名葉蘋所著之散文集《天地悠悠》，清新可讀，充滿人情味，膾炙人口。擔任文化大學家政系主任任內所著《新家政學》嘉惠現代學子，對現代家庭貢獻尤大；往年我們都在《中央日報》每年舉行的中副作者春節聯歡茶會中必定晤面合影留念，如今胡夫人亦已去世，睹物思人，感慨萬千，所幸他們的兒女均已成家立業，胡將軍伉儷情深，一對文武雙全的夫妻，功在黨國，長眠陽明，安息吧！

作者從事軍中政治工作多年，亦為政論家。（本本首見於民國七十三年七月八日青年戰士報）

胡將軍軼事

李少陵

（民國五十二年撰）

三十年風雨同舟，最難忘天水晨曦，松潘夜月，
數萬里關山覽勝，應憶取東南戰血，西北啼痕。

一、重修李廣墓

天水城外，有一個古老的墳堆，因為年代太久遠了，早被荒煙蔓草，疾雨嚴霜，摧毀得不成樣子，僅僅留著「漢李廣將軍墓」幾個字，還能隱約識辨，這一代有名的龍城飛將，民族英雄，生不封侯，死未勒石，實在是歷史上一件太不平的事。

民國二十三年春，我陪著胡宗南將軍，攜帶少許點心，自天水南門出發，不到一個鐘頭，便去到李廣墓前了，這時太陽剛出山頭不久，我們一面休息，一面吃早點，便以李廣李陵祖孫二人為主題，開始談話。

以我個人的意見，李廣李陵，都是我國古代了不起的軍人，不過在做人方面，祖父比孫子要高明得多，李廣在不得已時，能夠刎頸自殺；李陵在不得已時，卻去投降敵人。儘管司馬遷怎樣去為李陵辯護，終究不能得到國人的諒解。而李廣之死，則識與不識，莫不流涕，生死之間，關係名節至鉅，

不可不察也。

胡將軍很同意我的看法，於是決定鳩工，重修李廣墓。不到三月，墓工告成，請天水仕紳賈纘緒先生作序紀其始末。祭奠之日，天水各界前往執禮者數千人，於是此一過去被牛馬踐踏，蔓草叢生的荒塚，今則煥然一新，而成為天水仕女遊覽憑弔之所。是年秋，我又追陪胡將軍重遊李廣墓，歸後作五言絕句以記之：

「隴上正三秋，高原土一杯；
英名歷千載，何用覓封侯？」

二、創辦天水小學教師訓練班

當陸軍第一師初駐天水的時候，天水的小學校，多以四書五經為教本，與一般私塾，無甚分別。胡將軍為改革天水小學教育起見，特於二十三年暑假期間，在玉泉觀創辦「小學教師訓練班」，用飛機向南京請了一位教育專家俞先生，主持其事。一月卒業。

在訓練期間，每人發了許多參考書籍，每週舉行同樂晚會一次。吃飯的時候，胡將軍也參與共食。到了晚上，並分別邀約學員談話，至為親熱。畢業那一天，胡將軍特備酒席，為他們餞行，臨別的時候，恭送門外，握手話別，每人送上路費二十元，禮品一包，我知道有許多教師們，在玉泉觀上，流出了不少的眼淚。

三、新年鬧破天水城

二十三年元旦，天水城內一連三天的大慶祝，真是熱鬧極了，事先由陸軍第一師分駐隴南各縣的部隊，發動地方學生和民眾團體，組織各種各色的球隊和龍燈獅子高蹺彩船之類，勤加練習，連六十年未舉行過擡閣，也出動來參加，可見當時民眾情緒的熱烈，於元旦典禮之前，到達天水城中。大會場設在東校場，已有四座戲台，分佈東西南北，各地部隊和民眾團體，均能準時到達，九時舉行典禮，那足容二三萬人的東校場，到了此時，已擁擠得水洩不通了。

胡將軍很少向群眾講話。這一天，他很高興，大概講了兩三分鐘，便結束了他的講演，可是台下的掌聲，也足足的鼓了兩三分鐘。

四個戲台，分京戲，秦腔，河南梆子，新劇四種，同時開幕，大概聽秦腔的佔最大多數，各種雜耍，也同時活動起來，加上許多樂隊和小販的叫賣聲，孩子們的叫囂聲，這個東校場，真是打破了幾千年來的寂寞。

到了晚上，各項龍燈雜耍，一齊出動，燈火輝煌，人聲鼎沸，自下午五時半起，按著秩序，魚貫而入天水城中，每一龍燈雜耍，經過第一師大門前時，總要表演一套，表演過了，一塊紅布，一個紅包，送給他們，經過二三小時之後，他們又來表演一套，紅布紅包，仍然照給不誤，如此表演，一直要鬧得半夜以後，然後停止。

一個四萬多人的天水城，一下子增加了兩三萬人，吃與住，便大成問題，因此我們臨時發動許多學校和商店，盡量義務招待這許多遠道而來的觀眾，可是街頭露宿的，仍然不少。

鞭炮聲，鑼鼓聲，叫囂聲，歌舞聲，一連三天三晚，將一個天水城鬧得天翻地覆，人倦馬疲，胡將軍每天由東城跑到西城，晚上也雜在人叢中看熱鬧。一直鬧到三日晚上，各路人馬才漸漸散去。

四、創設隴南地方自治人員訓練班

二十三年三月，天水設立了一個「隴南地方自治人員訓練班」，招考隴南各縣中學畢業學生及同等學歷的青年一百六十名，予以一年的訓練，班主任係甘肅省政府主席朱紹良先生兼任，為便於訓練起見，乃委託胡將軍兼代，我任教育長，顏延康任秘書，班址設在天水文廟之內。

主要課目，為三民主義，建國方略，建國大綱，地方自治開始實行法，民權初步，以及政治學常識，經濟學常識，公文程式等，每天有二小時軍事操，下雨則改為軍事課程，由郭釋愚和劉厥敵負責。胡將軍亦常來點名訓話，並提出許多問題，測驗學生，在未畢業之前，曾分發天水縣政府及各區公所，實習二月。為著推行清潔運動，剪辮運動和行人靠「左」走運動，我曾率領學生，分赴天水城廂內外，實地工作，頗有效果。

二十四年三月十八日，自治訓練班學生畢業，這時正值朱毛匪部，竄擾川西；徐向前匪部，焚掠川北。陸軍第一師奉令出發剿共；胡將軍仍抽暇出席畢業典禮，向學生訓話半小時，親授畢業證書。是日晚間，並命我選拔七個優秀學生，組織畢業同學會，胡將軍點名之後，並提出一千元，作為同學會基金，囑他們每年舉行大會一次，討論地方自治興革事宜。

因為隴南各縣，缺乏地方自治工作人員。在學生尚未畢業之前，即已被各縣爭相委聘。既已畢業之後，各縣政府紛紛函電催請繼續辦理第二期。終以剿匪關係，我隨胡將軍出發前方，第二期訓練計劃，便因之終止。

五、寧羌放賑

共軍第四方面總指揮徐向前，盤據四川東北的通南巴三縣，已有三年之久。此次為配合毛澤東的合流計劃，率其敵眾五、六萬人，自通南巴衝出，首當其衝的，便是陝西的寧羌，四川的廣元，在廣元城外烏奴堡一戰之後，損失一萬餘人，不得已才繞道西竄。

寧羌城地處陝川甘三省交界之處，人口不滿五萬，可是徐向前共敵部一到寧羌之後，無論男女老幼，遇著便殺，因為他們愛惜子彈，以活埋和殺頭的居多。被殺的人和活埋的人，都堆在一坑，這便是歷史上駭人聽聞的「萬人坑」。弄得寧羌城內，人煙稀少，血肉淋漓，成了一個人鬼不分的世界。

胡將軍為拯救災黎起見，特派劉時榮，侯聲和我，攜帶賑款一萬元，前往寧羌施放急賑。我們經過一天的調查以後，即召集全城災民，在一個古廟裏發放賑款，多者二十元，少者五元，在賑款發放之前，我在萬人坑內，拾到一隻小小的人腿，那個可憐的小孩，最多也不出三四歲。當我報告放賑的意義時，我的眼淚和那小腿的鮮血，不斷的流著，結果，我一句話也沒有說出，大家也無不號泣痛哭了。

賑款發完之後，胡將軍電請陝西省政府委任劉時榮為寧羌縣長，繼續辦理急賑事宜。當我回到川北青川以後，胡將軍舉杯賀我曰：「徐向前禍川三年，敵不過李少陵當場一哭。」

六、創設松潘小學教師訓練班

陸軍第一師既克松潘，胡將軍即命我創辦「松潘小學教師訓練班」。一面請求松潘縣政府轉令各區小學教師向松潘城集中報到；一面電請重慶友人用飛機專送各種教育書刊至松潘。二十四年六月二十日開學，到小學教師一百二十二人，一月畢業。胡將軍任班主任，我任教務主任。

課目分三民主義，政治常識，軍事常識，教育原理，教學法及音樂體操實彈射擊等項。因松潘交通不便，又值戰爭時期，一切課目，均由第一師官長於達，郭釋愚，劉阨敵，徐先麟，涂錦文，胡長青等分別擔任，胡將軍不時來班點名參觀。

七月二十日，受訓期滿，胡將軍親授畢業證書，並向學員作五十分鐘訓話。余追隨胡將軍多年，以余記憶所及，除在王曲將校班專題講演外，訓話時間，以這次為最長，且極精彩。會餐之後，每人贈送蔣委員長照片一張，書籍一包，受訓學員，皆大歡喜。

七、古剎談天，真假兩師長

自松潘剿共歸來以後，陸軍第一師駐防隴南的甘谷縣。一日，我和胡將軍，遊覽城外三里許的一個古寺，將軍坐在草地之上，我坐在蒲團之上，一面休息，一面聊天。

我們談到活捉毛澤東以後的審訊問題，又談到出家做和尚的生活問題，正在談得起勁時候，忽然兩個老和尚，端著茶點，執禮甚恭，對著我說：「我們在這廟裏已經三十多年，從來沒有見到過這樣好的軍隊，今日有幸，見到師長光臨，我們業已準備好了幾碗素麵，請師長稍坐一下，即可端來。」

我摸摸我的口袋，只有一塊光洋；我又判定我們的真師長，口袋裏不會有一毛錢，萬一吃了麵，怎樣開交？當我正在躊躇不定的時候。將軍自草地上站起來，說一聲要開會了。我於是乘機告辭，將那一塊光洋，置在盤中，說聲再見。

下山以後，胡將軍說我這樣的假師長，派頭不夠，於是又遣人補送二十元以謝之。

八、感人最深的「傷兵年會」

二十六年春初，陸軍第一師在徐州舉行傷兵年會，這是我在軍隊中最受感動的一幕鏡頭。凡是因戰爭而負傷退役的士兵，到了傷兵年會時期，都準時在指定地點，舉行年會。四月十二日，會場布置得相當講究，約有二百左右的傷兵，準時由各省各地趕來出席參加。胡將軍事先站在大門口，恭恭敬敬的在迎候他們。一一握手之後，由丁德隆將軍代為主席致詞，然後由出席會員報告在家生活情況，於是說好說歹，笑的哭的，痛痛快快的，鬧了大半天，最後由胡將軍作成結論，便行閉幕。

接連三天，天天吃酒唱戲，遊覽看球，吃個痛快，玩個痛快。胡將軍無役不從，笑嘻嘻的陪著他們，有時也喝得大醉。「死生且不管，杯酒安能辭」，於是哭的笑的，大唱大鬧的，地下打滾的，搞得一塌糊塗。我是不愛吃酒的，到了這種場合，除一醉之外，還有什麼辦法？三天過了，胡將軍率領師部官長，為他們送行話別。禮品路費之外，另送蔣委員長照片一張，叮囑他們好好的做人，要作良民模楷。這種大規模的送別，就是鐵石心腸，也要流出不少的眼淚。

九、默默無言的馬

抗戰最緊張的時候，西安城外，終南山下的王曲，變成了一個抗日聖地。這裏有一個中央軍校第七分校，規模之大，我是無法形容的。大概在西北各省的將領，都要集中在這一個分校，參加受訓。

二十八年冬季，第一期第二期的將校班，每天早晨升旗之後，由胡將軍作升旗講話半小時，分別講演青年守則十二條，他勉勵各將領，要作一匹「默默無言的馬」。

「因為若干年前，日本有一位天皇，做了一首祭馬的詩，稱頌那隻戰死的馬，是一個能忍耐，能犧牲而又默默無言的馬。我們既做了軍人，就要忍受一切痛苦，流下最後的一滴血，埋頭苦幹，一言不發，去保衛我們的國土，維護民族的生存。」

我們知道，胡將軍一生所經受的痛苦艱難，實在不少，可是他從來沒有向任何人叫過苦。他自己就是一匹默默無言的馬。

一〇、第二個彭玉麟

滿清三百年，數數清廉之官，當推彭玉麟為第一；民國五十年，數數清廉之官，當推胡宗南為第一，這是天下之公論，非一人之私言也。

彭玉麟辭河運總督一奏，可與諸葛亮出師二表，同垂不朽。吾人讀之，如見其人，如聞其聲。其文曰：「臣本寒儒，傭書養母，咸豐三年母物故，曾國藩謬用虛名，強之入營。初次臣見曾國藩，誓必不受朝廷之官職，國藩見臣誠實，許之。顧十餘年來，任知府，擢巡撫，由提督補侍郎，未嘗一日居其任，應領之俸給及一切銀兩，從未領納絲毫，誠以朝恩實授，官猶虛也，臣素無室家之樂，安逸之志，治軍十餘年，未嘗營一瓦之覆，一畝之殖。受傷積勞，未嘗請一日之假，終年於風濤矢石之中，未嘗移居岸上，以求一人之安。誠以親喪未終，出從戎旅，既難免不孝之罪，又豈敢為一己之圖乎？臣嘗聞士大夫之出處進退，關於風俗之盛衰，臣既從軍，志在滅賊，賊既滅而不歸，近於貪位。夫天下之亂，不在盜賊之未平，而在士大夫之進無禮，退無義。中興大業，宜扶植名教，振起人心，臣以寒士來，願以寒士歸也。」

胡宗南將軍的廉介，實非筆墨言語所能形容，他由連排長一直升到司令長官，吃在軍隊，住在軍隊，穿在軍隊，用在軍隊，從來沒有為著私人，買一畝田，蓋一棟屋，或挪用公款，以私人名義，存入銀行。他在當軍長以前，一直沒有蓋過棉被條，穿過皮大衣。在西北那樣冷的天氣中，他的手指手背和臉上的肉，當時凍得發腫，由腫而爛，爛到流血。有一次，在甘谷害了一場大病，經醫診治之後，始告痊可，醫生警告他，寒氣內侵，宜加防護，於是才新製棉被一條，但是仍然不穿皮大衣。一直到他死去，他始終保持一種廉介自持，刻苦自勵的精神，不稍逾越。「臣以寒士來，願以寒士歸也。」彭玉麟如此，胡宗南亦如此。

作者曾任黃埔軍校，南京中央軍校，西北軍官訓練班等之政治教官，七分校政治總教官，甘肅省政府秘書長等，著有「國軍政工史稿」、「駢廬雜憶」等。

紀念吾師胡宗南上將

陳廷元

（民國八十一年撰）

歲月不居，吾師宗南上將逝世已三十週年了。

中央陸軍軍官學校，於抗戰時期設立在西安王曲的第七分校在台師生，一如往年，於二月十四日上將忌辰之日，集會紀念：先去陽明山墓園公祭，本年由十八期學長屠由信將軍擔任公祭指揮官；再至台北市三軍軍官俱樂部集合，舉行紀念大會及師生團拜，本年聚會指揮官由十六期學長周鍾頎將軍擔任，大會主席由十五期先進學長孔令晟將軍擔任。

多年以來，每逢上將忌辰，往日西北故舊及王曲師生，前來參加公祭及紀念大會者，一直保持六、七百人的盛大場面，雖時在春初，多風雨淒迷，寒氣襲人，故舊師長同僚多屆高齡，但始終衷誠於內、恭謹於外，懷念尊敬之情，未為歲月的流逝而稍減。

黃埔師生間，親愛精誠的團隊精神、甘苦與共的革命情感，每年此日，均作一次明顯驗證：它是深植於內心深處，永不改變。

兩年多之前，母校吳老師允周將軍倡導編纂《王曲文獻》，用以記述半世紀以來，王曲師生歷經抗戰、戡亂兩次大規模的戰役，並相繼參加復興基地的建設，將各人親身所歷、所見、所聞、所感、所得等的真實史實，以當事人寫當時事當代人寫當代事的深切體驗為歷史留下紀錄。

在中國近代史上，我國自鴉片戰爭以來對外六次戰爭中，八年對日抗戰，是最具全面性、規模最大、且惟一獲得最後勝利的一次戰爭；大陸戡亂作戰，是我國近代所有戰爭中，作戰雙方各動員所有力量，範圍遍及全國，戰場及鬥爭層面深入窮鄉僻壤的一次戰爭。

抗日戰爭：在八年又一個月中，有會戰二十二次，重要戰鬥一、一一七次，小戰鬥三八、九三一次，我三軍將士陣亡一、三二四、二七九人，失蹤一三〇、一二六人，負傷一七六一、六八二人，合計三、二一六、〇八七人[1]。

大陸戡亂作戰：自抗戰勝利後中共叛變起，至民國三十九年政府播遷來台止，由戰場範圍之廣、會戰（作戰、戰鬥）規模之大與次數之多，以及中共常用人海戰術以人員來填火海，作戰雙方死傷的慘重，可以想見，惟迄今尚缺公認的數字公佈出來。中共於一九八七年出版的《中國人民解放軍戰史》第三卷〈全國解放戰爭時期〉中，統計自一九四六年七月至一九五〇年六月間，共軍傷亡一、三二、七〇〇人，國軍傷亡一、七一一、一一〇人（含陣亡及負傷），兩者合計，中國人死傷三、〇二三、八一〇人。中共的統計數字可靠性不高。大陸戡亂作戰究竟死傷了多少人，尚待史學家及軍事家去考證探究。但可概言，這是一次死傷慘重的戰爭。

這兩次戰爭的戰場，由我國北疆到南海；由東部海濱到西部的邊陲，空間之廣，較之第二次世界大戰整個歐洲戰場的空間，毫無遜色。而大會戰中作戰雙方常各集中四、五十萬大軍，進行搏鬥，在野戰戰略、戰術、戰鬥上，多具有創造性及典型作用。

第七分校於民國二十七年三月二十九日正式成立，在宗南上將主持下，於抗戰期間共培養出軍官三九、一九三人[2]。這批青年軍官於上述兩次戰役中，許多人已血灑疆場，為國犧牲了。能夠倖存，且隨政府來台，仍然健在者，大約有三千人左右。

在這個戰亂動盪的時代中：是個人生活的折磨；是國家社會的苦難；是民族生存發展的考驗。這其間時代變化的歷程，有一個軌跡可循。我們王曲師生是由這個軌跡上走過來的。

嘗說：「老馬識途」。很巧，今年又逢「馬年」。

我們以《王曲文獻》的四部紀錄：

⑴校史：

第七分校校史是軍事幹部教育史，建軍必先建教，有了教育陶冶，才有可用、稱職的幹部；有了優秀的幹部，才能訓練出精銳的軍隊。

⑵師生專集：

是治軍備戰、服務社會、作人處事……一生奮鬥歷程中，摘取代表性的濃縮留真，是綜合性的、群體生命的交集。

⑶胡宗南上將專集：

是以胡上將為中心，包括他自己的墨寶、言論、家屬紀念文、社會人士及同僚部屬紀念文等。宗南上將是我國近代史上一位典型的、忠貞愛國的高級將領，本專集是這一大時代中具有代表性的文集之一。

⑷戰史：

是記載和檢討戰爭行為的專史，學以致用，軍事幹部離開學校，目的去戰場求勝。

我們王曲師生有機會、也很需要去戰鬥，故戰史之部是親身經歷戰場體驗的寫實。

本著「老馬識途」一份天真的抱負，奉獻社會人群一份純良的心願，以這部《王曲文獻》：校史之部約三十萬言；戰史之部約六十五萬言；師生專集之部約七十五萬言；胡宗南上將專集之部約三十萬言；合計概約二百萬言，分裝六冊成書，以期為這一大時代發展的歷程，留下一些可循的軌跡。

師者，傳道、授業、解惑也。宗南上將不僅授業、解惑，特別是薪傳了「道」——革命的大道，保國、衛國、愛民、護民、堅貞忠誠、成功立業的大道。

《中庸》：「道者，不可須臾離也。可離，非道也。」宗南上將薪傳的革命救國大道——精神戰力部份，是永存不朽的。上將的音容雖離我們而去，但其「道」仍展現於社會各角落。

王曲師生在台灣者尚有：

余紀忠、朱介丸、吳允周、徐達、吳俊等。學生有：第十五期孔令晟（時任王曲聯誼會會長）、周樂軍、沈仲澄、左光華、高志藻、劉自銘、劉止戈、劉殿富、張範、金大江等；第十六期陳廷元、孫秉傑、杜宏猷、孔祥桐、楊曾澤、陳隆恩、周鍾頎、郭有文、范世基、晁國璧、言百謙、朱致遠等；第十七期郭谷鈺、趙致祥、蕭紀書、黃潤生、徐枕、毛宗易、王希堯、董萍、徐耀庭、夏世光等；第十八期侯萬華、陳緒源、蘭榮川、柴建煌、張錕、石傳英、屠由信、周漢傑等；第十九期崔介民、麥桂榮、高丕中、謝久、單雨龍、孟興華、陳振玉、葉二臨、蔣逢魁等；第二十一期紀福和、孟廣羲、王柏性、李啓明、劉燮林等三千餘人，他們多數均已退休，但仍以不同的工作方式，服務社會，貢獻人群，以發揚胡上將犧牲奉獻無私無我的偉大精神，藉以紀念胡將軍他老人家給我們至情的遺愛。

作者於七分校十六期畢業，為戰史學者，著作亦豐。

1 以上係陸、空軍合計，見何應欽上將著《八年抗戰與台灣光復》頁七十二。

2 見《陸軍軍官學校校史》第三冊。

陸軍第一師師長任內之胡宗南將軍

於　達

（民國五十二年撰）

一　從搖車說起

一二八上海事變爆發，陸軍第一師集結京滬線無錫龍潭一帶待命。我奉參謀本部任命為該師參謀長，與胡先生約定就職日期。這一天清晨，我剛吃完早點，門外汽車喇叭響了，我開門出去，胡先生招呼我上車，向和平門疾馳，到了火車站前停止。我們走下汽車，進入車站，站長出來招呼，指指停在岔道上的搖車，車旁有兩個工人。胡先生讓我坐在搖車中間，他坐在我右邊，他的隨從副官坐在我左邊。工人推動搖車，奔馳一段，隨即跳上，兩人對立，用力壓動胸前橫槓，一上一下，車子就循著軌道向東飛馳。此時尚在初春，寒風刺骨，我裹緊大衣，緊閉嘴唇，假裝無所謂的神氣，流盼當前野景。大約過了一二十分鐘，胡先生叫停車，他和副官接過橫槓，代替工人壓車，輪換好幾次，才到龍潭，我始終正襟危坐，沒有移動。

就職儀式過後，我會晤副師長及各處長，開始執行參謀長職務。一直到抗戰初期上海大撤退，我因病由無錫離開第一軍（由第一師擴編），整整六年，和胡先生一起生活行動。但我謹守就職時與胡先生相約之言，凡參謀長職務以外之事，概不參與。

二　喜愛青年

胡先生最喜愛青年，當本師由南鄭移駐隴南各縣整補訓練，當時陝甘兩省經十九、二十兩年大旱災之後，沿途逃荒幼童甚多，胡先生吋囑特別黨部沿途收容，隨軍入甘。一到天水，便設立「童子軍隊」，教以擁護國家主義領袖之理論，及抬頭挺胸邁步之姿態。每次集會，必高喊口號。不久復在天水北門外開辦「西北軍官訓練班」，將童子軍併入，前後共辦三期，畢業後大部份派充隴南各縣地方團隊幹部，仍由該班指導考核。因為童子軍和軍官訓練班不在第一師編制之內，所以詳細情形，我不知道，但與該班教職員常有私人交接，只曉得胡先生十分重視這個班，常常去巡視講話。

二十四年陰曆端午，我們氣喘喘地爬過雪嶺到了松潘，同年中秋日，我們又爬過弓槓嶺離開松潘。不到四個月功夫，個個面黃肌瘦，體重減輕，飽嘗飢餓的滋味。但胡先生仍然利用暑期，召集松潘小學教師，開班講習，傳授三民主義及新生活運動，足足忙了個把月。特別黨部及參謀處同仁並教他們打籃球，每日必有數場。並特地向成都西安買了許多書籍及運動器具分贈他們，雖然在軍事倥傯之際，仍然不忘青年。

三　交誼藏族

第一師分駐隴南各縣，連續二年以上，時間不算短。環繞隴南的各軍首領，如陝西的楊虎城孫蔚如，甘肅的鄧寶珊魯大昌，青海的馬步芳，川北的鄧錫侯田頌堯，胡先生很少往來。獨對於卓尼拉卜楞之藏族首領，則誠心接待，藏人感戴。因此得向卓尼購得大量馬匹，編成兩個騎兵團，當我們進軍松潘時，拉卜楞藏人翻山越嶺，千里迢迢地運糧食接濟我們。

我們到了松潘，胡先生急忙選派代表，僱用譯員及帶路人，攜帶禮物，分往包座阿壩蘆花，訪問當地首領及大寺廟當家。因此，鎮江關毛兒蓋上下包座諸役，深得藏族之助。如供給糧食情報，收容運送傷患，阻撓共軍過境，使共軍在藏族地區戰死餓死凍死，不計其數。如當時包座防堵之師不失利，或再有得力部隊在岷縣山嶺地帶予以堵擊，必然殲滅無遺，不復有燎原之禍。

四　行軍宿營戰鬥

行軍時，師部往往只與一個團同行，到了宿營地，各自進入指定地方。無線電報機，有線電話機首先架設，接受各部隊報告。胡先生則攜同一二幕僚，偵察附近地形，巡視部隊情況，決定夜間抵抗線及進出路。我則展開地圖，披閱報告。夜間與胡先生討論明日如何行動，必至深夜方睡。亦往往有意見不同之處，最後則照胡先生決定行事。

第二天繼續行軍，參謀處長在集合場招呼。時間一到，我便下令出發。胡先生與特別黨部，則留在宿營地巡視，廁所有否填平，廢棄物件，有否燒埋妥當，門扉桌櫈，有否歸還原處，借用物品，有否歸還，如有破損，有否照價賠償，巡視完了，特別黨部隨隊尾行進，收容落伍官兵。胡先生則躍馬而前，必於第一次小休息時趕到師長位置。此後行進則與官兵步行，絕不騎馬。

我們在舒城漫川關山陽廣元松潘歷次戰鬥，都是山地，戰場遼闊，兵力分散，用的是游擊戰術。只有防守廣元，使用較大兵力。

流寇最大的便利，就是輕捷，他們沒有輜重，沒有基地，也沒有重武器。衣服糧食，隨處搜括，彈藥武器，私購掠奪，裹脅民眾，壯大勢力。所以能急進急退，飄忽不可捉摸，使國軍疲於奔命。胡先生對於游擊戰，有經驗、有信心，事前籌劃周詳，臨事戒慎恐懼，所以每戰必勝。

五　騎馬與深思

一個人總有一點嗜好，胡先生除喜愛青年外，還喜歡騎馬與深思。

當我們駐防天水時，馬廄中有好多馬匹。所屬各旅各團，都分駐在隴南各縣從事訓練，師部業務清閒。胡先生每日早起，必定攜一副官，連騎馳騁一二小時，回來時，人馬渾身是汗。胡先生喜歡騎烈性快馬，他不怕累、不怕跌，一定要制服牠才高興。我也時常早起騎馬，經常騎一匹馴良的黑馬，快一程慢一程不出一小時就回家，因此常和胡先生分道揚鑣。

胡先生常喜歡深思，常常閉戶蹀躞，左右僚屬，知道他在思索，都不敢去打擾他。也常常騎馬到僻靜處去，沉思熟慮。胡先生事業成功，我想深思是他最得力的幫手，也是他性格最突出的部份。

作者於抗戰前任第一師第一軍參謀長，戰後曾任西安綏靖公署副主任，胡上將逝世後協助編纂「胡上將年譜」。

憶舊

吳允周

（民國五十二年撰）

余曩在南京就讀陸大時，每從長官師友處，在閒談中得知第一師胡師長宗南先生之英名志業。僉認胡某是黃埔軍校的傑出同學，胡某是革命陣營的中堅人物，胡某是青年志士的惟一典型，是主義的信徒，是領袖的股肱等等，讚羨言詞不一而足，吸引著有志青年的見賢思齊心，莫不嚮往神馳，爾後不知究何因緣，於二十五年元月間，將軍御戴褪色袍帽帶一侍者，枉顧寒廬，時余在參謀本部上公未回，而家中人因月前失竊頗有戒心，以不曾相識，未有留坐，愧對將軍，臨出，余適反寓，遇於大門，彼此問詢，始知為向所健羨敬愛的第一師胡將軍。竊喜嘉賓蒞止急挽入坐，以時近午餐，將軍僅略作寒暄，約我再見隨即辭去，嗣後連日接往戴雨農同學公館，長談三四次，舉凡為學治事處人及教兵帶兵作戰與家庭身世等等無所不問，無所不談，對我似為一種苛刻的考驗，疲勞的詢問，如我無堅忍的耐心，當早已婉謝不去矣，但最後一次要我對第一師作批評和改進意見，然後以斬釘截鐵的堅定口吻：「喂！好同志，應到一師工作」，並拍我肩膀，「不必謙辭」為囑。將軍以英名顯赫之尊，枉顧粗野淺薄的我，與其說三生有幸，倒不如說將軍是虛懷若谷，意氣寬宏。聞者莫不為之驚奇，引為美談，而讚佩不置也。

二十五年八月始奉准調職，搭機西飛，又承迎我於武昌機場，隨往長沙師部到差。竊念我非權貴，亦非聞人，受此隆遇，忐忑不安，性雖不敏，敢不感恩圖報耶。

從此任何艱苦，任何危難，惟志之所向是義無容辭。追隨迄今，轉瞬間已二十有餘年。回溯當年部隊出動作戰時，一師同事曾笑我瘦弱，怕不經拖，詎料向稱體魄雄健的將軍竟先以病逝聞，得非平素過於刻苦，不求醫藥，不講營養，有以致之乎。而今竟棄多年胞澤撒手歸去矣。天奪賢良，曷勝愴痛，竊喜將軍生前之豐功偉業，自有青史為之記載，懿行嘉言，更有鴻儒為之闡揚，千秋萬世永垂不朽。但縈迴我心坎，深印我腦際，而使我永恆不能忘懷的恩情瑣事，亦復不少，特追憶幾則，悼我追隨多年的老長官胡故上將，權作人天隔世的話舊重溫，將軍其許我乎。

二十載辛酸，感縈心底

余由參謀本部一廳上校股長，調歸驅策以來，因肯忠勤苦幹，頗邀將軍恩寵，初派參謀處長，未及三月，即調七十八師參謀長職，師長丁德隆將軍，器識恢宏，相處甚洽，每好研習陸大功課，余亦樂為相互切磋，即在行軍宿營時，亦必挑燈夜讀，其虛心好學與忠耿奮發之精神，有如胡先生者，實至可佩也。迨雙一二事變平反，領袖脫險後，本軍進駐徐州歸德一帶，準備抗戰，時師長已由李文將軍接替，機智寡言，言必中肯，余乃奉命赴徐籌辦短期訓練，以增進全軍幹部的軍學新知，期在抗日聖戰中，求得更大之貢獻，旋即開入淞滬參與慘烈無比的戰鬥，遇有艱危時，李師長均能從容妥處，其帶兵作戰之鎮定老練，卻如胡先生之智勇兼備者。按丁、李兩位均為胡先生連年征戰中的出色幹部，得非薪傳有自，所謂強將手下無弱兵，非偶然也。本軍作戰歸來，轉進秦隴，時余調一九一師副師長，啣命專責籌設第七分校，主辦軍事教育，以創始不易，任務艱鉅，久而積勞成疾影響工作，先生特為購電療儀器為余治療，旋又派機飛蓉，請葉心清名醫為我針治，並派副官率衛士多人，伴送風景幽雅的臨潼華清池住醫，余以人多無力負擔為辭。先生答以：「安心治病為先，一切費用勿勞焦急。」為囑，其疼愛部屬之豪邁熱情，真有令人沒齒難忘之慨。

病癒召見後，承慰勉有加，並出示中央派令囑：「即日赴甘就一九一師師長職，如有困難，可來電報。」余對師長從未想及，使我驚訝莫名，余以分校職務，須作交代，方可離去為請。胡先生平素用人行事，諸多神奇之處，莫測高深，於此僅其一端也。

一九一師駐防蘭州及河西走廊一帶，旋以寧綏告急，乃於臘月除夕星夜冒雪馳援，解圍後，即戍守寧夏中衛一帶，因本師係中央軍，每為當地政要所疑忌，影射挑逗，險同虎口，受盡氣憤，傷透腦筋，幸層峰明察，終能忍讓為國，平善度過，實乃仰承朱長官（紹良）及胡先生之賢明督導，預作防範，方能妥處無他也。

越二年餘，調升騎三軍，到差不久，先生以分校教育與人事關係，命我回校整頓，為期三閱月，即又調長蘭州西北幹部訓練團，余乃承襲首任教育長之建團宏規，工作二年結束，改任陸軍官校西安督訓處長，時因抗戰勝利，七分校亦結束，所遺三千餘學生交由西安督訓處接收訓練，俟大部畢業後，乃率二十一期十一個中隊千六百餘人併入成都本校，同時余亦改任本校教育長，從此形雖離開西北，但其千餘官生的精神上，卻仍縈繞在巍峨壯闊的終南山前革命的洪爐——王曲第七分校「胡主任」！

余長成都本校教育，凡二載有餘，一秉先生七分校教育方法與訓練要領，傳授本校全體官生，同享先生治軍治學的遺澤。三十八年冬匪陷重慶，川西告急，本校轉進西昌，而余也以病奉准來台待命，旋接先生西昌來電，令速赴難，於副長官憑遠先生囑須待機西飛，正苦未能速去為恨，詎以西昌戰局急轉作罷，越數日先生亦已奉電來台，相對無言，徒增浩嘆。

三十九年先生奉命移節大陳之初，並在錦州街官邸饗我晚餐，同時有羅列、趙龍文兩位先生同席商談，令我翌早先行，當即欣然從命，辭歸準備，詎夜騎自行車不慎在交叉口被車撞入旁溝，以傷腳腫痛未能遵命先行，迄猶耿念在懷。

存誠務實，敝屣虛榮

余在參謀處長任內，適值趕辦年終考績，各種冊表均妥，僅缺胡師長對將級考評，送請速辦。答以：「目前應以軍事為重，而考績不過是資為升官發財的東西，何必急急乃爾。」同時在冊上發覺名雖一個師，而實力足可編三師而有餘，乃詢諸同事，則曰：胡先生對升官發財，向極忌諱，本師團隊雖多，而不願擴編為軍者，是在重實力，而不重尊榮也，可見胡先生是一位存誠務實，不尚虛名的純樸將領。

追剿赤匪與轉進勤師

中樞以統籌國軍作戰指揮方便計，畢竟將第一師擴編成為第一軍，開入隴南追剿赤敵，由清水界石舖經海原同心城豫旺向玉環大水坑之線追蹤截擊，沿途俘獲甚多，並詢知殘共不過四五千人，當可指日清剿，時一師李旅（正先）已進佔大水坑，七十師廖旅（昂）正向玉環搜剿挺進，惟固原王以哲部態度不明，暗與共敵互通，以致我軍因而遲滯其行，未及一鼓蕩平，至足遺憾，旋又張楊叛變，與領袖蒙塵的噩耗，震驚中外，全國沸騰，朱長官胡先生於號痛之餘，在突變中仍能從容部署，神速馳援，而不為叛軍共敵共所乘，卒能進與各方合勤之師以解臨潼之厄，非有絕高之修養，果敢的精神，焉能出此。

抗戰準備與廣納芻議

第一軍戍守徐州時，胡先生示以日軍侵華，勢難倖免，詢我對日作戰，有何意見，余以：「對內征剿匪逆與國際戰爭，迥然不同，且本軍連年作戰屢建奇功，致兵驕將悍，似太大意，對於新的軍學尤未及時補修，是其最大缺憾，深恐與日軍交壘時必多吃虧之處。最好開辦短期訓練以資補救。」先生大善所言：囑「速擬計劃限一週開訓，並可全權辦理。」此種虛心接納及豪邁授權的真誠流露，使我敢不悉力以赴，當即由邱士膺兄負營舍教具事務之準備，余乃赴京洽請陸大教官四人（馮龍、伍培英、曾繼還、趙翔之等同學），步校教官四人，示範隊一隊，確能如限開班，凡旅團長調兼大中隊長，中下級幹部及軍士等則分編訓練，二閱月後，以團對抗之實兵演習，作測定訓練績效之成果，評判所得收效甚多，迨應用於淞滬抗戰時，其得力於短期訓練者，更有顯著之發揮。私念此次籌設之速，貢獻之大，實因將軍英名感召專責授權有以致之也。

爭取青年與創設分校

本軍參與淞滬抗戰：傷亡慘重，奉令開陝整補，而沿途流亡青年競隨轉進者約二千五百餘人，先生均慨予收容，並分派幹員深入敵後爭取青年，命余及袁杰三兄（袁負校舍教具之籌措出力特多）等五人，籌組第七分校納入編訓，並考選江蘇抗日青年團及西北特訓班，併入分校續訓，編成十五期三個總隊；此乃創建第七分校之嚆矢。不久，敵區及各地招來之學生總隊，亦先後到陝，概依其年月先後，分別選編為十六期至二十一期各學生總隊或按其志願送幹四團受訓，其有不合軍官學生資格之年幼體弱者，乃又特設軍需實習班為之容納，或資送國立天水中學肄業。胡先生對青年之愛護培育的慈祥照顧，及為黨國大量爭取青年旨在削弱敵偽的力量以壯大國軍新生幹部，是項英明措施，其收效於抗戰戡亂，與今後的反共復國建國的各時代中，厥功當未可以管窺蠡測也。

先生輕鬆與我受窘的瑣事

在記憶不詳的某日，接華陰電話，囑速往華山玉泉院一見，余以為有急事面授機宜，當即由王曲驅車馳往，止於門，望見胡先生獨坐廊下乘涼，狀極輕鬆，厥為巡校駐軍成績滿意的一種表徵無疑，迨趨前報到，即打趣的問：「你來的真快，為何不帶女伴同遊華山勝景，分享山水之樂，可惜可惜。」余一時語塞，不知所答，沉念心底事，似為胡先生所已知，倒不如坦誠奉告，求取明教，「在省立醫院確有一醫生對象，正由吳教授（造峨）介紹，已見面二三次，就是以前七分校女軍醫馬某（培蓉），是否合適，請代抉擇。」答謂：「我知道此人，品學都好，很適當，你如喜歡，我當贊同。」並問「何時結婚」，余以胡先生向來語不及私，今竟突然下問，並得長官嘉許，非常感奮，同時乘興反問胡先生：「你的勳名事業兩早成功，惟缺一大事，亦都替先生可惜可惜。」乃急問：「何事」曰：「婚姻大事」，胡先生僅以「哈哈」大笑作答，旋即偕往田野散步，轉移話題問：「我要你介紹人才迄無消息，蘇某品德才具何如。」余答：「蘇才具很高，我遠不及彼，至於私德方面，我認為私不害公即成。」蓋問者有因，而聽者仍未察也，繼問：「某人某事（此人在台）為何不辦，你主持分校，凡事均須細心考核才是。」余在極度尷尬下答以「正在查證待辦。」蓋前者以私德欠佳，而後者為思想存疑，胡先生是向以見微知著稱，以其善能防範奸匪之潛伏滲透也，曾記同事中相告：「本軍高級人員中僅李質吾將軍未曾受窘」，又因此憶起在徐州駐防時召見李師長及余二人延入客室，適值李鐵軍將軍與胡先生通電話，語不多時，忽嗓音突高，聲震瓦礫，李師長即約我速避為上，因可知李師長確是知機不窘，敏感超人，而李將軍則剛強不屈，不愧為軍中鐵漢，其人卻如其名，名副其實也。

人天話舊的呼喊

胡先生：你是我生平跟隨最久，知遇最深的長官，我是你萬千忠貞幹部中的一個分子，您曾表示：「我個人沒有幹部，乃是國家的幹部，領袖的幹部，我們都是跟從領袖為救國救民來革命來奮鬥。」我很贊佩先生的說話，如各個都要培養自己的黨羽，那就難免不各立門戶，形成派系門爭，削弱國家了，先生曾自承為領袖的馬前一卒，那麼我們就是馬後跟進的萬千兵勇了，又因先生是領袖的忠貞不二的幹部，所以我們忝為部屬的人，當然亦是成為領袖的萬千忠貞不渝的革命志士了，你曾統帥大軍迭建殊勳，同時亦曾兼辦教育，以為配合時代需要，僅就我們得知者，計有天水訓練班，第七分校，騎兵分校、幹四團，西北游幹班、將校班、軍官班、中美訓練班、外語班、軍需實習班、西北幹部訓練團、中正中學等等；此外還有我未知者尚不計其數，如文武學生綜計起來，當不下十萬人，這都是先生替國家培育青年，替領袖訓練幹部，這些青年幹部，都能接受領袖的精神啟發，和先生的辛勤誨勉，並能承繼先生的忠黨愛國與服從領袖的偉大風格，矢志不渝，潛伏在大陸，散佈於海外，只等待領袖的反攻號角，必能全面奮起，四方合圍，來摧毀敵偽政權，重建中華，同時我確信你生前的十萬青年幹部，願向先生保證，而且更要向最高領袖保證。目前雖失去一個忠貞有為的最高幹部——「胡宗南將軍」，但將來當更有很多以至無數多的胡將軍化身，在領導下來完成反共滅敵，復國建國的革命大業。

胡先生，你生前不喜歡張揚，更不愛朋僚囉嗦。但現在的我，於創痛之餘，亦就情不自禁的呼喊起來了，只要不離開事實，我想總可獲得你的寬容；胡先生，你的革命人生，已完成了應完的責任，亦已走完了應走的大道，而今你身雖長眠不起，但屬靈已與神同在，大可不必抱恨了，因為你的靈復活在很多很多的化身中，和萬千袍澤的心靈上，來替你報效黨國，來替你盡忠領袖，你滿意嗎，請放心安息罷！

作者為黃埔軍校三期，陸軍大學十期，參與東征、北伐、剿共、抗戰諸役，尤以對抗戰時西安之七分校教育及戰後成都本校之教育貢獻良多；民國七十六年號召七分校在台師生成立「王曲文獻會」；至八十五年完成《王曲文獻》八冊巨著。

先生，性情中人

史　銘

（民國五十二年撰）

余於民國十四年三月在黃埔教導第二團充任連職時始追隨胡先生，至民國二十一年八月胡先生任第一師師長時，因工作更動而他調。其間七載有奇，歷經第一、第二兩次東征、回師廣州、北伐諸戰役，晨夕相處，生死與共。時當革命龍興之際，玄黃血戰，可歌可泣之事，不勝枚舉。洎後三十年間，雖以工作駐地，兩相睽隔，而電訊郵鴻，經常聯繫，友於情篤，迴護恩深，有如一日。近年播遷海嶠，過從較密，每得暢晤，抵掌談四十年來事，慷慨激昂處，不覺手舞足蹈。茲略記二三事，以申悼念之忱。

民國十五年十月，先生任第一師第二團團長，余為團參謀長，南昌牛行車站之役，為北伐諸役中戰鬥最慘烈之一戰。敵人兵力，多我數倍，全團奮戰，陣亡營、連長與黨代表李正華、鄧伯珏、張迪峯等十餘人，官佐負傷者亦二十餘人，士兵傷亡過半。先生沉著應戰，並親自救護傷亡，目睹慘狀，淚瑩睛眥。惟我陣地，已處敵軍層層包圍之間，危急之際，先生與余率親兵，奮勇衝殺，幸得突圍，始免於難。而先生對於余在此期間之襄贊，以及殉難諸同志，懷念彌篤。民國四十年八月，余由留越國軍集中營返抵台北，晉謁先生，先生首詢及舍間諸兒女下落，余告以「掃地出門」後不知去向，相與浩嘆；繼則謂：「你到大陳去做我的副參謀長，好不好？」余敬答：「當然很好。可是家破人亡之餘，又在集中營中住了兩年，心情與體力均感不勝。誠恐貽誤大事，有負重任。」昔日主屬之誼，殷段猶在。民國四十三年秋，先生駐澎湖，猶遣程處長開椿兄親至北投交通幹部講習會相訪，告余以「先生由澎湖來信，要你將第一師第二團出師北伐，至光復南京止，各次戰役，寫一篇戰史。」益見對於第二團之光輝舊績，念念不忘。余亦以各次戰役，均躬自參加，出入生死，印象較深，遵即埋頭擬撰，初稿完成並附要圖，送請開椿兄轉呈。先生手復：「戰史閱讀，具有歷史價值。舊夢重溫，意味深長。」俱見眷念之深。先生逝世前一月，邀余相晤於仁愛路，縱談往事及此，感慨無已。惜此史稿，今未知散佚否？[1]

民國十六年三月二十四日上午，我第二團首先佔領南市兵工廠，光復上海。青天白日滿地紅之國旗，立時插遍全市，迎風高舉，百萬市民，莫不額手稱慶，重見民主。當時軍威遠震，中外同欽，誠屬盛事。下午，先生集合團附、營長及余等數人，隨帶武裝衛士，乘坐俘獲之汽車，直入法大馬路、愛多亞路、跑馬廳、南京路等熱鬧市街，繞行一周，所經之處，人潮洶湧，熱烈歡呼，有壺漿夾道之概。當時此數處熱鬧街市，均屬英法租界，豈容國軍駐足。而租界巡捕懾於國民革命軍聲勢之堂堂，與民眾之擁戴，未敢稍加阻撓。此一英雄式之遊行，為余生命中最感榮幸之事。

民國二十一年一二八淞滬戰事發生，先生任第一師師長，奉令進駐常州，余任該師第四團團長，防守江陰要塞，封鎖長江，構築工事，夜以繼日，致多數官兵雙手起泡，泡穿流血，則以紗布包裹，血漬殷透，而工作不輟。先生數來視察，目睹裹傷赴工之熱烈情況，每感動至淚瑩眥眶，如己身受，慰勉頻加，犒賞添菜，其愛護部屬之忱，於此可見一斑。

是年八月，先生忽召余至師部，覿面即告曰：「校長要你去杭州。馬上準備。你看電令。」領袖之電令。余迄猶謹記，文曰，「第一師胡師長：該師第四團團長史銘，兼諳政治，著即調充浙江警官學校訓育主任。」余追隨先生已七年餘，余事先生如長兄，先生愛護余有如弱弟，而共同陷陣攻堅，身經百戰，已建生死交誼。故率直答曰：「我不願意離開你。」先生乃婉轉告曰：「雨農兄正在開展工作，需要幹部。龍文兄已去任教務主任，你們在那裏和在這裏都是一樣的。」蓋先生與戴雨農將軍相友善，雨農先生開創基業之初，支持最力。而雨農先生常來第一師，與余及趙龍文兄晤談相契，故雨農先生擔任浙江警官學校政訓特派員時，訓練工作幹部，首向先生商調余與龍文兄。而余遂自此別趨工作途徑，惟先生對於余之愛護，固未以遠離而稍易也。

民國二十五年春，余任蘭州省會公安局長，先生由天水防地，因公來蘭州。隨身攜帶紙包裹一，下飛機時即交余保管。翌日，共解此包裹，則為毛葛馬褂衣料，囑余將蘭垣紳耆開列一名單，由余親自代為分別贈送，以崇禮敬。並在名單末尾，加批「史銘一份」，相顧長笑。是年冬，西安事變，領袖蒙難，蘭州于學忠部亦告叛，以余與國民軍訓處主任胡維藩兄等，均為中央駐蘭人物，予以拘禁，聞將受所謂「民眾審判」而遭殺害。時先生曾三次派員潛入蘭垣，探聽余之下落。十二月二十五日，領袖脫險回京，余亦於二十六日獲釋。次年一月，西北大局底定，于學忠派兵送余至定西第一師防地。臨行前，于之副官長李伯棠謂余稱：「胡師長曾有電要主席（謂于學忠）派兵護送你至第一師，當時因情勢所不許可，故亦未復電。主席要你向胡師長致意」云云。余與先生見面後，報告及此，先生聞言，即朗笑，繼而曰：「只要他見到我的電報就行了！」余不解，問何故，先生注視余曰：「他對於你的生命安全，就有所考慮了！」先生致電于主席及派員入蘭垣偵問之事，先生並未告余，亦余獲釋後始知悉者。彌見先生對余之關護，永銘肺腑。

共軍第四軍軍長蔡昇熙，為先生長第一師第二團時之營長。民國十六年寧漢分裂，蔡離團潛赴漢口。先生經常探詢其行蹤，派員勸說其反正歸順中央，惜未能如願。民國二十一年，徐匪向前竄擾於豫鄂皖邊區，先生率師進剿，匪勢不支，沿大別山桐柏山西竄川陝邊區。先生揮師追擊，由川入陝。民國二十二年春，余供職浙江省警官學校，接讀先生來書云：「弟本晚軍次寧羌，寧羌已改為『昇熙』，始知昇熙已不在人間。」蓋匪軍將蔡昇熙葬於寧羌，而改縣名為「昇熙縣」以為紀念，我軍克寧羌，先生痛昇熙之為匪盡命也。民國二十六年秋，余任粵漢鐵路警察署長，昇熙為余鄉人，家父函告其家道清寒，父母年老力衰，弟妹眾多，幾無以餬口。余遂將此情形轉報先生，並以昇熙有弟昇傑，已成丁，擬送先生處培植。嗣得先生同意，遂將昇傑資送入西安軍分校受訓。昇傑畢業後，歷在抗戰、戡亂諸戰役中，遍樹功績；現亦在台，兒女成群，居官校級，為反共復國而努力。於此益可見先生之眷念故舊，培植人才之美德。

先生稟性剛毅，意態豪邁，處事機警，文字簡練，其見解每有獨到之處，惜鮮為外人所知。其忠信仁勇，公而忘私之立身盛德，與革命典範，以及四十年來獻身報國之豐功偉績，已名垂竹帛，為近代史家所重視。余僅以記憶偶及，書二三事，滄海一勺，已足見先生為真性情中人。惟以至誠待人者，為仁人，先生其仁矣乎！

作者黃埔一期畢業，先在第一師服務，後調赴浙江協助軍統局戴雨農先生參與工作，政府播遷後來台。

1已列入《胡宗南先生文存》增訂版。

儒將風範照柳營

——紀念胡宗南先生百齡誕辰

徐　枕

（民國八十五年撰）

一、軍人魂基於武德

胡宗南上將入黃埔之前，曾任小學教員，於南京高級師範進修時，與初入高師之張其昀相識訂交，張其昀憶其人云：「每與宗南晤談，如飲醇醪，不覺自醉，一見面熱忱蓬勃，雖不愛多說話，可是意味深長，有儒將風流與中流砥柱之感，他是一個性情中人，厚重有威儀，而又富於人情味，不說話則已，一說話常是從血脈來感動人的。」這是他在一小學教員時期予人的印象。

胡上將於黃埔第一期畢業後，由教員而為軍人，他對於古人所云：「士先器識而後學問」一語，認為軍人所需要的學問是科學化，現代化；至於器識，乃指智、信、仁、勇、嚴之武德。軍人具有武德，再加上科學知識、科學方法，才能發揚軍人魂，然後始克達立現代化之軍隊及現代化之國家，而軍人魂之發揚係基於武德。他對武德的解釋：「智足以料敵，洞察是非，明辨義利；信足以待人，誠實不欺，始終如一；仁則悲天憫人，保國衛民，捨生取義；勇能克敵，乘勢得勝，從容鎮定；嚴能禦敵，信賞必罰，開誠布公。」又云：「戰爭是一種特殊事業，必須由內心砥礪其志職，磨練其情操，培養其正氣，傾注其全智全能，養成確實敏捷之處事習慣，公而忘私，國而忘家，庶幾克盡軍人之本分。」

古之論儒將者，必以武德為折中，胡宗南畢生盡瘁軍旅，效忠民族，從初級幹部而至戰區長官，始終站在革命最前線，從事最忠勇之戰鬥，與國家、與領袖同其休戚而為革命軍人之典範，爰將其武德風範，概而述之。

二、智自盡性勤學中求得

好學不倦，自強不息：戎馬生活，不忘進修，孜孜矻矻精進不已，每日讀書研究討論，除作戰或特別事故外，總在三小時以上，嘗云：「做一個部隊長，要自己成為烈火，方能熔化鋼鐵。」抗戰期間，坐鎮關中，東拒日寇，北制中共，戒慎恐懼，不忘使命。使西北安如磐石，指揮鎮懾，為國干城。他認為惟有人才，始能擔任中興創業之重任，曾引左文襄公語云：「開誠布公道，以盡人之心；獎其長、護其短，以盡人之力；用人之朝氣，以盡人之才；令優劣得所，以盡人之用。」他培養幹部，知人善任，自始具有卓識，禮賢下士，獎勵後進，廣收慎用，勤教嚴繩，由於求才若渴，幕府中之人才，盛極一時，心悅誠服，樂為效命。其對七分校學生講述〈今日的戰士〉一文，融哲學、科學、兵學於一爐，為戰區軍人之圭臬。

他認為每個人都有自己的人生觀，身為革命軍人，必須建立革命軍人的人生觀，他對革命軍人人生觀之闡釋：「生於理智，長於戰鬥，成於難苦，終於道義。擇善固執，貫徹始終理智也；克復困難，戰勝環境戰鬥也；屢敗屢戰，百折不撓艱苦也；篤守信實，不計成敗利鈍道義也。由真切之理智，歸於雄偉之道義，此戰士之所以能為聖賢為英雄，為時代光輝，為民眾表率。」

他對大字的解釋是「做大人無名為大，做大事下層為大，成大勇無我為大。」這是讓功承過的基本條件，亦為他自己的座右銘；對於岳武穆的「文官不愛財，武官不惜命」，他說：「今日的革命軍人，既要不惜命，亦要不愛財，文官既要不愛財亦要不惜命。」他要求部屬為國家為民族盡忠，對忠字的解釋，認為忠字是中心兩字而成，故革命軍人的忠是一個中心思想——三民主義，一個中心信仰——領袖，要為三民主義去忠誠奮鬥，要為領袖命令去勇敢犧牲，他對任何古聖先賢箴言之闡述，都能引用國父遺教及領袖言行來闡釋，而自命為領袖馬前一卒。

四十八年，參加國防研究院第一期深造，同學們均深佩其學識淵博，思想卓越，言行超群，常有獨特見解，從不人云亦云，字跡秀麗，文思雋永，所著論文，經各教授評定，成績第一，有《宗南文存》一冊行世。

三、信從三信心中心建立

信仰領袖，忠貞自勵：敵我之間看得清，功利之間看得淡，謀國之誠，忠心耿耿，顧大局忍辱負重，對部屬有擔當，對命令信仰不惑。嘗云：「國父遺教領袖訓示，是我們的行動準則，戰鬥的南針，勝利的明燈，工作的導師。」又云：「行舟中渡，任何驚濤駭浪，只要信仰舵手指揮，一定可安全渡過，直登彼岸，言事在互助，待人在互信。」言及同志間之團結，以互信為不二門徑，勉勵部屬，要名譽奉之於上，危難歸之於我，曾說：「一念之公，則四方人才必至，皆樂於效命；一念之私，則舟中之人，形成吳越。」要人人克己為群，化私為公，力則相讓，過則相承，肝膽相照，道義相許，常以「勞苦忍辱」四字，自勉勉人，生平不招待記者，不照相片，嘗云：「吾輩革命軍人，應以成仁取義，獻身保國為職志，實不可效世俗之沽名釣譽華而不實也。」

他顯赫一生，譽之所至，謗亦隨之，忌之者種種誤誣，無一語以自辯，他要把一切榮譽歸之領袖，歸之同僚，一切過失歸之自己，以無我、無名作為處世訓練部屬之格言。

三十九年奉命自西昌撤退來台，遭監察院彈劾，集謗怨於一身，除奉命依法對彈劾案提出申辯書外，無一語自白，且一再約束舊屬，不許任何人辯怨白謗，剴切指示：「我們身為國家軍人，為領袖負責之幹部，丟掉大陸，我們沒有責任，誰有責任呢？」或告以對巇誣惡評之一味容忍，必將積非成是，形成一種默認。他慨而說道：「事實是最好的雄辯，歷史是最佳的證人，大丈夫俯仰無愧，何必求人諒解，有領袖在，不必多言。」他信仰領袖，信任部屬，他的自信，出於至誠，先總統蔣公於其逝世之日，在黨務會議中宣告：「胡宗南同志是本黨一個忠貞自勵，尚氣節，打硬仗，不避勞苦，不計毀譽的模範軍人。」並以政府播遷，率軍殿後，艱苦備歷，勞瘁不辭予以褒揚。

四、仁之至極捨生取義

志士仁人，主義是從；他曾說：「今日的中國，需要志士仁人，忠勇鬥士，做無名英雄，沉毅於行伍，在槍林彈雨中，創出轟轟烈烈的戰鬥光輝。」又云：「今日的戰士必須潛於主義之中，從容於疆場之上，為主義繼志，為主義傳道，為主義解惑。所謂繼志，就是承繼國父遺志，完成國民革命；所為傳道，就是實行三民主義，收回中國失土；所謂解惑，就是一個政府，一個領袖，一個主義。」

他對人才的選擇，有三個要件，第一是德，因為品德是立身行事的根本，有高尚的品德，才堪領導群倫，為大眾所敬仰；第二是才，具有治事的能力與學識；第三是勞，為體魄健壯，服務勤勞。引用曾文正公用人的二個條件，就是「有操守而無官氣，多條理而無大言」，所指的操守就是德，條理就是才，嘗云：「我們擇人如果才德並茂，當然是最理想，否則寧可拔擢德高於才的人，因為有品德的人才有氣節，才有骨氣，才有良心，才有血性，才有正氣，才有操守，一個守正不阿臨難不苟的人，才能見利不虧義，見死不更其守。」他認為品德的養成：「先天的本性固然很重要，後天的學養更不可少，是故軍人必須敦品勵學，才可養成圓滿的人格。」

他對孔子「剛毅木訥近於仁」的闡述：「剛是堅強，毅是耐久，木訥是厚重，所謂仁的意義，就是堅強持久而厚重。」對於「巧言令色鮮矣仁。」他的解釋是：「虛偽輕薄的人是靠不住的，儒生與農民的真誠質樸氣質，和仁的氣質相近，但不是完全的仁，惟有革命軍人殺身成仁捨生取義的氣質，才是完全仁的氣質。」

至於革命軍人仁的氣質，他說：「真正的英雄豪傑，是不能脫離現實的需要，今天的事實需要是統一，不是割據，是需要建設，不是破壞，是工作成績的貢獻，不是個人權威的爭奪，因此今天的英雄，不是宋江、石達開、毛澤東之流人物，而是有思想，有信仰，有肝膽，有辦法的革命戰士；以國家為本位，以三民主義為中心，不說大話，不唱高調，而在學術上、工作上、戰鬥上來砥礪決死苦鬥的精神，克己愛人的精神，親愛精誠的精神，建立起攻無不克，守無不固的鐵軍，擔當起革命建國之大責重任，這才是革命軍人仁的氣質。」

五、勇自正氣血性中養成

堅苦卓絕，見危授命，他認為治軍是神聖的事業，是犧牲自己救國救民的事業，是殺身成仁捨生取義的事業，一個不仁的人，談不上智，更不足以言勇，無仁無勇的人只能作奸商、作市儈，而不可以治兵，他說：「戰爭本是關係國家存亡之大事，而主宰戰場的將領，更是關係成敗的重要因素，將領須有風格和氣度，才能負荷國家存亡的重任，要有高尚的品德，偉大的器識，不矜不伐，有為有守，同時亦要有大公無我的精神，公忠體國，顧大局、識大體，本諸忠誠純樸之氣質，才能發揮勇毅果敢之行為，正直無私，廉介自處，具有堅定的意志，刻苦耐勞的修養，要以歷史名將的典型，作為自己立身的規範。」

他告示七分校畢業學生說：「現代國家所需要的，不是個人英雄，而是團體英雄，成名的個人英雄成就有限，無名的團體英雄，貢獻就大多了。」又云：「今日的戰士，必須擔負起歷史使命，做時代先鋒。歷史的使命，落在你們肩上，國家的命運握在你們手上，先烈的眼睛盯在你們頭上，你們要勇敢地把救國的責任負擔起來。所謂時代的先鋒，必須開闢國家的前途。痛苦的民眾，要你們去拯救，淪陷的山河，要你們去開發，光輝的歷史，要你們去創造，幸福的國家，要你們去建設，同學們！努力罷！」

他根據自身辦理軍事教育的心得，認為辦理軍事教育是一件堅苦而神聖的事業，其宗旨不僅在訓練一批信仰主義，為主義生，為主義死的信徒，更為民族，為國家保守土地、保衛人民的戰士，而亦要養成流血流汗，粉身碎骨，斷頭折臂視死如歸的烈士。在精神上更要訓練有正氣、有道義、有良心、有血性，富貴不能淫，貧賤不能移，威武不能屈的大丈夫，在學術上要能打硬仗、紮死寨，受傷不退，被俘不屈，在嚴刑拷打之下，刀鋸鼎鑊之前至死不投降，赴義不變節的硬漢、鐵漢、好漢。他對隊級幹部說：「各位隊職官責任重大，對國家、對民族，真所謂任重道遠，以仁為己任，不亦重乎！死而後已，不亦遠乎！」

對於戰鬥的功績，他認為惟有精於研究，勤於訓練，勇於犧牲者可獲得，他說：「現代戰爭已不是喝了酒、拿了刀向前衝的時候了，軍人固然要有必死的心，同時更要訓練成不死的技能，這樣才能殺敵致果，軍人求得勝利的成功秘訣，是勇敢地向最危險的道路前進，堅毅地忍耐到最後五分鐘。」

六、嚴從律己寬人中力行

嚴守紀律，自愛自重；抗戰期中，他曾手訂戰鬥紀律三條：一為執行命令，完成任務，守必固，攻必克。二為受命不辱，受傷不退，被圍不驚，撤退不亂。三為不幸被俘，至死不投降，至死不變節，不出賣戰友，不洩漏機密，造成民族至高無上的氣節，可歌可泣的風格。嘗云：「戰鬥紀律是道義的信條，是無形的規模，要自覺，要自助，要自重，要自信。」又云：「我們參加革命是自己來的，不是繩索綑縛來的，因此我們的生活行動，必須自重自愛，處處靠人家監督鞭策，這是奴隸的心理，決不是革命的戰士。」

對部屬言行上的過失，用教育的方法，諄諄誘導，部屬有任何困難，必親自接見，給予甚厚，而他自己平日的生活，至為簡樸，實行新生活規條，除言教之外，更期望以身教來育化部隊氣質，具體而言，不吸煙、不酗酒、不嫖妓、不賭博、不唱高調、不說謊話、不失時間、不洩漏機密；嘗云：「工作要精到敏捷、積極專注、不敷衍、不妥協、不懶惰、不消極、不散漫、不推諉、不掩飾、不欺騙。」又云：「工作要從苦幹實幹中去努力，養成口到、眼到、心到、手到、足到的習慣。在辦事方面要養成處理、整理、修理三種本能，沒有錢亦能辦事，這就是革命，辦事處處要錢是失敗的原因，要在自己責任範圍內積極地、主動地、創造地來辦事。」

他任第一師師長時，國軍尚無委任經理制度，政府按編制發給經費，由部隊長負責經理。他就成立公積金管理制度，實行四大公開。他認為四大公開是師克在和的基礎，可使前後方同心，軍民同心，上下同心。嘗云：「軍隊能為此，對成功的作用很大，料事不易，知人最難，凡事求心安為第一。」對於軍人犧牲精神之培養，認為要從不貪財、愛名譽、愛團體三個條件中養成，引用酒色中尚有英雄，銅臭中絕無豪傑二語說：「貪財的人沒有不怕死的，怕死的人於危難時沒有不投降變節的。」

又說：「對部屬之培育，要用得其人，用得其事，用得其地，用得其時，公正愛護，嚴格考核，勤勞指導，快樂糾正，然後才能明正賞罰。」他對貪私利，自伐才能的人，認為才雖高而德不足，決不重用，對敵人決不姑息。曾說：「連隊中發現間諜、漢奸、叛徒、奸宄時，必須竭力解決之，對敵人寬大，就是對自己殘酷。」

一般人對他的印象是沉默寡言，實際上他在開會時亦常議論風生，豪氣干雲。他並非拙於辭令，對剖析事理，闡述主張求排解糾紛時，每能條理縷析，語皆中肯，令人誠服，但若遇有詆毀黨國或對領袖偶有不當之建白者，輒以衛道者自居，駁斥辯難，聲色俱厲，至於對其個人之事，則緘默木訥，不予辨白。他忠愛國家，信仰領袖，出之於天性，對其個人之窮通困阨，毀譽褒貶，皆非所計。

繆贊虞（鳳林）教授數度應邀去王曲講學，談到胡宗南時，張其昀記其語云：「他讀書很勤，才識廣博，新舊學問都很有根基，他另有一種格調，另有一種風範，而這種格調風範，係由其堅毅、刻苦、謙抑、忠恕、廉介的性格中孕育出來，且非常吸引人。」

七、難得的笑容

三十八年時局劇變，重慶危急，為保領袖安全，除令第五十七軍殿後外，命所屬部隊不論困難，不計損害迅即南下，以救領袖為第一義，並對先遣之第一軍軍長陳鞠旅說：「此勤王之師也，義無反顧。」各部隊在嶮巇之秦蜀道上奮起急進，前有蜀軍叛變，後遭共軍追擊，排除萬難，第一軍軍長陳鞠旅率部於十一月二十六日抵達重慶時，未及集結，即與共軍展開戰鬥，激戰四晝夜，眾寡懸殊，傷亡慘重，二十九日行政院由渝遷蓉，三十日蔣公離重慶赴成都，重慶即告陷落，後續部隊聞悉蔣公抵蓉，即分途直趨成都；爾後胡宗南始終隨侍在側，三度力請其返台，蔣經國於《危急存亡之秋》一書中記其事云：「此時胡宗南部隊已翻越秦嶺，跋涉長途，輾轉到達成都平原，以六百公里與敵對峙之正面，轉進一千餘公里長距離之目的地，而竟能在半個月中迅速完成，亦戰敗中之奇蹟也。」領袖脫險及中央政府播遷來台，苟無胡宗南親率所部入衛渝蓉，則後果不堪設想。

胡宗南駐節澎湖時，昔日舊屬王思義等前往普見，談及當年入蜀狀況，其云：「當時大局逆轉，亦深知難以挽回，但只要有領袖在，黨國之復興一定有辦法，故當時以救領袖為全軍使命。」平時難得見到他爽朗的笑容說：「我已完成了這一使命。」

作者為黃埔軍校第十七期，曾參與抗日戰爭與國共之戰，一九四九年徐州戰役後來台，一生戎馬經歷極富傳奇。歷任國防部人事次長室人事參謀官，行政院人事行政局秘書，師範大學人事室主任，曾獲總統府頒授陸軍三星、四星及五星寶星等獎章。著有「胡宗南先生四書」之壹《一代名將胡宗南》等書。

追憶胡宗南先生

洪　軌

（民國五十一年撰）

意料不到的事件突然發生，會使人們在情感上受到更大的震盪。在偉大的抗戰時代，曾經追隨並共同奮鬥過的人，一旦死去，這不僅是悲傷哀悼，而且會勾起無窮的回憶；本年二月十四日報載胡宗南先生噩耗，真如青天霹靂，幾令人難以置信。因為民國三十年我在西安幹四團工作時，胡先生患重感冒，電話囑我邀請一位醫生為他治病，我當即邀請省立醫院內科主任李大夫，由我陪同前往，李大夫檢查胡先生身體，認為異常強壯，超乎常人，不料撒手人寰如此之快，誠令人興人生朝露之感！胡先生未能親率大軍，反攻大陸，在病榻中時以為憾！宗澤之臨終三呼渡河，以今方古，同深悲壯。抗戰初期，平津、京滬，相繼淪陷，一般青年學生，熱血沸騰，均欲參加抗戰行列，當時共敵在延安設立抗日大學，以欺騙青年，密遣大批匪諜，在西安洛陽等地，誘騙青年前往陝北；胡先生洞悉奸謀，遂電准中央設立中央軍校第七分校、戰幹第四團、游幹班，勞動營等四大訓練機構，大批收容青年，先後逾十萬人以上，使能置身抗戰行列，這對抗戰之貢獻，對共敵之打擊，是何等的重大，而籌備之初，物質缺乏，經費困難，教職員薪餉發不出，只發伙食費，但全體一心一德，無絲毫怨言，非胡先生之精神感召，曷克臻此。

民國二十七年春余在漢口，邂逅胡先生，蒙邀至陝西鳳翔擔任軍校第二總隊政治主任教官，當時總隊長為李正先將軍，未幾即調升師長，接任者為劉安祺將軍，旋又調升師長，由羅某繼任，不久羅又調升師長，以黃某繼之，短短八個月時間，換了四個總隊長。余曾問胡先生何必如此調動頻繁，胡先生告以軍校學生畢業後，即為部隊之基幹，在派為部隊的帶兵長官之前，要他們在學校裏訓練學生，與學生們發生師生關係，以後在軍隊中共事，長官照顧下屬，下屬服從長官，其關係自更為密切，這是組織原理最上乘的運用，故胡先生的基本隊伍，是團結的，是堅強的，而且也是能夠戰鬥的。

胡先生當年擁兵數十萬，兼有四個訓練幹部的機構，坐鎮西北。其任務是保衛大西北抗戰根據地，伺機出擊，並監視陝北共軍，當時胡先生羅致幕下的文武人才，真夠得上稱為濟濟多士。有的是延聘而來，有的是慕名而至。因胡先生之謙虛熱情，故相處均翕然無間，為共同目標而奮鬥，所謂與公瑾交，如飲醇醪，不覺自醉，其情景當亦如是。胡先生訓練幹部，完全以盡忠黨國，服從領袖為中心思想。其親自撰寫，親自講演之信條，深入淺出，甚為新穎，收效甚宏，惜原稿散失，未能錄出，殊覺遺憾，想在台曾經在西北工作過的友人中，或尚有保存者。

嗚呼，生而為英，死而為靈，其同乎萬物，而復歸於無物者，暫聚之形，不與萬物共盡，而卓然不朽者萬世之名，胡先生之勛業，固永光史乘，而其精神和音容，將更永遠活在千萬人之心中。

作者作軍中政治工作多年，亦曾任七分校政治教官。

先生逝矣！吾其誰與？

周南

（民國五十二年撰）

嗚呼！宗南先生，誠一奇偉人也哉！值茲天降大亂，人心陷溺，國運迍邅之際，先生持身如是之廉潔，對人如是之平易，處事如是之豪邁，以及謀國如是之精忠，先生誠一奇偉人也哉！

民國二十八年秋，先生創辦「西北青年勞動營」於咸陽，親兼營主任。凡由黃河西起蘭州，東至潼關間各渡口進出之「抗大」等匪校學生，一律扣送入營，施以特殊教育。期能改邪歸正，再為國用。我奉命參加該營籌備工作，旋承乏政治教官職，試講「周易與邏輯」一課，特別注重對於辯證法、唯物論之批判。初也彼生格格不入，繼則漸有進展，矻矻經年。此為我對匪思想討伐最直接、最有意義之一頁。是時也，我曾參觀先生主持下之各地訓練機構，嘆其文武並蓄，規模宏偉；終南山下，一時人才濟濟，一片生氣勃勃；如此革命洪流，遂以鞏固中原，威震西北！先生「教育救國」之夙願，於焉實現。

且也，先生以百戰餘威，追匪萬里，直搗黃龍；忘身忘家，功在黨國；然而始終不矜不伐！所謂「為而不恃，功成弗居」，此常人所難能，惟先生能之。我曾在長安市上，甚至在西北任何地區之各公私機關，隨處可見國父遺像及總裁肖像之高懸，卻未見有一幀先生玉照之展出。噫！見微知著，因小喻大，先生精忠，忠而無私，有如此者。

民國三十四年春，倭寇竄至豫陝邊境之武關外，沿伏牛山南北千里，我大軍雲集，難民流離，各方對於戰地服務機構之設，亟感需要。我即擕是項計劃入陝，謁先生於長安城南小雁塔。候未及刻，先生欣然出，笑問何事？我即面呈計劃書，先生一覽之餘，脫口云「好」！大筆遂揮，慨予照辦，曰：「我充分支持，君可放手作去！」其處事之簡速豪邁，殊令人感服不已！至其對人態度，尤與人以不平凡之印象：常見其生龍活虎，英光照人之雄姿，常見其禮賢下士，興趣盎然之笑貌，老年人敬之愛之，青年人尤其敬之愛之。

先生對公雖極慷慨，對私則極儉約。我嘗窺其「具有特異之精神力量」。對於肉體疾患，向不介意，必以精神克服之；對於物質貧困，向不介意，必以精神克服之。赫赫元戎，身無私積；蕭蕭身後，一宅莫置。噫！先生高風亮節，只求自足，不求人知，何其偉也！

先生之瑰意琦行，我所知恨少，幸嘗聞自吾友胡凌雲兄，足以修己，足以風世。

嗚呼！先生逝矣，吾其誰與？

作者參與軍中政治工作多年。

悵望千秋一灑淚

王　微

（民國五十一年撰）

戎幕驥附四十年密勿曾參我媿虛言徒淪蜀，
南溟鵬摶九千里將星遽隕公留遺恨未收京。

一

我們的長官胡故上將逝世已過百日，使我不勝懷念，深有漠然無所向之感。現在許多人都在寫悼念長官的文字，我也不例外，但我覺得所知愈多，著筆愈難；寫者既多，避免雷同也不容易，所以寫得最遲；也許是寫得最差。

長官三十多年的革命歷史，我以為可分為兩個階段：第一階段是軍校畢業起至浙滬抗戰止前後十七年，是戰功顯赫時期；二十七年一月以後是方面坐鎮嘉謨獻替時期，這也不過大段上的劃分，並不是前期沒有政治上的建樹，例如二十一年在收復六安以後在山王湖六個鄉鎮的善後建設，已是三分軍事七分政治的實行者，安徽省政府特別將長官所訂的措施，作為剿匪的基本方略，其後期也有蘭封之戰，羅山之戰，靈寶之戰，三峽口之戰，並不是沒有戰功，沒有勝利，而是就地位與職責而言，戰功是佔次要了。

二

關於前一階段，我不擬再敘戰功，而要將長官統率的部隊能戰，戰而能勝的原因，就所知的加以報導。

第一、是長官的精神力。見過他的人都有精力過人義氣干雲的印象，這還是表面的，的確，他具有宏偉的氣魄，堅毅的決心，短簡精湛而有鼓舞作用的演講詞，只要常見他或聽他的訓話，每一官兵會受到感動，也會意氣激昂。富有旺盛的企圖心和必死的決心，在上海守大場的四十多天中，長官統率的第一軍犧牲以後，補充的是各省的保安團和廣西的民軍，在他指揮之下，一樣的能戰能守，因為在第一線的官兵，每天都看到這位精神飽滿的指揮官，自然對日寇的飛機大砲，也覺得無所謂了。

第二、是長官愛護士兵。人們都知道他行軍無論遠近不騎馬，但很少人知道他士兵宿營未畢，他不進房子，他很少看操，但經常要去看部隊伙房馬房廁所，對傷亡官兵的安置，特別重視，建立了徐州公墓天水公墓碧口公墓，成立了「傷兵年會」，和第一師官兵互助會，在郯城代理師長時，曾槍決棄遺傷官兵的衛生隊長。

第三、是訓練和教育；長官對於優秀官兵的提升和教育，特別重視，任師長以後辦過開封、天水、徐州等軍官訓練班和長沙暑期學校，親自上課、升旗，和參加野外演習，不但幹部充足，而且班長有排長的才能，排長有營連長的才能，造成隨時能戰，能長期作戰能不斷作戰[1]。

三

在第二階段中，長官對黨國的貢獻太多了，我只敘述幾件人們不注意或不知的事。

二十七年長官率第一軍入陝途中，收容了魯皖蘇北各省流亡青年七千多人，安置在鳳翔訓練，這就是中央軍校第七分校十五、十六期的基礎，那時中共對「延安抗大」，大吹大擂地宣傳號召，各省無知青年都擁向延安，長官認為是一個可憂的問題，後來獲得西安行營主任蔣銘三將軍的支持撥給糧餉，說服這些逃向延安的學生，使留在西安受訓，這就是戰幹第四團的開始，此後第七分校與戰幹四團先後在蘇浙贛皖冀魯豫等省成立招生總隊，前後共招十萬人左右，延安抗大的學生，因之大為減少。

二十九年四月長官建議成立冀魯豫挺進軍，並請以黃達雲將軍為挺進軍總指揮，其時張喬齡朱懷冰在冀晉的游擊部隊，尚未被匪消滅，共軍也未大量向冀魯等省滲透，如果這一建議成為事實，朱毛無法在華北擴張，整個大陸形勢，自與後來不同了。

今年美國發表的對華外交文件中，提到封鎖陝北的事，這原是美大使館共諜台維斯等所提供的情報，並不足怪，倘使陝西動員指揮部的不被破壞，也許情形有所不同，可以利用民眾擔任陝北的封鎖和警戒，而使部隊有訓練和機動使用的機會，這是和移民併村，移糧入寨不能實行，有同樣的遺憾。

在抗戰末期東北有若干青年草澤英雄，曾慕名遠到關中來向長官聯繫，也有願派幹部來關中受訓的，長官都傳見鼓勵，並派了七分校十五期學生陳植琚前往聯絡，誘導他們反共抗俄，擁護中央，直到東北陷共以後，他們仍用著長官的名號，在黑山白水間和中共搏鬥，不曾屈服。

四

無疑的社會上對長官是敬崇的，但對於他的品格行動也有各種不同的看法，而我在追隨三十多年中深深體念到他有崇高的品格，綜他一生，很像幾個古人，勇敢善戰像李臨淮，支援友軍，惟力是視像胡林翼，刻苦自勵像彭玉麟，愛護朋友部下，像江岷樵，意氣豪邁，急國家之難像祖士雅，而服從領袖之忠，在歷史我還找不出可以比擬的人，他一生只有讓功，從不表功；只有分謗，從不辭謗，以革命先烈為榜樣，以革命事業為依歸，他自任是如此，他教部下也如此。

作者是胡將軍的同鄉、同學，文筆甚佳，歷任胡將軍辦公室秘書，機要室主任專職；並協助撰寫《胡宗南上將年譜》之初稿。

1 十八年西征和討馮討唐前後作戰五個月，十九年中原戰役連續作戰八個多月，二十一年皖贛鄂剿匪及追徐匪向前入川連續作戰八個月，二十六年淞滬抗戰在毫無工事掩蔽之下苦戰三個多月。

悼宗公，憶往事

王宇君（澤民）

（民國五十一年撰）

宗南先生逝世，已經四個多月了，長官親友部屬已於本月九日恭葬先生於陽明山竹子湖畔，從此一代名將長眠地下。嗚呼！國喪干城，我失長官。

當我們知道你有病住入醫院時，已是十一日的下午，翌晨正預備去看時，遇質吾先生（李文將軍），知病有起色，遵醫囑需休養，十三日是一個不祥的日子，中途折返，十四日和鍾常青（鍾松兄正要去看時，忽遇苗德武於途，知已去世，青天霹靂，使人感到意外的震驚！嗚呼上蒼，為何這樣安排，如此突然？危疑震撼的國家正需要你，高齡領袖需要你，在台的幹部需要你，陷在大陸的袍澤學生更翹望你，你竟撒手而去，這種無情的打擊，如何彌補？當我提筆寫這篇悼文時，已是涕淚滿紙，幾次中斷，不知用何言詞來表達，從何說起，嗚呼慟哉！

數月以來，不少時賢為文悼念，於先生風範器識懿行，闡述甚詳，惟於先生治軍偉績尚有甚多獨特制度，未為眾所知，筆者以多年追隨，親聆教益，躬與其事，得窺先生受知領袖，迭膺重寄，功在國家，豈偶然哉！

一、手創「傷兵年會」

先生行誼及李少陵先生《駢廬雜憶》中均曾語及，此會非特我國軍事史中無有，其他任何國家或亦無此組織。先生於三十年前任第一師師長時，獨具慧眼手創此一制度。第一師自北伐以來，連年作戰，每次戰役所有負傷戰士先由各團部衛生隊轉送野戰醫院，輕傷者痊而歸隊，重殘者送後方醫院，經核定重傷殘者退伍，發給傷證還鄉。先生痛念傷患不忍流離失所，規定每年六月間於師部所在地召開「傷兵年會」，會前半月即於全國各大報刊出通告，所有傷殘均於開會日期紛由各省縣赴至，甚或有自蒙古及東北來者；自報到日始，即進住招待所（包租旅舍），每日三餐，早餐稀飯饅頭，小菜四份，午餐五菜一湯，晚餐十大碗菜，十人一席，每人發香菸一包，所有當地影戲院、旅社、浴室均皆租下，憑出席證可至上述各處任意遊憩，會期共十日；第一日開始報到，每人先發給中山服、白襯衣各二套，毛巾、肥皂各二份，鞋襪各一雙，隨即編組，每組十人。次日起，晨間有一小時半之政治課程，一小時半之小組討論，午後即自行息遊，第七日起正式開會，同時邀請地方黨政軍首長。本師各單位主管，部隊以連為單位，每連派代表三人參加，行禮如儀後即組成審查委員會，審查各傷殘之年資等級，次日發放慰問金（每一上等兵可領到銀元一五〇元，中上士可領到二〇〇元左右）及回程旅費等，最後一日閉幕。

傷殘們稱此會為「歸娘家」，來時兩手空空，去時滿載而歸，最後三天，每日晚餐先生必自親臨，閉會之日，先生開始訓話，勉以「良民」為良兵之基礎，「良兵」為良民之模範，回家後應安分守職，服從地方長官，努力生產，以報國家，語極懇切，諸傷殘戰士聆訓後，有者失聲痛哭，蓋深受感動而又匆離也。此一制度推行以來，於募兵時代對鼓勵士氣，促進團結，發揚戰力，開拓兵源，發生很大力量，故當年第一師無逃兵，無潰兵，所向無敵，無敵不摧也。凡第一師招兵，未及一月即可告全，退伍在鄉諸傷殘宣揚促使之，故歷年發出慰問金為數頗鉅，均由先生自行設法籌措，愛護袍澤之情，於此概可略見矣！

二、人事制度與軍人魂

先生於人事制度自始即深具卓識，建立良好制度，自任師長以來，舉凡部屬之陞遷調補，概以各員平日之戰功勞績、考績、操行及年資為準，絕無地域觀念或接受託請奔走之事，而親族故舊，絕不援引，官兵因之奮發，前途自有保障，人事命令每一發表其本人事前多不知悉，若某處出缺，眾私下相論將由某人遞補，果往往不出所料。先生訓練部卒首重氣節，次求才能，四十年來為國家培植不少幹部。一二八戰事爆發，第一師馳赴增援，軍次武進，先生乃以具體行動實踐軍校「軍人魂」精神教育，即全體幹部身邊佩帶一短劍，正面刻「軍人魂」三字，背面刻「胡宗南贈」四字，授劍之日，特召集全體官兵訓話，慷慨激昂，語極悲壯，勗勉受劍者不成功，便成仁，無有命令，決不生還。故幕府中可謂人才輩出，類多虎將，每一戰役，無不視死如歸，如二十五年寧夏剿匪陣亡之團長楊定南、晏儉，二十六年上海戰役陣亡之旅長李友梅、政訓處副處長沈上達等，孟良崮壯烈成仁之師長張靈甫，瓦子街戰死之劉軍長戡、嚴師長明，寶雞戰死之軍長徐保，成都戰死之汪師長承釗，第一師副師長王陵舟及前隴南保安司令胡綬謙兩員，死事最為壯烈，受敵包圍，身陷絕境，匪再四迫降，烈士罵匪嚴拒，乃高呼中華民國萬歲，領袖萬歲而自戕，西昌戰死之胡司令官長青、劉軍長孟廉等均身先士卒，力戰陣亡，每次戰役中，其他中下級幹部死事之慘烈，真可驚天地，泣鬼神，惜因篇幅所限，未能一一列舉。

三、一生心血灌溉部屬

先生無嗜好，一生心血，貫注部屬，自奉甚薄，律己極嚴，平生不事生產，生活之刻苦，殊難想像，而待官兵，則至為優厚，官兵中每遇有婚喪大故或其他困難，寫一報告求助，先生必照所借加倍給與不扣，軍需人員常感困擾，先生仍勉力從事；如二等兵劉夢清，河南上蔡人，十九年豫東戰役失五指，退伍還鄉，以所得卹金購田數畝，為豪紳所奪，二十二年春隻身奔天水求助，先生接見，立贈銀元二百元，匯該兵原籍，另助旅費資其回籍，並函請河南劉主席責地方有司代伸其冤。又林木森，廣東人，十六年先生任二十二師師長時充二等兵，以戰功累遷至中尉排長，於三十八年五月軍次廣元，因手槍失火，誤斃一補鞋匠，遺五口，家徒四壁，嗷嗷待哺，依法當處極刑。後徇地方紳商議請，死難家屬優卹白米五十擔，林某則交由筆者處理，報請先生核示，立予照准，惟林木森仍判重刑，暫准其戴罪立功，後林果以成都戰役立奇功。先生關懷部屬，愛護袍澤，遺聞軼事極多，茲因篇幅所限，恕難一一舉出。他如傷患住院，必親臨撫慰，餽贈食物現金，如遇陣亡病故，除厚卹其家屬培植其子女外，均安葬公墓，徐州、天水、碧口、松潘等處公墓，規模最為宏大，四時必派員祭掃，迄未間斷。平日對部屬管教之嚴，期望之切自為感人。蓋先生治軍素嚴，信賞必罰，雖恩威並濟，實恩重於威，偶有違犯，必親於糾正，以身教之，絕不輕殺，所有官兵莫不畏威懷德，樂為效命。

四、畢生精力貢獻國家

先生富於強烈愛國心，奔放的感情，超人的義氣，豪邁的性格。忠於國家，忠於領袖，不貪財，不居功，平易近人，藹然有儒將風度，一生經歷俱見行誼中。

二十七年豫東戰後，移防關中，整訓部隊，成立中央軍校第七分校、戰幹第四團、游擊幹部訓練班、勞動營，訓練文武幹部不下十餘萬人，代訓部隊幾近百萬，所有幹部均能推陳出新輪流調訓，保持戰力。同時沿河部防，阻敵西竄，封鎖匪區，益趨嚴密，其防線東由豫西起，延伸至隴東寧夏交界處，三個任務，兩面對敵，其責任之艱鉅，概可想見，數年以來，敵不能越雷池一步，共軍不敢妄動，西北數省，農耕於野，工勤於廠，學校林立，士不輟聲，商賈雲集，頓趨繁榮，所有軍需民食，毫無匱乏，大後方成戰時安定局面。全國學者、名流、文武青年，有志之士，慕名景從，無不萃集麾下，一時造成風氣，依為長城蔚為青年將領之中心人物。是年冬敵寇集一師團之眾，配合皇協軍偽軍等十餘萬人，傾巢西犯，晉西重鎮吉縣鄉寧相繼失陷，閻公百川（錫山）退守陝北宜川，河防頓時告急，先生乃命筆者攜帶電台星夜出發，馳謁閻公，如需增援，立可應命，閻公深表感激，立電申謝，幸戰局穩定，閻公乃將學校生產機構、後勤單位，紛移關中秋林三原，西安一帶，從事生產，先生乃通令所屬嚴加保護，隨時協助，閻公防地，均為不毛之地，出產甚微，所有軍需民食，均賴關中源源運補，閻公乃能從容整軍經武，訓練部屬。二十九年春，共軍陰謀畢露，竟煽動閻公所部新軍薄一波、韓鈞等相繼叛變，敵寇乘機蠢動，晉西陝北頓現緊張，先生聞訊，立派第九十軍軍長李文將軍率五三師曹日暉六一師鍾松增援，收復鄉吉，奸匪陰謀乃不得逞。三十年冬日寇以疲困之師，日陷泥淖遂提出求和試探，奸匪乘機中傷閻公，謠言迭起，先生親往面晤，兩人見面，備感親切，歡談竟日，閻公禮遇優渥，雖在極困難之中，乃盛筵招待，並即席賦詩，揮毫相贈，而興集軍民萬人空巷，爭睹先生風采。先生一生，公而忘私，國而忘家，在危疑震撼之中，愈能表現其忠貞，在艱難困苦之中，愈能表現堅忍鎮定，一生不事生產，身後至為蕭條，而其豐功偉績，當永垂青史。

作者陸大畢業，早年追隨胡上將，從事軍中政治工作多年。

恭逢胡公宗南長官百歲冥誕懷感

吳　俊

余是由第一師成長的幹部，受師長宗公提攜培植，恭逢宗公百歲冥誕，謹將親領受的事實，一一敘述，以報告知遇之厚愛。

民國二十年開封軍官訓練班，在梁華盛總隊長、楊德亮、李用章、夏季屏隊長領導下，筆者雖然是尉級區隊長，但師長宗公每週六，必定召見，審察考核，以備擇用。於第一期休業，余即奉調第一團連長，防守黃河鐵橋，因部隊平時紀律嚴明，調防時人民群起挽留，後駐甘肅成縣潢川鎮，斯時西北軍政，仍沉潛在十九世紀情況，農地種大菸，普遍以大菸待客，土匪橫行，人民極其困苦，積極掃蕩地土，親近人民，農地勸種稻麥，軍政兼施，獲得宗公獎勵與讚賞，認為這是以後開發西北，對付目前敵人，是最有效的措施。

民國二十二年春，追剿徐向前越秦嶺至四川通江南巴，川將拒中央軍入川，改駐陝甘；三年之後，徐部壯大，有昭廣兩縣之激戰，賡續追剿至松潘青海寧夏，徐部會合毛酋，作二萬五千里逃亡，續躡追至綏遠長城鹽池縣，毛酋行將授首，發生西安事變；在此一系列戰鬥中，師派我率兵兩營歸師直接指揮，在所有部隊之前追擊，激戰紅羊坊，同心城兩地，繳獲賀龍第二軍，人員槍械騾馬大菸甚夥。宗公卓越指導，果敢行動，常使友軍把我們誤為敵人，此時為迎護領袖，公被任命代顧祝同將軍，為西路討逆軍總司令；回師西安，特任余為補充第二團團長名義，進佔甘肅固原峭口，預防東北軍蠢動，但希保持友善和諧氣氛，並派東北籍秘書持函協助，其任務之艱鉅，可想而知，運籌智慧，打破生硬局面，與東北軍師團長親和，引致互相餐敘往來，掩護大軍東進，達成任務，軍抵鳳翔，領袖脫險，蒙獲勳獎。

盧溝橋事變後，軍調徐州，本旅進駐連雲港，以防日軍突襲。上海戰起，軍奉調上海參戰，由紅廟戰至顧家鎮蘊藻濱，第一師已補充五次之多，由此可知，犧牲之大，非已往任何戰役可比。筆者在蘊藻濱戰鬥時，率兵四連，與敵激戰，毀敵戰車六輛，排列於我陣地前之敵戰車，不敢衝入我陣地，我右翼湘省部隊，左翼廣東部隊，均潰離陣地。我與敵白刃交鋒而負傷，仍堅守不移，復獲勳獎，宗公讚我智勇雙全，故傷癒調七分校十五期大隊長，時僅三月，調回第一師團長四年，升第八師師長；靈寶之役，肯定我智勇以身作則，抗戰勝利，裁軍之際，派代整七十六師副師長整五十三旅旅長，以及整一旅旅、師長，延安作戰，積勞大量泄血，派軍醫處長李之琳護送上海醫治，囑述醫癒接整一師，因養病延誤，最後長二十七軍，成都突圍我又負傷，幸能潛離敵境，殆抵香港，電囑不准回台；逕飛西昌，以傷須電療，必須另行物色幹部；始准來台，正進行中，西昌不保，公向周總長推荐，以特派員身分赴港，建立三省邊區游擊根據地，此一系列事實之經過，我最感動者於代整五十三旅旅長時，在二戰區山西葉縣作戰，為一營長任務，事實上余須負責，與董釗意見不合，戰時賦有任定權，險遭不測，公以超出身分營救，故得未遭法處？並囑董電稱，啟用吳某，後接整一旅旅長，又作了整一軍軍長董釗之直接部屬；任副師長時，公認我不宜於副主管，派任兩特務團督訓，繼任七分校十八期總隊長（因病袁樸代），後整理新十二旅等任命，都屬特殊提攜培植。憶往懷感，耿耿難釋，公之勳功和德業，由西北種大蔠，吃大蔠，公開大蔠待客之環境，在五年內，蛻化成安和樂利富裕與興學昇平的社會。李鐵軍、陶峙岳能主政新疆，此皆公身教多於言教表現的感召；尤其是公的個性，遇事都是默默經營，不事表現，所以經常諄諄告誡部屬，我們是領袖馬前一卒，此種偉大的謀國理念，守公、守信、守原則之情操，足為歷史典範。

三十餘年來，部屬學生，二月十四日必定集會追思，表露無遺，公淡泊名利，影響部屬晉級勳獎不若人；公之勇敢厚道胸襟，表現於平素與戰場，歷歷事實，有目共睹；尤其全國已至不可為之局面，在新津會議上的堅持，偉大與虔誠，令人感動，恭逢百壽冥誕，謹抒衷懷，難盡於萬一。

作者於軍校畢業後即加入胡上將之部隊，參與剿共、抗戰、戡亂諸役，負傷多次，富軍事才能。

我所瞭解的胡宗南將軍

盛　文

（民國五十一年撰）

立德，立功，立言，古人謂之三不朽，若胡宗南將軍德被袍澤，功著旂常，言為世法，庶乎近矣！余追隨將軍二十餘年，對於將軍之為人，敢謂知之最深，而將軍待余亦推心置腹，視同手足，危舟共濟，輔車相依，原期他日反攻大陸，同效前驅，馬革裹屍，求一死所，不幸昊天不弔，老成遽殞，微特為余失一知己慟，抑且為國家失干城而同深哀悼也。

世之論將軍者多矣，非失之苛，則失之偏，均未足以言深知將軍者，茲以余二十餘年之親身體認，關於將軍之行誼，列舉數則如左，藉資革命軍人之楷模，弟仍未足以概括將軍之生平也。

1.知人善任：將軍之為將也，恆懷作之君，作之親，作之師之心，自立立人，自達達人，平日任一將，命一吏，必也才稱其職，德稱其位，量材器使，各得其所，求賢若渴，廣收慎用，無濫竽，無倖進，故頑廉懦立，含氣之類，咸能得其志，左文襄有云：「開誠心，布公道，以盡人之心，獎其長，護其短，以盡人之力；用人之朝氣，以盡人之才；令優劣得所，以盡人之用。」將軍有焉，居高位數十年，未嘗用一族戚，惟才惟賢，不問關係，故至大陸最後淪陷，民心士氣動盪之際，而將軍所部則堅貞不移，無一官一兵變節者，實將軍能知人善任之所致也。

2.信賞必罰：將軍治軍極嚴，尤於戰陣之際，令出必行，凜然人不可犯，故能戰必勝，攻必克；自北伐、剿匪、抗戰、戡亂，歷時數十年，大小數百戰，均所向有功（關於將軍戰績，另編有戰史），賞不逾時，罰當其罪，故官兵莫不畏威懷德，樂為效命，夫死至難也，而將軍所部莫不視死如歸，宜川之役，**劉戡**（整二十九軍軍長）、**嚴明**（整九十師師長）之殺身成仁，川康之戰，**沈開樾**（成都防衛總部參謀長）、**胡長青**（第五兵團司令）、**汪承釗**（第一六五師師長）之捨身取義者，豈偶然哉！

3.克己待人：將軍待人寬厚，而律己極嚴，自奉極薄，平日對各部屬家庭生活之照顧，無微不至，如余曾三次承乏將軍之幕僚長（三十四集團軍總司令部，第一戰區長官部，西安綏靖公署），四次謬領師干（師長，軍長，指揮所主任，總司令），二十餘年來關於家庭生活，將軍皆為之照拂，不使稍有室家之累，後顧之憂；回憶余駐軍隴東時，老母寓居長安，偶臥病，將軍每日親至余家探視且延聘名醫多人診治，並以老母年高（時七十有六），恐有不測，秘密派員赴蓉籌辦後事，後老母病癒，將軍喜不自勝，迄來台灣，省視未嘗稍間，故先慈臨終猶諭余曰：「胡先生世之賢者，汝當以報黨國者報之」，嗚呼！今先慈棄養已七年矣！將軍逝世又四旬矣！孤島棲遲，以憂，以病，以死，不克相與凱旋大陸重返故園，痛何如焉！

復念當三十八年大陸情勢逆轉，將軍為謀安定所屬幹部來台眷屬之生活，在公費極端困窘之下，抽出部份仍竭其全力託台灣省府在台北市南京東路購置住宅四十棟，以供來台眷屬居住，而將軍個人則無一瓦之覆，一椽之疵，公而忘私，將軍有焉，迨其死後且無以為葬，嗚呼！際此人慾橫流之世，踏破鐵鞋，何處能覓斯人？

4.不計毀譽：將軍畢生盡瘁國事，不計個人榮辱毀譽，居恆以「勞苦忍辱」四字自勉勉人，生平不見記者，不照相片，不發表談話，常曰「吾輩革命軍人，應以成仁取義，盡瘁黨國為職志，萬不可效世俗之沽名釣譽，華而不實也」，時人不察，常目之為神秘人物，其實將軍極平易近人也，其部屬受其薰陶，蔚成風氣，亦不計較祿位，苟圖富貴，而咸願作無名英雄者，蓋有由也。平日對各界人士或所屬官兵，有所餽贈或犒賞，必書曰：「奉委座諭。」或有謝之者，必肅然正色曰：「此領袖所命，非余意也」每保舉人才，絕不使人知之，以為己功，或某事處理偶有不當，必曰：「此係余之過，與人無涉」，嗚呼！善則歸之於人，過則歸之於己，雖萋斐成錦，絕不剖白，當此世風澆薄之時，除將軍外，試問又有何人？孰謂天道有知，而使斯人窮愁以沒乎！

5.思想卓越：將軍之思想，恆居於時代先頭，其於部隊之改進，庶政之興革，常能著彼先鞭，故部伍常青，士力日新，平日與人談論古今人物，或評一事，品一物，常有獨特之見解，從不人云亦云，其為事擇人，常不遠千里而求之，無畛域觀念，祛親私關係，而獎掖後進，培植人才，則不遺餘力，因是海內之士，無不相與萃其麾下以求自效。

6.好學不倦：將軍賦性敏慧，學具根基，雖功業顯赫，絕無絲毫驕矜自滿之態，公餘之暇，手不釋卷，常曰：「做小事可憑聰明，做大事必須多讀書也」，來台後，雖年逾知命，猶每日學英文不輟，且已能說能作矣，每研讀戰史，遇有疑義，輒詣友朋質疑，昔夫子謂：「孔夫子敏而好學，不恥下問」，將軍其能之矣？

7.忠黨愛國：將軍常謂：「吾人許身黨國，自當鞠躬盡瘁，只求死得其所」。又曰：「軍人應明大義，顧大局，昔軍閥之所以禍國者，在手握兵權，即跋扈專橫耳」，故將軍雖躋高位，膺重寄，從未一日享樂，從無一念自謀，處任何困難之環境，遇任何艱危之情勢，絕不畏縮，絕不叫苦，恆能圓滿達成任務，上洽宸衷，來台後，派其赴大陳，赴澎湖，屈居下位，均欣然就道，從無慍色，以逾花甲之年，屢次受訓，教學者多為其部屬或後進，而將軍端坐靜聽，無絲毫倦容，非深明大義，絕對服從，修養有素者，曷克臻此？

嗚呼！今將軍已逝矣！綜其一生行誼：其信足以一異，義足以得眾，德足以懷遠，才足以鑑古，明足以照下，行足以為儀表，智足以決嫌疑，守職而不廢，處義而不回，臨難而不苟免，見利而不苟得，洵足垂名竹帛，且以不朽矣！

將軍逝世之翌日，余在痛悼之餘，親擬以聯輓之曰：

「三十七年決勝疆場，功滿天下，名滿天下，謗亦滿天下，
精忠自矢，苦力撐持，大難未紓，公何能死？
二十五載追隨鞭鐙，忠冠群倫，智冠群倫，廉更冠群倫，
道義相期，同舟共濟，遺言猶在，我愧偷生！」

嗟乎！河山未復身先死，長使英雄淚滿襟！

作者黃埔六期及陸大十期畢業，曾任三十四集團軍參謀長，西安綏靖公署參謀長，西安警備司令，國大代表，三十八年底任軍長防守成都，確保政府成功自成都撤至台灣。

記第一軍隨軍服務團

——追念胡先生

洪　同

（民國五十二年撰）

民國二十六年七月七日盧溝橋砲聲燃起了全面抗戰的聖火，清華北大南開三校從北平遷校長沙，是年十月，「長沙臨時大學」正式成立，大批青年學子，雖然志切報國，仍在「救國不忘讀書」的口號下，集中長沙，借聖經學院的房舍，開學授課，弦歌不輟。然而，曾幾何時，滬杭不守，首都淪陷，一連串的噩耗，震動了全校師生。記得在南京撤退消息傳到的那天傍晚，臨大同學在長沙韮菜園聖經學院的大草場上，曾經有一個沉痛悲壯的集會，我以學生代表會主席的身分主持這個會，登台第一句說出，「我們的首都陷落了！」以後就泣不成聲，全場同學，一個個悲憤填膺，一致高呼：「現在不是埋頭讀書的時候了！時代需要我們，國家需要我們！我們要丟下筆桿，扛起槍桿，上前線去！」這一個沉痛悲壯的集會，無異一個誓師大會，從這天以後，許多同學都失去了那一份寧靜的心情去上課聽講，學校裏瀰漫了一片請纓殺敵的空氣，一批批的同學組織起來，以英勇的姿態，在熱烈的歡送聲中，走出了學校，那一種獻身為國的赤膽忠誠，充分表現了青年愛國家愛民族的一種純潔崇高的感情。

當時在臨大學生會服務的我們，在歡送了一批又一批上前線去的同學出發以後，基於「報國豈敢後人」的自覺，也開始了到軍中去的計議。第一個問題是「到哪兒去？」其次一個是「去做什麼？」

對前一個問題，當時可以去的路線太多了：「陝北」是很多青年幻想的地方；閻百川先生主持的「二戰區」，也是被公認的一個熱目標；此外屬於中央的湯恩伯部隊，李默庵部隊等，也都是青年們樂於考慮的對象。對於這一個問題我們共同的意見是：既不做政黨鬥爭的工具，也不為任何私人集團所利用，我們的對象應該是屬於國家，在抗日第一線上英勇奮戰的部隊。至於我們到軍中去，雖不能實地參加作戰，但可以動員民眾，鼓勵士氣，做軍民的橋樑，甚至我們應當深入前線去抬傷兵，送子彈。

基於這樣一個結論，由一位女同學偶然的介紹，我們認識了正在招兵買馬準備去前線做戰地服務的李芳蘭女士。她是一位《瀟湘漣漪》雜誌的編緝，也是出身湘雅醫學院的一位護士，她更是一位不甘雌伏的巾幗丈夫。她這時已經集合了一部份從南京中央醫院撤退下來的青年醫生和護士，她更想有一批能做康樂文化工作的青年去配合她，和她一同去前線展開戰地服務，就這樣，我們認為彼此目標一致，就決定和她合作了；於是，一個擁有六十餘個男女青年的「湖南青年戰地服務團」成立了。其中的團員，有醫生，有護士，有畫家，有歌手，更有的則是攻讀文理法工各不同科系的大學生。團長就由發起人的李女士擔任，我則被推為團長幫助他。

在籌組戰地服務團時，我們又認識了一位先我們而投筆從戎的武漢大學的同學陳大勳兄，這時他已經全副戎裝在長沙奉胡宗南將軍之命，辦理接待青年從軍的工作，由於他的關係，我們和胡宗南將軍麾下的幾位先生開始有了接觸，在我記憶裏其中有兩位今天也在台灣的是汪雨辰先生和馮龍先生，他們奉了胡將軍之命，歡迎我們到胡將軍所統率的第一軍去服務。當時，胡將軍在青年心目中是抗日英雄，是青年革命將領；第一軍是全國「第一」的部隊，毫無考慮的戰地服務團的服務對象便確定了。

服務團組成以後，在長沙曾在曹日暉將軍所主持的第七預備師師部接受了一個星期的短期講習，學習一些軍中禮節和常識，就在那兒我們換上了嶄新的戎裝，並接受第七預備師的授旗和湖南各界的歡送。

是十二月下旬的一個夜晚，我們以行軍的姿態，肩負行囊，口唱軍歌，被一列軍車從長沙帶到了武昌。因為胡將軍那時剛從淞滬前線回到後方，就駐節在武漢。

不幾天我們就在武昌小朝街湖濱村第一軍辦事處的二樓上，見到了胡將軍——胡先生。胡將軍的部下為尊敬他，都稱他為「先生」，我們這一群剛離學校的青年，懷著一種英雄崇拜的心理，也都不願稱呼他的官階，而尊之為「胡先生」。

和胡先生第一次見面，我至今記憶猶新。因為這一次見面不是集體的，而是個別的；不是一般的禮貌謁見，而是一種臨場面試，對每一個人，在問清楚了家世出身以後，他總以嚴肅的態度，和藹的聲調，問以：「為什麼要到軍中來？」「不怕苦？不怕危險嗎？」接著他更就各人所攻讀的科系，提出一、二個問題，要你作答，並且要盡量的發揮，我還記得在他知道我是經濟系的學生以後，曾以有關戰時財政籌措和日本經濟能否支持作戰的兩個問題問我。最後，他告訴我：「我很高興見到你們。你們是國家的優秀青年，上前線去抬傷兵送子彈要你們去做，太可惜了。我希望你們能和我一同到西北去，大西北是抗戰建國的基地，那兒需要你們。」

這一次談話，因為是個別的，我們六十餘位費了他兩個下午的時間。談話結束以後，我們的行動路線也決定了——到西北去！

我們放棄了原來去戰地的計劃，改變宗旨，接受胡先生的提示，到遠離前線的西北去，完全是和他一番談話之後，受了他精神感召的緣故。因為，在那一次談話中，他那種真誠，嚴肅還透著親切的態度，充分表現了他對國家的忠誠，和對青年的熱愛；也表現了他對任何事情那種堅定果決，不苟且，不放鬆的偉大革命的「勁兒」，這已經贏得我們由衷的崇敬了。

於是我們把番號改為「第一軍隨軍服務團」，在二十七年元月下旬某日，在軍部的安排下，完成了行軍編組，跨上了一列軍車，從武漢經鄭州轉到西安，記得正是過舊年的農曆除夕，我們到達了這座歷史古城。我們沒有多作勾留，當天就搭隴海車西行，一直到達了虢鎮；這是去寶雞的一個中途站。在虢鎮，一位胡守謙團長從他的防地特別趕來到我們的火車上歡迎我們，並送茶水和晚餐。他說是奉胡將軍之命。他為我們介紹西北風土人物和歷史，如數家珍，一派儒將風度，留給我們一個很深的印象。翌日我們從虢鎮徒步進入鳳翔，這是軍部的所在地，當然也就是我們的駐地了。首先來看我們和代表軍部歡迎這群青年的是胡先生的幕僚長羅冷梅將軍，他身穿土布軍裝，腰紮小皮帶，神采翩翩，和我們親切的一一握手，旋即令副官處蔣竹三兄負責照料服務團的食住問題，自此我們就開始了睡稻草地舖的軍營生活。

在鳳翔我們展開了宣傳組訓和敬軍勞軍的工作：教唱抗日歌曲，繪製抗敵壁畫，出版壁報，舉辦識字班，設醫療站等，並和軍中將士舉行座談，聯合演劇；為農村民眾實施文化和衛生的服務……這些都是遵照胡先生指示的原則來展開的。為此，胡先生特別派當時第一軍政訓處長周士寬先生等為我們作了一個短時期的訓練，他們是那樣的誠摯感人，使這一群初入軍隊的青年人，有如進入一個大家庭，毫無生疏與隔膜之感覺。

在我們到達鳳翔展開工作的不久，胡先生也到了鳳翔，一天晚上，我和李團長踏著夜月到他的指揮部去看他，見到我們，他以一種輕鬆的口吻說：「難得你們男女兩團長一塊兒來看我，非常高興」，立刻他命令衛士燒咖啡招待我們。我們在受寵若驚之餘，向他報告了服務團的工作和生活情形，他非常關切地還問了許多。他還介紹楊爾瑛先生和我們聯繫，指導我們。然後他又告訴我們另一個由西北臨時大學幾十位同學組成的服務團，也即將由渭南前線來到鳳翔，他讓他們合併到我們的團裏，增強陣容，展開工作。

果然不久從西安來了三十幾位青年朋友，他們原是分屬於北平師大、平大、和天津北洋工學院三院校的同學，和我們幾乎是在同一種心情，同一種狀況下，同樣基於對胡先生的景慕，受了胡先生的精神感召，自發自動來投效的。這是一批生力軍，他們來到以後，我們的陣容更加充實，工作也更加活躍了。

在這同時，中央軍校第七分校也在胡先生的主持下，在鳳翔籌備成立，比我們服務團人數更多，規模更大的青年隊伍，不斷地從蘇北、皖北、浙東、長沙、河南、河北等地一批一批海潮一樣擁入了鳳翔，投入了這座革命的洪爐。另外值得一述的，是查良釗先生奉教育部之命收容了平津、河北、山東各地的流亡青年一千五百餘人，此時也到達了鳳翔，由胡先生加以接待，並答應其可以將原來在天水辦訓練班的舍址，來安頓這批學生，旋由胡部派驢五百匹護送這群青年到天水與清水，成立了甘肅中學，有的進了分校與訓練團，查先生每一述及當時艱苦與胡先生對青年之愛護，不勝感慨係之。

也在這同時，全國各地的教授學者，有抱負的知識分子相繼聞風嚮往地向胡先生指揮部所在地來集中，鳳翔東湖公園，成了這些學者的接待中心，最盛時，人數總在百餘人以上。現在台灣的張研田、余紀忠、楊爾瑛、洪範馳、孫慕迦等諸位先生，那時都是其中的中心人物，也都是服務團同學們的良師益友。

有半年的時間，我們的工作不但深入到鳳翔每一個鄉村，而且更擴及它的鄰縣寶雞、鳳縣汧陽等地。可是，日子久了，瞭解深了，我們開始體認到民族抗戰是一個艱苦而持久的長期戰鬥，我們更意識到胡先生重視我們，鼓勵我們，還不是要我們僅止於寫寫唱唱，做一些促進軍民關係和鼓勵士氣的工作，而是希望我們能進一步地接受革命的洗禮，獻身革命的陣營，做一個名副其實的革命幹部，為我們的祖國從事於這個艱苦持久的神聖戰爭，來共同開拓西北，支撐抗戰的全局。

我深深記得在鳳翔有一天清早，在晨光熹微中我們和所有從各地集中而來的青年同學們集合在鳳翔的大操場上，聽一向很少公開講演的胡先生給我們訓話。他的言詞是那樣精練而充滿了力量，他說偉大的時代青年應當瞭解「偉大」的意義。什麼是偉大？誰是偉大？他提示的答案是「無我為大」

「無名為大」「下層為大」。他的結論是要大家深入基層，埋頭苦幹，「重事業，輕職業」，做一個無名英雄。這一篇訓話，打動了每一個熱血青年的心弦，每一個人都獲得了一個更新更深刻的啟示。

因此，經過相當時期的考慮以後，我們終於決定遵照胡先生的意旨，解散了服務團，全體到了西安，加入為胡先生所主持的另一座革命青年的大本營——戰幹第四團，正式接受革命幹部的訓練。另有少數幾位，更早已剃了光頭，穿了草鞋，投入第七分校做了第十五期的入伍生。

受訓完畢以後，我們奉命分發，服務團是解散了，服務團的分子都十分活躍地參加到胡先生所領導的各個革命事業單位：七分校，戰幹團，三民主義青年團陝西支團，還有青年勞動營和戰區長官部的政治部，以及其所屬的各部隊政治部。雖然個人的投入革命抗戰的洪流，有如涓滴之入於江河，微不足道。但是偉大的革命抗戰洪流，細大不捐，我們終於在一個正確的領導下，終八年抗戰，為國家民族盡到了我們青年人的一份應盡的責任。抗戰勝利前後，胡先生又准我們分別先後的完成未盡的學業，有的且保送出國深造，以期為抗戰後的建國事業作更多的貢獻。

緬懷往事，歷歷在目，但已是二十多年的陳跡了。今天我提筆追述這一鱗半爪，一以記出抗戰初期青年們熱愛祖國獻身革命的一段事實，這正是當時無數青年從軍報國的許多事例中的一個典型。一則更以追懷紀念熱愛青年亦為青年所熱愛一個革命「老兵」——胡先生。

現在「老兵」去矣，但他一生奮鬥的光輝，將永遠照耀在我們心裏，如何擴大他的光輝，發揚他的精神，進一步完成他未完的革命事業，應該是每一個受過他德澤和教誨的後死者的共同責任。

作者於清華大學畢業後即投入抗戰洪流，並任西安戰幹第四團教官，來台後在清華大學服務多年，被譽為「永遠的訓導長」。

敬悼宗南先生

王大中

（民國五十二年撰）

溯吾公坐鎮鎬京百萬供馳驅，敢推撼岳軍威臨淮壁壘，
慨今日偏棲台嶠九天下風雨，永憶武鄉盡瘁宗澤渡河。

宗南先生逝世了！當噩耗傳出之後，不特長官，袍澤和友好為之震悼悲戚；部屬和學生為之同聲痛哭，即與他向少交往晉接的海內外人士，凡久耳先生的勳業、行誼，同時關心反攻規復大業者，對這一巨將的殞落，也莫不同感痛惜！

先生畢生效忠黨國，盡瘁軍旅，從任初級軍官直到封圻之寄，中間不知經歷多少戰役，遭逢多少艱難，始終站在革命的最前線，從事最艱苦的奮鬥，與國家、領袖同其休戚。以僅僅二十年時間，由民國十三年卒業軍校，到民國三十三年，不次洊升至戰區司令長官，無間朝野，都翕然推重其為國家之中流砥柱，這其間，不但足以說明先生的豐功偉烈，抑亦足以說明先生持躬率物、處世處事有其卓越與偉大！我追隨先生有年，用就追憶所及，抒述有關先生的若干事蹟，以誌永恆之悼念。

記得民國十五年北伐入湘時，先生任第一軍第一師第二團團長，師次長沙，駐四十九標營房。我那時任第二團第六連的黨代表，連長是第一期同學趙子俊。北伐軍溽暑徒步遠征，相當疲勞辛苦，於抵達長沙時，鑑於市廛繁盛，官兵中不免有逛街散心與看看熱鬧的打算，但先生卻嚴令不准官兵外

出，即使要添補一些牙刷肥皂等用品，也只許由負責採買的代辦。這一規定，我們當時雖知道是為了軍風紀，卻總覺過於嚴格一點。但沒有幾天，總司令今總統蔣公，於總部大禮堂召集第一師連長連黨代表以上人員會餐，即席訓話，指出北伐軍入湘後，市內有很多官兵閒逛，軍風紀顯已不若在廣東未出發時那麼整飭，諭令特別注意。這可見先生對於領袖訓示，是時時謹記於心，時時身體力行，從不怠忽。否則，何能在領袖召集致訓之前，即預作「官兵不准外出」的部署。某夜，駐宿樓上某連的一位士兵，下樓就廁後返回寢室，因於昏暗中神識模糊，突然驚喊，引起全連士兵於夢寐中同時哄鬧，並迅即波及全團，大家都從睡夢中起來，迷迷糊糊的嘩叫，且有奔跑到草場去的。連各連官長亦所不免。蓋即俗所謂「發營風」的情形。旋經緊急集合號音制正，各連才列隊由連長檢查人數後酌加訓話，再行歸寢。第二天下午，先生集合全團官兵訓話，嚴加申斥。最使大家警惕的是：「像你們這樣子的隊伍，雖然是一團，但我只要一班士兵，幾枚手榴彈，就可以把你們全部繳械俘虜。軍人有槍有彈；要保衛國家，保衛人民，大敵當前，為什麼睡得如此昏昏沉沉，聽到一些聲響，為什麼就這麼倉皇紛亂，這樣還能打敵人嗎？」先生要大家加強精神教育，要大家都有「泰山崩於前而色不變」的鎮定功夫。這天訓話時間並不很久，講的話也並不很多，但神情特別嚴肅，尤其講到「只用一班人就可以解決你們一個團」時，語氣特別憤激沉重，使大家當時以及聽訓以後，都有自愧與自警的感覺。即事隔數十年的今日，我記述這一段時，胡先生的音容，仍宛然如在目前！

那時我們團黨代表是第一期同學顏道鵬，胡先生對於部隊黨務政工特別重視，也特別尊重，凡有關加強黨務活動和政治訓練，都竭誠協助顏先生推行，從沒有分立、對立、或互不相謀，袖手旁觀等情形。軍隊與黨政組織真能凝結成一個整體。因此，本團各級黨代表，對內的政治教育，對外的軍民合作，都能積極推進，非常順利。也正因為如此，本團的軍風紀特別好，而戰鬥力也特別強。團黨代表辦公廳助理員是第四期同學李如河，胡先生每次開飯，都邀顏黨代表與李君共餐，有時團部內不屬於黨代表方面的事，也都商得顏黨代表同意，委由李君兼辦，其尊重部隊黨政工作，與軍政一體情形，可見一斑。

第二團駐長沙時間很短，先入鄂，後轉趨贛，幾乎隨時在行軍作戰中。在進軍銅鼓與攻取牛行、樂化兩車站，以及參加南昌之戰的各次戰役；凡戰事緊急關頭，胡先生立即集合團本部內全體官兵，配合特務連（當時特務連似僅有兩排兵力），率先衝鋒陷陣，因之全團士氣昂揚，往往一舉而動搖敵軍陣地，並進而擊潰之。這一種勇決的精神，可以說是本團在北伐中所向克捷的最大因素。胡先生一生的廉潔作風，在任第二團團長時，即已為全團官兵所信仰，當時部隊經常作戰，死亡官兵的薪餉，大都成為全團的積餘經費，先生常於全團集合時，根據軍需方面結算的積餘數字提出報告，使大家瞭解，同時自然再向師部正式報繳。先生對全團官兵都很親切寬厚，凡借支薪餉的，只要係正當用途，同時不影響到經費預算，都概予批准，而於官兵福利，傷患病痛，尤表關切。記得先生對於全團官兵的各種活動，在可能時最歡喜攝成照片，指為保存「活的史實」。又特別注意士兵的身世，經常督促連排長尤其是連黨代表，隨時覓取機會，與士兵互訴身世細話家常，藉以瞭解士兵的家庭背景，並增進官兵間的感情。先生說：「你們要士兵同志以血肉生命貢獻於革命戰爭，除了以革命大義相勉外，更需要誠懇而親切地引發士兵情感，使能自動地向我接近，隨時吐露肺腑之言，這樣，才可做到同生死，共患難，親愛精誠，團結一致。要不然，彼此視同路人，那裡還會發生力量呢！」後來事實證明：第二團的老官兵，雖然經過幾度編組，屢經滄桑，而在上海抗戰時，仍有很多隸屬在先生所統率的第一師。

我在第二團的時間並不久，因為中間患了傷寒，在後方醫院住了一個多月，病癒後因與部隊聯絡不易，乃轉到第二十二師六十五團充任排長。本師與第一師那時都隸於東路軍序列，由贛入浙。師次上饒時，第一師也正在上饒，我還曾會見了第二團顏黨代表和其助理李如河同志。從此以後，我的工作崗位屢有變動，而先生亦已由團長、旅長、副師長而師長，率部驅馳於全國各地，盡瘁於革命戰爭。因此，一直到民國二十五年春間，才因胡維藩兄的邀約，晉見先生於南京四條巷其駐京辦事處內。我這次晉見先生，並沒有一定目的或任何企求，只是基於原來第二團的一段長官部屬關係，和別後快十年中從許多同學同志對先生的推崇讚譽，因而更令我嚮慕，渴望能一親謦欬而已。見面時，覺得先生比較當團長時略為豐潤飽滿，而其親切、謙和、和那時時縱聲大笑的神情態度，頗令人有如坐春風之感。在談話中，絕沒有「官腔」或者說是「說教」那類情形，即令是勉勵我這後期同學和老部下的詞意，也都用含蓄而很委婉的語調曲曲道出，而且顯得非常誠懇親切。之後，民國二十七年春末，也即是抗戰的第二年，先生曾於其武昌辦事處內，同時約見王超凡兄和我，垂詢我們有無願到西北工作的政治方面人士，要我們留意推薦。我們也即介紹了幾位同志到西安去。七月間，先生又因公蒞臨武漢，晉見之下，才知決定要我前往西安工作，我因嚮往已久，遂即匆匆摒擋，於八月初旬挈眷由漢口到達西安。主持戰時工作幹部第四訓練團的政治部。王超凡兄則是先我兩個月前往，負責中央軍校第七分校的政治部。

說到幹四團與七分校，先生在我到達西安第一次晉見時，就剴切說明這兩者的重要性，先生說：「抗戰必然是長期的艱苦鬥爭，一切力量尤其是人力的消耗，將是一個可怕的數字，而這一鬥爭中，也必然會引發內奸趁火打劫，利用抗戰，膨脹實力，希圖篡奪政權，因此，我們必須爭取青年，加以組訓，使成為最堅強的幹部。必如此，才能符合國家人力動員的要求，也才能杜絕敵寇與奸匪的坐大。」最後指出：「人都有愛國救國之心，尤其是青年，但愛國救國之道，則只有實行三民主義與服從領袖，訓練的目的，也就在使每一員生都能成為主義的戰士，領袖的信徒。」當我告退時，先生要我將他所說的這一段意思當作綱領，商承副教育長切實研究推行（當時教育長係由先生兼任）。同時囑咐我好好招呼政治教官，使大家都能精神奮發，工作安心。

這時，幹四團學生人數，大約不足三個大隊，但到十一月間，由洛陽及南陽一帶招致了一千多男女青年入團，於是就編成兩個總隊各轄三個大隊，及一個直屬大隊。由此以後，逐漸擴展至五個總隊，並另有深入敵後招生的河北，晉南兩個總隊。陝西地方幹部也分期陸續調訓。而七分校也同時迅速發展，大量招致學生，一時蔚成全國最大的兩所青年幹部訓練機構。在這時期，先生所負責任，愈益艱鉅，河防肅敵寇，陝北捍共匪，甘、新、青、寧各省，又需要一部力量保持其安定。如此遼闊地區，如此多方面的重大任務，且在抗戰日進艱苦階段，而先生始終指揮若定，肆應裕如，還隨時親自督訓七分校與幹四團。記得二十九年冬季某一星期六，先生在巡視幹四團將要離去的時候，囑咐我於下星期一上午八時集合第三總隊學生，在大禮堂聽訓。但第二天下午即降大雪，迄至夜晚十時許，積雪即高達三寸以上。先生那晚是住在王曲青龍嶺，距幹四團四十華里，這條大道，有時也會因積雪過深不便行車的。但翌日清晨，他仍冒著大雪，準時蒞團，並笑著說：「雪再大些，我也要準時來，即使落鐵，我也要想方法準時來，我不願意把我自己安排的日程輕易改變的。」確實的，那天清早，我們大多數人都以為如此大雪，又積得那麼高，先生可能不會來的。

只要時間許可，幹四團每期學生大約都能聽先生訓話十至二十次，每次一小時，時間大都在升旗以後，以接連十數日講完為止。但有時則連續講授兩個小時，中間休息十分鐘。講題是：「今日的戰士」，內容雖然以現代青年的人生觀為主，但立意、取材、遣詞，都特別深刻、警闢、新穎，且更博徵中外史事，或針對現實、警解百端、絕沒有當時所謂「抗戰八股」那種陳腔濫調。加以先生講話時爽朗有力的神態，和鏗鏘清晰的語調，因之，聽的人無論官長、學生以及許多飽學的政治教官先生們，都能全神貫注，興味盎然！每期快要畢業的學生，除了點名之外，總儘可能安排時間，任意選約其中數十人或百餘人，舉行分組談話或個別談話（每期畢業人數，常在數百人以至千人）。在這些談話中，我都在場照料，先生所談主題，雖然每次各有不同，但幾乎每次都要學生解釋：「同鄉、同學、同事、同志四者的區別及其與吾人在革命事業上的關係」，然後為之作一結論，闡明「同志」的意義，要大家以後在革命崗位上，以爭取同志、團結同志、愛護同志為第一要義。先生對於學生音樂、話劇等活動，也非常注意，而其鑑賞的水準之高，也遠非一般人所可企及。他常說：「文化藝術的盛衰，與民族隆替有其基本關係，古之所謂制禮作樂，也就是今日文化運動的一部份」，他責望我們徵聘人才，撰製歌曲，編擬劇本，可惜我們都無法完全做到，僅僅成立了一個較具規模的話劇團，不斷研習排演。到將要演出時，都儘可能請他先看一看，稟承其指正，或刪節劇情，或修正劇詞，然後再正式公演。記得有一個三幕歷史劇，劇名「忠王李秀成」，曾於領袖蒞臨西安時，榮獲觀賞與稱許。

七分校、幹四團學生現大增，由各方延攬或嚮慕投效參加抗戰行列的政治教官，也日益加多。先生對於政治教官，雖由於時間關係，無法經常而普遍的接觸，但每隔三數週，總要分批約談，或舉行座談會或同樂會，與大家歡聚幾個小時。先生某次曾對我說：「抗戰時期，人人事事都需要軍事化，但對政治教官先生們，只要求其精神方面軍事化，不宜太注重於形式。」而各位政治教官，對於先生也確實是由衷地愛戴欽佩，凡先生所倡導的，所要求的，乃至於一言一動，都能有效的影響大家，使大家樂於效力。二十七年深秋，繆鳳林先生經過西安，某次曾與我談及先生，他說：「說他是儒將吧！他沒有輕裘緩帶詩酒風流那種氣息，並不像。說他是純粹的一員武將吧！則更不像，他讀書很勤，才識雄偉，新舊學問都有根柢。」最後繆先生作一個結語：「說胡先生另有一種格調，另有一種風範，而這種格調與風範，則是由其堅強、刻苦、謙抑、忠恕、廉介的性格與行為中孕育而來，且是最能吸引人的。」不錯，先生確確實實是最能吸引人的。別的不說，在漫長的抗戰歲月中，像許多或學有專長，或才氣橫溢的知名之士，如趙龍文、蔣堅忍、余紀忠、洪軌、張研田、李少陵、崔垂言、高化臣、劉亦常、朱介凡、翟韶武諸先生，均相從故上將襄助為理、終始其事。尤其高化臣先生，在先生奉命由台赴大陳整理海上游擊部隊時，還辭卸了師範大學總務長職務，隨往前線工作。

大概是三十一年冬季，先生於王曲黃埔村創辦「將校班」，輪調上校以上的部隊長及參謀人員入班受訓，每期兩個隊，共約三百人，訓練時間為兩週。第一年辦了兩期，第二年又辦兩期。所有高級的軍事與政工幹部，都分批參加。軍事教育是側重野外，有各兵種部隊作示範演習，包括步砲協同，陸空聯合等等，由當時七分校副主任故邱清泉將軍負責指導。政治訓練方面：以精神教育為主，並實施各種文娛活動，包括生活示範教育。先生每天清晨到班主持升旗，並作精神講話一小時，這個時候，講台上必須點上兩支蠟燭，才能看清講稿，因為嚴冬季節天亮得較晚，而每日訓練時間緊湊，不能不將升旗時間提早。每天午晚飯時間，先生均到班與學員共餐，並盡量參加學員們的野外演習，軍事政治課堂，以及各種討論會和晚會等。在這兩個星期內，先生是以全副精神貫注本班，因之，受訓學員極為感動，尤其對於先生每天清晨的精神講話。這一訓練，是非常成功的，很多學員回到部隊之後，就拿這個訓練的種種設施作為藍本，以軍或師為單位，自行成立「校尉班」，以訓練營連排長。

抗戰勝利的前一個月，陝省第八區行政專員蔣堅忍先生調長民政廳，省主席祝苐南先生與先生商定派我承乏、並經省府會議通過發表。正當摒擋就事之際，勝利就跟著來了，先生奉命到鄭州受降，並電令我到鄭州晉見。告訴我說：「現在全面勝利已經到來，我們將有很多部隊調往其他地區，你也可能另有任務，行政專員不必往就。同時，七分校、幹四團許多政治教官，相從多年，現在勝利光復，如有要回籍省親的，返鄉重整田園的，或是要變動一下工作地區與工作性質的，你趕快與他們接觸，無論需要川旅費或需要向各界介紹推薦，都應盡量幫助他們。」並條諭軍需處發給我一筆款項。事實上，當時政治教官回籍或他就的人數並不多。不過我們由此更可明瞭先生待人之如何周至與仁厚了。

這時我是七分校政治部主任，鄭州回來後仍繼續在校供職。但不久，七分校奉命結束，先生責成我主持結束事務，並強調指出：「分校規模至大，辦理有年，糧秣被服物品當多積餘，在結束時，應該嚴格監督，清理報繳，萬不可使公家財物有絲毫損失。」在辦理過程中，先生還不時親加檢查督促，並說：這就是「貫徹始終」的意義。

以後，先生曾派我到運城、臨汾一帶，督導剿匪部隊的政治工作，並協調軍隊與地方關係。那時在晉南指揮剿匪的是三十八集團軍總司令董釗先生（也就是後來的陝省主席），先生也曾數度親到晉南督剿。大約過了半年多，先生促我入京晉見當時的陸軍總司令顧師墨公，我並於那時接任陸總的新聞處，自此，即離開了先生的直接領導，只在先生因公到京與到滬時，獲親訓益。

到台灣以來，與先生極少晉接，十多年中，前後僅僅見過四次。第一次是錦州街的約見，談話時間並不很多，先生要我們代約軍校浙江同學聯誼會的幹事竺鳴濤、石祖德、鄭炳庚、楊彬、何志浩、呂光新、周葆榮和已故的馮聖法諸先生便飯。第二次就在這一個會餐中。先生那天很愉快、很興奮，談到大陸的撤退，談到今後的反攻，及許多國際問題，一直談了兩個多鐘頭才散去。第三次是在一個公共場合，僅稍事寒暄。第四次是我因公赴澎湖時在司令部內晉見，先生勉勵我多注意健康，多注意子女教育，並且說：「雖然我們還有充沛的精力和不算老大的年紀可以服務國家社會，但必賴下一代的人發揮力量，起來擔當，新陳代謝，才有前途。」臨別並殷殷垂詢我家庭及子女學業情形，意至親切。

今年農曆正月初，突聞先生入院療治，說的人卻語焉不詳。原以為像先生那樣的精神體魄，即使住院，也不會是重病，大約屬於作健康檢查之類。豈知僅僅幾天功夫，這令人無限愴傷的噩耗傳出，先生竟已放下反攻大陸的未竟之志與世長辭了！

以先生這樣的大氣磅礴，忠於黨國，忠於領袖，清廉剛毅、亮節高風，不特在現有的陸軍幹部中，有其很多的部屬和學生，即不幸陷身敵後翹首王師的舊部，和嚮慕先生的西北及魯豫各省義民也不下數十萬眾，天假之年，一旦反攻開始，以先生聲望之隆，我知大陸部眾揭竿而起，以行動響應先生者，這不但是可能，且將是必然的！然則，先生之死，殆可以說是國家無可補償的損失了！

先生往矣！先生所念念不忘的反攻大業，終將於不遠的時間迅捷完成，先生的舊日袍澤、僚屬、學生，亦必將以反攻的果實，來告慰先生在天之靈！

作者於抗戰期間在陝西西安先後擔任戰幹第四團及七分校之政治部主任；戰後調升陸軍總部新聞處長，後隨政府來台。

師友，同學及親人之追念

我對宗南兄的哀思

蕭贊育

（民國五十一年撰）

宗南兄於五十一年二月十四日（農曆正月初十）去世，這是繼介民兄（鄭介民）逝世後給我的又一次最大震動！介民死於心臟病，宗南之死，病因很多，而最主要的也是心臟出了毛病。故兩人之死，均來得很突然！當十四日早晨，企止（袁守謙）兄從電話中告訴我宗南死訊時，我除了震驚之外，曾引起我一連串的冥想。

宗南兄逝世前兩星期的一個晚上，彭明熙兄（彭孟緝）夫婦請客，飯後茗談，大家爭著要推定下一次請客的人，宗南則主張要我請客。我平時的確是不大請客的，為了我不大肯請客，還被朋友們硬封上一個「猶太國王」的名號！而宗南兄又從未在我家吃過飯，他今天有此提議，雖帶幾分酒後戲言，也算夠得上友誼，我當時沒有推辭便答應下來了。想不到事隔旬餘，遽傳噩耗，不及履行諾言，真是終生遺憾！三個月前，我曾向他表示，要去看他，要他約定時間，他說，隨時歡迎。他知道我歡喜下棋，並對我說，他也會，願陪我對弈，余亦迄未踐約。這同樣使我不無歉然！

宗南兄到台灣以後，我們見面的機會較多，但坐下來長談的時候則不多，三十九年他由大陸最後據點的西昌來到台灣後，曾由顧希平兄陪同到我新生南路的寓所來看我，足足談了兩小時，以後我們夫婦和心如夫婦同到他錦州街寓所去看他，留我們吃飯，也談了不少的話。四十五年他任澎湖防衛司令官，我到澎湖去看他，留了一天一晚，也有機會多談。我平日對他不但敬重，也有親切感，但形跡上的往還是很少的。我和他通信，則生平只有過一次，那是他駐軍西北，由集團軍總司令改任第八戰區副長官的時候。我是為了黨，為了同學的團結進步跟他寫信的。他用鋼筆字回我的信，字秀麗，文筆亦簡潔雋永，事後我在朋友面前還誇讚過宗南的寫信是可喜愛的！猶憶十七年，我任第二師顧墨三（顧祝同）先生的政治部主任，駐蚌埠，時宗南任第一師劉經扶（劉峙）先生的旅長，駐防徐州，我曾看到他貼在座右的手書治兵格言，也曾引起過我的欣賞。其不平凡的抱負，奮勉圖強的精神，以及文字的修養，早在少年時，便已立下了良好的基礎！

三十多年的革命過程，宗南所受最高統帥的知遇和信託，在同學中，是很少倫比的！尤其抗戰八年，鎮守西北，安內攘外，倚若長城。宗南亦能不負所託，達成任務，使中央無西顧之憂，其功為不可泯！而其所以有此成就，並非偶然，更非倖致，其公忠勤廉之德性操守，實有其過人之處，而才識通達，戎馬之中，不忘進修，亦有非常人可及者！其人其事，可敬可愛的地方很多，但其生平行誼，日常生活，外人知之者甚少，即多年朋友，亦每不能道其詳。因為他是一個豪傑之士，從不肯在人前做自我標榜之言，遇僚屬也甚厚，而自奉則甚薄，人但以其安富尊榮，而不悉其為一極刻苦自勵之人。革命前輩中，生活簡樸，不失平民風範者，就吾所親見，以張溥泉（張繼）先生，居覺生（居正）先生最足稱道。二老均有可使個人提高享受，裝飾排場的地位與能力，而獨棄之如敝屣，客室書房，陳設用具之簡陋，不及中人之家。吾於傾服讚歎之餘，每舉以告人，亦引以自勉！朋輩中身居權貴多金之地，而生活之謹嚴有節制如宗南兄者，其難能可貴，以視張居二老，將毫無愧怍之情。宗南逝世之後，曾任他參謀長的盛國輝（盛文）兄告訴我，宗南兄每月拿回去的生活費，總嫌不足，他的夫人葉霞翟女士，只有藉稿費以謀補助。小孩的衣服，客廳的沙發椅套，總是補了又補，他的兒女上學，要先夜準備便當，而家裏沒有冰箱，還是羅冷梅（羅列）帶點勉強才送了他太太一台舊冰箱。盛國輝這一番話，我聽了非常受感動，他生活的刻苦，竟至和我們的情況差不多，這是我沒有想到的！

我們的生活不曾提得太高，老實說，家庭經濟受限制，也是一個原因。宗南兄，無論如何，他和我們是不同的，到台灣以後，他買給他僚屬故舊的住宅逾四十棟，而他自己家裏，竟連一台冰箱也不肯買，連一套好點的傢俱也不肯要！我們沒有，我不覺得有什麼了不起，但以宗南兄的地位和環境來說，實在是很不容易的！過去錦州街，現在仁愛路，他那讀書會客的房子，也是借用的！其不肯為個人打算，由此亦可概見。這種作風，在今天競尚奢靡，假公濟私的世道人心，是值得我們稱頌和表揚的！

宗南兄逝世至今，已幾個月了，頃接胡故上將宗南遺著編纂委員會來函，謂將於編纂遺著之同時，另行編印紀念冊一種，俾其人雖往而功不朽，時雖易而名不泯，以余與胡故上將論交有素，囑為文以紀之。余不文，而宗南之盛績豐功，固已彪炳當世，勢將垂之久遠，實無待余之辭費，惟念其特立獨行，遺徽餘緒，誠足以楷式後進，藉勵來茲，謹就個人所知，略述一二，並以誌余之哀思！

作者黃埔一期畢業後從事軍中政治工作多年，後擔任立法委員，中國國民黨中央評議委員，正中書局，中廣董事長等職。

悼胡故上將宗南學長

趙聚鈺

（民國五十一年撰）

自胡故上將宗南學長之不作，距今雖已三越月，而其平昔之聲音笑貌，與特立獨行，迄仍憧憧在目，縈縈於心，念與胡公雖識面較晚，而接席以還，投分極深，國防研究院同學會成立，舉公會長，而余以會務得時親教益，方冀長承謦欬，共勵膽薪，結同契之苔岑，濟危舟於風雨；又詎料既相知之恨晚，而相違之復速耶，尤可悲者，當公因病入榮民總醫院治療時，余日往問候，洎其屬纊之前一日，所患漸瘥，方以勿藥為喜，次日適因公冗，未能赴院，不意公即於是日遽爾溘逝，一訣之緣，天竟為慳，感泡露之無常，痛仙凡之永隔，人生到此，天道寧論回首前塵，曷勝悽愴。

胡公之豐功偉烈，焜燿寰區，其自入學黃埔以至洊總師干，於北伐戡亂抗日剿匪諸役，煌煌戰績，人皆耳熟能詳，毋待揄述，獨其許國之忠，治軍之嚴，持躬之廉，待友之誠，以及忍辱負重，堅苦卓絕之志操，世人或不盡知，即知而不能盡喻其苦心孤詣，以言許國，其公爾忘私，國爾忘家之忠藎，實與霍去病匈奴未滅何以家為，及范文正先天下之憂而憂後天下之樂而樂同其懷抱，是以位躋方面，身逾中年，迄不言娶，至抗戰勝利後，始有家室之樂，當其鎮撫西北，為國屏藩，北防匪奸，東禦倭寇，敵屢叩關死咋，竟不能入尺寸，何山半壁，屹立不搖，破賊受降，終獲實現，迨共匪倡亂，政府用兵，公部直搗延安，犁庭掃穴，人心大快，惜未久以中外情勢複雜，奸黨陰謀獲逞，致局勢逆轉，江河日下，然公部艱苦搏鬥，實已盡其最大之努力，嗣陪都已陷，全陸淪胥，尚復飛往西昌，策劃攻守，揮魯陽之戈，挽虞淵之日，功雖未蕆，志固彌昭，在台十餘年，無日不在砥礪奮發之中，且屢赴前方，不辭下位，更參加訓練，熱心研究，其雪恥除凶之志，剛毅日強之心，未嘗一息稍懈，服從領袖，數十年如一日，造次必於是，顛沛必於是，疾風愈知夫勁草，松柏後凋於歲寒，丁茲叔季，實為星鳳，蓋其忠貞之性出乎至誠，固非恆流所可幾及也，以言治軍，則嚴而有恩，愛士恤卒，絕甘分少，古人所謂投醪撫寒，含蓼問疾，無以遠過，而號令嚴明，紀律整肅，與岳家軍之凍死不拆屋，餓死不擄掠，殆可媲美，以故官兵效死，所向有功，以言持躬，則刻苦節儉，有類寒素，握符節數十年，從未一治家人生產；昔彭剛直嘗言治軍十餘年，未嘗營一瓦之覆，一畝之殖，受傷積勞，未嘗請一日之假；終年風濤矢石之中，未嘗求一日之安，以公方之，洵屬無愧；又駱秉璋於四川督署病篤時，時屬僚往視，睹其衾敝帳破，舉袖露肘，為之涕零；公住院時，余亦見其所衣異常敝舊，著肘處洞穿，當時心為惻然，近世俗窳風澆，群趨侈靡，官箴不飭，寵賂滋章，廉樸如公，亦可風矣，然公雖嗇於自奉，而對部屬疾苦，故舊困難，則解衣推食，曾不少恡，此則受施者類能言之，以言待友，則真純磊落，一本於誠，久要不忘，風義斯篤；其於同學，切磋砥礪，愛護周摯，故逝世後同硯感古道之難忘，傷領導之遽失，莫不銜悲茹痛，逾於所親。

綜公行誼，雖古之名將哲士，無以加茲，當艱屯之時會，際反攻之前夕，聞鼓鼙而思將帥，未出師而失干城，豈惟朝野同哀，即公齎志地下，亦當以未覩中興為遺憾；所願吾全體同學，與全國同胞，繼公遺志，發憤圖強，共策反攻，劍及屨及，殲彼匪寇，還我河山，滌九土之腥膻，拯兆民於水火，完復國之大業，慰英靈於重泉；此舉國上下共同之期望，亦後死者無可旁貸之責任也。

作者曾任職於金融業及國軍退除役官兵輔導會，並辦理軍人保險、國民黨黨員保險及公務人員保險。國防研究院畢業後，協助胡上將辦理同學會會務。

長官百歲冥誕紀念詩

夏新華

（民國八十五年撰）

一、一心為國不及私

將軍征繳馬不停
強寇匪患遍西東
衣食仰俯盡不顧
精忠報國貫蒼穹

二、攻略延安打擊叛亂

八年抗戰釜舟空
田園骨肉悲痛深
未及歡呼慶再世
共黨乘機大動兵
罔顧同胞瘡痍苦

將軍受命再披戎
將士銜哀號令下
延安邪氣遁無踪

三、成渝告急勤王之戰

固守秦嶺阻匪軍
突傳元首困渝城
十萬火急電頻到
將軍勤王急如星
翻山涉水千里路
將士足底血染塵
爭奪要地拚生死
安保元首脫險城
疲兵孤戰撼天地
陸沈最後一將星

四、闢斥擁兵自保邪說

國難受命鎮關中
東禦日冠北制共

內服四馬西防俄
戰線綿延若長城
抗戰基地獲確保
將軍留史永長青

作者河北人，為留美電機專才，擔任胡上將侍從參謀多年，胡上將待之如同親人。本文為渠自台灣移居美國依親，年已八十餘歲時作，自稱「燕趙衰翁」，其另一紀念文見本書一五二頁。

追念胡將軍

胡維藩

（民國五十一年撰）

胡先生與我三十二年交遊紀實

民國十九年冬，我在開封與胡將軍初次見面，我覺得胡將軍是熱誠感人，氣度非凡，仁、義、忠、信、智、勇、嚴諸德兼備的完善軍人！那時胡將軍已升任第一師師長，毫無階級觀念，衣食住行與士兵共甘苦！戰時身先士卒，平時與將士親如家人，有功則謙讓同僚；偶有過失總是自己勇敢承擔；不求名利，甘作無名英雄！此種精神，實令人無限敬愛與欽佩。所以此時我就決心追隨，為終生益友，並願師事之。

二十一年春，胡將軍禮聘內人石清充任第一師眷屬子弟中學主任，每週定期到鄭州去指導校務，因之我有機會到鄭州和胡將軍暢談聆教；每論交遊，胡將軍總是以「道義之交」相勗勉！他說：「武人要忠勇，文人必須是忠信者，方可志同道合，同創事業。中國歷史上最令人悲憤的一段，就是岳飛正在戰場上殺敵衛國，而後方奸臣秦檜竟不斷下令，逼迫退兵議和，犧牲忠良，賣國求榮。這種千苦罪人，最令人痛恨！」其忠貞報國之精神，溢於言表！

胡將軍最珍貴時間，處處能主動地控制著時間，一分鐘都不肯浪費，在新生活運動未推行前一年，已在開封對軍校同學講述他自己實踐已久的「生活規律」。民國二十三年冬，那時胡將軍駐軍在甘肅天水。中央軍事委員會及訓練總監部主管部門，與胡將軍商定，調派我赴西北協助規劃組訓青年與民眾。二十四年二月杪，我到達西安和第一師書記長汪雨辰先生同行赴天水，見到沿途各村鎮遍貼擁護胡青天標語，便知當地民眾是如何愛戴胡將軍了！三月一日到達天水晉見胡將軍，承他熱烈歡迎和優厚款待，徹夜與我懇談，並詳加指示甘省情形，更為我親筆致函蘭州朱主席一民先生，翌日晨即派軍機送我飛往蘭州，抵達蘭州機場時，即見騎兵團長蔡仲鵠候迎接，寒暄後蔡團長即將胡將軍電報遞給我，電文指示：「望本在豫工作精神，墾拓此處女地，勇赴事功，一切責任由我負擔。」此數語激動了我的工作情緒，充沛我往後的工作精神，在甘肅從事組訓業務，夙夜匪懈，十年如一日。斯年冬，胡將軍駐軍甘肅甘谷，朱主席兼綏靖主任職務，深知胡將軍在松潘堵剿共敵時，與士兵共甘苦，缺乏飲食，致患腸胃病，派我前往甘谷慰問，胡將軍住甘谷縣城附近岳王廟內上房，時正隆冬，天寒地凍，房內不設火爐，我問將軍室內不置火爐，不覺冷乎？胡將軍便說：「參謀長主持文靜工作，副官處長招待來賓，房內應有火爐，其餘無設置火爐之必要。」只見胡將軍的雙耳下部，雙手背部，凍得紅腫潰瘍了，充分表現著忍飢耐寒的苦幹革命精神，次日天晴，胡將軍病已漸愈，午前邀我同去爬山，擇平處坐定聊天，我乘機提起婚姻問題，胡將軍說：「我如今天不帶兵，明天就可以結婚，帶兵官必須專心壹志，方能打勝仗，如為家私分了心，精神便不能貫注，敵人的子彈，就會打在我的身上，使國家人民的生命財產，枉受損失，那如何對得起良心和我們的校長啊！所以我現在不談婚事。」民國二十五年十二月十二日張楊叛變，總裁在西安蒙難，胡將軍此時已升任第一軍軍長，駐軍甘肅固原黑城鎮，聞訊後悲憤填膺，積極策劃赴難，衛護領袖！那時我在蘭州擔任甘肅省國民軍訓會主委，與蘭州省會公安局長史銘，同時被當地叛軍及共匪分子指為蔣派首要，扣押省府後園，他們原定在二十六日開群眾裁判大會來槍決我與史銘，因二十五日總裁脫險，我等亦免於難；同月杪，我由天水乘機飛抵黑城鎮，胡將軍知我兩耳及他處被叛軍擊傷，親攜醫官至機場迎接，為我治療，愛護周至，情逾手足，令我感激涕零！我休息數日後，即隨胡將軍行軍往靜寧縣，沿途經過海原、西吉一帶回教同胞居住寨鎮，沿街均陳設茶點，結綵列隊熱烈相迎，胡將軍及所率全體官兵和回胞融洽異常，正是革命武力與民眾結合成為一體了！抵達靜寧後，胡將軍留我再住數日，商議關於如何組訓當地知識青年，當時胡將軍提示：「現在應組織三民主義青年實踐團，來組訓青年，以達成時代任務。」並叮囑我邀同隴南王維墉，隴東張孝友兩同志策劃進行。在民國二十七年春，本黨三民主義青年團，果因時代需要而產生了，此足證明胡將軍之遠見，並具有組織的天才。

民國二十六年「七七」事變，抗戰軍興，八年中間，胡將軍坐鎮西安，擔負起興教、建軍、抗戰、戡亂的重大責任，三年後已統率百萬勁旅，為捍衛西北，安定後方，支持全面抗戰之巨力！終於擊敗西犯倭寇，掃蕩延安匪窟，豐功偉績，永昭青史。軍事之外，胡將軍更躬親輔導青年團務，不遺餘力，隨時以電話指示我如何推進甘肅青年團務，並請朱長官一民先生就近加強指導扶助，中央對甘省青年團務歷年考績均列優異，實非偶然。三十五年春，我奉調至杭州辦理浙江省青年團務，三月一日接事，當將浙江情形函告胡將軍，曾獲覆示：「吾弟有此良機，服務桑梓，可賀！浙江團務應使普遍發展，協力復員工作，尤須配合救濟分署，解救民間疾苦，希就近稟承文亞、經國先生指導，做到好處，至盼！餘面談。」數日後，胡將軍因事來杭，曾與羅主委霞天先生整日暢談，並特別向我們提示：「黨團應分工合作，團結一致，可以工作競賽，萬不可自相衝突抵銷，消失復興建國之力量！」我當時將浙江黨團及團教間聯繫良好情形告知，請他放心。次晨胡將軍訪晤許廳長紹棣先生後即離杭返防。三十七年冬，中央發表朱一民先生主閩，兼福州綏靖主任，胡將軍函囑我擬訂清除浙閩邊區土共具體辦法，我為此事乃於三十八年一月間，驅車至仙霞嶺一帶，實地察勘後入閩，至福州晉見朱主席，提供上項意見。二月初即趕返南京出席立法院會議，四月初在京晉見胡將軍復命。承指示從速聯繫浙江地方清剿土共最為得力團隊幹部同志，糾合力量，應付爾後變局。數日後，總統下野，國是紊亂，我於四月二十日晚返杭，與保安突擊縱隊王縱隊長，及青年團杭州有力同志商議策劃部署後，攜眷搭乘二十二日午刻火車至上海，復將胡將軍之指示告知上海好友同志，二十五日我攜眷隨同政府乘艦離滬，五月一日抵達台灣。

民國三十九年胡將軍住台北市，曾先後邀請友好、同學、同志，分別懇談，殷切表示：「吾人在台，應以『毋忘在莒』之心情，重新做起，追隨領袖，早日反攻，光復大陸。」斯年秋間，有中央民意代表三百數十人紛紛上書，陳請總統重用胡將軍之義舉，胡將軍得知此事後，曾約見我，鄭重地告訴我說：「在今天竟有三百數十位肝膽照人的正義之友，來援手支持我，實在教我太感動了！我要牢誌這些位先生的芳名，在我的心榜上！在領袖指揮之下，我要站在反攻戰陣的最前線，盡我最後的一份力量，流下最後的一滴汗、一滴血，為光復大陸而與共匪拚命！我發誓，總有一日大陸光復了，我要特別酬謝他們諸位對我這番期望！」

民國四十年胡將軍奉命赴大陳出任江浙游擊總指揮，並兼任浙任省主席，當時胡將軍曾囑我與方青儒先生均前往工作，我因患腸胃病未能追隨，乃著長子胡同生前往大陳侍從胡將軍工作。方青儒先生應邀，並經政院派任浙江省政府委員，襄助胡將軍，甚為得力！四十四年，胡將軍奉命任澎湖防守司令，四十六年夏，立法院國防委員會委員臧元駿、蕭贊育、蕭洒、余拯、唐國楨、劉暨、趙自齊、劉仲平、趙佩十餘位同仁，赴澎湖考察，我亦同去，見到澎湖軍政民眾聯繫一體，協力合作，一切工作蓬勃日上，咸欽胡將軍領導有方，功績卓著！我們逗留澎湖兩天，承胡將軍盛情款待，次晨七時起邀請我們個別談談。我六時半即被約去與胡將軍晤談，因胡將軍已聞知我在江浙通訊社四十六年元旦特刊登載的「哲學、科學與宗教聯合反攻」一篇文字，曉得我信仰宗教，他首先問我曾受洗為基督教徒否？我回答說，我先寫此文字送請基督教信義會真理堂，美籍老牧師孫維德與我國豫籍牧師董尚勇二人閱看同意後，就受洗了。胡將軍說：「你來函說過，哲學好比直角三角形的『股』；科學是其

『弦』，宗教（神學）是其『勾』，這樣比方是很好的，但只是一把弓，還是沒有用處的，一定要有一支箭，才能學而致用，把箭射出去殺敵除魔的呀！」胡將軍更畫圖指點說：「這箭就是『兵學』，所以要哲學、科學、神學（宗教）、兵學四種學術結合起來運用，才能反攻獲勝，剷除人類當前的大敵共匪魔鬼！總裁訓詞內也是這樣指示我們的。」談後分手走出，我內心深深感激胡將軍，因為他不僅是我的益友，而且真正做我的良師了。斯日午後，我們乘飛機回台南，胡將軍親自到澎湖機場送行，我和胡將軍握手謝別時，胡將軍反而對我說：「我還要特別謝謝你呢，因為你能照我以前的希望，本著『毋忘在莒』的心情，艱苦維持這個由大陳遷台灣，具有紀念性的江浙通訊社，每日發稿，至今三年未曾鬆懈；我正是要謝謝你。」四十七年冬，胡將軍由澎湖來台北公幹，一日由程開椿先生通知說，胡將軍來了，要約見我。我們見面時，胡將軍非常愉快，向我道喜說：「閱報知胡建華以第一名狀元直升台大，石清又當選了台北市好人好事，我太高興了！我要贈建華獎金五百元，你帶回去給她，讓她自己去買最喜歡的書籍和鋼筆。」分手時叮囑我要幫忙石清辦好孤兒院，以完成她的好事，並詢問許多友人生活情形，他愛護朋友關心朋友生活和事業是如何的親切啊！

四十八年一月間，胡將軍與我談論到有關總統連任問題，提示了好些正確的意見，要我撰寫文字在報紙雜誌上發表，用以增強當時輿論的力量！我曾本胡將軍指示的要點，在傳真報發社論，專論總統連任問題，其題為「總統連任問題平議」。

五十年春季，胡將軍不時傷風咳嗽，夏間約我面談時，我見胡將軍體重忽然減輕，身體各部消瘦，我當時敦勸胡將軍及時住院，檢查根治，務期完全康復。是日我與胡將軍分手後，我對胡將軍健康問題深感憂慮，入夜不能安眠，夜間三點時分起牀詳書一函，次日早晨限時專送與胡將軍，三天後胡將軍又約我面談，他說：「你的信我看過了，我十分感激你，健康確是重要，我自己一定會注意的，你不要為我擔憂；你的夫人石清教養二百數十名孤兒，凡事都要親自用心動手去做，太勞累辛苦了，你要特別注意她的健康才是啊！她累倒了，誰還有她這個能耐替代得了她擔負的這份工作呢！」過一會胡將軍又說：「話又說回來了，像石清這種真正做好事的人，上帝會保佑她的。」同時又詳詢許多朋友健康問題，我辭出時向胡將軍說：「我祈禱上帝保佑胡先生健康。」

這兩年來胡將軍被選為國防研究院同學會會長，像胡將軍這樣熱誠待人是少見的，他與我三十年來如一日，真令我久而敬之，他對國防研究院同學，自然都是十分熱誠與愛護的，樣樣都關心，如此就夠他忙碌的了，一期一期的畢業，已經三期了，同學日多，胡將軍的忙碌，亦日益增加了。如林同學競選代表，與胡同學計劃提案，送立法院審議時，以及李同學以前在台北市競選省參議員等，胡將軍都一一和我談論，計劃如何支持，由此便知胡將軍幫助朋友、同學、同事是如何地熱誠和徹底了。

今年民國五十一年二月二日，即農曆臘月二十八日上午十時，我遵照胡將軍的通知，到本市仁愛路一段五十五號晉見他，胡將軍詳詢立法院諸友好委員的近況，次問楊、吳等同學的生活情形，最後贈我他最愛的水果和點心，要我和石清共同享受，我知道胡將軍家裏每日買小菜錢都減去一半了，所以我對胡將軍說，你太刻苦自己了，府上夫人忙碌，小孩功課繁重，營養不夠哪行呢！胡將軍忽然轉個話頭說：「不談這個，我問你，我們交朋友到今年多少年了？」我說從民國十九年在開封認識起，到於今已經三十二年了。胡將軍嘆了一口氣說：「老了嗎！不過是兩個三十二年呀！」我和胡將軍握別致謝後，再向程開椿先生手中接過兩包禮品辭出，去向水源路義光育幼院，我一面走一面想，既疑惑，又很奇異；胡將軍是從來不言「老」的人，如何今天談話時言「老」字呢！事過五日，熟料他就重病了，棄世安息了！噩耗傳來，哀痛萬分！從今後不僅個人失去了益友良師，而國家也失去了忠貞衛國的干城；一個消滅共匪的偉大力量！撫今追昔，能不愴然淚下，然而胡將軍的無私無我，一切為領袖，一切為主義，一切為黨國，忠貞不二之偉大人格，與其不畏強敵，無堅不克，掃蕩軍閥，逆寇與匪俄的智謀神勇之革命精神，是永垂楷模，而亙古長存，其豐功偉績，也是永昭青史而與日月同光！

更可安慰的，是上帝已妥為他安排了極優秀慧麗的兩兒兩女，及其才德兼備最賢淑最能幹的夫人，我們深信胡夫人更能教養子女，善繼父志，以完成胡將軍在衛國救民，建軍建國的偉大任務上未竟之功業，使國運走上更光輝，更偉大的前程，永衛世界的和平。

作者師範學校畢業，北伐起隨軍參與政治工作，並先後於甘肅、浙江等地任職，其後擔任第一屆立法委員，並任旅台浙江同鄉會理事長多年。

如坐春風

孫運璿

（民國五十一年撰）

胡上將逝世之日，璿方銜命赴美，未及登堂哭奠，聞耗後悲痛數日，心中如有所失。璿生也晚，未及追隨將軍；而將軍之豐功偉績早已彪炳當世，傳誦千古，勿待璿之贅述。回溯抗戰時期，將軍重鎮西北，當局倚畀若長城；時璿先後供職西寧及天水電廠，雖未獲識荊州，而心中崇拜英雄，每油然生；迨共敵禍國，政府撤退來台，不久將軍拜守澎湖之命，臥薪嘗膽，成效斐然。四十八年二月，璿奉調國防研究院第一期受訓，得與將軍同學，朝夕相處，前後閱八個月；深覺將軍忠肝義膽，文雅若書生，而胸羅萬卷，學識淵博，有非常人所能企及者。

將軍一生獻身黨國，公而忘私，自奉甚儉約；對於培育人才，提掖後進尤深切注意，念念不忘。璿廁身台電，孤陋寡聞辱承將軍不棄，時相接談，輒承鼓勵，如坐春風；方期天假以年，反攻復國，追隨將軍之後，竭其棉薄，為國家效忠建設；詎料彼蒼不仁，病魔作祟，璿赴美前兩日探視將軍於榮民醫院，據醫師表示，病有好轉，乃於抵美翌日，忽聞將軍噩耗，以現代醫藥之進步，竟無法延續其壽命；噩耗傳來，朝野震悼！國家折一領導長才，領袖失一忠貞幹部，其損失何可勝數！今將軍逝矣，將星遽殞，草木含悲！而陽明山莊，一堂共事；談笑議論，依依在目；回首前塵，肝腸寸斷，真不知涕之何從也！璿不文，謹濡筆記之，實不能盡胸中哀痛於萬一耳。

作者為我國前經濟部長、行政院長。

熱淚盈眶憶故人

劉詠堯

（民國五十一年四月一四日撰）

自本年二月十四日宗南兄逝世，至今瞬屆兩月。在此兩月中，懷友吟少陵之詩，招魂讀宋玉之賦，心情悱惻，楮墨難宣。前幾天接到「胡先生遺著編委會」來函，為編印胡將軍紀念集，囑我撰文略述他的行誼，不禁觸動前塵，感念交集。我想起與他三十餘年的友情，過從頗多，一時竟不知從何處寫起。惟有將我記憶中留有較深刻印象的一些事情，濡筆而成此稿，藉示悲悼之意云爾。

回憶民國十三年，我與宗南兄同在廣東黃埔軍官學校肄業，雖是同期而不同隊，他係第四隊，我係第六隊。他畢業後，就在部隊裏帶兵，一直馳騁疆埸，未離鞍轡。而我畢業後，初在東江前線部隊見習，未久，調軍校三期入伍生團任職。繼調孫大元帥大本營參謀團，未久，又調在黨軍第四團。十四年冬奉命赴莫斯科中山大學求學，十六年秋畢業回國，參加軍事工作約一年，奉令轉任政治工作。在這一段期間，我與他沒有接觸的機會，所以不相認識。

直到十八年秋末，我才認識他。那時有一與我同隊的劉戡同學到南京來看我，他告訴我說：「胡宗南同學現在第一師任旅長，因公來京，住在白下路太平洋飯店，我們一同去看看他好嗎？」我就答應了他。見面寒暄之餘，他問我：

「你現在擔任什麼工作呢？」

我回答說：

「我最近奉調為第五路軍總指揮部政訓處主任，總指揮唐生智駐在鄭州，你對於此一工作，有何見教？」

「我是帶兵官，對於政治工作是外行。」他停頓一下，接著又說：

「唐生智是一個野性難馴的人物，你要當心一點。」

我當時覺得他之所見很了不起，就說：

「總司令（即蔣總統）這一次派我去，也注意了這一點。目前北方的情勢非常險惡，我對於他的思想和行動，自然要特別留意。」

旋即告辭。不久，我赴鄭州工作，果然，是年十二月，唐生智受汪精衛的策動，反抗中央，於此足見宗南兄對於一個人的觀察，是很正確的。

二十一年二月，我在南昌主持剿匪政訓工作，宗南此時任第一師師長，從安徽防區來南昌晉謁何總司令敬之先生，請示機宜。隨即到政訓處和我晤談，我問他：

「安徽黃山一帶，風景優美，古人多有吟詠，想必你在軍書旁午之暇，已經留得蹄痕在名山勝水之間吧！」

他皺皺眉頭說：

「在部隊裏，席不暇暖，那有閒情去遊山玩水？」

於是談到剿匪問題，我將贛粵閩邊區共敵情形一一詳告。他認為：「此時如果不將共匪一鼓殲滅，則將來必成為革命之大患，陷國家於阽危之境。我們惟有不計個人之生死榮辱，成敗利鈍，一致在領袖指揮之下，滅此朝食。」其忠誠之心與英壯之氣，俱已湧現於眉間。

是晚，我請他到嘉賓樓吃飯，並約了幾位朋友作陪，還記得現住台北的賀國光先生亦在座。雖然只有幾樣菜，他卻讚不絕口，表現著十分儉樸的操守。

二十六年七七抗日戰爭爆發，二十七年政府西遷重慶，二十八年宗南兄升任第三十四集團軍總司令，駐防陝西。有一次他到重慶來，住在曾家巖戴雨農同學的寓所。我去看他，因為我當時兼任中正中學校長，校董多係中央軍校畢業的同學，一致敦請他為董事長，同時推我去徵求他的同意。不料當我將來意說明之後，他堅辭不受，認為自己身在前方，無法與聞校事，而且對普通教育缺少研究，不願徒負虛名。他說：「既然中正學校是你創辦的，你何妨充任董事長，豈不名實相副？」他不獨沒有接受董事長的名義，而且連參觀中正中學的預約也要求取消了。到了翌年，本校舉行復校第二週年校慶，接到他的賀電，大意如次：

「貴校教育方針，在精神上效法領袖偉大的人格，在訓導上實施軍事管理，足徵吾兄規劃至當，成績斐然……」

由此可見他是一個很務實際的人，事實上他肩負著西北軍事的重擔，亦無法兼顧其他事務。

有一次，我們見面了，談及西北情勢，他說：

「共黨在表面上，與我們站在抗日同一戰線上；而實際上卻把我們當作真正的敵人。我一面要抗日，一面要對共黨戒備，責任太重，令我惶恐。」這幾句話，表示他是懷著一種戒慎恐懼的心情，時刻不忘底達成其使命。

我又記起一件有趣味的事：他是第四隊畢業的，而他卻喜歡第六隊的同學，在他統率的部隊中擔任重要軍職，如李鐵軍、袁樸、李文、丁德隆、劉戡等同學皆是，有一次，他到軍事委員會銓敘廳來看我，我問他：

「你為何特別喜歡我們第六隊畢業的同學，到你的部隊中工作呢？」

他聽了以後，覺得太突然了，隨後他卻很坦率的說：

「並不是我偏用第六隊的同學，因為你們第六隊同學中，有很多會帶兵，會打仗，又很忠實地服從命令，真是太好了。」

從這一點看來，他對於用人，是秉著大公無私的精神，毫無畛域之見的。

三十三年秋的某日，我正在重慶棗子嵐埡八十一號樓上辦公，忽然聽得有人高喊：

「詠堯兄，你一個人怎麼住了這麼一幢大房子，新娘子在哪裏呢？」

我匆匆走下樓，一看是宗南，連忙解釋說：

「這是我們的辦事處，我還未結婚，哪裏來的新娘子？你看這棟房屋，已經被日機轟炸得斷瓦頹垣，殘破不堪了。」

實在那棟原來是嶄新的房屋，經日機狂炸之後，已面目全非了。

他接著說：

「好，等到你新婚的時候，我們為你修好一間頂漂亮的洞房。」

莫看他是一本正經的樣子，但有時開起玩笑來也很輕鬆地洋溢著幽默的氣氛。

當西北局勢緊急的時候，我曾奉三民主義青年團之命，率同志十餘人，赴甘寧青三省辦理團員總甄核督導事宜，時間大約是三十六年春。此時共敵在其他各地擴大叛亂，政府決定清剿，戰雲瀰漫，烽火頻傳。三月工作告竣，回程經過西安。宗南兄適候於機場，他堅邀我在西安停留幾天，藉資暢敘。西安是我國周、秦、漢、唐之古都，名勝之多，冠於全國。我們弔古於阿房，可想秦皇之奢侈，行吟於渭水，深懷尚父之奇才。此外，若橋陵、皇城、華清池、終南山、子午谷、武家坡等處，皆為景物清幽之地。尤以王曲附近，經軍校第七分校之修建，風光壯麗，亟欲重遊，他並且說：

「我可以派人導你到各處遊覽，如我得暇，也可以陪你。」

無奈當時我奉命籌備銓政會議，須即趕回南京，所以一再辭謝。他很感失望，於是半開玩笑似的說：

「你堅決不停留幾天，我們以後絕交好了。」僵持了約半小時，最後，他還是讓我走了。我在飛機上不免耿耿於懷。抵京後，立即寫信給他，表示歉意。他覆了我一個電報說：「事已過去，幸勿介意。」

這雖然是一件小事，亦可窺見其對朋友的直率和熱情。

不幸，大陸淪陷，我們相繼來到台灣，四十三年他尚未去澎湖擔任軍職以前，經常到中正路現在所編的門牌一二七四巷五弄二號休息，我住在同弄六號。他有時到我家裏來，有時也邀我到他那裏去，然而兩人有時坐下以後，相對默然，幾乎無法打破岑寂的空氣。我知道他那時的心情甚為抑鬱。因為有少數人總認為他掌握著西北的軍政大權，西北淪陷，不應如此之速；後來大軍轉進川康，亦未能扭轉其頹勢，他曾對我道及此事，卻無辯白之詞，他說：

「一切將來自有歷史來作解答，毀譽非所計也。」

實際上大陸之淪陷，因素至多，絕不能歸究於任何一人。

四十八年，他奉令調充總統府戰略顧問，我們經常在一塊開會，見面的機會又多起來了。

去（民國五十）年十月間，旅香港同學來台慶祝國慶暨總統華誕代表團，希望到我家裏吃便飯，同時要我邀宗南兄參加，大家見面談談，用表敘舊之意。我於十二月初發出請柬，訂於十二日晚餐，他很高興的來了，席間有一位代表萬少鼎舉杯對他說：

「宗南兄，我們同隊畢業以後，到今晚才見到你的面，整整地三十七年了，實在很難得，應該乾杯吧？」

萬少鼎一連喝了兩杯酒，宗南哈哈大笑。

臨別時，大家站在大門口，我對他說：

「今日在舍間吃飯，招待不周，什麼時候，你請請我們？」

他笑著說：

「一定請，一定請，過幾天約你們。」

到了本年一月二十五日，在彭總長孟緝兄家裏宴會席上遇見了他，我又提及請我們吃飯的事，他仍笑著說：

「一定請，一定請，過幾天約你們。」

不料二月十四日竟傳噩耗，他與世長辭了！屈指他在舍間敘餐以後，為時剛滿兩個月。所以我致送他的輓聯是：

「關中率部剿群魔，一簣將成，又轉雄獅平日寇；
舍下敘餐剛兩月，回筵待約，何堪噩耗失良朋。」

寫到這裏，回憶故人以往種種，更不覺熱淚之盈眶也！

綜觀宗南兄一生志業，很多地方是值得我們欽佩的。今日匪患未除，河山待復，人天永隔，再見無由，不只是我個人失了一位良朋，也是國家失了一位難得的將才。總統失了一位忠貞的幹部。

作者為黃埔一期畢業，曾於我國國防部任職多年，在台期間參與發起中華黃埔四海同心會。

胡故上將宗南逝世三週年紀念致詞

何應欽

（民國五十四年二月十四日撰）

胡夫人，各位同志：

今天是胡故上將宗南逝世三週年紀念日，我們在這裡舉行紀念會，追悼胡故上將，撫今思昔，真不禁無限的悲戚！

宗南的逝世，到今天已經整整三年了。三年的歲月，雖不為短暫，但對於一個特立獨行，對國家民族有真正貢獻的仁人志士來說，時間並不能磨滅人們對他的懷念！今天參與這個紀念會的人，除胡夫人外，大都與宗南有同學、同事或同袍之誼，對宗南的一生，盡瘁革命，不知有家室，甚至不知有自己；只知服從領袖，忠黨愛國的熱忱，以及他那種剛毅木訥，擇善固執的個性，都留有極深刻的印象，自毋庸我再為述說。

我個人平時每想起宗南的生平，總覺得一個人為了國家，為了革命，能夠真正做到像他那樣忘我的境地，實在是十分難能可貴的。我與宗南，師生之誼，同事之情，先後三十六七年，從來就不曾聽到過宗南談起他自己的事。過去宗南在軍中，後來他總領西北數省軍政，於抗戰及戡亂期間，轉戰晉、陝、豫、甘等省，每與我談論，或者是有所請求或建議，總是著眼於整個國家的大局，從不把他個人或他所領導一個單位，一個地區的成敗利鈍，置於意念之中；至於他自己的生活情況，儘管十分儉樸，無論長官部屬，親戚朋友，卻從來不曾聽到他向人提起；這種純粹出乎自然，只求自己心安理得的做法，實在不是常人所能及的。

記得宗南早在抗戰期間，就已經擔當方面指揮的責任，負責大兵團的統御作戰，直到來台以後，奉調總統府戰略顧問，我才發現宗南的官階，依然是中將；其後於四十二年九月八日，才由我簽請總統准予晉升上將，這種情形，在別人也許會十分重視，而宗南卻處之泰然。宗南對於上級賦予的任務，無論如何艱苦，也無論地位高低，從不推辭；遠的不說，就以來台以後，他以曾任方面統帥的資望，卻受命先後擔任大陳地區的指揮官和澎湖防守司令官，孜孜努力，只以服從命令，達成任務為己任。平時他自己的生活，雖非常樸實，但對部屬，卻十分愛護；即如在台北，儘管他自己並沒有一幢合適的房子，而對一般部屬的住處，卻十分注意。這些事實，雖只是來台以後我個人所知道的一點，然而我們由此卻可以看出，宗南一生自奉之儉，自責之嚴，任事之勇，待人之寬，以及他一種顧識大體，著眼大局，不爭名位，不計毀譽的精神，是值得我們永恆的敬佩的！

現在宗南逝世已三年，我們瞻望當前革命的情勢，雖然共產主義已經為全世界人類所唾棄，逐漸走向沒落的地步，大陸國土之終必光復，六億同胞之終必獲救，已經是毋庸置疑，然而在最後勝利到來以前，仍將有一段艱難困苦的途程，等待我們去克服，在這未來的一段時期中，我們所最需要的，就是宗南這樣典型的人物，也就是宗南所遺留這種忘我無私，與堅苦卓絕的精神，其實這也正是我們軍中所發動「毋忘在莒」的運動，所淬勵奮發的基本精神。因此我們今天要紀念宗南，最好的途徑，就是要以宗南的精神為典型，以宗南的言行為規範，並以此策勵我們自己，我相信我們必能在領袖領導之下，克服最後的困難，以爭取革命復國最後的成功，這樣，我們庶幾可以不致愧對宗南，也才不失我們今天紀念宗南逝世三週年的意義！我願與我們今天與會的同志，共同以這一個決心與信念，祭告胡故上將宗南，並以告慰胡故上將宗南在天之靈！（本文係羅大楨博士提供）

作者係黃埔軍校創校時之總教官，曾任國民政府參謀總長，陸軍總司令，民國三十四年代表政府接受侵華日軍之投降，其後任國防部長、行政院長等職。

永懷典範

唐嗣堯

（民國五十二年撰）

宗南將軍逝世，凡與識者，無不同聲悼惜！因其具有數十年治軍經驗，北伐抗戰卓越殊績，復又在台韜光養晦，十年學習，以及昔日品德所感，能征善戰，優秀幹部，與夫平時熱誠豪邁，交結朝野人士，篤厚友誼，種種優越條件，殊非一般人士所能及，實為來日收復大陸最理想統帥人選。惜天不假年，將星遽殞，真是國家莫大損失。正如學術界之視適之先生，同深悲悼，永懷無極也。

將軍為人，公忠為國，言不及私。敬事領袖，儼同父師。刻苦自勵，生活謹嚴。樸實敦厚，好學不倦。剛毅寡言，重信尚義。待人誠懇，久而益敬。愛才若渴，喜聞善言。恪守武德，受謗不辯。以余數十年所交遊，所見聞，有將軍之長者固不乏人，但如將軍之完且備者，則尚屬僅見，余之書此文者，一固為國家痛失良將惜，一亦是為紀念良友痛也！

論者，每謂將軍統兵數十萬，坐鎮西北，莫與倫比，共匪叛國，理應躬率三軍戡平內亂，以報黨國之重寄，以報領袖之知遇等詞為將軍病，就表面言之，固屬言之成理，若就實情言之，未免過於苛責。將軍總綰西北，二十有餘年，延攬人才，訓練官兵，確為國家勁旅。惟所轄部屬，調往東北者有之，調往華北者有之，調往華中者有之，調往川滇者有之。而且時值領袖引退，眾星失拱，友邦觀望，和戰莫決，加之八年抗戰，軍民疲弊，物價一夕數漲，幣值一日數跌。共匪乘中國歷史未有之變局，依俄帝為支援，逞其殘暴，肆其騙術，集中外盜寇之大成，力圖達到竊據之目的。當是時也，內憂外患，交相煎逼，情勢複雜，絕非獨木能支大廈。雖有孫吳復生，亦難旋乾轉坤。揆之我國漢代白登之圍，英國鄧扣克之役，論者，似可稍為將軍諒也。雖然如此，將軍在共匪四面環攻，兵力懸殊之下，仍能奮不顧身，親率將士，艱苦奮戰，維持成渝交通，保護領袖行止安全，爭取時間，且達數十日之久，使政府機關安全撤退，直至西昌無力防守，始遵領袖迭次電召來台。在中外名將言，可謂毫無愧色。在今日各院部軍公人員言，免遭共匪迫害，實資為屏障。在為國家保全重要文物言，更是功不可沒。以上所說，事實俱在，非余徒作空言，巧為將軍辯也。

余對將軍尤所欽佩者，來台之後，身受言官責難，忍辱受謗，從無一言之辯，這種高尚修養，大將風度，尤為難得而可貴。因此，得知將軍生前備受黃埔英豪之尊敬，歿後深受國人之哀思者，實非偶然倖致也。

作者於國外留學獲博士學位，曾任北平世界科學社長、立法委員，並在教育界服務多年。

忠勤廉慎——追懷胡故上將宗南

賀衷寒

（民國五十一年撰）

胡宗南上將去世之翌日，余欲撰一聯以輓之。比及握管，則公誼私情，縈迴腦際，悲從中來，不能自已。下筆無法成一語。因愍然置之，迨追悼之前一日，心緒稍較寧靜，乃勉成一聯。其詞曰：

「一旦廢前功，大局滄桑，傷心事在存危越。

群倫懷偉業，同舟風雨，刎頸交應殄暴秦。」

其意在弔將軍而勵後死期克竟將軍未竟之志也。滿七之日，其袍澤故舊於纂其遺著之同時，另編「胡故上將紀念集」以紀其遺徽餘緒，俾資楷式後人，而以余與胡將軍交往既久，所知必多，爰徵文及余。余維胡將軍一生功業，史冊自有記載，故凡茲所述，概為余與胡將軍交往間若干足以追懷之往事，第亦足以見胡將軍之偉大也。

民十三年春，余與蔣伏生兄自湘赴鄂，既抵漢皋，聞總理孫先生為培育革命軍事幹部，創辦軍官學校於粵之黃埔，設招生辦事處於上海，余等乃決定放棄記者生活，前往投考。及抵滬上，則考期已過。余等以志向已定，決兼程赴粵，遂購妥當日開往廣州之日輪嵩山丸船票，趕往碼頭，比至則該輪跳板早經撤除，且已啟碇駛行離埠十餘丈矣，乃僱一小艇，破浪追之。是時見嵩山丸上有著學生裝之青年二人，向余等招手，余等亦揮手相答。迨追及時，余等攀緣船檻，此二人從船上加以援手，登上甲板。於是彼此互道姓名，方知一為凌光亞兄，一即胡宗南將軍也。此為余與胡將軍認識之始。胡將軍並言彼初見余與伏生兄裝束與急迫追趕該輪之狀，斷其必為前赴廣州投考軍校之學生。余頗佩其觀察之敏銳，與判斷之正確，遂舉此行經過以告，並謝援手之情。及詢知胡將軍亦係赴粵投考者，以志趣相同，於是無話不談。十餘日後，船抵廣州，余與胡將軍已十分投契矣。記船過汕頭時，因裝卸貨物，停留三晝夜，余曾填有〈浪淘沙〉詞一闋，以記是時心情，胡將軍過談時，見余手書詞稿，曾許為「清新豪邁」之作。此為胡將軍與余交往近四十年對余之作品惟一評語。今日追思，彌足紀念，特錄之以代招魂之賦。原詞云：

「異地問前程，無限心情，清明時節我南行。舟滯汕頭三日夜，一水盈盈。何處是羊城。山障雲橫，倩人指點未分明。我欲乘風飛渡海，罷卻長征。」

初到廣州，人地生疏，余與伏生兄因與胡將軍已相識於途中，故時相過從。胡將軍係上海初試錄取學生，余等則尚未報名，乃聯名繕一函送陳當時主持陸軍官校籌備處之廖仲愷先生，詳述自俄返國及決心放棄記者生活來粵投考之經過情形。廖先生閱後，當准余等與初試錄取學生一同參加複試，並僅收余等報名相片各一張（照規定須各繳四張）。榜發，胡將軍、伏生兄及余等均被錄取，從此余與胡將軍由旅途相識乃進而成為同學矣。既入校，因為功課忙、勤務多、且不同隊，彼此見面機會轉少，惟每於假日見面時，輒長談竟日，談則無非三民主義之信仰與奉行，革命方略之研究與實現，先烈革命奮鬥之事蹟，以及軍閥之掃蕩與肅清，帝國主義之打倒與消滅，而對曾經以中國東北國境作戰場之日俄兩帝國主義鯨吞中國之陰謀，則談論尤多。余與胡將軍因革命之見解完全相同，遂由同學成為莫逆之摯交。

胡將軍與余交誼雖厚，而通信則極少。十四年春，軍校畢業後，胡將軍分發第一團任見習官，余則分發學校政治部任秘書工作。第一次東征之際，胡將軍於軍次致余一信，中有：「國危民困，至今而極，既不能救，深以為恥，獻身革命，所為何事，此次出發，但願戰死。」等語。此信余保藏篋中，至十五年春赴俄時，為避免旅途遭受檢查，於出發前予以銷毀。此外則僅有胡將軍三十二年由西安寄渝之一封短札，亦夾於余日記簿中，交余妻保管，播遷來台時，未獲攜出。

民十四年春，東征之際，有一關係革命成敗之反共運動，勃發於國民革命陣容中，不久即遍及全國。這個運動不僅關係胡將軍之政治立場與主張，且影響其一生之事功，但外人則鮮有知其詳者。特縷述之如次，以免當年之事蹟有湮而不彰之嘆也。當總理北上後因病留住天津養息，此時中國共產黨南方局對滲透黃埔軍校中之全體共產黨員發出通告，首即謂：「國民黨總理孫文在天津託病不視事，充分表現國民黨小資產階級的習氣……」，此一通告及軍校全體共產黨員名單為本黨同志所獲得。共產黨破壞本黨及革命軍隊之陰謀遂暴露無遺。校中本黨同志之知情者乃密謀對策，發起組織「孫文主義學會」。並將緣起及章程請示校長蔣先生及黨代表廖先生。承囑應一面洽請老同志贊助；一面進行簽名發起，迨分途進行簽名發起時，到政治部公告處簽名者，皆為前述共黨通告中列名之分子。以是知共黨業已蓄意有計劃的使此一行將興起之組織，完全變質成為足供其利用之工具。有些同志遭此奇襲，不知所措；且彼此猜疑，互信消失。茲僅就與胡將軍有關者舉一例以證之：緣胡將軍與當時軍官學校衛兵司令胡公冕過往頗密，胡公冕係一共產黨徒，因之有疑胡將軍已加入共產黨。余告疑者曰：「共黨通告之名單上即無其人，則不應以篤信三民主義之同志為跨黨分子。」旋因東征部隊進展神速，前方連營級黨代表人員需人頗殷，余遂奉調前方工作，經汕頭抵梅縣軍次會晤胡將軍，乃將上情告之，渠表示可立即在前方發起組織孫文主義學會，以加速阻止共黨破壞陰謀之進展。因之乃有梅縣孫文主義學會籌備會議之集會；乃有共黨分子李芝龍搗亂會場，侮辱長官的違紀事件發生。東征指揮部政治部主任周恩來以事態嚴重，乃調李芝龍赴後方擔任兵工廠黨代表及中山艦艦長，此事與十五年三月中山艦事件有密切之關聯性。中山艦事件後，本黨中央劃清黨籍，不許跨黨之決議得以順利執行，實得力於孫文主義學會會籍之查證。即後來清黨之收功與北伐之完成，固由於領袖蔣先生英明之領導與卓越之指揮有以致之，但孫文主義學會之及時發起，使革命陣容日趨堅實與鞏固，共匪陰謀終不得逞，亦有其不可磨滅之貢獻也。

十七年春，余由俄返國任軍官學校駐杭州軍事訓練班總隊長，此一時期余與胡將軍僅在杭州敘會一次。余於十八年春又行赴日進修，胡將軍則統率所部，縱橫掃蕩，功績卓著，且聲譽日隆矣。二十年，余奉命由日返國，擔任總司令南昌行營剿共宣傳處處長，其時胡將軍亦率所部入贛剿共，復獲聚首暢談。當時大家尚只三十餘歲，身體健壯，在公私集會中，胡將軍精神尤稱旺盛，從未稍見懈容。一日，胡將軍邀余往吃冰淇淋，較量杯數以定勝負。胡將軍連盡五杯而泰然自若，余則吃到三杯已不勝負荷，翌日腸胃即感不適。由此可知胡將軍身體實較余結實而強健多多也。

西安事變後，余得機出國考察。胡將軍親至上海話別。相偕攜手，計凡三日。或靜室暢談，或公園散步，或海濱遠眺，直與當日在軍校當學生之情趣，毫無二致。三日中相談所得之結論，認為對日戰爭，終難避免；且一旦爆發，熱必作戰到底。胡將軍盼余早日歸國參加工作。時民國二十六年夏也。動身之日，胡將軍送至意輪康特羅梭號船埠，時余前妻李氏亦在碼頭相送，集在眾人中，初猶談笑自若；不意胡將軍忽自袋中取出手帕一方以予余妻，伊此時頓覺觸景傷情，淒然淚下，胡將軍顧謂余曰：「文章固然是自己的好；老婆也還是自己的好。」余登上跳板，佇立船邊，揮手之際，殊覺黯然。船過可倫坡，七七事變之訊，已傳抵船上，抵德未久，八一三日軍侵襲上海之消息，又復傳到，身在海外，心縈故國，殊覺不安。旋接國內電命，兼程返國。是時胡將軍所部已移駐西北，未能即獲晤敘。二十八年夏，余銜命赴西北慰勞軍隊，視察政工與國民軍訓，地區包括黃河流域各戰區，因往返河南、山西、陝北、甘肅、綏遠、寧夏、青海等地，曾六次進出西安。每次回到西安，胡將軍必親自邀余至其駐地下馬陵居住，以便暢談一切。尤其當余自陝北回來之後，商討更為詳盡。慰勞視察既畢，余留駐下馬陵，就有關問題作成報告，提出建議，俾供層峰採擇。動身之際，獨不見關係中共問題報告之原稿，遍尋亦無所獲，余疑為滲透之共匪份子所竊去。迨返渝後，始獲胡將軍之電告稱原件夾在抽屜邊層內請釋念等語，余復電謝之，然中心則殊感不安也。

二十九年秋，余前妻去世，胡將軍來渝，承其蒞臨慰唁。三十二年秋，胡將軍至渝，又承過訪，適余之長子正平在側，胡將軍即詢其在家情形，正平答以未曾考取大學，在家閒住，胡將軍即囑余將正平交其照管，余允謝之。此後正平在西安中正中學補習凡二年，始行考入西北大學，讀至畢業，六年中，逢年過節，胡將軍必接其到家中一同歡度。平日對正平之督責照顧，亦無微不至。其待人之厚有如此者。故胡將軍去世時，正平哭之甚哀，余則惟有勉其努力向上，庶無負於胡伯伯深厚之培育。

江西剿匪之後，余之工作常在中央，胡將軍則常任方面，但到京時必互相約定以半日或一日之時間作長談。三十七年冬總統引退前，胡將軍曾至南京，但此次與余相晤則僅約三十分鐘，即行別去。從其行色匆匆，可知當時局勢之緊張。時北方局勢已漸不穩，余與胡將軍都認為將來大局能否扭轉，主要關鍵繫於西北。蓋東北既已棄守，則惟有靠西北盡力支撐。三十八年蘭州撤守前數日，余奉命偕顧希平、蔡孟堅二兄由粵赴西北宣慰部隊，先到蘭州訪晤馬步芳長官於其病榻之旁，從談吐間知其所患乃心病非身病也。其時敵部已侵入六盤山，余復轉赴甘草店附近，晤時當之作戰指揮官馬繼援，並慰勞其部隊。察知當前局勢，已極緊張，乃終止寧夏、新疆之行，轉飛漢中，慰勞胡將軍及其所部。到達機場時，胡將軍親自迎於機旁，緊握余手曰：「你來了。我的運氣也來了！」余笑答曰：「但願如此。」抵城略憩，即赴別室展開地圖研究當時敵我雙方之態勢。余問胡將軍「西北各部能否統一。」他表示「除直接指揮之軍隊外，其餘頗有困難。而且所部自西安撤退後，民心士氣，已顯見低落。」但胡將軍仍表示：「當盡力而為，戰鬥到底」，余則告以「局勢逆轉，退保更非良策，因不能攻即無法守也。如環境急變，任務完成，則最後只有前往台灣待命了。」在戎馬倥傯中，余等由董釗主席及趙龍文、蔣堅忍諸兄陪同赴定軍山謁武侯墓，弔古念今，感懷無限。余乃於歸寓之後，將二十八年過武功謁武侯廟用岳武穆原韻所填〈滿江紅〉詞，錄置案頭，藉抒胸臆。胡將軍前來送行見之，取閱一過，為之唏噓者久之。茲將原詞抄附於後，藉以紀念老友。

「定亂扶傾，艱危裏馳驅不歇。談際遇歡同魚水，真情熱烈。百戰共期天下雨，一生辜負隆中月。問人心何事對三分，不關切。魏吳恨，莫由雪。興復業，漸澌滅。到頭來漢鼎終歸殘缺。拜表竟成蜀運淚，出師長弔祁山血。苦無人繼志定神京，哀陵闕。」

三十九年，局勢轉變，胡將軍東來，與余對門而居。在其未任澎湖防衛司令官之前，見面機會甚多，或為橋戲，或為餐敘，但胡將軍對過去一切從來隻字不提，即有人談及，亦從不置一詞。胡將軍為人富感情，重理智，緘默寡言，踐履篤實。一生行誼之表現於忠勤廉慎四字者，幾到處可見，其忠於主義、忠於領袖、忠於黨國數十年如一日，固無論矣。而從其恆以治學之精神，精以治事之習慣，可以知其勤；從其節儉樸實之生活與待人接物之厚道，可知其廉；從其懲忿窒慾，不事虛飾，可以知其慎，此皆胡將軍所以令人欽服之處也。

胡將軍身體素稱強健，儕輩中均認其必能獲享大年，今乃於反攻號角將響之際，遽然溘逝，殊出意外。斯不但為我軍校同學之一大損失，抑且是國民革命陣容一大損失。胡將軍未曾看到大陸光復，固然不無遺憾；但如就其功在黨國，績著旂常，加以人格之高尚與完整來說，其個人實亦應無遺憾矣。杜工部「弔諸葛武詩」有云：「出師未捷身先死，長使英雄淚滿襟。」讀之使人生無限之哀感。今胡將軍未出師而身先死，淚滿襟者固大有人在，而若使他這個逝世的消息為大陸同胞普遍獲悉，則弔之者必不免有「義師未出身先死，忍令遺民淚欲枯。」之悲痛矣。傷哉！惜哉！

作者黃埔一期畢業，長期從事政訓相關工作，曾任國大代表，交通部長，總統府國策顧問等職。

悼念宗南先生

陳大慶

（民國五十一年撰）

宗南先生不幸於本年二月十四日三時謝世，忽忽一年，其音容舉止，仍不時浮現於我的腦海之中。宗南先生貌雖剛毅，而實則熱情內蘊，至性感人。他一生盡瘁於革命事業，公而忘私，國而忘家，對領袖的忠貞，對部屬和朋友的關懷愛護，無處不流露出他的篤厚的天性，和誠摯的感情。我直接隨宗南先生共事的時間不算長，但肝膽相照，忠義相期，受他的感召和薰陶的地方則甚多，更有若干歷久彌深的印象，愴懷追憶，不禁泫然！

民國二十三年冬初，我因事自贛抵陝，曾專程赴天水探訪宗南先生（是時他任第一師師長），承他殷懃懇摯的接待，臨行派機送我由天水飛返西安，並親自送到機場。我們徘徊於飛機場畔殷殷話別，從剿匪軍事，談到禦侮戰爭。當時剿匪戰事，已至最後圍剿階段，而日軍卻在華北不斷的啟釁，國家處境，日益艱險。領袖先後在廬山軍官團講解禦侮圖存之道，勉勵我們要立定復興民族的大志，抱定盡忠報國之決心，以鐵血精神，爭取國家民族的自由平等。並特別訓示：「我們要靠發揮基本武器的效能，來抵禦強敵。所以平時要格外注重運用基本武器與基本戰術之訓練。」宗南先生對於領袖訓示，素來是拳拳服膺，徹底實踐的。我們默憶訓示，又由禦侮戰爭談到部隊的訓練與教育，緬懷國家前途的嶮巇，益凜軍人職責之重大！我從那一次的晤談中，深覺宗南先生忠於國家與忠於領袖的赤誠，以及對同學對同志的真摯情誼，純係出之於自然，使我深受感動。當時因為我所負的任務，是在江西的剿匪戰場，不能多事盤桓，所以當時只好黯然握別，但卻留下了永恆的追憶。每一念及黃埔廬山風雨連牀的往事，實不勝望風懷想的依依之情。

民國二十八年冬，我從湘南到西安，訪謁宗南先生於華山之麓，他要我為西北戰場訓練一批游擊幹部（時宗南先生任三十四集團總司令），我深恐不能勝任，他委婉的勸促，詳盡的解釋，在抗戰現階段中游擊幹部之重要性，並說我有在南嶽游擊幹部訓練班的經驗，一定可以圓滿的達成任務。我終於受命在翠華山舉辦「西北游擊幹部訓練班」，由宗南先生兼任主任，我擔任副主任，實際上宗南先生除作重要的原則性指示外，由我負完全責任。惜只辦理一期，我就奉調新編第二軍軍長，離開了西安，率部進入豫鄂邊區，參加鄂北會戰的序列。在西北游幹班的短短幾個月，是我直接追隨宗南先生工作的可貴歷程，這次他給予我最深的印象，是在要賦予我的任務之前，能夠有耐心的解說；待我接受任務之後，又能夠充分信任，完全授權，這就是他偉大的地方。游幹班受訓學員，大多為團營級的幹部，在一次訓話中，他勉勵學員們善處環境，曾有下面一段話（大意如此），使我不易忘懷。他說：「有某一個團，在某次作戰後舉行檢討會報，由各連連長報告作戰的經過。其中連長某甲報告這一次作戰，他自己是如何的勇敢，如何的不怕犧牲，如何的爭取光榮的戰果。另一連長某乙的報告，則著重於說明這次的作戰，是如何獲得友軍的協同與支援，如何獲得部下的團結與用命。這兩位連長在這個團裏，今後的處境如何，大家是不難想像得到的。」宗南先生用深入淺出的內容，說明了帶兵官應該「功則相讓」「過則相承」的道理。這不僅是他對部屬教導的方法，實在也是他個人高尚的精神修養。

來台以後，宗南先生感於我們國家處境的阽危，顯得更沉靜，其意態有時似亦不免於稍感落寞。但他的堅定的意志，高尚的情操，使得他對國事更為關切。他和已故的湯恩伯先生，篤於私誼，時相過從。他們經常「剪燭西窗」，縱談世局。並且常常邀約或訪問平素熟識的教授朋友，研究學術思想上的問題。有一個時期，湯先生曾約集一部份舊雨，在其中山北路的寓所，敦請台大和師大的幾位名教授，講授哲學，歷史和政治、經濟思想等課程，宗南先生也偶爾列席聽講。湯先生不幸在四十三年六月二十九日病逝東京，這給予宗南先生情感上的哀傷甚大，他悼念故人的心情，是很難以言詞形容的。當湯先生的靈櫬移厝於木柵墓園山側，尚未安入窀穸時候，他曾多次的前往瞻視，最初一次他堅決的要伴著靈櫬過夜。經我們一再勸止，纔悵惘的離去。此後，對湯先生遺屬的生活，更關切備至。這是他篤念故友天性過人的地方。古云：「風簷展書讀，古道照顏色」，讀之益增悲思。

宗南先生的勳業彪炳，罕有其匹。但他最為人所不易及的地方，是他謀國惟忠，和奉令惟謹。他一向是負重責大任的，政府播遷台灣以後，他先後出任大陳和澎湖的防衛工作，絲毫不以名位的高低為計。近幾年來，雖然沒有負實際的責任，但對國際局勢和反攻復國的前途，無時無刻不在他的關切和思慮之中。我幾次由國外歸來去看他的時候，他總是殷切的垂詢國際情形，有時也提出他個人的深遠看法，都足以作為我在工作上的寶貴啟示。我深深的感覺到，宗南先生的器識和人格，是深受儒家思想的陶鑄，剛毅木訥，任重致遠，一息尚存，志不稍懈。平日生活的嚴肅和簡樸，尤足以風世勵俗。在積極準備反攻復國的現階段中，他的逝世，實在是國家重大的損失。我以無可比擬的哀禱心情，悼念宗南先生，又豈僅「哭其私」而已！

作者黃埔一期，參加東征北伐、剿共、抗戰、戡亂諸役，來台後曾任國家安全局長、陸軍總司令，台灣省政府主席、國防部長等。

言猶在耳

李樹正

（民國五十一年撰）

宗南先生逝世，已閱七期矣，為善擇墓地，隆重舉行安葬計，故仍供奉於極樂殯儀館，余每至該地，必前往瞻拜追思，仰念先生音容宛在，言猶在耳，令人感念不已！嗟夫！此何時耶？此何地耶？蒼天何忍！遽奪哲人，時乎？命乎？運乎？蒼天竟如此不仁？如此不公？夫復何言？

先生以布衣獻身革命，為國父之虔誠信徒，為領袖之忠貞股肱者，近四十年矣，其豐功偉業，碩德懿行，長久留在人間，照耀天地，為世人所共知，毋待贅述，惟余以仰慕先生者早，而追隨先生者短，尤其反攻在即，頓失導師，此情此景，更令人悲痛無已，悵悵於懷，爰記先生嘉言一二，聊表悼念之忱耳。

余之首次識先生，係在一會談席上，時為民國三十六年夏，正當先生攻略延安後不久，奉召來京商討陝北剿匪戰略事宜。在商談席上，先生發言鏗鏘有聲，識略高遠，在余腦海中，留下極深刻之印象。先生言：「如今對當面共匪，不外誘匪決戰與迫匪決戰兩途。誘匪決戰之道，先將三馬兵力逐一推進至三邊及隴東一帶戰略要地，構成阻絕地帶，余之主力機動控制於延安附近適當地區，如匪對三馬之任何一方，發動攻勢時，則余揮大軍急馳而至，予以痛擊；如匪不採取上述行動，則於三邊，隴東構成戰略阻絕後，再以余之主力大軍進行攻勢，迫匪決戰；如此匪則東障黃河，南臨我軍，北、西又迫於阻絕，勢必陷於困地，我則在此地區中索匪進擊，追奔逐北，匪雖刁頑，必將斃於我軍。」聞先生之言，使余頓憶及滿清剿滅捻匪之戰略矣。惜以政治影響到戰略，未能貫徹先生之意圖，否則當時彭匪主力或許早被殲滅，我想先生在九泉之下，不無遺憾也！

三十八年春大陸局勢逆轉後，先生為大陸撤出之最後大員，蓋距余首次識先生，將近兩年矣，大陸變色，人物全非，每個人心懷中均隱藏著無限之隱痛，我想先生負黨國重任，更有勝於常人者。余因過去一再蒙先生垂愛，故特往錦州街趨拜先生，並聆教誨，一見之下，覺先生樂觀堅毅之精神倍於往昔，予吾儕無形中以莫大之鼓舞。先生首言：「失敗了，全部失敗了。失敗之由，以乏人才故，苟我獲有國士，區區共匪，將何為哉？」余當答以：「今日之失，乃勢也，亦歷史中一短暫之逆流耳。古言：戰爭以全國為上，全軍次之，苟不得已，則全將是尚。將者，國之輔也，苟我良將不折，暫時失敗，不足為慮。今先生健在，足當百萬大軍，何患他日共匪之不滅哉！」先生繼言：「朱毛匪幫之勝利，不過僅乃暫時一反常現象耳，歷史上之暴君，若秦皇，若王莽，其亡殆不過十數年間事耳，苟我發憤圖強，明恥教戰，則復國亦乃指顧間事也。」

先生言：蓋在十三年前，早已洞燭匪偽今日崩潰之下場矣。

由三十八年迄四十八年，十年間，余與先生雖同處台北，但未嘗再聆先生教誨，至今思之，抱憾無已！明師在邇，不求教誨，其自甘墮落何？四十八年春，政府創國防研究院，余幸而與先生同期，宛似上帝安排，無限光榮，從此得朝夕可聆先生教誨矣，在院期間雖以功課忙，兼以先生晚宿山下，但獲益竟超出想像之外，蓋以先生之道德人格，潔志廉行，無形中發揮潛移默化之功，全體同學，進一步充分瞭解先生矣。畢業後，雖又分散，但每值紀念週，先生必召余附車，一方以先生愛余過厚，一方余亦藉此多聆先生教訓，其間雖不過兩年，但得先生耳提面誨，真如古言：「聞一言以自壯，以盡天下之大觀」，亦可謂「聞先生一席言，勝讀十年書也」。

某次先生談及當前革命戰爭形勢：「革命事業，乃一驚天動地非常大業，全在艱苦奮鬥中，以大智、大仁、大勇之精神完成之。革命者，不怕失敗，只怕無所作為，國父革命前後失敗十次，最後武昌一槍，而告成功，況人能弘道，非道弘人，千古歷史，均係由人而創造，並非歷史創造人，此之所謂士不可不宏毅，任重而道遠。反攻復國重擔，擺在我們身上，不怕擔子重，只怕我們無勇氣，以肩挑此副擔子。故吾人應再接再厲，鼓起最後餘勇，以與共匪搏鬥，況歷史上開國者如漢高、中興者若光武，均在幾度艱困中，迭次失敗後，而以百折不撓之精神，以獲得最後成功也。」

先生已永別矣！吾輩生者，能不從先生之志，挑起此副巨擔，殲彼匪醜，以慰先生在天之靈！

一日先生召余，論及當前國軍將領，雖不敢比「煮酒論英雄」，但均肝膽相照，尤其就余所知，一一掬誠相告。先生言下，大有才難與夫有德之才更難之感！最後先生詢余，近日讀何書？余以正研究《亞歷山大新傳》對，先生曰：「提起亞歷山大，余憶及拿破崙所言『為將之道，全在熟讀亞歷山大、汗尼拔、凱撒、屠雲尼、尤金、阿多爾夫斯及菲特烈等名將之戰史，悉心私淑之，則必有所得。』先生對兵學戰史如此熟知，使吾輩後學，惶愧無地！」過幾日余購《亞歷山大新傳》一書送閱。不二月，先生忽詢及「亞歷山大臨終時，所言何事，對其感想如何？」余雖有對，但均言不及要。最後先生謂：「余併讀亞歷山大新傳英文本，發現當其臨終時，曾言：『余雖統治世界，但最後余終為世界所統治，一切空空如也（Nothing! Nothing!），』其言何所指？」余對以「亞歷山大可能以其承嗣無人，帝業必將崩潰，故空有餘恨耳。」先生曰：「此固可能之一面，但其十年征戰均建築於侵略之上，雖有功業，但乏德澤，充其量，不過乃一大英雄，大豪傑耳。常言：人之將死，其言也善，此時之亞歷山大，雖凱旋而歸，卻身死異域，未嘗不想及此，故其心中特有餘恨，不若我之國父推倒專制，創造民國；我之領袖，北伐統一，抗日勝利，其德澤永久留在人間者可比；此乃大聖哲與大英雄區別處」，先生所見，蓋非常人所能及，更予吾輩研究史學者以重大之啟發。

前言余之仰慕先生者早，而追隨先生者短，此其間幾錯機緣，未償素志，最後天竟不假先生以年！此其乃運耶？命耶？上帝之主宰耶？令人抱憾終天，歿世不得其解！爰余遠在陸大求學時，即擬於畢業後，追隨先生，並蒙先生允諾，孰意畢業後留校研究，不獲其果；民國三十七年春，由瀋陽返京，曾奉派出長先生幕僚，惜以時勢多變，又不克如願；民國三十八年，蒙先生囑召，前往四川綿陽，襄助先生，主持軍隊編練事宜，亦以風雲驟變，不獲實現；迄國防研究院畢業後，以為此生得償追隨先生素願，忽又遭此鉅變；從此除西天外，不復再有機得追隨先生矣！先生病住院，係在二月六日，而余獲知，則為十日，計住院已五日，十一日約同君栗先生前往醫院，承開椿兄（程開椿先生，胡上將辦公室主任）告以先生病況，謂已接近痊癒境地，過幾日即可出院，惟先生喜言，言又影響先生健康恢復，醫特囑少言。當時以先生病況既佳，且又戒言，故不便為聆誨言而有礙先生休養，遂致敬意而返。更因先生不日出院，聆誨之日長，又何必斤斤於此片刻也，孰意十四日晨，驟聞先生逝世消息，恍若墜入夢寐中，嗚呼！最後竟不得聆先生一言，以為治事處世法，痛憾何極！痛憾何極！

作者為軍校七期畢業，參與抗戰戡亂諸役，來台後曾任陸軍副參謀長，國防研究院第一期畢業，其學養甚受胡上將欣賞。

宗南將軍與我

蔣伏生

（民國五十一年撰）

我與賀君山兄，自蘇聯返國，即從事新聞採訪工作，與鄂省國民黨老同志交往頗密，並承其介紹，投考黃埔軍校。民十三春，偕君山兄由上海赴廣州，購得嵩山丸船票，至碼頭時，該輪已啟碇，乃乘艇趕至江心，得公援手，始得登船，於是互道姓名，各述志願，既抵羊城，過從益密，入軍校後，每於課餘握手談心，偶及時事，公輒怒髮衝冠，慷慨激昂，蓋其滿腔忠義，含蓄既久，流露於不覺耳。

十四年春，余隨居覺生先生北上，事無所成，公與君山兄，函促返粵，並寄旅資，歲暮晤公於其駐汕頭之營部，招待殷勤，並囑稍候，將畀以連長位置，越日晉謁何敬之老師，蒙派軍部工作，不數日又派赴十八師服務，面公辭行，承勗之曰：「軍事方急，努力前程，報效國家。」余再拜昌言，而書諸紳，至師黽勉從公，深得胡謙師長信任，十六年秋，胡師長遇害於惠州，繼任師長蘇世安，團長張綱等，違背蔣總司令意旨，率部投靠李濟琛，余虛與委蛇，暗中聯絡同學，並得師中班長之擁護，在信豐將蘇張等驅逐，率師至贛，歸附中央，實公之忠義感召有以致之也。

十八年春，公任第一師旅長，余任第十師六十團團長，會於安慶，進討胡陶，每及閒暇，多係檢討過去，策勵將來之語。是年冬余於擊方振武叛部余亞農三團以上之眾於太湖，復北援臨汝遭康生智鄭州之變，友軍莫敢犯難，第十師師長楊勝治亦首鼠兩端，時余雖代三十旅旅長，但確能指揮四團為減少敵方對中央之威脅率，率全師南下與中央軍會合於漯河周家村之間，卒如所願，亦公忠義啟發之也。

十九年隴海戰役結束，第十師第三十旅改編，余雖調長警衛第二旅，然對編餘舊部，不能一一安插，至為焦灼，公得其情，悉數延攬以去，余駐防杭州，公便服來遊，相與暢敘於南北兩高峰及靈隱天竺之間，無話不談，無幽不探，偶及太湖之役，公詢之曰：「君以一團之力，何能擊敗三團以上之敵？」答曰：「時奉總司令蔣公密電嚴防叛軍回竄，逆首余亞農攻陷英山後，果不出總座所料，即掉頭東向，團攻之友軍均藉故不追，余獨率部取捷，直抄彌陀寺，黃昏到達，時距叛軍尾隊竄過約一小時，市面關閉，居民逃散，乃親訪天主堂神父，承告叛軍僱嚮導三人，取道望江，余即召集各營長並告知『叛軍企圖渡江進犯國都，吾人受國家培植，非盡力與敵決一死戰，不足以戢其狡謀。』敵避戰，我奮勇，此氣勝也。國軍圍攻叛軍達五旅之眾，敵料後追部隊必在一旅以上，怯而不敢應戰者，勢勝也。叛軍雖多，陷於彌陀寺至太湖山地之間，不能展佈，我部乘拂曉以前，由後猛擊，敵掩護部隊，由右側向黃梅逸去，其隊後行李眷屬，四處狂奔，大大影響叛軍戰志，此機勝也，加以我部豫鄂健兒，久住南方，備具山地戰鬥經驗，故能在太湖西端高地，發揮強大之威力，將敵全部擊潰，趕至安慶而繳其械。」公曰：「此國家之幸，抑君之力也。」

二十三年夏，余調長鐵甲車司令，兼鄭州警備司令，公由防來訪，隨同乘車至開封，公在車上，細詢鄭州情況，乃據所知盡告之，公曰：「地方送貴部例規之款，不妨收受。」余則曰：「吾人置身革命之謂何？不義之財，他人或可取，伏生決不受也。」公伸手握我曰：「好，君率性做去可也。」因念其警衛力之單薄，乃就近撥兵一團供我指揮，並訓示以服從其本人者而服從之，可謂愛護備至矣。

二十六年夏，與公同在廬山受訓，遇閒即抵掌縱談，而於抗日準備，尤多所計劃，旋因七七事變未及結業各返防次。是年冬，公以事到漢口復得聚首，其時嚴寒公所著之灰布軍大衣表裏皆蝕，實不足以禦寒，乃商諸內子，為之依式另製並添腰棉襖贈之，公猶嫌過奢，其平生志不在溫飽於此可見。公彌留時所穿之腰襖，尚係余念餘年前之所贈者，其惜物也如此。

抗戰軍興，余率第三十六師參加開蘭之役，隸公指揮，擔任進攻順河集曲興集及毛砦之敵，頗有進展。公親臨前線視余，並認師部偪處敵前太近，暗示應稍後撤，余曰：「師在進取，後移得無動搖軍心乎？」公默然退，夜半來電話，告知一般情況，前線部隊應於翌日黃昏後經開封向鄭州轉進，屆時值大雨，後撤隊伍，大都秩序紛亂，惟三十六師行列井然，至鄭州，謁公於隴海公園，極受嘉勉，並指定第一師歸余指揮，負滎陽迤東之警戒，未幾，公調團以上之幹部，在鞏縣集訓，余亦與焉，恰值河防吃緊，未及結業，余又率師進駐新安，行間積極操練，準備殺敵。

二十七年秋，公由鄂返防，邀至陝州相晤，夜遇於城南沙洲上，密談達兩小時，最後決定交出三十六師，改任二十七軍副軍長代理軍長，到達洛陽，奉令率三師南下參加武漢外圍之戰，將行，上命忽然改變，公以電話相慰曰：「以後戰鬥機會甚多，暫行休息可也。」嗣軍部人事改變，余懇公調充參議，公不許，乃慨然歸故里，從事墾殖，公疊電促北上，最後且云「君如不出，我當南來。」經託人婉達下情，並請曲諒。

三十三年湖南戰局逆轉，余不克逃避，乃糾合湖南志士，組合地方武力，與敵周旋於湘桂路湘水之間，斬殺俘獲甚多，勝利後一年，與公重聚首於國門，公曰：「君憑赤手，倡導義師，予敵巨創，誠屬難能可貴，我輩國家之補給，奉命對敵，縱有微功，何足道哉。」於此知公謙虛襟懷，將大掖袍澤，迥異尋常矣。

迨三十八年剿共戰事頻臨窘境，數電促聚謀，得羅機同學之助，乘便機到穗，相晤於薛伯陵先生之官邸，囑續漸成立部隊，於湘粵桂邊區，建立根據地，與匪周旋到底，余恐時間不許可，奈何奈何！公曰：「試努力以盡人事，所需經費，當負責籌措。」余返湘，先後成立左大陵康孟壑各縱隊，因時間倉促，實力尚未形成，湘局突變，左康兩同志，均壯烈殉國，余隨軍進入越南，念及公垂注之情，眷懷大陸，復陸續派多批同志潛返湘桂，發動地下組織，反抗匪黨暴政，蔣燮琴同志，在雪峰山發展武裝部隊近兩萬人，殺匪頗多，終以彈盡援無，壯烈成仁，其他同志殉難者，亦復不少，真令人悲悼不置。

四十年由越返台，遇公於錦州街，公慨然曰：「君與達雲兄真行，我不行」，余曰：「公若與我等異地相處，當較我等更行也。」

今國都播遷海隅，大陸久淪匪手，正賴公精忠浩氣，鼓舞群倫，拯救垂危億兆遺民，而公竟長眠不起矣，能不令人深痛也乎！

作者黃埔一期畢業，參加東征，北伐，剿共，抗戰，戡亂諸役，後任國大代表。

憶亡友胡宗南將軍

何浩若

（民國五十一年撰）

胡宗南將軍安葬於陽明山後的第三天，胡夫人葉霞翟女士來山視察墓地，便道來我家便餐。我親自做了幾樣胡將軍喜歡吃的菜款待胡夫人。飯時我幻想著就如胡將軍生前一樣的音容仍在。不幸的是幻想更引起我的傷感。飯後胡夫人說，有許多親友要替胡將軍出一本紀念冊，她要趕回去開會。胡夫人走了以後，我感覺到十分惆悵。胡將軍走了四個月了。我始終未能抑壓我的情緒來寫幾句話追念他。當我執筆的時候，便彷彿聽到那熟悉的慷慨激昂的聲音在我身邊說：「大丈夫俯仰無愧，何必求人瞭解！」他真正的是一個鐵錚錚的硬漢。他寧願打脫齒牙和血吞，也不願向人或是要別人訴說他的生平。但是胡將軍，請你原諒吧！在這裏，我不是要訴說些什麼，而是要寫出我近乎悲憤的哀思。

我認識胡將軍是老友蔣伏生兄介紹的。那已經是三十多年以前的事了。我是民國十四年加入國民黨的。十五年在美國完成學業以後，便近乎瘋狂的遠從美國趕回來參加北伐。當我認識胡將軍的時候，我當著國民革命軍第十師第五十九團的團長。當時第十師第五十五團的團長是陳明仁，第五十六團團長是李振華，都是胡將軍的同期。和我共同隸屬於第三十旅的第六十團團長便是蔣伏生。蔣伏生兄也和胡將軍一樣是一位不求他人諒解的奇人。他和賀衷寒兄曾經參加過一九二一年列寧在蘇聯所召集的遠東人民代表大會。但是他卻揚棄了共產主義而成為一個堅苦卓絕的三民主義鬥士。他治軍之嚴，作戰之勇，我是由衷佩服的。但是他卻最欽佩胡將軍。他慎重的為我向胡將軍介紹。那時候胡將軍正當著第一師第一旅的旅長。我們見面以後不久便成為很好的朋友。最難忘的是我們認識以後，他便為我介紹戴雨農將軍。他和戴將軍說：「我已經替你找到了我們一個共同的朋友。」這是一句很費解的話。但是這一句話竟奠定了我們三十年的友誼。

北伐完成以後，我辭去軍職在南京中央大學任教。這時候，我已經結婚，有了一個女兒麗南。在南京我時常和雨農見面。胡將軍因為職務的關係，不常來首都。但是他來的時候必定和雨農來看我。當麗南一歲的時候，他堅決的要認她做乾女兒，並且很高興的抱著她去遊燕子磯。當時有人到燕子磯投江自殺。好事者便在磯上豎了一塊木牌寫著三個大字「想一想。」胡將軍看著這三個字便和我說：「孟吾兄，你想一想，再回答我，我們都是什麼人？」我反問他。他想了一想，便很慎重的一個字一個字的說：「我們都是有心人！」這一件事給我的印象最深。三十多年來我所認識的胡將軍只是一個有心人，心在國家，忘記了自己。二十多年以後，麗南已經兒女成群，帶著孩子，從香港來台北看視胡將軍。他和胡夫人說：「我們的女兒快來了，一定要好好的招待她。」後來他在陸軍聯誼社宴客，席間對麗南家事殷殷垂詢，真是親若家人。他是一位有人情味，重感情，從平凡中表現出偉大的將軍。

我所認識的胡宗南將軍並不完全是沉默寡言的。他有時會議論風生豪氣干雲。每當國家發生變故的時候，胡將軍總是以朋友的關係約我不遠千里的和他去商談。一二八滬戰發生以後，我在南京中央大學教書，忽然接到他從鄭州發來的電報要我即日到鄭州去。我到鄭州以後，他告訴我已經向中央請纓赴滬殺賊，要我隨軍出發。當時我真興奮到了極點。但是在鄭州等了幾天滬戰便停止了。他在百無聊賴之中約我去遊黃河。我們在晨光微曦中到達了黃河渡口。他離開了隨從和我單獨的由他自己撐了一艘船順著黃河的濁水流下去。我們天南地北的閒談。他問我對中國歷史的看法。我說：

「萬里長城象徵著中國是一個只守不攻，愛好和平的民族，雖能英勇的抵抗外侮，但本身卻是一盤散沙！」

他接著說：

「就像黃河裏面的散沙，有時也會被濁水團成一片，但是利盡則離，水乾了仍然是一盤散沙！」

我說：

「正因為如此，中國的歷史，也就像黃河一樣，怒潮澎湃永遠不得澄清！」

這時胡將軍忽然用力將篙撐入濁流的中豪氣干雲的說：「要挽狂瀾就必須要有中流砥柱！」呵！我是如何的永遠不會忘記這一段對話啊：宗南兄，你曾經發宏願，挽狂瀾，做過中流的砥柱！正如你所說的「大丈夫俯仰不愧，何必求人諒解！」我不是在訴說你的生平，或是辨白那些是非功過。我只是要寫出我那近乎悲憤的哀思而已。

西安事變的時候，我在湖南服務。消息傳到長沙以後，我兼程趕到南京去看戴雨農將軍。我請戴將軍設法要到胡將軍的軍中去，但是因為當時的交通已經斷絕無法成行。我在南京住了一個星期又匆匆回到長沙。當全國歡慶領袖還京之日，胡將軍也回到南京。他當時有一封信給我追述當日的情形。因為我賦性疏狂不留函稿，沒有把那封信保存下來。不過我當時深受那封信的感動。我還記得他說接到西安事變的消息作了一番緊急處置以後，便一個人跑到附近的小山上去，靜靜的坐了不知有多久的時候。他追述那時候的情形說「翹首東望，不知涕淚之何從」他那顆孤臣孽子的心，在危急存亡之秋，便充分的表現出來，使人感泣。七七事變的時候，我在河南辦理財政。抗日戰爭開始，我奉命赴西南各省視察財經情況，一直到翌年的春初才回到河南。那時候胡將軍正駐防徐州。我和內子湘翹去訪問他，他送我一部文文山的集子，在那冊書的首頁，用鋼筆寫下張蒼水先生的一首詩來勉勵我。我永遠記著這首詩，那是蒼水先生在殉國以前寫的。

「國亡家破欲何之？西子湖頭有我師。

日月雙懸于氏墓，乾坤半壁岳家祠。
慚將赤手分三席，敢為丹心借一枝。
他日素車東浙路，怒濤豈必盡鴟夷！」

當我和胡將軍在昇平的時候同遊西子湖，曾經訪問過岳王墳、于氏墓、和張蒼水先生的墓道。胡將軍在憑弔這些志士仁人之墓的時候，是那樣的豪氣干雲議論風生，但在國家危急存亡之秋，又拿這些孤臣孽子來勉勵我，是如何的令人感泣。在抗日的期間，胡將軍確曾獨力支持西北的乾坤半壁。他現在齎志以歿，不及親見日月重光，我們後死的同志假如不能鞠躬盡瘁來實現胡將軍的遺志，豈不辜負了胡將軍的一片丹心！

抗戰的第三年，胡將軍奉命經營西北來鞏固西北的半壁河山。他要我辭去當時的職務到他的軍隊中去。我攜著全家跑到西安替他到軍隊中去講學，終日奔走於終南與王曲之間。那時候我沒有任何的名義，只是胡將軍的上賓，全家都受著他的招待。我住在東倉門他的家裏。他自己住在董子祠。兩地相距極近，都在白居易琵琶行詩裏所講的「家在蝦蟆陵下住」的下馬陵附近。這是我與胡將軍最接近的一個時期，差不多朝夕相見。有時候還在月明星稀的夜裏到西安城頭去散步，但是不久我便奉命回重慶工作，一直到三十一年才又重到西安。

我在抗戰的時候，先後擔任過許多艱苦的工作。我能勉強達成任務，可以說是多方的受到胡、戴兩位將軍的支持和鼓勵。我在物資局工作的時候，因為要視察陝西省棉花產銷的情形，同時戴將軍也因為要視察業務，便相約北上，在西安相會。那時候的交通情形很壞，由重慶到西安沒有飛機只能坐汽車，戰時的公路，也不太理想，遇著天雨路滑，真是寸步難行。我和內子湘翹在路上走了三天才於十月十二日到達西安。久別的友情勝過了沿途的辛苦與疲累，我們很愉快的談著別後的情形。雨農將軍是十月十五日到達西安的。我和胡將軍驅車到咸陽去接他，在咸陽古道的夕陽中見到他時，胡將軍是那樣的高興說：「我們是咸陽古道中的歲寒三友」，這是我們三人相敘的最愉快的一次，也是最後的一次。

抗戰勝利以後，戴將軍因為飛機失事殉國了。戴將軍死後，胡將軍的心境感到無可彌補的空虛。幸而他在不久的以後，便有著一個極為美滿的家庭，獲得了精神上的安慰。民國三十五年的冬天，在一個大風雪的深夜裏，胡將軍忽然驅車來訪，說是要約我到一個地方去；我自然知道他要去那裏，便默無一言的跟著他。車到靈谷寺前的時候，便為積雪所阻無法前進。他和我便下車冒著風雪步行到雨農將軍的墓地上，致敬後還徘徊了十幾分鐘。我們兩個人始終沒有講一句話，歸途也默默無言。這是我一生中最難忘記的一個回憶。戴先生生前送給胡將軍一件毛線衣，他穿了二十多年，穿得百孔千瘡。他臨死的時候，仍然把這件毛衣穿在身上，胡夫人告訴我殯儀館裏的人說，從來沒有看見死人穿這樣破爛的衣服。嗚呼，一生一死，交情乃見。在世局如棋，人情似紙的今日，胡將軍在天之靈並不求人瞭解，我更能說些什麼！

民國四十八年我由香港回到台灣在國防研究院任教，第一次和研究員見面的時候，首先走出行列來歡迎我的便是胡宗南將軍。我在香港研究匪情，以共匪實行人民公社必將導致今日的惡果，曾於四十八年寫了長篇文章〈三論人民公社與當前反共的局勢〉預測在最近的將來，大陸必定發生空前的饑荒，到那個時候便是我們反攻大陸最好的機會。當時全力支持我的看法的也是胡宗南將軍。胡將軍慎重的和我說：「我輩對反攻大陸責無旁貸，義不反顧。如其不能，則我輩寧可與草木同腐，亦不願再與人爭一日之短長！」現在反共的時機已如所預期的成熟了，而領導我們反攻大陸的胡將軍已先我輩而逝，真令後死者欲哭無淚。

我來台灣三年，因家屬遠在美國，頗有無家孤寂之感；尤其是在歲暮天寒，益動天涯遊子之情思。胡將軍很瞭解我。每年的舊曆除夕，一定要約我到他家裏度歲。前年如此，去年亦復如此。誰也不會想像到胡宗南將軍會那樣清貧。他一家六口包括下人，每天只有四十元台幣的菜錢。但是當我到他家度歲的時候，他一定要添菜。所謂添菜，也只是燉一隻雞，加上胡夫人所做的拿手的炸魚，一盤年糕和炒肉絲之類。他一定要說，今天招待老朋友過年菜很好。我受著他溫情的感動，也覺得所吃的一切都勝過山珍海味。去歲除夕飯後，我正和他的大女兒為美在玩。他忽然跑過來很溫和的說：「何伯伯的大女兒是我的乾女兒，你也給何伯伯做乾女兒吧！」想不到他說過這句話不到半個月便與世長辭了。我知道胡將軍是不願意死的，他要光復大陸使日月重光。他既不想死，便無所謂「一語成讖」。我輩三十年肝膽道義之交，原如一家人，更無所謂「託孤」。但是事情是如此的巧合，使後死者有說不出的傷感。因為如此，在胡將軍去世後四個月，我不能抑制我自己的情緒來寫點東西追弔他。現在終於寫了：「大丈夫俯仰無愧，何必求人瞭解！」胡將軍，請原諒吧。我不是在訴說你的生平，而只是要說出我近乎悲憤的哀思！

作者為留美經濟學博士，曾任黃埔軍校教官，參與北伐，抗戰前後擔任政府多種工作，亦曾派駐我聯合國代表團，民國四十八年國防研究院成立後回國擔任該院講座。

儒將胡宗南

芮正皋

國防研究院同期受訓

胡宗南將軍是中華民國的名將，在抵抗日本侵華戰爭中，他曾做出過巨大的貢獻。他守衛大西北，牽制了中共部隊，使國民政府能騰出盡可能多的精力來對付日本侵略軍，為中國對日抗戰的勝利立下了汗馬功勞。對於胡將軍的英名，我在上海讀書的時候就已聽說，並十分敬仰了。想不到在數十年後，我有幸和這位大名鼎鼎的沙場名將，一起在一九五八年的國防研究院第一期培訓班同期受訓。

雖然我們同期受訓，一般學員都可互稱「學長」，但胡宗南將軍年齡比我大了許多，並且他功業彪炳，我這個晚輩豈敢僭越，所以，為表示尊敬起見，我稱呼他為「南公」。不過，南公卻是虛懷若谷，從不「倚老賣老」，在與我這個晚輩的交往中，相當客氣、關注與友好。我在國防研究院結業後的第二年（一九六〇年三月），外放到土耳其擔任駐土耳其大使館參事時，南公還親自赴機場送行話別。我抵任後彼此也時有魚雁往來，俱見南公很重視這份學誼。

國防研究院位於台灣台北郊區陽明山（本名草山，蔣總統認為名稱不雅，改名陽明山迄今）；原為革命實踐研究院所在地，專供訓練黨政幹部之用，環境幽雅有庭園之勝。院區宿舍三棟，行政單位辦公室及課室多間，大禮堂一所，為舉行典禮及紀念週或集體教室場所；另有院長蔣介石的專用辦公室。研究院四周環山，園內有花叢、假山點綴其間。院長由蔣總統親自兼任，曾任國民黨中央黨部祕書長和教育部長的張曉峯先生則出任國防研究院主任，教育長為徐培根將軍，副教育長為李曜林立法委員（美國洛杉磯蒙屈里公園市市長李婉若的尊翁）。

主任授課，將軍聽訓

國防研究院第一期的同學共有五十六名。每人有一個學號，以期別和入學報到先後次序排列。第一名是最早報到的張寶樹（前中央黨部祕書長，立法委員），他的學號便是「01001」，前面兩個數字指期別，後面數字則指學員序號。我們每個學員獲得一本「國防研究院第一期同學錄」，內列教職員簡歷及參加學員照片、學號、出生年月日、學經歷等。胡上將的學號為「01020」，但他的學歷欄內，僅列「中央軍校一期及國防大學二期畢業」，而未列「黃埔一期」的學歷，亦可見南公的謙遜個性。我的報名時間也相當早，排名第五，學號是「01005」。國防研究院受訓學員名單，都是由蔣總統（即院長）親自挑選或核定的。國防研究院每年開辦一期，每期歷時八到十個月（第一期歷時八個月），前後舉辦十二期，受訓學員先後共七百多人。

院長很重視國防研究院，每星期一舉行國父紀念週，院長必親自參加主持。由教務處選派一位學員到台上讀訓，就是讀蔣總統發表過的談話或訓詞。他則坐在旁邊，拿著自己的訓詞，隨著讀訓學員宣讀的快慢，一字一頁的聆聽翻閱。陽明山秋冬氣候溼冷，他老人家便像在家裡一樣，戴了一頂羊毛線打的黑色便帽禦寒。有時學員唸錯了字，他還會加以糾正。我曾不只一次地被指派在紀念週讀訓，由於我是上海人，國語不夠標準，所以我在事先都作了充分準備，逐字逐句地練習，尤其注意四聲的正確發音，總算沒有出過錯。

張曉峯主任是南公相識三十餘年的老友，南公參加受訓，兩人的「老友關係」一下子變成了「師生關係」。但是南公卻能放下架子，適應「學生」身分用功聽課，這也可謂「大丈夫能屈能伸」了。逢到張主任上課時，南公還格外用功。當然，張曉峯也的確不同凡響，很有教學才能，故確能令包括南公在內的全體學員都心悅誠服。

有一天，張主任向我們講解「仰天自樂，畏天自修，事天自強，知天自足」的大道理。我見坐在我前排的南公聽得津津有味，不時還輕微頷首，表示欣賞和贊同，一面埋頭認真地作筆記。後來才知道他回家後還把聽課筆記交給他的夫人葉蘋（葉霞翟）博士整理參考，可見他的用功程度。

另一次，張主任對我們講解「領袖（蔣總統）的革命經驗」，也非常精彩，分析得有條有理。詳細內容我記不太清了，因為我偷懶，不作筆記。幸虧南公這位「好學生」的筆記，今天才能借助其妻葉蘋女士所著的《天地悠悠》一書，再溫舊時的「學生生涯」。南公雖已逝世將近五十年，但是由於他的好學和認真，使得今天的世人仍能重見當年張主任的授課片段，真是令我感慨不已。在此，謹將經由南公夫人整理的，當年國防研究院的講課內容摘要抄錄如下：

「張主任解釋領袖的革命精神為大無畏精神，並把它從消極和積極兩方面加以說明。他認為消極方面是：『不悲觀、不失望、不灰心、不動搖、不煩悶、不躁急、不苟安、不妥協、不懈怠、不退縮、不間斷、不推諉、不求近計、不急近功、不投機取巧、不依賴僥倖、不屈不撓、堅韌不拔。』張主任又認為消極方面還包括『逆來順受』的道理，就是：『能忍耐方能持久、能持久方能成功，要知橫逆與憂患之來，正是增進德業智慧的機會。』而在積極方面，張主任認為是：『自愛、自重、自反、自立、自助、自勵、自信、自榮、自強不息。』以及『堅毅、堅忍、堅定站穩，和奮發、奮勉、奮鬥到底』。做事『只問耕耘，不問收穫，只有是非，絕無利害，要忠誠負責，樂觀進取，既不可有成見，又不可無定見，要居之無倦，行之有恆，正如總統所說的無畏由於無私，無私由於無我，既已獻身革命，則為國犧牲在所不顧，一息尚存，此志不渝。』南兄認為他這段話非常精彩，每句都是至理名言。一個人能做到這些也就足夠了。」

以上這段話是摘自南公夫人葉女士所著《天地悠悠》一書。其實，南公是一個「完美主義者」，他的一生就是朝「完人」的目標去做。

國防研究院第一期的全體學員都以能與南公一起參加受訓為榮。南公有身經百戰的功業，並且年齒最長，故我們一致推舉他為本期的學員長，稱他「龍頭」。但是，南公哈哈大笑地說道：「我是帶兵的，你們都是將領，我何以敢當？」其實，南公非但會「帶兵」，更擅長「將將」。但他辦事踏實，不尚虛名，故不願當這「學員長」。於是，他託辭說，上峰特許他不住校，故無法全方位照顧大家，請大家原諒。後來我們遂推舉甘肅籍的陸軍中將李樹正為我們的隊長。

談天說地，擺「龍門陣」

國防研究院的課程與作息時間排得相當緊湊，但並不十分緊張。早起早睡，餐膳伙食並不精緻，但很衛生可口。白天上課，晚上自修。每天晚飯後與自修前有一段時間休息，同學們遂利用這段時間聚在一起，三五成群談天說笑。天氣晴好時，往往在陽明山莊的一角，假山石畔、柳樹蔭下擺起「龍門陣」。大家自由交談，或者輪流講些笑話、故事。於是，我和一代名將南公就有了較多的接觸交流機會。

我們省籍相同，都是浙江人。當他獲知我祖籍吳興（今屬湖州）時，他很高興地告訴我說，他對吳興很熟悉。我這才知道，南公是湖州公立吳興中學畢業的高材生。這是浙江著名的中學，擁有一流的老師，學校的畢業生中人才輩出，難怪南公的國學特別有造詣。他對湖州的事情遠比我知道得多，因為我出生在上海，吳興是我的祖籍地，我只是年幼時跟隨家長們去過幾次，祭祖上墳而已。

國防研究院的蔣介石院長和張曉峯主任顧念南公數十年在各地作戰，和家人聚少離多，尤其子女年齡尚幼，特許他不須住校，可以每天回家住宿與家人團聚。

可是南公總是喜歡和同學們一起共餐，好在晚餐時間很早，大家吃飯又很「軍事化」，速度相當快，花不了多少時間便吃完飯，南公就和大家一起聊天共擺「龍門陣」。南公是一位很好的聽眾，是捧場的常客，總是笑嘻嘻地傾聽，很少講話。有時候，他也摸出記事本，像上課那樣用功地作筆記。他懂得幽默，欣賞幽默，遇到很好笑的故事或笑話，他總是雙手熱烈鼓掌，爽朗地哈哈大笑，使講故事或笑話的人頗受鼓舞。我就曾在這樣的鼓勵下，作過多次「貢獻」，講過好幾個故事和笑話。後來，有幾位有才華的同學居然把講過的故事和笑話編輯成書，限量出版，題為「龍門集」。此書的印數不到一百冊，每個學員人手一冊，其餘的就選送幾位講師。這本《龍門集》現在早已絕版了，但我還珍藏著一冊，恐怕是近乎「孤本」了。

後來，羅機學長（前國防部常務次長）的哲嗣羅啟，在任職中華航空公司公關主任的期間，我與他還計畫添加新資料，重編增訂出版《龍門集》新版本。但是因為人事更迭，終於未能如願，不無遺憾。

南公是「龍門陣」的忠誠聽眾和熱烈的捧場者，另外一位常客則是連震東（國民黨榮譽主席連戰的尊翁）。他們兩位學長都會大笑，而且都是爽朗大笑，但笑法各異。他們不同風格的爽朗笑聲此起彼落，倒是「龍門陣」最好的「陪襯音樂」或「鑼鼓聲」，大大地增加了「龍門陣」的熱烈氣氛。在大部分時間裡，他們兩位僅是聽眾，只聽不講。但我記得有一天，南公卻破例講了一個非常精彩，發人深省的故事，很是難得。他首先問大家，《論語》裡有幾個「此」字，即「豈有此理」的「此」字。他見大家一時答不上來，就故作神祕狀，笑嘻嘻地說道：「讓我講個故事，來解答這個問題吧。」下面就是南公講的故事：

相傳乾隆有一天穿著便裝出遊，漫步到一個斷巷，巷內有一座大宅第，見一小男童正在門前遊戲，大約七、八歲，衣履整潔，眉目清秀。乾隆見其活潑可愛，遂手撫他頭，問道：「你這麼大還不在家做功課讀書，卻在這裡嬉戲？」小孩答道：「讀書了，今天老師放假。」乾隆說：「既讀書了，那一定識字，那我來試問一下，看你識不識。」遂指牆上「此路不通」四字問他，先指「通」字，孩子答道：「通，『天下之通喪也』之『通』字。」次問「不」字，男童說：「『不亦樂乎』的『不』字。」再指「路」字，小孩答道：「路，『子路不悅』之『路』字。」最後指「此」字，小孩回說：「不識，書上沒有的。」乾隆覺得奇怪，問他讀的什麼書，孩子說：「《論語》」乾隆又問：「《論語》？已讀完了嗎？」答稱：「剛讀完。」乾隆馬上回宮，拿出《論語》來全部前後翻檢，果然沒有「此」字。遂召集南書房眾多學士問他們：「你們想必熟讀《論語》，可知道全部《論語》共有多少『此』字？」大家倉皇雜陳，各言若干若干。乾隆笑曰：「你們自命博學，實則還不如一個孩童，著各罰俸三個月。」云云。

南公講完這個故事自己先哈哈大笑，頗有自得其樂的樣子，引得大家也跟著哄然大笑。大家帶著半信半疑的態度，自問難道全部《論語》真的沒有「此」字？還是南公精心編造的故事？由於南公國學精湛博學多才，說不定就是南公編造的故事呢。

胡宗南其品德有口皆碑

南公對抗日戰爭的貢獻是有口皆碑的。國共內戰期間，雙方彼此攻擊互有勝負，胡宗南將軍的部隊在一九四七年曾攻占中共的核心根據地「延安」。但是，國共內戰的末期，國民政府軍隊屢屢失利，共軍部隊攻占了大陸的大部分地區。南公所率領的部隊一度陷入極為不利的情勢，他的戰略看法又未獲層峰同意。那時候，蔣總統重慶來電，再三命令南公的第一軍開往重慶。南公認為領袖身處危境，勤王之師義無反顧，遂不顧戰略所忌，毅然率第一軍千里徒步應援，在南溫泉、白市驛、江津等地浴血奮戰三晝夜。後來重慶失守，南公又護衛蔣總統輾轉到成都。南公陪同蔣總統住宿軍校，每天密商繼續應戰之策。蔣總統日記中有一段話，對南公讚揚有加：「在如此危難時刻，宗南毫無頹唐之色，真將領中之麟角也。」

一九六二年二月十四日，南公因心臟病去世，蔣總統當天就在「國軍幹部會議」上，對參加會議的高級將領，用極沉痛的語氣說：「胡宗南同志已經在今天去世了。他是本黨一個忠貞自勵、尚氣節、負責任、能打仗、不避勞苦、不計毀譽的革命軍人模範。在大陸淪陷前後與在大陳調職時候，均曾寫信給我，說至今還沒有求得一個死所，其意若不勝遺憾者，實在令人追思不止！但他的死已附於正氣之列，自不失為正命，亦可瞑目於地下了。」蔣總統輓詞裡提到「正氣」，使我想起明末史可法的一副膾炙人口的對聯，上聯是「養天地正氣」，下聯是「法古今完人」。應該說，蔣總統很瞭解南公一生追求「完人」的願望，對他的評價很是確切。

時任國防會議副祕書長的蔣經國也曾親筆撰寫「痛失知己」四字作輓。他並推崇胡宗南將軍一生任勞任怨，絕對服從，臨危授命的美德，是為革命軍人的模範。多年之後，南公哲嗣胡為真世兄出國前向蔣經國辭行，請他訓誨時，他感慨地說：「你父親是我最好的朋友！」

痛失知己

蔣經國挽

時已九十多歲的何應欽上將訪問南非時，也一再向當時正在南非服務的南公長子胡為真誠懇地強調：「你父親是我最喜歡的學生。」

在南公坐鎮西安時期，國際人士也同聲讚美南公的貢獻。一九四二年十月七日，美國副總統華萊士到西北訪問後，在他環遊世界所發表的〈世界一家〉一文中說：「沒想到中國西北一隅，竟發現了一個規模那麼大、人才那麼多的訓練基地，它的司令官胡主任，又是那麼有才能、有抱負的將領。」

有一位美國記者，在訪問西北後發表的一篇報導中說道：「中國的西北是『人才的倉庫』，支援西北、華北各戰場基地和幹部的『儲備所』，是拱衛國民政府陪都重慶的主要門戶。如西北有失，則大局將不保。幸而西北有一位超人的智慧和鐵一般意志的胡將軍。八年抗戰，日寇始終未敢越過潼關一步。」

南公三十餘年的老友，國防研究院主任張曉峯，也稱道南公的為人：南公雖然曾經率領千軍萬馬，卻又具有閒雲野鶴之風；他國學根底深厚，仍以出身師範的寒士自居，所談多半是史學、教育，真是儒將風度。他不多講話，但常做會心的微笑，真可謂「吉人之辭寡」。有關南公的軍事貢獻，張主任說道，抗日戰爭開始後，南公率領軍隊增援淞滬，死守六週，屢挫日軍的步、砲、海、空聯合攻擊，使世界人士對我國軍隊刮目相看。而他在軍事上所負的責任，也一天天加重，由軍團長而至集團軍總司令，再至第一戰區司令長官。他當時的主要任務是鎮守關中確保潼關。八年之間，日軍不敢以一兵一卒渡過黃河，關中盆地安然無恙。保衛陝西即所以保四川，他的功績之大，昭昭在人耳目。

一級上將，黃埔軍校三期的劉安祺將軍說，他在當學生的時候就很欽佩胡宗南將軍，後來曾有七年的時間追隨胡上將。他認為胡將軍是「領袖最忠實的信徒，主義最忠貞的鬥士，標準的革命軍人，一生無私無我」。他在鄭州附近醫院療傷時，胡將軍曾三次去探病，使他深為感動。

前警政署署長孔令晟將軍也稱道胡將軍，是中國傳統精神典型的軍人，孔將軍說他曾在西北軍官訓練班聽過胡將軍的講話，主講「今日的戰士」，反覆闡釋他的軍事哲學思想，歸結於「生於理智，長於戰鬥，成於艱苦，終於道義」，以建立革命軍人的人生觀。這場演講使他獲益良多，印象深刻。

其他不少將領也對胡將軍衷心欽敬，頗多讚譽之詞。如前中央軍校七分校第十五期的陸軍中將退役的周樂軍說，七分校主任胡將軍非常愛護學生。有一次，胡主任指揮河南信陽保衛戰獲得勝利後，連臉都沒洗，鬍子也沒刮，便直接趕到七分校去看學生，使學生們大為感動。

又如黃埔三期，中將退役的吳允周說，胡將軍在台灣沒有為自己置產買房子，卻為部屬置屋，以使他們生居安定。他曾爭取了一筆經費，為三十四集團軍來台的軍官眷屬在一江街附近購置一批房屋，分配給他們居住，使軍官們無後顧之憂，而胡將軍自己住的宿舍，只有幾張破舊的桌椅，但胡將軍夫婦都安然自得。黃埔八期的周士瀛說，胡將軍治軍甚嚴，不聽小人之言，軍官升遷憑戰功，廉潔公正。

名報人余紀忠也說：「以胡上將所受的知遇，他的地位功勳，至少可以無生活後顧之憂；但是，他由排連長升到司令長官，一生廉潔，除一襲軍衣外，終身不治恆產。來台後生活刻苦，以致身後蕭條之情景，絕非外人所能想像的。」又說：「綜其一生，不遷怒，不諉過，不妄殺一人，絕不談政治是非，更不輕易批評時人……他以司令長官之尊，來台後能無聲無息地在大陳，在澎湖，埋頭苦幹，從無一言表達其遭遇感受，也從無請辭請調的任何表示，放眼當前，能有幾人！」

以上僅舉數例，不足以表達「有口皆碑」的實際情況於萬一。此外，有一件事也值得一提，因為它反映出，不獨軍人，即使普通民眾也對南公十分信任，讚賞南公的大公無私品格。

大陸失守誰負敗退責任？

一九四九年，南公的部隊從西安撤退到漢中。當時，國共和談破裂，共軍已渡過長江，國軍節節敗退，局勢相當危急。南公考慮到，應該為他麾下的將領們在台灣購置房舍，以安定軍心，免除他們的後顧之憂。孰料，時兼監察委員的陝西省議會副議長李夢彪希望比照南公部屬將領，也配領一棟房子。南公的幕僚人員則告訴他，房舍係供將領居住，而他的身分不能有此享受。李夢彪惱怒之下，便向監察院提出彈劾案，以丟失大陸為由，彈劾胡宗南將軍。但是，南公不替自己辯解，他非但不置一詞，且不准部下仗義辯解，也不同意第三者挺身為他在報章雜誌寫文章說公道話。南公婉拒他們的好意，表示他只求仰不愧於天，俯不怍於人，對任何誹謗或責備他既不生氣也不介懷。

彈劾案由行政院發交國防部審辦。當時立法委員有江一平、張鴻烈、劉真、許紹棣等一〇八人，聯名上書總統及行政院院長，請為國家愛惜人才免於議處。同時國防部軍法處傳訊胡宗南部在台的將領，以及陝西、甘肅等地有關仕紳，證明李夢彪彈劾案所提各節，均與事實不符，遂予不起訴處分。其後，公務員懲戒委員會也經調查後申覆，胡將軍於一九四九年由西安撤退至西昌歷經戰鬥，並未有措置乖方的情事，應免議處。另外考試委員查良釗及好幾位監察委員也明白了事實真相，認為李夢彪並不代表多數監察委員的意見，不應該提出彈劾案。

這時，蔣總統也出面表達看法，說道：「當時如果沒有胡某人，我們怎麼從大陸出來？如果沒有胡某人，我怎麼出來？政府怎麼出來？你們又怎麼出來？」於是，這個彈劾案就不再有人提起。

事後，蔣經國在他所著《風雨中的寧靜》一書中也提到：「這時，胡將軍部隊已翻越秦嶺，徒步長途跋涉，在六百公里和共軍對峙之正面轉進，到達距離一千公里外的目的地，全程竟能於短短十五天內迅速完成調動任務，實在是戰爭失敗中的一大奇蹟。」對南公當年如何臨危授命而完成職責大加讚賞。

事實上，有一位曾短期參與整編江浙游擊總部臨時指揮部，後來在「實踐學社」服務的將領姜漢卿，對於南公這段被人誣指為「應負失去大陸責任」的誹謗，曾有較為客觀和平實的評述。在他的「追述」中，他引述當時在南粵地區與共軍作戰略性作戰的劉安祺將軍的話：「失敗得轟轟烈烈，即是奠定另一局勢更成功的最大助力。」

姜漢卿說：「胡將軍身經百戰，衝鋒陷陣無堅不摧，奈何最後轉戰川康，千里奔馳，無從發揮戰力的運用。當時各地戰場失利，士缺鬥志，兵敗如山倒，但胡將軍最後仍能步步誘共軍西進而楔入西康，不然又將如何爭取時間，以鞏固台澎基地，進而博得後來古寧頭之勝利。」姜漢卿又說：「當時如果沒有胡將軍步步誘共軍的主力西進，如將部隊主力集中直攻台、澎，我們又將如何防守，而使中興基地能屹立而安全無恙！」

依據姜漢卿的描述，胡宗南將軍部隊開入四川的時候，正值劉安祺將軍帶著疲憊之師，和中共部隊在南粵地區展開「捉迷藏」式戰爭的時刻。當時，劉安祺將軍本來和胡璉將軍兵團相約協同作戰，但是，廈門棄守的時候，胡璉兵團忽然臨時爽約，依奉密令直趨金門。十八軍軍長高魁元將軍則親率精兵，馳赴古寧頭，一舉圍殲進犯的共軍，獲取勝果。準此觀之，蔣總統在此危急之際，憑其睿智放棄廈門，引誘共軍入侵金門；另一方面則運用內線運輸兵力的便捷，調度汕頭方面的防守兵力，先一步趕到金門參加會戰，乃是決定勝機的關鍵。

回憶當時國軍散布於大陸各地的兵力，幾乎全部被共軍阻留，戍守金門的不過一團的兵力。因此中共才敢大膽以一個師的兵力，從廈門緊躡而來，滿以為攻占金門，將一如攻克平潭島，可以唾手而得。此一考慮不出蔣介石總統所料，所以胡璉兵團臨時逸出戰地，不但瞞過了共軍耳目，竟然也瞞過了友軍劉安祺將軍部隊，極盡虛實變化之能事。那時，中共部隊每戰必捷，平潭島、廈門都輕易獲勝，故以為金門彈丸之地也如囊中之物。豈知最終大出意外，敗於國軍之手。

繼古寧頭的勝仗，續有登步島的捷報，使得國民黨在海南島與舟山島方面孤懸之師，得以安全撤回，鞏固了台、澎基地。因此，由於共軍進攻金門主將葉飛等的誤算與輕敵，古寧頭這一仗，便決定了兩岸分裂的命運。從此海峽兩岸互不來往各自為政，發展成分裂的局面，迄今六十餘年。

綜觀全局，可以說，由於胡宗南兵團在川、康地帶的徘徊活動，使得共軍誤以為國軍已無餘兵可馳援金門，以及國民黨中樞有意經營西陲根據地，從而牽制了林彪主力部隊，使之追躡而進。這也證明蔣總統對南公的倚重程度是多麼的大，幾乎使得整個黨國的生死存亡都取決於南公。事後，南公部隊陸續來台的中堅幹部都被優先錄用，另外指派南公化名「秦東昌」，主持大陳島組織海上游擊部隊。後來，又派南公坐鎮澎湖，屏障台灣。南公對黨國的貢獻至偉至巨，由此可見一斑。

獨創一格的「戰鬥哲學」

若要瞭解南公能使將士們個個為他效命的原因，就得先瞭解他的「戰鬥哲學」。南公的國學基礎深厚思想周密，擅長演繹精於分析，無論講話或寫作，總是有條不紊，條理分明。他在長期的戎馬生涯中形成了一套獨特的「戰鬥哲學」，使之能夠統御大軍，深得軍心，將士個個服膺，人人忠貞不二，願意為國犧牲。戰爭期間，在他的麾下，殺身成仁、捨生就義者就有好幾個。高級將領中，有第二兵團司令官，綽號「邱瘋子」的邱清泉將軍（曾任王曲第七分校副主任）、第五兵團司令官胡長青將軍（曾任入伍生團長、總隊長）等，他們都是壯烈犧牲的英雄。

南公有一篇訓詞，名為「今日的戰士」，也就是孔令晟將軍經常提起的，對之印象深刻，讀來鏗鏘有力的南公治軍文宣。現在把南公的這篇「今日的戰士」文宣要點摘錄如下，以饗讀者：

- 現代軍人必須以主義作靈魂，以領袖作燈塔，而為民眾的武力。
- 日行百餘里，背負三十斤，打水要茶，一切自己來。
- 精神生活向上流，以最忠實、最勇敢、最熱情、最廉潔的表現、永遠做榜樣給人家看，永遠以自己的模範，來影響群眾，領導群眾。
- 人格重於生命，生命可以犧牲，人格不可犧牲。
- 虛名可以讓人，財物可以讓人，只有當仁不讓，見義不讓。
- 什麼都可以滿足，知識不可滿足……知識不如人，才是羞恥。
- 總理遺教、領袖訓示，是我們生活的規範；行動的南針；生命的源泉。
- 工作精到、敏捷、積極、專一為主。
- 沒有錢，也能辦事，這就是革命精神。
- 每一個幹部都須養成作大人，無名為大；幹大事，下屬為大；成大勇，無我為大的工作精神。
- 像金人一樣三緘其口，不叫苦、不吹噓、不發牢騷。
- 我們的生活行動，必須自重自愛，處處靠人家監督鞭策，這是奴隸的心裡，絕不是革命的戰士。
- 死字頂在頭上，成功握在手裡。受命不辱，輕傷不退，被圍不驚，撤退不亂。
- 今日的戰士，生於理智，長於戰鬥，成於艱苦，終於道義。擇善固執，貫徹始終，理智也。篤信死守，不計成敗利鈍，道義也。
- 今日的戰士！永遠要抓緊現實，站穩腳跟；與天爭，與物爭，與艱苦爭，與錯誤爭，與強權暴力爭。以熱心推動時代，以心火點燃文明。

‧今日的戰士，不是群眾的乞丐，不是時代的跟班，不是功名利祿的俘虜，不是風花雪月的奴才，不是咬文嚼字的紳士，不是養尊處優的懶漢，不是狼心狗肺的叛徒。

以上也可以說是南公自己身體力行，一生遵奉的守則，也是他在主持中央軍校王曲第七分校時對學生，在作戰時對將士的勉勵之語。

南公的訓詞可以說是：簡潔、精湛、有力、深入淺出，使人容易記住，而且琅琅上口；使聽者精神為之鼓舞，能深印腦海，自然而然建立起一個革命軍人的人生觀了。

由於南公不時作精神講話，耳提面命、循循善誘、諄諄教導，反覆闡釋他的軍事哲學思想；他的學生、他的部隊遂也受其薰陶，從而成為一支精銳的部隊了。另外，由於他的國學造詣很高，而且思路非常清楚，他的「戰鬥人生觀」便非常合乎邏輯條理分明，講來頭頭是道娓娓動聽了。

南公說道：

「宇宙是一個大戰場，人類是戰爭的主角，在戰場中生活，在戰場中發展。好山脈、好河流，都是戰爭的佈景；好身手、好學問，都是戰爭的技術；一切計畫，都是戰爭的劇本；一切訓練，都是戰爭的排演；一切行動，都是戰爭的演出。世界既然是戰爭的舞台，人類不能離開世界，就不能離開戰爭。要想做戰爭中的主人，就要做一個堅強的戰士。一切思想、生活、精神、技術，都必須與戰鬥相結合，戰鬥的思想，戰鬥的生活，戰鬥的精神。……惟戰鬥才能做勝利的事，惟戰士才能做勝利的人。」

南公這幾句看似簡單的話，卻把「起、承、轉、合」的章法與精神全部納入，而且運用了西方的演繹、邏輯方法。這代表了南公的才華和智慧，以及南公的革命戰士本色，真不愧是一代儒將。

南公進一步闡釋他的戰鬥哲學：「人生是戰鬥的，是積極的，是快樂的；故只許流血，不許流淚；只許大笑，不許大哭。」

他又說：

「戰鬥的思想是主義的產兒，是責任的母胎。主義領導思想，思想推動責任，責任推動戰鬥。」

「戰鬥的紀律是道義的信條，是無形的規範。要自覺，要自動，要自治，要自重，要自信。」

「戰鬥的技術是血汗的結晶，是經驗的累積，以戰鬥鍛鍊技術，以技術加強戰鬥。」

「戰鬥的精神是主義光輝，是人格的表現。用戰鬥磨練精神，用精神完成戰鬥。」

有關「戰鬥的精神」，胡將軍更有精闢的發揮，他說：

戰鬥的精神就是道義精神：

1.不貪名利，不圖享受，澹泊明志，寧靜致遠。

2.摩頂放踵，冒險犯難，捨己救人，捨身衛道。

3.不背國家，不出賣伙伴，患難相扶，生死與共。

戰鬥的精神就是磅礴精神：

1.像山嶽一樣的崇高，蓬蓬勃勃，頂天立地，出類拔萃。

2.像雷霆一樣的威武，有聲有色，威撼人類，震驚萬物。

3.像江湖一樣的澎湃，不停止，不休息，乘風破浪，勇往直前。

4.像日月一樣的光明，沒有隱瞞，沒有汙點，光明永在，浩氣長存。

戰鬥的精神就是犧牲精神：

1. 無名為大，爭責任不爭權威。
2. 無我為大，爭道義不爭利害。
3. 下屬為大，爭貢獻不爭晉級。

南公的「戰鬥哲學」與「戰鬥精神」，絕對不是舞文弄墨的文字遊戲，或者是紙上談兵，而是他自己身體力行的行為準則。所以，南公確是做到了「言傳身教」，故具有無比的精神感召力，使聽過他訓誨的學生和部下無不心悅誠服。

大將軍，二三事

良緣好事多磨。

因杭州警官學校戴笠將軍的介紹，南公與葉蘋（葉霞翟）女士在一九三七年相識並訂婚，但是由於抗日戰爭的爆發，南公認為「匈奴未滅，何以為家」，遂請求推遲婚事。葉女士也深明大義，她利用婚前的時間到美國深造，先後獲得威斯康辛大學碩士、博士學位，後來返國任教。一九四七年五月，抗戰勝利後兩年，她接到南公的「五字電報：請即飛西安」。隨即匆匆啟程，趕到西安，在戰地烽火中，毫不鋪張地舉行婚禮，完成了終身大事。南公伉儷，始終互信互賴，熬過了漫長的十年時光，實現了南公「完美主義」的第一張藍圖，邁向真善美的佳境。此事當時傳為佳話，他們的長子胡為真，便是在那年年底出世。

勉子作「大丈夫」。

抗戰時期，南公坐鎮西安。有一位陝西儒者送他一副對聯：「大將威如山鎮重，先生道與日光明。」南公看後說：「大將何足道者，道與日光明才是重要。」可見南公所追求的人生目標層次更高，他是朝「完人」的崇高目標邁進的。看他對四位子女的命名，就可見出他的意向，他是追求真、善、美的人生，要達到「道」與太陽一樣光明，不獨自己身體力行，還希望和他的子女一起實現它的人生觀。所以他的四個子女的名字叫胡為真、胡為善、胡為美和胡為明，也就不足為奇了。也無怪乎，他澎湖任滿調回台北後，就對年僅十歲的長子胡為真耳提面命，勉勵他將來要作「大丈夫」了。年幼的胡為真問他什麼是「大丈夫」？父親解釋道：「真正能對人們有貢獻的人就是大丈夫。」這讓年僅十歲的胡為真就立志要做一個對人類有貢獻的人了。

廉潔樸素拒贈冰箱。

南公一生簡樸廉潔，軍旅數十年，生活非常簡單，不勞民力，不借民房，當了司令長官也不改本色，從澎湖調返台灣時，亦然如此。台灣夏天酷熱，但是在二十世紀五〇年代，一般家庭中是沒有冰箱的，南公雖然身任高級長官，家中卻也沒有冰箱。南公的孩子們經常到南公的辦公室主任程叔叔家裡，吃他們存放在冰箱裡的西瓜，算是一大享受。有一天，新任的陸軍總司令羅列將軍（曾任南公參謀長）差人送來一台舊冰箱，孩子們大為高興。但是，南公回家見有冰箱後，問明冰箱的來路，卻厲聲地喝道：「不可以！給退回去！」經過部屬的苦苦勸阻，才勉強接受下來。

出口成「詩」。

南公國學精湛，軍中文宣獨創一格，出口成章琅琅上口。但他也能出口成「詩」。南公有一首表達真情，寫給葉女士的寄懷詩，讀來令人感動：

「八年歲月艱難甚，錦繡韶華寂寞思。猶見天下奇女子，相逢依舊未婚時。
縱無健翮飛雲漢，常有柔情越太華。我亦思君情不勝，為君居處尚無家。」

但他的打油詩卻又是另一風格，輕鬆幽默：他的長子胡為真十三歲時穿了一件破汗衫，被南公發現，南公即景口吟一首打油詩：「行年一十三，常穿破布衫，縫補又縫補，難看真難看。」但他自己卻把戴笠將軍多年前送他，已經七穿八洞的毛背心一直穿在身上，直到他一九六二年二月十四日去世，連醫生都慨嘆不已。南公笑他兒子穿破汗衫是基於帶兵時要求軍隊儀容整潔的觀點；自己穿破毛衣，則是懷念故人，其精神與品格都令人敬佩。

「三分之一」開花結果

南公做善事，從來不故意宣揚，因此，有些善事從不為人所知，有些善事則數十年後始為世人所知。例如，有一件事，是他的兒子胡為真在父親逝世三十年後才發現的。

有一年，胡為真帶了家人去澎湖，瞻仰父親過去擔任防衛司令官的故居。當時，有一位專為歷任防衛司令官服務，業已退休的劉姓老士官長向他談及了南公生前高風亮節的故事，說道：「胡司令官生前生活很簡樸清苦，但是每月發餉時，卻還要求我把他的薪餉分成平均的三份。一份留在司令長官部做辦公開支，一份寄給台灣胡夫人作為家用，第三份則是資助長官部的兩位部屬，作為他們的津貼，因為他們各有子女八九人，經濟拮据。」

胡為真聽了暗自吃驚，將信將疑。回到台北後，在劉士官長的協助下，找到了業已退居在南部多年，當年受惠的當事人某老先生，證明確有其事，並非出自劉士官長的杜撰。

為真兄這才知道，當年，父親寧可自己家庭生活艱苦，也要儘量幫助比他們更艱苦的部屬，其品格之高尚實為罕見。當時，他們兄弟姊妹四人，年齒都尚幼小，母親為了照顧他們，無法外出工作，所以家庭的經濟很是緊張。她為了增加收入，就撰寫一些散文，希望賺點稿費貼補家用，在被退稿數次後始獲刊登。當母親拿到第一筆稿費後，全家喜形於色，孩子們也享受到了額外的美味菜肴。嗣後，作為留美博士的母親繼續寫作，賺取稿費，幫助父親贍養子女。不過，她最終也因此成為享有盛名的散文作家了。

一九九九年，胡為真應邀赴美國哈佛大學作學術訪問，曾與美國國會友人及企業界人士聚餐，席間談及「無私」美德的重要。為真兄便講述了南公當年把薪餉分成三份的故事，他們聽了都很感動。後來，他們再度見面時，第一句話便說：「『三分之一』！我們永遠忘不了你父親的『三分之一』！」

南公為了照顧他的部屬及辦公室的開支，竟然只用三分之一的薪俸作為家用，致使自己的家庭雖然享有崇高的社會地位，卻過著清苦的物質生活。但是，他的子女們卻因這樣的「清苦」而茁壯成長，成為傑出人才。

《三字經》云：「人遺子，金滿籯，我教子，惟一經。」南公留給其後人的遺產，便是「清白傳家」四個字。俗語說：「吃得苦中苦，方為人上人。」在清苦中長大的胡為真，今日已成為一位出類拔萃的人物，曾任國家安全會議秘書長，這是一個很重要的政府職位。胡為真之前的歷任國家安全會議秘書長，除蘇永昕（蘇起）是學者從政外，其他都是曾當過外交部長的前輩，如黃少谷、沈昌煥、丁懋時等。胡為真雖未當過外交部長，但他曾擔任沈昌煥的機要祕書，國家安全局副局長，德國、新加坡特派代表等重要職務，他已具備擔任外交部長的才華和資格。他為人穩重，處事謹慎、思慮周密，虛懷若谷、博學多才，是個典型的外交官。

南公故世的時候，長公子胡為真年齡僅十四歲，但已很懂事，驟遭大故，他的悲痛心情可以想見。他不因年齡幼小而少不更事，反而志向遠大，發憤圖強。他經常在他父親遺像前「肅立默禱、深思，向他立志，向他保證……」[1]而愴然淚下。他數十年來，始終不忘父親的遺訓和自己的誓言。他被高峰賞識和倚重，出任政府要職，也可以說是他數十年來德業積聚所致，可謂實至名歸。

值茲國際情勢瞬息萬變的時代，兩岸和平合作發展的前景看好，海峽兩岸退役將領四十餘人四年前（二〇一〇年五月），首次一起登上三九二級台階，共同拜謁南京中山陵，並聲稱過去僅是「兩兄弟吵了一架」。此情此景發人深省。我相信，胡為真世兄將會適時地發揮他的長才，實現他父親生前所期盼，以及他自我期許要做一個「對人們有貢獻的大丈夫」的志願，這將使南公不獨含笑於泉下，並且還將放聲大笑了。

作者國防研究院第一期畢業，為我國外交界耆宿，國際法及國際政治學專家，曾為我國在聯合國席位之保存及對外工作之拓展，厥功甚偉，對當前兩岸關係及中國前途尤有深入研究及獨到看法。另著有《外交生涯縱橫談——芮正皋回憶錄》等書。本文原載於三民書局出版，芮正皋著《劫後餘生——外交官漫談結緣人生》一書。

追懷一位典型的革命人物

唐縱

（民國五十二年撰）

史家月旦人物，多不在其生前，而在其死後，所謂蓋棺論定，尤其是一個超群軼倫，與當代歷史有關係之人物為然。

本黨中央評議委員胡宗南先生，自獻身革命以來，東征，北伐，剿匪，抗戰，戡亂，以迄反共抗俄，無役不從，且為中堅，力挽狂瀾，一生恆以革命之前鋒，主義之鬥士為己任，先生平昔之革命精神，及高風亮節，足為本黨同志與革命軍人垂範者甚多，將來自有研究本黨及近代革命歷史的人，為其生平作最後之定論。我個人謹以同志的立場就所知者略述一二，聊表敬佩與懷念。

宗南先生愛國之稟賦出諸天性，自投身黃埔，親受領袖之薰育，主義之陶鎔，即樹立了堅定的中心思想，以領袖的意志為意志，以黨的生命為生命，以國家的利益為利益，沒有個人主義自我觀念存在其間，把個人的生命與國家的休戚結為一體，把革命的生活與私人生活合而為一，任何作為都視國家民族的利益與革命的成敗高於一切，數十年來的革命歷史過程中，處處可以表現出他為黨為國犧牲奮鬥，無私無我的偉大精神。

這種精神表現最具體的是公私生活的一致，以至公而忘私，不僅在軍中與士卒共甘苦，倡導以身作則，以軍作家，同時在黨內與同志共榮辱，提倡「鐵肩擔主義，血手寫文章」，推崇道義，捨己及人。由於他的忘我與無私，乃至連其個人婚事，還是由其知己戴雨農先生為之介紹撮合，直至年過五十揮軍攻克共敵老巢延安之後，始與葉霞翟女士在西安王曲以最簡單之儀式完婚。婚後其家庭生活之清苦，與克勤克儉情形，絕非外人所能想像！但先生為其部屬以及遺眷之生活顧慮與安排，則無微不至。胡先生一生以天下之憂為憂，從未追求私生活的享受。當其病危無力就醫，病榻上其所著之內衣與毛衣，均為破舊之物，古人所謂：居陋巷，一簞食，一瓢飲，人不堪其憂，而胡先生怡然自得也。胡先生志切革命，心無餘念，完全把個人之物質生活置諸度外，甚至普通常人之生活細節，一般人的健康與營養，醫藥，衛生關係也不去求深解。他自認是一個獻身國家與革命的人，對於一己的生活瑣事，用不著去管它，任何困苦，始終以他當年在軍中的堅強意志和不怕艱難的戰鬥精神去克服，以至當他病入沉疴，亦在勉力支撐，咬緊牙根，企圖戰勝艱危，克服病魔，彌留之際，猶殷殷以國事為念。以己身臥病，未能為反共抗俄之大業，獻其餘力，深引為憾。他沒有想到，一生戎馬，歲月催人，當六十以上之人，一旦病魔纏身，絕非僅憑凡人之意志所能奏效。他一生的優點在此，而其最後之缺點也在此。就是連普通人都應注意的生活常識，他也不屑於注意，因而耽誤，以致一病不起。

總其一生，宗南先生實在是一個徹底實踐主義者，其偉大與超人之處，在於他以一種堅苦卓絕的精神，忍常人所不能忍受之情事，為別人所不能堅持之苦行，其公忠體國，不計個人得失，成敗毀譽，忍辱負重之精神，他人所不能者皆能之！是以非常之人，方能建非常之業，樹非常之功。先生固吾黨之中流砥柱，實不愧為總理的信徒，領袖的忠實幹部，黃埔革命的軍魂，黨的典型戰鬥人物。

今天正當國家積極準備揮戈反攻大陸聲中，匪區同胞顛沛流離，日夜引領東望王師之際，先生竟因歷年勞瘁，撒手西歸，使黨國失重鎮，領袖失股肱，這不僅是本黨的損失，也是國家最大的損失。我們今天哀弔先生，懷念他的為人，豈僅是我們同志間個人之私，實為當前革命的時代失一典型而有所痛惜。

最後我謹借用梁任公在曾文正公嘉言抄序中批評曾國藩的幾句話：「文正以樸拙之姿，起家寒素，飽經患難，丁人心滔溺之極運，終其生於挫折譏妬之林，惟恃一己之心力，不吐不茹，不靡不回。」敬以此言為先生頌之！

先生雖與曾文正公不盡相同，但亦頗多相似之處，昔先生常以曾文正公之修持以自勉，今以任公評文正公之言以視先生，其感慨猶有甚焉！故人雖長逝，其勳業則長存，丹心日月，將永垂千秋而不朽矣。

作者中央軍校六期畢業後，長期從事軍警情報工作，曾在蔣中正委員長侍從室服務多年，亦曾擔任總統府國策顧問。

胡故上將宗南先生追思錄

李玉林（民國五十一年撰）

今歲夏正元月初二日午，玉林外出尚未歸寓，先生枉駕下訪，女傭迎候門次，先生下車，屈尊為禮，內子聞聲出迓，先生即趨與握手至十餘分鐘不釋，徐徐語曰：「此來不獲與玉林兄相晤，可轉告之，今後舍間，希多照顧，謝謝！」臨行依依，詞氣悽惋。玉林歸而知其事，為之惶愕移時，何意八日之隔，先生竟以心臟疾棄世長逝，豈先生對內子之語，誠已有所預感乎？而玉林未能親承謦欬於此日，實為終生抱痛事也。

玉林於先生，初為遠屬，當其統師百萬，屏障西北，功業炳彪，早為中外人士所共知，視僚屬為股肱，愛士卒如子弟，甘苦同嘗，艱危獨當，尤為玉林所仰慕。迨玉林謬主澎湖縣政，先生以防衛司令官駐節其地，乃得時往請謁，親炙其議論行誼，而先生亦以玉林為可教，推心置腹，情逾近親，凡前所不輕告人之事，於玉林則言無不盡。始知玉林往日所景仰於先生者，尚不足盡先生之什一也。嗟乎！先生逝矣，玉林追思往跡，如失尊師，於是述其立身行道之大端，以作玉林進德處世之圭臬焉。

先生體貌威重，望之岸然，近之則溫慈愷惻，至誠溢於言表，御下尤見德意，一日，防衛部員以違紀宜懲，主辦者簽請記過二次，先生手批：「記過一次可乎。」平時教督部屬考核綦嚴；然有優績卓著，才堪擢用者，暗加保舉褒獎，而自隱其事，絕不向其人作市恩之計。由是上下歸心，莫不用命。

先生忠肝義膽，出自天性。平生以崇敬領袖，許身黨國為終生不移之職志；砥礪氣節，依歸正義，為警世立本之教條。凡此二事，實踐之於己，而灌輸之於他人；訓練部隊也如此，激勸僚屬也亦莫不然。其言要而不煩，其旨嚴而不偏；蓄有至理之情，出以委婉之口，使人心感而誠服，潛移默化而不自覺。較之信口濫語，連篇虛頌者更為鄭重有力而收實效矣。

間嘗與玉林論「廟堂之材」曰：「謀國公忠，器度恢宏，其才識又足濟於用世，始克登廟堂而大任。往者惟故院長俞公鴻鈞為足當此稱，我輩實有愧色矣。」先生之謙沖多若是。其使玉林最為感動者：即先生之事領袖是也。奉行職守，必忠必勤，如古賢臣之事明君。展讀領袖訓詞學說，記誦服膺，實踐實行，一若佳弟子之事嚴師。而領袖之起居安危，尤無一日忘於懷。有一室為領袖所曾居者，啟扉瞻仰而外，即不昂然步入，椅桌亦勿敢褻瀆自用，有院庭曾為領袖遊憩者，則禁驅車踐輾之。觀其所為，雖孝子之事其親，未有若是其極也，小心寅畏，發於至性蓋忠而兼孝者也。至其持躬謹嚴，尤為恆人所不能及。清正樸素，安儉守約，廉俸以外，百無一取，妻兒家人，無勿同化。嘗憶先生居澎湖時，廳事中陳設簡潔，足敷坐談而已，玉林偶至其浴室，惟置木質圓桶一具，恐先生盥洗不便，欲囑人更易之，先生堅不許可，曰：「在莒之辱，報猶不遑，未死之身，留待疆場，豈可變我素志，以適四體哉。」玉林偶餽餚膳，亦必致謝卻還，稜稜風概，為世矜式，一代完人，形銷影悶，豈獨玉林一人之私痛乎哉。方先生之入榮民醫院療疾也，玉林持鮮花往省，穠華煥發，欣欣方榮，而先生倚臥牀褥，神色憔悴，人面花容，相形懸殊，玉林睹狀心傷不能自已。而先生果歿矣。時民國五十一年二月十四日凌晨三時也，春秋六十有四。嗚呼！花雖謝而可復茁，人云亡則音容長渺。執筆書此，不禁涕泗之漣漣也。

作者為河北人，抗日期間擔任敵後地下工作，卓犖超群。抗戰勝利後，歷任綏靖總隊第一大隊副大隊長，三度連任澎湖縣長，勤政愛民，縣民迄今德之。

我與胡宗南將軍

黃　杰

（民國五十一年撰）

其志潔，其行廉。數同學少年，惟衛霍相望。遇上忠，遇下愛。萃平生風誼，在宗李之間！

這是我致悼胡宗南將軍的一副輓聯。自胡將軍逝世以後，我對這位功在旂常的大將，幾無時不在追思悼惜之中，尤使我夢寐難忘的，就是兩人形跡相親的許多往事。

我做胡將軍的直屬部下，是在民國十九年。當時，他是國民革命軍第一師師長，我是第一師第二旅的旅長，參加豫東作戰，每逢戰況緊急的時候，我總會在第一線和戰友們一起。有一次，師長以電話詢問我的行蹤，副旅長梁華盛將軍報告他說在最前線。於是，他冒著猛烈的砲火趕來，相見之下，以半帶責備的口吻對我說：「身為一旅之長，應該在旅的指揮所，豈可冒此危險，誤了你指揮全旅的任務？」從責備的口吻中，我開始瞭解他對部屬的關懷和愛護；事實上他也是冒著危險而來的。

民國二十年第一師奉命馳援江西剿共，部隊駐紮萍鄉。我的祖父，恰在此時棄養，噩耗傳來，本擬束裝返里奔喪，可是本師任務非常重要，胡將軍勉我移孝作忠，遂打消歸計。萍鄉與長沙，近在咫尺之間，可以朝發而夕至；同時，我自投軍黃埔，即未回過故鄉，祖父之喪，不得親視含殮，雖不免有虧孝行，然國而忘家，公而忘私，使我在以後數十年能替國家稍盡匹夫之責，未嘗不是胡將軍當日的一番啟迪！

民國二十二年，我擔任第二師師長，經長城抗日之役，移駐北平。這時，胡將軍由西安蒞平，老友重逢，欣然道故。他和我談到華北當時的危機，同時談到四川剿共問題，結論是攘外必先安內，最後提出部隊支援。他說：「第一師和第二師是兄弟之師，我和你是患難之交，希望你能撥一個旅給我指揮。」我毫未猶豫地回答他：「只要你需要，同時得到領袖的許可，我馬上遵命辦理。」不久，第二師便撥一個旅給他指揮，以後該旅在四川松潘曾建有輝煌的戰果，旅長是現在台北的鍾松將軍。

民國二十五年西安事變之後，我奉命宣慰駐西北的部隊，特別到王曲去看胡將軍，天氣異常寒冷，他住在一個窯洞裏，既未著皮衣，也未生火，手上臉上都凍得紅腫發爛，我埋怨他：為什麼不加衣，不烤火？他說：「弟兄們享受不到的，我也不要享受，今天是需要我們上下一致來克服困難，身體膚髮的受煎熬，算不了什麼！」他的話，深深地印在我的心坎，更無形中增加了我抵制苦難的勇氣。事實上，胡將軍的一生，始終是過著清苦的生活，他的腦子裏真是沒有存留半點私念，那種衣粗食糲的作風，正像一個苦行的長老。

民國二十六年上海之役，我是第八軍軍長，胡將軍則是軍團長。當時，軍團的組織尚未完成，第八軍先到戰場，通訊設備比較完整，毅然負起了兩個單位的通訊任務。每當夜晚，敵人攻擊停止時，他總喜歡邀我到南翔車站附近去散步，從戰爭的狀況，敵我的力量，部隊的部署，以及為學做人的道理，可說上下古今，無所不談。到最後，便是勉勵我如何打一次勝仗，才踏著蒼茫的夜色，緩緩而歸。

上海撤退時，他打電話給我，一開頭就說：「失敗了！我們將撤退，向南京轉進，我不能來看你……。」我回答他：「抗日戰爭是長期性的，只要青山在，總有報仇雪恥的一天，你先走，我部署好就來。」他那嗚咽欲泣的聲音，至今猶縈繞在我的耳際，實在是太使人感動了！

自此之後，胡將軍率領重兵，移駐西北，我也失去了追隨他的機會。但是彼此間的情感，則是呼吸相通，有增無已。

民國二十七年，我在成都，接到他的急電，說朱紹良將軍臥病蘭州，邊區的醫生不易找，一定要我找位醫生到蘭州去替朱先生治病。終於，我請到了一位葉大夫，由胡將軍用專機接去，把朱先生的病治好才回來。這本來是件小事，但從這件小事，可以看出胡將軍對長官和朋友的敬愛之忱！

民國二十八年，胡將軍患牙病，他要來成都治療，囑我為他準備一切，同時吩咐我不要告訴任何人，以免麻煩人家。他來了之後，我們看看電影，吃吃小館子，逛逛名勝，足跡踏遍了有名的錦官城。這是我和他相處最久，也最輕鬆的一段時間。

抗戰勝利後，我在南京，他仍然坐鎮西北。民國三十六年春間，他以迅雷不及掩耳的手段，揮兵直搗共巢，共敵立寨為王的根據地，幾全部被摧毀，毛澤東倉皇脫逃，成了漏網之魚。這一擊，對西北局勢及整個剿匪戰爭，都有影響，我曾經為他鼓掌稱賀。

我們不在一起時，經常保持著書札往來，他的鋼筆字，寫得十分秀麗，只要看到信封，就知道是他寄來的，一封一封都充滿著肫摯的情感，信中談軍國大計，也談身邊瑣事，我特別珍視這些信札，把他全部裝裱，可惜都留在大陸，與故國河山，同罹浩劫，這是我最難去懷的。

以上是我和胡將軍交往的一鱗半爪，時時會在我的記憶中翻動。如今，老友云亡，對宿草之新阡，念將軍之大樹，真有「憑誰問，廉頗老矣」之感！

我與胡將軍自黃埔結識以來，將近四十年間，是同學，是長官與部屬，是同生死共患難的戰友。正由於這許多關係，彼此莫逆於心，有如兄弟手足一般，黃埔畢業以後，我們懷著萬丈豪情，奔向戰場，在槍林彈雨中接受磨洗。東征，北伐，抗日，剿匪，無數次的革命戰爭，消磨了我們年輕的歲月，也堅定了我們許身報國的所志所事。遭際愈艱苦，情感愈真摯，而胡將軍寬宏豁達的襟抱，公忠體國的熱誠，也愈使人挹之不盡！

四十年以來，人海滄桑，國家的變動，不可謂不大，黃埔軍人受領袖的付託，也不可謂不重。而真能以領袖的意志為意志，以國家的利益為利益者，胡將軍作我們的楷模，是當之無愧的。

我所瞭解的胡將軍，在權位日隆之時，未嘗有矜伐之意，在叢謗交集之際，未嘗有推諉之心，他始終是堅守立場，堅守崗位，堅守對領袖效忠的赤忱，不憂、不惑，不懼、埋下頭來去竭盡他的軍人本分。這是我對他體念最深刻的地方，也正是我們黃埔軍人應該效法的地方。

作者為黃埔一期生，畢業後參加東征、北伐、剿共、抗戰、戡亂諸役，來台後曾任台灣省主席、國防部長等職。

紀念胡宗南上將

胡炘

（民國八十二年三月十九日撰）

胡宗南將軍，終生獻身黨國，堅苦卓絕，捍衛疆土，奔馳於東征，北伐，抗戰，戡亂戰場之上盡瘁國事，出生入死，歷四十餘載。其超人之見解，嚴肅之生活，無私無我，一言一行，均足為後世法。居恆常以「先天下之憂而憂，後天下之樂而樂。」以自勉勉人。其義風節操，永垂典型。當茲胡上將逝世三十一週年，特撰文以為紀念。

其事略

胡上將自黃埔軍校一期畢業後，立志獻身革命。東征棉湖之役，以機槍連排長，掩護教導第一團作戰成功，嶄露其頭角。北伐軍興，側擊滬杭之敵，迭建戰功。中原事起，率第一師轉戰津浦、隴海兩線，菜油場一役，尤著聲威。其後中共竄擾西北，率部進駐陝甘，與共軍周旋，對綏靖地方，推行政令，發展教育，改易風氣，均著功績。西安事變，以主力監視東北部隊，使之不敢蠢動。迨討逆總部成立，統一指揮陝甘中央各軍，迅速東移，鎮壓叛軍，用能維護領袖安全，厥功尤偉。淞滬戰起，率部與日寇苦戰三閱月，屹立不搖。南京撤守，調駐西北，統率關陝諸軍，東禦強敵日寇，西扼內患中共，猶時分兵應援甘、晉、豫、冀，所向皆捷。迨乎抗戰勝利，受命接受豫北豫西日軍投降，繼而中共倡亂，未及兩載而神州淪胥，政府播遷入川，率部拱衛渝蓉，時大局已勢不可為，於是率殘破之師，退守西昌，效死勿去，最後始奉命來台，間常以「生於憂患，長於難苦，成於戰鬥，終於道義。」四語以自約；尤以夫得死所為憾。其於黨國與領袖，耿耿忠心，永矢勿渝。至其為人修養，推功任過，受謗不辯，尤能發揮黃埔革命精神，足為一世之楷模。

對國家的貢獻

抗戰軍興，胡上將統領方面兵符，坐鎮西北，東面抗拒數十萬寇軍，使之未敢西窺，越潼關天塹，華北戰場，得以鞏固；西北面監視陝北，困鎖中共於延安一隅，使之不敢南犯，國軍得以全力對日作戰。此外，警備河西走廊，綏靖此一地帶，成為支援西北，鞏固華北各戰場；卒使豫西及陝、甘、寧、青一帶，安堵如恆，紓政府西顧之憂，因而奠定抗戰勝利之基礎，中樞倚之為長城。

抗戰勝利後，三十六年三月十四日，胡上將以閃電行動，挾雷霆之勢，奇襲延安。各部隊將士，士氣如虹，爭先赴敵，兩路大軍，直搗共黨巢穴，十九日會師於延安市中心。此一犂庭掃穴行動，擊斃傷中共官兵一萬六千餘人，俘獲九千六百餘人；毛澤東倉皇逃竄，僅以身免。領袖接獲捷報，立電嘉勉，並親蒞延安視察。

延安既經收復，為擴大戰果，繼續向北掃蕩，先後收復安定、延川、安塞、清澗及綏德各縣，並打通延安至榆林間之公路。寫下革命史上輝煌之一頁。

治軍與治事之特點

胡上將是一位至情至性，學養湛深，忠黨愛國，任勞任怨之傑出將領。其教育幹部，訓練員生，以明恥教戰，同仇敵愾為精神之修養，作之君，作之親，作之師。在一次對部屬精神講話中，反覆闡釋其軍事哲學思想，發人深省，言教身教，如坐春風，流露出無比精神感召的力量。其治軍嚴，信賞必罰，賞不逾時，罰當其罪，故能頑廉懦立，咸得其志，造就戰必勝，攻必克之忠誠軍風。

將軍學具根基，賦性澹泊，待人誠懇，平易近人，熱愛青年，獎掖後進，為國儲才，不遺餘力，對待部屬以國士，部屬事之以國士；雖功業彪炳，身膺封疆重寄，絕無絲毫自傲矜態。與人談論古今，詳品事物，常謂「吾人許身黨國，自當鞠躬盡瘁，只求死得其所」。其亮節高風，嘉言懿行，令人景敬，亦足為後世法。其正直無私，潔己奉公，直到逝世，家無餘蓄、身無餘帛，此種美德，尤為革命軍人之典範。

我所認識的胡將軍

在大陳，打游擊，山中訓練幹部。

胡上將於四十年九月九日，率領重要幹部，由基隆乘海軍二〇九號軍艦於十一日到達大陳島，到達後，即盱衡當時局勢，審度當面敵情，並兼顧其他各項因素，首先建立軍政秩序，繼之鞏固基地，訓練部隊，組織保甲，建立大陳地區防務；再以充實反共救國軍兵力，加強大陸情報網，擴大大陸邊沿地區突擊與海上游擊，發展閩、浙、贛邊區游擊基地；並制訂浙江反共救國軍總指揮工作計劃方案，浙江省政府施政方案，務期三年有成。但四十三年，奉命撤退大陳，將反共救國軍、浙省政府及所有大陳義胞全部撤離來台。大陳地區之一切工作，於焉結束。統計胡上將在大陳主持軍政反共救國工作：在軍事方面者，整訓反共救國軍六個大隊，海上艦隊一個總隊；在政治方面者，建立三門、臨海、溫嶺、玉環、平陽等五縣政府，設立國民學校三十二所，浙江省立中學一所。造林、建水池、辦通貨等，政績斐然，並前後親率部隊，展開游擊戰爭，大小三十餘役；其中以洞頭、白沙、黃礁、金鎮衛、沙程、鹿羊、積穀山、一江山等戰役為尤著。

在台北，籌畫復國之計

在台北，常宴我一人，三星白蘭地一瓶，旁無一人，酒後暢談軍事，準備東山再起，雖約我一人，但也不忘反攻復國之大計。

在榮總，我隨侍領袖同往探病，時已病危。

將軍逝世於民國五十一年二月十四日，春秋六十有四。當其病危，我隨侍領袖前往榮總探視。胡上將見領袖蒞臨，躍然起坐，訴說以「未能光復國土為憾」，又說「我是戴罪圖功，希望做任何反攻大陸工作。」一具見其敬事領袖，念念不忘以身報國，誠是生於憂患，死於憂患，易簀後，領袖深為哀悼，偕夫人親臨弔祭，並飭典賜優卹，以彰忠藎。一代名將，空留遺恨，齎志以歿。王業未能歸漢有，長使英雄淚滿襟。自來仁人志士，未有不為此飲恨以終者，徒令後人哀悼嘆息耳！

作者中央軍校十期及美國陸軍指參大學畢業，參加抗日戡亂諸役，協助大陳軍民遷台。曾任蔣中正總統侍衛長，裝甲兵司令，駐巴拉圭大使，駐新加坡代表等職。

傾訴

葉霞翟

（民國五十一年四月一日撰）

你知道我在旁邊嗎？你聽見我的聲音嗎？

親愛的南哥，這一個多月以來，每天早晨當我來到這裡，向你絮絮細語時，總忍不住又要再三這樣問你。僅僅隔著一層薄板，竟已像萬重山啊！

僅在不久以前，你每天都微笑著諦聽我的傾訴。當一天忙完了，孩子們都睡了以後，茶香和著笑語，你那深情的眼光，二十五年如一日。

記得嗎？親愛的，今天是什麼日子？二十五年前的今天，你我初相識，在那風光旖旎的西子湖畔。

你的英名，我已久仰，那天一見，更為你的丰采所傾倒。你的儀態瀟瀟，談吐豪邁，我私下忍不住想：這正是我夢裡的王子。有一天，我願依偎著他坐在那白馬鞍上，任他帶我走向高原、大海、天邊！

當時除了你、我，還有一位朋友。大家沿著湖濱散步。我們一邊走，一邊談，湖濱公園的桃花似錦，湖上的帆影片片。雖然你的個性十分爽朗，我卻是很羞澀。愛，能使人變成一雙獃鳥，原來我在見你的第一眼，便以心相許了啊。

我們從第一公園慢慢走到民眾教育館。到了那裡，你說有事，要先走一步，約好下午再來我家。可是還沒到下午，只是一小時後，當我去車站送客時，你又在那兒了。火車開後，你要送我回家，我有點忸怩，正遲疑間，你已搶前一步，為我打開車門了。

下午，我們剛放下中飯碗筷，你就來了，一坐就是兩三個小時。你說，你曾在杭州念中學，對那兒的名勝古蹟最熟悉，於是我們從岳墓、雷峰塔、三潭印月，直談到九溪十八澗和龍井。你問我為什麼龍井的茶那麼清香？我說因為龍井的水好。你說不對，那是因為龍井的茶葉都是十七八歲的少女採的，那茶葉上沾了少女的純潔與芬芳。我笑你牽強附會，心裡卻在暗想，你真是一位風流儒雅的將軍。

晚上你又來了！一談又是兩個小時，這次你又跟我談歷史了，從項羽虞姬直談到越王句踐，我提到西施失蹤之謎，以及范蠡泛舟湖上的傳聞；你說這些說法都是不可靠的，西施很可能是殉國了，因為以當時的環境，她絕少逃生的機會。我非常佩服你的見解，我們一直談到十點鐘。

這一天我們就見面了四次，後來你告訴我，若不是怕我的家人誤會，那天還可能會有第五、第六次的見面，因為你回去之後，總覺得意猶未盡，很想馬上再來看我，急得好幾次都要往外跑了。

一見鍾情往往是屬於小說電影的虛構，親愛的南哥，對我們來說，卻是千真萬確的事實。從那天以後，你只要有空閒就會跑來看我。我們一同遊遍了杭州的名勝古蹟，廟宇山水。後來我去上海，你又到上海去看我，我們常常一同去江灣看海，在一家羅宋人開的館子裡享受那浪漫淒迷的異國情調。我們是如此相愛相悅，即使把話說完了，默默相對，更令人醉心？三個月後，我們就結下了白首之盟，把婚期定在那年冬季。

可是盧溝橋的砲火卻耽誤了我們的婚期，而且這一誤就將近十年！

十年，啊，十年！照你初見我時一日就要會面四次的急切來說，十年是何等可怕的等待！你以抗日救國為己任，匈奴未滅，何以家為，不再談婚事；我為了等你，並且使你免去後顧之憂，也暫時收拾起心情，遠赴美國深造。在這漫長的日子裡，我經過了多少的試探和引誘，假如不是我倆的情愛堅逾金石，如不是我倆都受過重然諾、守信義的教養，我們怎能還有今日？記得我們在重慶重聚，你回西安後曾寄我一首詩，其中有句：「猶見天涯奇女子，相逢依舊未嫁時。」可是，親愛的南哥，如果只靠我的癡心，仍是很危險的，更重要的是你的深情和專一。我知道在那段期間，有多少人曾關切你的婚姻，你辜負了多少朋友的好意，而寧願以中年的光陰作無盡的期待！

重逢已是民國三十四年初春，抗戰勝利在望，我終於完成了學業，以萬分興奮的心情，遠渡重洋，繞過半個地球，飛越駝峰，歷盡艱辛，回到了你的身畔。我們兩手相握，四目相注，你眼中有淚，我眼中也有淚，我的情人，上帝不負苦心人，我們到底又相見了。是真？是夢？我不禁伏在你肩上傷心地哭了起來。你溫柔地拍著我說：「不要哭了，你應快樂！霞，我們再不會久等了，在最近的將來，我一定以偉大的戰果來作迎親的聘禮！」

南哥，你沒有失言，更不是說大話，第二年的春天，你就直搗延安敵窟，回到南京後，你對領袖惟一的請求就是完成你我的婚姻；得到領袖的俯允後，你給我的指示，只有簡單的五個字：「即日飛西安。」

南哥，當時的情景，歷歷如在目前。那天，我由我的弟弟和兩位好友護送到明故宮機場，下午三時到達西安，四時由程開椿先生夫婦陪同乘汽車直駛興隆嶺。進入大門，但見滿園牡丹盛開，花團錦簇，恍如仙境。而你，我的新郎，已經戎裝佩劍，胸前掛著中國軍人最高榮譽的青天白日勳章，紅光滿面，笑容可掬地向我走來。車子一停，你親自為我打開車門，扶我下車，挽我前行，進入大廳。

廳中紅氈舖地，鳳燭高燒，兩本大紅金字婚書攤在舖著大紅繡花桌披的案上，兩旁是四盆象徵我們愛情永駐的松柏和萬年青。在場的客人雖然不多，我們卻有兩位介紹人和六位證婚人，當我和你並立在紅氈上，諦聽證婚人宣讀婚書時，我的眼中一直含著欣喜的眼淚，你把婚戒套上我手指的頃刻，我只覺渾身是愛，啊，我真沉醉在幸福的芳醇之中！親愛的，我至今仍可從這婚戒的光輝裡想像你當年的音容笑貌！

十年的盼望，十年的等待，萬般的煩悶，萬般的相思，都在新婚的甜蜜中拋到九霄雲外去了。婚後的兩天，你暫時擱下不太緊急的公務，整日在興隆嶺陪我，我們一同在園中賞花，一同在松柏夾道的小徑中散步，一同在廊下品茗，一同在燈下論詩。你還帶我去附近名勝古蹟遊覽，為我講了許多長安的掌故。我們是好夫妻，也是好朋友，好伴侶，我倆都沉醉了，不知周圍有別人，渾忘世上有風雲。

第三天早晨，你不得不進城去處理要公。自你去後，我獨坐廊前，等你歸來，滿園的花木，遠山與白雲，對我忽然全無意義，我所盼望的，只是載你進城的那輛綠色吉普。等著，等著，到了晌午的時分，一聲悠長的喇叭，到底把你帶到了我的面前。你一躍而下，牽著我的手回到廊下坐定，並且告訴我那個雖在意中卻很不願意聽的消息。你說，短期內你必須趕赴某地，你已為我買妥明天飛南京的機票。那天下午，滿懷離情別緒，但為了珍惜這寶貴的時間，我們還是強為歡笑。南哥，我怎敢抱怨？十年的別離，我已夠堅強了，做軍人的妻子，永遠只能記住國家第一，民族至上。但我是個人，是個有血有肉，知道快樂，也知道痛苦的人，我從心底疼你，捨不得你，但為了怕你英雄氣短，也仍只有欣然就道。

離興隆嶺時天還沒有大亮，駕車的不是你平日的司機，而是隨侍在你左右的那位青年軍官夏（新華）參謀。當車子向晨霧迷濛的西安奔馳時，你笑著對我說：「看你多麼神氣，夏參謀做你的司機，我做你的衛士，妳真是一位幸福的新娘呢！」

是的，親愛的，我不但是幸福的新娘，也是幸福的妻子。從那時到現在，十五個年頭過去了，在這十五年中，國家遭逢了巨變，多少人流離失所，多少人家破人亡，我們的小家庭總算平靜安寧。你雖因為盡瘁國事，常駐外島，與我總是會少離多，但你我之間的感情隨歲月而俱深。這些年來，你對我不但體貼入微，彼此也從未紅過臉；偶然我們的意見不一致時，讓步的總是你。你常說：「一個丈夫，在妻子面前，爭得面紅耳赤，像什麼樣子！」我知道你的脾氣，也不會對你有什麼爭執。又蒙上帝的恩惠，賜給我們四個可愛的兒女，使我們的家庭充滿孩子的歡笑和歌聲。我曾說，天意的安排也真好，當你馳騁於疆場時，沒有把妻子兒女去累你；現在當你暫時過一段較為悠閒的生活時，就給你這一群兒女來承歡膝前。在你住進醫院的前兩天，我們四個孩子組成的「胡家樂隊」，還曾為你表演了十幾個節目。南哥，誰又知道，這就是你最後一次的欣賞啊！

許多朋友都說，與其說是心臟病奪去了你，不如說是平日你太苛待自己了。自奉之薄，使不瞭解我們的人以為你是矯情、做作，直到病況已很危急時，還拒絕住醫院。你太倔強了。豈料自古英雄怕白髮，一個人再倔強，強不過造化。我為你可惜，為你痛心的是，你這麼倔強的一個人，身經百戰，不死於戰場，卻死於病床上，賫志以歿！親愛的，我知道你死去也是一百個不甘心，不甘心的啊！

此情可待成追憶，欲說當時已惘然，這永別的前後，我一直是在半昏迷中，不知自己置身何處。只覺五內俱裂，真想隨你而去。我常恨我的心是活的，是會跳躍、會痛苦的。新婚乍別，還能期待著很快就可重聚，現在，天上人間，叫我要期待多久呀？

南哥，你走得太突然了，我受不了！至今已經一個多月，我總覺這不是真的，像一場惡夢，而在夢中，我身不由己，竟還忙著營葬你，為你看墓地，按著圖樣施工……忙著忙著到底漸漸地醒了，不得不承認這是事實了。親愛的，我發現我的心也碎了！

我不得不面對現實，如果馬上追隨你而去，對於四個孩子來說，是太殘酷了。他們都還這麼幼小，為了他們，我要勇敢的活下去。只是，親愛的南哥啊，沒有你，我顯得這麼軟弱，我不知我能支持多久？多久？……

我對你說了這麼多，你聽見了嗎？我是相信有靈魂的，南哥，你一定要常常伴著我，扶持我，像你在世時一樣。還記得今天是什麼日子嗎？二十五年前的今日，你一趟一趟地來看我，今夜也給我一個夢吧，僅僅是一個夢，我等著你！

作者為胡上將夫人，教育家，女作家，曾任中國文化學院教授，主任，副院長，省立台北師專（今國立台北教育大學）校長等。本文原載葉霞翟博士所著《天地悠悠》。

大將軍的小故事

葉霞翟

（民國五十一年撰）

很多人都以為胡宗南先生很神秘，其實他根本不神秘，只是他不喜歡常常有他的名字在報上出現，不喜歡浪費時間在喜慶宴會上，不喜歡向人們誇耀他對國家的貢獻，也不喜歡一切虛偽的社交來往而已。他的朋友都是真朋友，他與部屬、學生間的關係都是真摯而坦誠的，人家說「蓋棺論定」，在他去世後的這十年來，他們所享受到他所遺留下來的人情與友誼，實在是取之不盡，用之不竭，所謂「人在人情在」這句話，用在他的身上，就不恰當了。因為他生前既不求人情，也不講究日常生活中的那些「禮尚往來」的通俗人情，他去世後我們卻得到了他師長、長官的多方照顧，友好故舊的誠摯關懷，許多他生前和我們家庭很少來往的朋友，都對我們表示了濃郁的友情，這情形我在幾年前曾寫過一篇文章表達了我的感受，這次中華日報社要我在他們「傳記與傳奇」專欄寫一點有關胡先生日常生活的文章，起初我實在不敢嘗試，經再三催促，只勉為其難的寫幾則小故事，但這既非傳記也非傳奇，只是真真實實的一些有關胡先生個人的小事，不過如果說一個人的日常生活以及他對人接物的小動作，可以表現出他的性格與人格的話，我所提供的這點資料，也可算是胡先生傳記的一部份了。

胡先生原名琴齋，宗南是他去考黃埔的時候改的，胡家原籍是浙江省的鎮海縣，世居鎮海縣陳華埔朱家塘樓，他父親際清先生在他兩歲的時候到孝豐縣鶴落溪村去經營藥業，後來就在那裡落籍，現在大家都知道他是孝豐人，胡家的籍貫也都改為孝豐了。他四歲的時候，母親王太夫人就去世了，那時他仍在鎮海，寄住在伯父家，直到他七歲的時候了，際清公在孝豐續娶吳太夫人，才把他接到那裡。從那時起，他前後從孝豐幾位名儒讀書，直到十四歲的時候，才入孝豐縣城高等小學堂肄業，接受新式的教育，但由於他小的時候國學基礎打得好，所以後來成為湖州一帶知名的教師。

當他在孝豐高等小學堂讀書的時候，因鶴落溪村離縣城有二十多里，學校又沒有宿舍，所以必須另外租屋居住，而他的家境並不富裕，租不起好的房子，只好在縣城熟人家裡租到一席地，聊供棲身，那家人家房屋狹隘，而子女眾多，平常吵鬧不堪，但胡先生是個用功的學生，為了愛惜光陰，連寒暑假都不肯回家，這家小孩那麼吵鬧，使他感到非常困擾，後來得知他們的側房，有一間房間是鬼屋，沒人敢去住，他就自告奮勇的到那裡讀書，可是那間房屋，棄置已久，外面又是荒煙蔓草，所以蚊子很多，尤其是夏天，他常常給咬得滿腿都是紅包，後來他發現屋角有兩個空酒罈，忽然靈機一動，把它搬過來放在跟前，再把自己的兩隻腳伸進去，這樣蚊子就咬不到了。他這樣的苦讀有一天給房東知道了，他又好笑又佩服，覺得這樣一個年才十五的青年，能夠如此勤奮向學，將來一定能有成就。

他不但好學，而且思想也很新，十幾歲時，就對那條拖在腦後的辮子感到厭惡，認為那是落伍與可恥的象徵，心裡很想把它剪了，只是迫於習俗又不能那麼做。恰巧當他小學要畢業的那年，就是武昌起義的那年。舊曆八月十九日武昌起義，九月二十五日孝豐就光復了。當光復的消息傳到學堂時，縣立小學堂的學生，全體大聲歡呼，胡先生一聽，馬上高呼「大家趕快剪辮子！」自己拿了一把大剪刀，第一個把辮子剪下以作示範，其他同學看他一剪，馬上響應，沒有多久五百個學生個個把辮子剪掉了。

胡先生於十六歲時畢業於縣立小學堂後，接著就考入全省著名的湖州公立吳興中學，該校教員都是名士學者，如國文歷史教員為德清朱穀蓀先生，地理教員為蘇州鈕頌青先生（後為北師大教授），物理教員為江陰高子瞻先生，兵式體操教員為湖州陳其采先生，器械體操教員為南京周逸鳴先生，英文教員為上海孫仲謀先生。這個中學前身是湖州的愛山書院，校長沈毓麟先生是同盟會會員，因見帝制雖已推翻，時局仍極混亂，就把全校學生組成「愛山同學會」，內設文藝、遊藝、體育三股。體育股每日課餘學兵操一小時，由陳其采先生、唐貫經先生與一位日本教員分任教練，胡先生對於體操極有興趣，尤其長於機械操，動作熟練為全校學生之冠，所以被推為體育股股長，並且連任三年，他這種對兵操及體育的高度興趣與熱忱，以及所受名師的薰陶，才使得他後來去投考黃埔軍校，並且進去之後很快就顯出了他的領導天才，在吳興中學他是以第一名畢業的。

中學畢業之後，馬上就被聘為母校孝豐縣高等小學校國文史地教員，後來又在孝豐當時最完備的私立王氏小學任教。由於他的文史造詣很深，講課深入淺出，活潑生動，學生都喜歡聽他的課，更由於他那充沛的精力，洋溢的智慧，和動人的詞藻，才二十出頭就成為當地的名教員，只要提到「琴齋先生」可說是無人不知無人不曉。不但是王氏小學的學生，其他學校的學生也都慕名而去聽課。他那時已是有名演說家，演說時態度莊嚴內容風趣，再喜歡打瞌睡的學生，一到他上課就都聚精會神的聽了。

可是他並不以當小學教員為滿足，民國十年他利用暑假獨自到津沽山海關一帶去旅行，觀察地理形勢，研究當地的民情風俗，回去以後對好同事說：「你們看吧，十年之後日本一定是中國的大患，而東三省更將先受其禍！」他們問他何以見得，他說北方一帶來往的日本人很多，尤其是京榆路上都是日本浪人，那些日本浪人其實都是日本軍人，當時他們還有些不相信，等到後來九一八事件發生，大家才佩服他的遠見，而那個時候他已經是名將了。他後來投考軍校，部份原因也是那次所見所聞的刺激，所以當民國十二年冬，聽說國父在黃埔創立軍官學校，並且在上海招生時，他就決定投筆從戎，當他離開孝豐的那天，沒有給別人知道，只幼弟琴賓送他到城門口。

那時他身穿藍布長衫，腳穿草鞋，手上除了一把油紙雨傘和一小包換洗衣服外，沒有任何行李，出了城門他要弟弟回去，並且把手中的雨傘也要他帶回去，弟弟不願意他離去，牽著他的衣服哭著不肯放手，他溫和地對弟弟說：「丈夫有淚不輕彈，不要哭了，你乖乖的回去，大哥只要有個名堂出來，就會回來的。」弟弟沒辦法，只好獨自哭著轉回去，而胡先生這一離家，直到北伐成功了才回去。

胡先生考進黃埔軍校後，被編在第二大隊第四隊，那一隊的同學雖然個個都比較矮，但個個身體強壯，操練時特別有精神，他同隊的同學如王叔銘將軍、冷雲庵（冷欣）將軍，現在都在台北。據說他們當年在學校時，只要是身材矮一點的，人家就知道是第四隊的。可是胡先生，因為在中學時已對兵式體操很熟練，進了軍校後，術科方面就顯得很突出，據說不到三個月，就被派直接做實習連長，而沒有經過班長排長的階段。不過畢業之後，最初被分發在教導第一團第三營第八連為少尉見習官，民國十四年三月十三日東征，棉湖戰役還是機關槍連中尉排長，後來獨力以兩挺機槍掩護我軍作戰成功，才升為機關槍連上尉副連長。

民國二十一年初，胡先生任第一師師長，那時他已經很出名，大家都知道第一師是鐵的隊伍，凡是人才都希望到第一師去。其時林蔚文先生給他介紹了一位參謀長（即於達先生），這位參謀長原是軍事委員會的高級幕僚，本身已頗有名望，因為慕胡先生之名，願意做他的幕僚。當時第一師駐在龍潭，胡先生為了禮遇這位參謀長，就帶了一位隨從參謀，親自到南京去接他。到了南京和平門車站，胡先生在車站等候，叫隨從參謀把新參謀長接到那裡相見，不久隨從參謀就去把新參謀長接來了。當他們到達和平門車站時，那位新參謀長大吃一驚，原來他心裡想胡師長名頭那麼大，派頭一定也不小，這次既然親自來南京，他一定是坐著花車來的；那知孤零零地停在車站的只是一輛手搖車，天氣那麼寒冷，而那位師長卻氣定神閒若無其事地安然坐在那輛手搖車上。看到他們到來，他馬上跳下車來，讓那位參謀長坐在中間，自己卻和那位隨從參謀分坐在兩邊；參謀長再三謙讓，他都不同意。大家坐定之後就向龍潭駛去，途中他希望車子加速，又怕搖車工人太累了，就親自下座去和他的隨從參謀一同與工人換班搖車。在這種情形之下，那位參謀長感到萬分尷尬，而這位師長卻毫不在乎的搖得很是快樂。

這種情形當時可能有人以為是他有意做作，事實上他認為勞工神聖，這工作別人可以做，他自然也可以做。後來第一師駐軍在天水時，為了軍用需要，在短期內必須完成一個飛機場，他每天親自去機場視察，看看工程進度不夠快，他就自己去和士兵抬籮筐運土。別的士兵看見師長都親自來做了，覺得非特別賣力不可，於是大家都做得格外起勁，不到三個月，一個簡易的機場居然完工了。

胡先生的衣食住行都很是儉樸，像那樣的豪華客車不坐，坐搖車的例子很多，另外他因為從來身上都不帶錢，出門時總有人跟著替他付錢，漸漸的竟下意識的忘記用錢那麼一回事。

在民國二十一年有一次他在杭州樓外樓請朋友吃飯，吃完飯把客人送走，他自己也上車走了，竟忘記了付賬。飯館的老闆知道那位是有名的胡師長，不好意思把他攔住，就讓他去了，不過他也想這位有名望的大官，決不用愁會付不起飯錢的。於是天天等著他派人送錢去，那知左等也等不到，右等也等不到，好幾個月過去了，仍然沒有送錢去，於是他打聽到他一位隨從參謀的姓名住址，然後給他寫了一封信去，請他代為索債，那位參謀接到信後已記不起這回事，就把信拿去給胡先生看，他看了信後，思索了很久，最後終於記起這回事了，於是大呼慚愧，叫那位參謀立刻以加倍的錢匯到杭州去給那位老闆，並向他說明經過。

像這樣類似的事還有一次，就是在上海撤退前不久，他有要公去奉化，途經上海，碰到幾位好友，就約同一起去一家四川館吃飯，因為過去他從來沒有自己付過賬點過菜，所以不知道菜的價錢，也弄不清自己口袋裡的兩塊袁大頭有多大的價值，叫了幾色可口的菜，弟兄們痛快的吃了一頓，可是到了付賬的時候，口袋裡摸了半天，摸出來的錢只夠付零頭。後來，還是同去的一位朋友，把他太太給他放在口袋裡以防萬一的錢湊數了。事後我們幾位太太們聚在一起談起這件事，那位賢大嫂笑著說：「我說以防萬一，那次果真派上用場，不然可能那館子老闆也會找上門來呢！」

還有一次也是二十一年，在他駐軍漢中的時候，他上街去理髮，獨自一人穿著一套灰布軍裝，身上又未帶錢，理完髮後要付錢了，口袋裡掏不出錢，便請那位理髮師隨他一同回家去拿，一路上兩個人有說有笑的很談得來，等走到司令部門口，那領班的衛兵看見司令回來，立刻大叫了一聲「立正敬禮」，把那理髮師嚇得臉都青了，以為衛兵在罵他，回頭就跑。他就叫那班長好好的把他請回去，在門房等著，自己進去叫副官多送點錢出來給他，那理髮師就高高興興的回去了。胡先生素來沒有階級觀念，對部下士兵，完全像自己的弟兄一般，不但在作戰時和大家吃同樣的飯，睡同樣的舖，日常對待左右的副官、參謀也完全是對待自己的兄弟一般。事實上他的隨從副官參謀等，個個都是人才，大多數都是大學畢業後又在軍校畢業的，還有的是國內大學畢業後又去國外深造後回去的。他對身邊的衛士都很客氣，有一次在南京，他帶了一位衛士去遊明孝陵，路上碰見張治中，本來張治中是帶了好多人，坐著幾輛汽車去的，看見胡先生馬上下車和他相見，兩人見面握手之後，胡先生指指旁邊的衛士給他們介紹說：「這位是張先生，這位是楊先生。」大約張治中因知道胡先生跟前人才很多，馬上和那位衛士熱烈的握手，並且連連的說：「久仰，久仰！」

胡先生最不喜歡一般迎送的禮節，更怕那些迎送的場面。有一次他由南京開完會回到開封，第一師在開封有個軍官訓練班，那訓練班的總隊長為了對長官表示敬意，就派了軍樂隊和一個儀隊到車站去迎接，當車子快進站時，胡先生得知這個安排，趕快從先頭的車廂下車，換乘汽車離去。等到車子進站軍樂大作，那位總隊長上車去迎接時，從頭一節車廂到末一節都找不到他，才知道他已離去，經過這次以後，他的部下再也不敢用儀隊去接他了。

他不但不喜歡一切繁文縟節，平常治軍也很嚴，更討厭部下賭博，對於階級較高的幹部，如有愛賭的不便過分責備，就用各種方法規勸。當他駐軍於甘肅天水時，得知部下有一位營長喜愛賭博。有一天特別召見他，和他談了一些軍中事務之後，就請他到他書房去參觀。書房就在他辦公室對面，兩人進去之後，書桌上擺著許多新到的書籍和當地的報紙，他像是若無其事的對那位營長說：「你在這裡安心多讀書，不要胡思亂想。」說完就走出書房把房門鎖上，門外的衛士看見那位營長進去，卻不見他出來，都覺得很奇怪，後來才知道他是被胡先生軟禁在那裡看書，免得他再去賭博，那位營長經過了一天的反省之後，知道長官對他用心之苦，從此就不再賭博了。

胡先生自己的嗜好是騎馬爬山，性子再烈的馬，他都能夠馴服，每天早上不是出去騎馬就是爬山，在他當師長時，有一匹馬性很烈，跑得很快，別人去騎都騎不住，每次不等你跨上鞍就會把你摔下來，但是對於胡先生卻很馴服，只要他一跨上去，就會服服貼貼的載著他飛馳而去。人家叫那匹馬為火車頭，胡先生很喜歡牠，有一個時期天天清晨總要騎著「火車頭」在郊外跑幾圈。由於他的騎術特精，偶爾也難免大意，在抗戰勝利以後，共匪到處製造事端，阻止我方軍隊接收東北，而美國人又用各種方法扶持他們打擊國軍，他又氣又急，天天出去跑馬想心事。有一天正在馬上狂奔時，想到國事，憤怒之餘，不自覺的將手中韁繩一緊，那馬正在狂奔中以為主人要停，來一個急煞車，他因為正在想國事，精神不貫注，一下子就給摔下來。這一來，內臟受了重傷，竟有二十四小時昏迷不醒，後來傷好之後就很少騎馬了。

至於爬山也是常事，凡他的部隊駐紮之地的名山寺廟，他沒有不到過的，西安的華山不必說了，每年總要爬幾次的。其他的名山大川他也到過不少，他做軍長時，有一次和副軍長范漢傑及一位參謀去遊湖南的衡山，三個人都穿了藍布長衫，乘轎上山，到了半山相約下轎爬山，到了晚上就寄宿在山上的一個寺廟裡，對廟裡的方丈自稱是教書的先生。那方丈得知他們是半途棄轎步行上山的，攀登了那麼長一段路竟毫無倦容，似乎不太相信他們是文弱書生，但身穿長衫而且談吐儒雅，談詩論道樣樣都能，卻又不得不相信他們是書生，湖南的和尚都很有文才，那晚他們談得非常愉快。這種爬山的興趣他一直不減，後來在台灣每天早上也出去爬山，平常是天一亮就坐汽車出去，有時到圓山去爬動物園後面的山，有時去木柵爬指南宮，也有時到中和去爬圓通寺，台北市近郊所有的山都給他爬過了。

胡先生一生戎武，很少享受家庭生活的樂趣，在大陸時期不必說了，就打從他於三十九年三月底離開大陸至五十一年二月十四日逝世時止，將近十二年，一部份時間在大陳，一部份時間在澎湖，一部份時間在國防大學及國防研究院受訓，其間還去了美國一趟，真正與家人子女相聚的日子不到四年。

但是他很愛孩子，每次回家總要帶很多零食給孩子們吃，我怕甜的東西吃太多，會把孩子的牙齒吃壞，很想叫他少買一點，可是看他回家後孩子們圍繞著他，等著他把一包一包的食物解開給他們看時的樂趣，到了嘴邊的話又忍回去了。結果我們家的許多瓶瓶罐罐，都裝滿了沙其馬、巧果、炒米花、芝麻糖、花生糖……各色各樣的甜食，每次總要等有一個孩子生日的時候，請些小朋友回家來才把存貨出清。他以看著孩子吃東西為樂，而自己卻從來不嚐一口，正與他經常以幫助他人為樂，從來沒有為自己打算一下的性格一致，有一次他還鬧了個笑話，那是民國四十三年正月，他從大陳回來後正在國防大學研究，我因為母親病重，到鄉下伺候母親，就把孩子交給他管，那時候孩子還小，最小的還未出世，老三才一歲有保母帶著，要他照顧的是兩個男孩。他這大將軍，管幾十萬大軍很有辦法，兩個小男孩卻頗費心思。因為孩子太小，他沒法教他們大道理，惟一的法寶就是買東西給他們吃，哄他們玩，可是天天回家都買那些同樣的東西，孩子們都吃厭了。有一天正好是農曆正月十五，他路過羅斯福路，看見很多人在一家糕餅店買元宵，他想這東西孩子們沒有吃過，一定喜歡，就買了一大盒，回到家裡，打開盒子，告訴孩子們這東西很好吃，叫他們趕快吃。兩個男孩從來都沒有見過這種東西，爸爸叫他們，他們就吃，但是外面那些米粉吃起來沙沙的，實在不好吃，他們就把裏面的豆沙芝麻餡兒吃掉了。當第二天我抽空回家看他們時，只見客廳裡一盒元宵，大部份是一半一半的，我問廣兒那是怎麼一回事，廣兒[1]說，爸爸給他們吃的，可是外面的粉難吃死了，他跟弟弟都只揀裡面的東西吃，其餘的都剩下了，我得知他們竟把生元宵拿去吃了後，真是又好笑又著急，怕把孩子肚子吃壞了，但結果倒什麼都沒發生。

胡先生當年離開孝豐時，他的幼妹月琴還很小，他平時很少回家，所以在他心目中，妹妹永遠是小孩子。大陸撤退後，他的繼母和弟妹的家也都搬到台灣來了，其時小妹已經結婚，並且已有兩個孩子了。有一次他去赴一個朋友的壽宴，碰見妹妹也在那裡，問她是不是一個人去的，他妹妹回答是的，他就很著急的對她說：「妳怎麼可以一個人出來呢？女孩子不可以一個人亂跑的呀！」吃完飯堅持要親自送她回家。妹妹沒有辦法，只好讓他給送回家了。事後她告訴我這件事，覺得大哥很奇怪，當她小的時候不管她，現在她已經大了，並且已經是做媽媽的人了，他忽然管起她來了。我想這可能是那天他先生沒有和她同去，做大哥的認為她不應該一個人出去應酬，因為對於這些地方，胡先生的腦筋很守舊，他一向認為一個已結婚而且有了孩子的婦女，是越少出去越好，婦女的責任應該是家庭和子女，那天只是給她一個示範而已。

另一方面，他又非常尊敬長輩，雖然過舊曆年我們很少拜年，但是幾位朋友的老太太老太爺那裡，我們是每年一定去拜年的。我母親在世時每年年初一我們也一定去鄉下給媽媽拜年，母親去世後，像湯老太太、羅老太太那裡，還有幾位老師那裡我們每年必去。民國五十一年的農曆正月初一，他身體已經很不好，早上起來我說：「我們今年就不去拜年了吧，過幾天等你好一點再去看那幾位老人家好了。」他立刻回答：「這怎麼可以，年初一不去，遲了就不夠恭敬了。」結果他還是支撐著和我一同前去向幾位老人家拜年。幾位長輩事後知道他當時的健康情形，都為他這種敬老的行動而感動。

他到台灣後的一個大的轉變是他的宗教思想，自從他最後由西昌回到海口時接到兩本聖經後，他就很用功的研讀聖經，他的第一位聖經老師是原籍美國的戴籍三夫人，每星期二、五兩次給他講解英文聖經，他不但上課時很用心聽，很認真的研討，課後也很用功，幾乎把每段主要的經節都背得很熟，當第二次老師去時，不等她問起他就會先對她背上一段，戴師母對於這位虔誠的學生很是滿意。後來在澎湖他也繼續查經，有時還邀請一位在當地傳道的白小姐（美籍），談經論道，他最後的聖經老師是陳竹君教授。在五十年的暑假，有一天他忽然問我是不是可以請我的好友陳竹君女士來研究聖經，我說：「如果你有此意，我相信她一定會來的。」竹君姊是我金大的同事，她一向對我很好，更關心胡先生的靈性生活，現在他既然自動的提議要研究道理，她當然答應了。從那時起直到五十年年底他咳嗽得很厲害，實在無法支持之時止，將近半年的時間，他都在研讀聖經，通常竹君姊來時，先由她提出聖經章節給他詳細講解，她回去後，他就把她所給的章節圈點起來再細細的研究、思考。聖經上有一節說：「你就是贏得了全世界，卻喪失了自己的靈魂又有什麼益處呢！」這句話給了他很大的啟示，他去世後我翻閱他的聖經，發現他在那一節上，用紅筆密密的圈了雙圈，我確信，他的靈魂是得救了的。

他是個意志極為堅強的人，實在是徹頭徹尾的一個硬漢，普通的人無論在精神方面或身體方面總有顯得軟弱的時候，而他卻從來都沒有過。在外面或在別人面前不必說了，平常家居他也一樣的衣履整齊，立得挺挺，坐得端端正正的，再熱的天氣都沒有穿著汗衫短褲在家裡走動過，再冷的天氣也沒有穿過大衣。就是到病情已經極端嚴重了，醫生堅持要把他送醫院時，他還是端端正正坐著車子進醫院的。在他臨終前三天的清晨，聽說總統老人家要去看他，他堅持要起來刮鬍子，我說：「你身體不舒服，我給你把臉洗洗，頭髮梳梳就可以了。」他不但不聽，反而很不耐煩的對我說：「這個樣子怎麼可以見總統！」我沒有辦法只好扶他起來，幫忙他整理得乾乾淨淨的，所以老人家看到他時，也想不到他的病情已經那麼嚴重了。

胡先生逝世已經十年了，他這一生真正是清清白白的來，乾乾淨淨的去，堂堂正正的生，平平安安的死，正像他逝世後領袖給他的評語說：「他的死已附於正氣之列了！」

1 廣兒為胡將軍之長子胡為真幼時之小名。本文原載於葉霞翟博士所著《天地悠悠》一書。

思念姊姊葉霞翟，姊夫胡宗南

葉錦翟

（民國一〇〇年撰）

靜坐在美國華盛頓近郊，洛克維爾市公寓十樓的窗前，遠望窗外，正值仲春，碧綠色的叢林中，火車飛逝。老年的我，卻突然回憶起過去；往事如煙一去不再回頭，惟有記憶永存心田。

記得幼年時，家住浙江麗水，住屋花園很大，花園和住房中間有一個很長的迴廊相隔，媽媽常常坐在迴廊下流淚。

我和弟弟覺得十分奇怪，媽媽為什麼哭呢？爸爸告訴我們，媽媽是想念在美國讀書的二姊霞翟，久無書信回家，擔心她的安危。

安父葉慶崇，字宗山，浙江松陽人，日本早稻田大學畢業，曾任浙江省議會議員，代表浙江省處州府。他是清末秀才，光緒年間留學日本，曾參加革命，與陳英士同為興中會浙江幹事。

滿清既傾，任浙江處州軍政分府民政處長，及教育部長，創辦浙江省立第十一中學及十一師範。在擔任校長期間，造就處州青年學子甚眾，陳誠（陳辭修）即其中之一。

陳誠畢業於師範學校，無力深造，就是家父與至友杜志遠等人，資助其進入保定軍官學校，奠定陳誠一生保國衛民的輝煌大業。

家父退休後，創辦火柴公司。以上事蹟，《麗水縣志》上都有記載。

抗戰開始，父親帶領我們全家搬至家鄉松陽老家。松陽老家是曾祖父留下的祖產，祖父母及叔伯們都同住此屋，一連三棟，地佔整條後街。此際叔叔伯伯都已去世，所以與我們朝夕相處的都是伯母和嬸嬸們。

抗戰時期，松陽曾經被日軍佔領。父親在被佔領前，就預先帶領我們避難逃到山村淡竹，租屋居住。日軍進城後，得知父親是日本早稻田的中國留學生，要請他出來當維持會會長，父親堅拒，房東立刻要趕走我們。房東說：「日本人到處都在找你們，如果他們知道你們住在我這裡，一定會放火燒了我的房子，所以請你們馬上搬家。」

父親只得請工人在深山搭一茅棚，一家人暫時棲身。當年媽媽把十五歲的我打扮得像「乞丐」，穿她的舊衣服，臉上塗了泥巴。

我們老家變成了日軍的司令部，幸好日本軍隊只佔領松陽一個月。當我們返家時，見到廚房鍋內尚有整鍋的牛肉，已經發臭，可見當時日軍撤退十分匆忙。

抗戰勝利父親卻不幸過世，震哥自重慶調回南京，我們搬去和他同住，霅弟和我這時相繼進入大學。

霞姊得到威斯康辛政治學博士學位，也從美國回國，任教於金陵大學。霞姊在學校是個品學兼優的學生，教書則是個非常優秀稱職的教授，是媽媽最愛並引以為傲的女兒。二哥葉霆出國赴加拿大深造，是她的主張，讓媽媽和大哥出錢，霅弟赴美讀博士也是她的建議，我的婚姻更是她一手促成的，由此可見，她對弟妹的愛護無微不至。

霞姊與胡宗南將軍婚後安家南京。為真出生那年，我在上海《中央日報》跑軍警新聞。霞姐坐月子，來電話要我去南京伴她幾天，因為保母請假。同時她要為我介紹阮維新（國防部三廳一處處長，中央軍校十一期的狀元，重慶時代蔣介石委員長的侍從武官，後成為我的丈夫），因此我請假一週飛到南京。

姊夫胡宗南正好因公從西安飛南京述職，順便回家探望月子中的妻兒。姊夫很健談，他告訴我們，抗戰勝利，國軍整編，他的舊部多半被調走，換進來的是東北的「雜牌」部隊，以後恐怕不易指揮。

姊夫說完以後，只見霞姊默默無言，面露憂色，於是他改變話題，講了一個笑話，引得霞姊哈哈大笑。最後他忽然警覺我是跑軍警新聞的記者，因此非常嚴肅的對我說：「錦翟，我剛才說的話妳現在可不能寫。」我說：「姊夫放心，我現在絕對不會寫。」

我和外子阮維新婚後，即追隨當時的駐日代表團團長朱世民，擔任駐日代表團後勤處長，因此我們能夠在日本度過由美軍占領五年的美好生活。

當中經過三任團長，最後是由外子辦移交，交給中華民國駐日大使館。

在日本期間，我們常想念霞姊和姊夫胡宗南，知道姊夫十分節省，因此我們去PX時，會買一些襯衣、外套等寄給姊夫。

不久，外子奉命返回台灣，擔任陸軍總部砲兵副指揮官，月薪七〇〇台幣。我則留在日本處理一切業務，半年後也帶著三個幼小的孩子返台。當我們回台灣後，霞姊才告訴我，姊夫都捨不得穿，衣物全送人了。

當時霞姊正生下胡為美，坐月子中。第二天我去探望她時，感覺她變了許多，打扮十分樸素，完全是個家庭主婦。家中布置也很簡陋，藍布窗簾褪色老舊，且已有小洞。

我往內瞧，浴室內沒有浴缸，更沒有熱水，所以前幾天姊夫在木盆中洗溫水感冒了。我特別請程開樁先生，為他們改造了一個有浴缸和熱水的浴室。

記得那年外甥胡為真生病發高燒，我前去探望。姊夫胡宗南單獨坐在客廳看報紙。我進房看過外甥後，走進客廳向姊夫問好。

他對我說：「我要去買藥。特效藥雖然貴，難道我胡宗南連兒子生病都吃不起藥嗎？」這話我懂其中所含意思，聽後當然心酸不已。

姊夫胡宗南和家姊葉霞翟，生活的確十分簡樸。霞姊有段時間曾有意接受台灣師範大學聘書，前去教課補貼家用，可是姊夫不同意。

他說：「我胡宗南連家都養不起，要太太教書養家嗎？」

寫著寫著，我的內心發酸，忍不住淚流滿腮。

有回姊夫因感冒發燒，住院後才知心臟有病。我對霞姊說想去醫院探望姊夫，霞姊很高興，她說明天要陪我一起去。

翌日我們同到醫院，姊夫看到我們很興奮，笑著說：「錦翟，妳能陪霞翟來看我，我十分高興，十分高興。」誰知這竟是我們的最後一面，次日夜裡他就因心臟病去世了。靈柩停於極樂殯儀館，霞姊和姊夫鶼鰈情深，所以她每天前往守靈直至出殯。

姊夫的戰友、部屬多人，也每天前去陪伴，他們對姊夫的敬重和感恩，於此可見。

姊夫胡宗南去世時，長子為真才十四歲，其他三位甥男、甥女就更小了。

為了家計，霞姊在張其昀創辦的中國文化學院（現為文化大學），歷任教授、訓導主任、教務主任、家政系主任、家政研究所主任、副院長等職，後轉任台北師專（現為國立台北教育大學）校長後退休。

一九八〇年，又專任文化大學家政研究所所長。一九八一年四月，當選為國民黨第十二屆中央評議委員。後因病去世。霞姊筆名葉蘋，著作有《家政概論》、《家政學》、《新家政學》、《婚姻與家庭》及論文集、散文集等等。

其中的《天地悠悠》一書，是一部以真摯情感和血淚交織所刻畫出來的中國現代史，細述她與姊夫胡宗南從相識起，直至胡逝世共同奮鬥的歷程，追憶兩人相戀二十餘年，相處十餘年的逝水年華，動人心弦。

光陰似箭，一去難回頭，轉眼我已是八十六高齡的老婦，幸而霞姊和姊夫的子女們都有成就。長子胡為真，現任中華民國國安會秘書長。次子胡為善，為台灣中原大學副校長。長女胡為美，當過北加州華文作家協會會長、灣區衛理女中校友會會長，也是灣區成功的房地產經紀人，近年因為夫婿的工作關係，加州、北京兩頭跑。小女兒胡為明，嫁給牧師，為拯救人類的靈魂而努力。孫輩們也都很有發展，足可告慰霞姊和姊夫在天之靈了。

作者為胡上將夫人之妹，阮維新將軍（軍校十一期狀元）之夫人。曾任記者，後移居美國，扶養子女五人皆有所成。本文原文載於《世界日報》上下古今版二〇一〇年五月二十日至二十三日連載。

我的姊夫胡宗南

葉霞

我的姊夫胡宗南，清光緒二十二年四月四日（公元一八九六年五月十二日）出生於浙江省鎮海縣（今寧波）陳家埔朱家塘樓。三歲時隨家遷孝豐（今屬湖州安吉縣）。一九二〇年入讀南京高等師範學校。一九二四年六月進黃埔軍官學校第一期，一九二五年畢業。

南京高等師範學校，一九二一年以南京高等師範學校各專修科組建國立東南大學；一九二七年，國立東南大學等江蘇省九所專科以上學校合併為國立第四中山大學；一九二八年先更名江蘇大學，隨即定名為國立中央大學。一九三七年，中國抗日戰爭爆發後西遷重慶，一九四六年還校南京。我是一九四六年到一九四九年中央大學的學生，及一九九四年到現在的東南大學的客座教授。因此，他也是我們中央大學和東南大學的學長。

一九三七年，我在上海曉星小學讀書。我的二姊葉霞翟在上海光華大學讀書和工作。她和大嫂住在一起。我隨我的父母一起也住在她們家。

大哥葉震在南京工作。有一天有人來敲門，我開門查看是兩位紳士站在門口，他們是來看我的二姊葉霞翟的。一位拿著一盤玫瑰花的就是我未來的姊夫胡宗南將軍。那時他是第一軍軍長。另一位是他的好友和助手程開椿先生。就在那天，我的二姊葉霞翟和胡宗南將軍訂了婚約。禮物是一盤玫瑰花，一個白金戒指和一杯白開水。兩人本來決定不久就要結婚，可惜在一九三七年七月七日，日軍在北平附近挑起盧溝橋事變，中日戰爭全面爆發。抗日戰爭勝利之後，胡宗南將軍又投入了國共內戰。二姊的婚事要遲延到一九四七年才完成。

一九四五年抗日戰爭勝利之後，我進入了上海臨時大學。一九四六年我考進了南京中央大學。二姊於一九四四年得到博士學位後，先在光華大學教書，後來在南京金陵大學當教授。我們都住在大哥大嫂的家裡面。一九四六年我家有了一次大團圓。一九四七年春天，胡宗南將軍揮軍進攻共軍，占領了中國共產黨的首府延安之後，獲得蔣中正總統的同意，完成了他和二姊的婚事。結婚典禮在西安舉行。

一九四七年五月二十七日，程開椿先生到我大哥葉震家來接二姊去西安，我和三哥葉霈一起送她到離中山陵不遠的故宮機場。

圖中左起為魏虎兒，程開椿先生，三哥葉霈，二姊葉霞翟與筆者。攝於中山陵前。（1947 年 5 月 27 日）

胡宗南將軍和二姊的結婚典禮宴會只請了八位貴賓：王宗山，石敬亭，張鈁，高桂滋，劉楚材，祝紹周，顧希平，和盛文。葉家和胡家的親屬竟無一位被邀請！

二姊在結婚典禮之後的第三天就回到南京金陵大學執教。她先住在上海路的一棟租來的房子，後來住在徐府巷，我每個週末都去陪她，姊夫來時待我也甚好。從一九四七年五月到一九四九年四月，他只到過南京四、五次。

姊夫第一次回家時我們談了一點有關我學業的事。待至他第三次回家時，大兒子胡為真已出生了，他一看見「為真」就高興的立刻懷抱著。一九四八年春天，二姊至西安探望姊夫，為真便由母親和我來看顧。

二姊夫最後一次到南京是在一九四九年的春天。那個時間，二姊和

圖中前排自左依次為：外甥胡為真，姪女葉亞麗，甥女阮立麗。後排依次為：小姊夫阮維新，三哥葉霈，二姊夫胡宗南，大哥葉震，二姊葉霞翟，二哥葉霆，小姊葉錦翟，大嫂陳麗貞，表姊謝如姬，二嫂朱玉蓮。

「為真」已經到台灣去了；我和徐先麟處長一起到故宮機場去接他，我們一起到湯恩伯將軍家，並和周至柔將軍等人一起談論了片刻。當日下午，姊夫及馬志超中將和我三人一起到了戴笠將軍墳墓敬謁。還記得姊夫和我告別時，他送我十八塊銀元（那時金元券已經沒有用了），我給了外甥黃文衡五塊銀元。一年之後，文衡和兩位同學僅靠著這五塊銀元從成都到香港。一九四九年四月二十二日晚上，杭立武部長給我一張機票，並要我立刻離開南京。我於一九四九年四月二十三日上午搭飛機，到了上海，便聽說共產黨的部隊已經進入南京。

離開南京後不久便收到了二哥葉霆的來信，他要我立刻辦申請到多倫多大學求學的手續，並和二嫂協助我申辦到加拿大去的簽證手續，二姊這裡幫我辦好了申請入學的手續。那時，大哥葉震給我三百美元作為船資。等到一切手續都辦好時恐已是八月初了。坐船去是趕不上入學註冊的日子了。一九四九年八月十二日，我和徐先麟處長一起到白雲機場去接姊夫；和他一起到的還有李鐵軍軍長。我們一起到了廣東省主席薛岳先生的家休息。臨別時徐先麟處長給了我六百美元作為機票資，原來這一切是二姊夫預先和他商量好的。我於一九四九年八月二十四日上午從香港坐飛機離開中國，八月二十六日到了加拿大溫哥華，九月四日到達多倫多，便開始展開了我的留學生涯。

一九五一年，二哥代表加拿大任聯軍衛生工程師，在韓國工作；一九五二年和二嫂一起到台灣看望母親。我於一九五一年六月從多倫多大學畢業，被聘請為加拿大奇異公司設計工程師。

一九五三年五月，我得到母親的容許，及大哥與大嫂和二姊的同意，和生長在加拿大的吳玉英小姐結了婚；二姊告訴我，二姊夫知道時連連搖頭。他覺得我應該先得到了博士學位再結婚。這使我覺得有點抱歉。數年之後我得到了美國賓夕法尼亞大學的電機工程哲學博士學位。後來他的兩位兒子也和小舅一樣先結了婚再拿博士學位。他的一位孫女和一位外孫女也先結了婚再拿博士學位。

一九五六年四月十二日，二姊夫和羅列將軍等六位將領奉命赴美國參觀軍事，我決定去看他。可

歷任澎湖司令官簡表。

惜因沒有赴美簽證而被阻在美加交界，只好作罷，深感失望。是年八月，我被紐約州立大學專科學院聘請為助理教授（Assistant Professor），全家遷居美國，那時二姊夫早已回台灣。

一九六〇年到一九六六年，當時我任教於新澤西州理工大學電機工程系副教授。一九六二年二月十四日早晨，就在我搭乘火車去學校教課時，突然看見報上登了一則台灣新聞：「胡宗南將軍於一九六二年二月十四日上午病逝於台灣台北石牌榮民總醫院。」晴空雷轟，使我感覺到非常哀傷。一到學校，我便於辦公室寫信安慰二姊和外甥，外甥女。二哥也獲知此消息了，當時我們兩位都感覺到非常空虛和悲痛。

一九六八年，台灣中國工程師協會和紐約中國工程師協會聯合在台灣舉行第二次近代科學工程討論會。大會請我講講有關國防工業的論文，因為當時我是北美航空公司任電子系統的主管工程師。我談的論文題目是空對空飛彈的發射和控制系統。在台灣的三個星期，我們會見了蔣介石總統，嚴副總統及蔣經國部長等政府官員，特別高興的是和離別了十九年的親人重逢，更重要的是此趟到母親和二姊夫的墳墓去致敬。

一九八九年五月，我提早從洛克希德公司退休，加入了尖端系統研究顧問公司任首席科學家，因此有了到別的國家去做顧問辦事的機會。不久，台灣中山科學研究院便聘請了我去做顧問。一九九〇年春天，中山科學研究院以公文派我去澎湖參觀，還令司令官親自接待。司令官殷宗文中將親自講述澎湖景況，又告訴我許多關於二姊夫在澎湖任司令官時的政績，我聽了後非常感動。

殷宗文中將和筆者立於澎湖歷任司令官圖像前。右上角是胡宗南將軍的照片。

一九九二年二月十四日，黃埔軍官學校和中央軍官學校校友在台北舉行「胡宗南將軍逝世三〇週年紀念會」。那時，二姊，二姊夫的子女那時都不在台灣。他的二媳婦蔡蓉請我代表胡宗南將軍家族登臺答謝，我欣然為之。二姊夫逝世時子女都尚幼小，最大的十四歲，最小的七歲。而現在都早已飛鴻騰達，事業有成，子孫滿堂了。

我想，二姊和二姊夫在天堂一定深感喜悅了。

「要作大丈夫」

——追念先父胡宗南將軍逝世三〇週年紀念

胡為真

（民國八十一年撰）

將近半個世紀前的抗戰期間，先父宗南將軍以戰區司令官之身分坐鎮西安。政府給他的任務是東抗日本，西防蘇俄，北拒中共，內安甘肅、寧夏、新疆；招收人才，教育幹部，再將整編好的部隊，支援全國各戰場。那時，陝西一位大儒特以對聯一副相贈，曰：「大將威如山鎮重，先生道與日光明。」父親看後說：「大將何足道哉！道與日光明才是最重要的。」

我自幼見到父親的機會並不多，我出生較晚，且在台灣成長；印象最深的，總是他回到家中時所自然流露的威嚴。

有一晚，父親把我叫住，問我將來要做什麼？十歲的我，不假思索，說道：「我要像您一樣，做個軍人。」沒想到，父親並沒有顯出同意的表情，卻以和藹而堅定的口吻說：「你要做大丈夫。」「什麼是大丈夫？」我問。父親說：「真正對人們有貢獻的人就是大丈夫，譬如大科學家、大工程師、大醫生。」原來父親的期望已超過軍事的層面，他自己戎馬倥傯，勞瘁一生，念茲在茲的，卻是整個國家的建設。

與士兵同甘苦

父親生活上的簡樸廉潔是出名的。數十年軍旅生活，住宿常在寺廟祠堂裡，不勞民力、不借民房，即使任司令官時也是如此。連總統蔣公的侍衛人員赴西安，看到他的生活行止都深表詫異。

我幼年時家中沒有冰箱，而台灣暑間酷熱，年年也就這樣過了。後來羅列將軍送來一台舊冰箱，父親頗不以為然，迭經部屬苦勸，才沒有退回。

他的想法是生活與士兵同甘苦，官兵過什麼日子，他的家也該如此。他一向為部屬、為傷患殘疾爭福利，購置產業，卻未想到自己，因此母親自然較操勞辛苦。

記得我十三歲時，有一天汗衫破了，被他看到，不但未責備，反而哈哈大笑，作一首打油詩給我：「行年一十三，常穿破布衫；縫補又縫補，難看真難看！」回想起來，他對這事的反應就是對我價值觀的教育。

父母在民國二十六年即已訂婚，只因抗戰爆發，父親以「匈奴未滅，何以家為」，請求母親將婚事延後；母親亦深明大義，乃先赴美留學，直到取得博士學位返國任教數年後，方始成婚。

這期間經過十年漫長的等待和考驗，在他們終於再相見時，父親曾作詩送給母親，其中有幾句是「猶見天涯奇女子，相逢依舊未嫁時……我亦思君情不勝，為君居處尚為家。」

父母婚後因戰亂不停，仍是聚少離多，直到民國四十年代末，父親自澎湖防衛司令任滿返回台北，才得以有較多時間與母親及四個子女相聚。那幾年母親鼓勵他研習英文以及覽讀聖經；我記得每當台灣神學院的陳教授來查經時，父親一定認真發問，並且擇節背誦。

這時我們父子倆相聚時間較多，我對他的畏懼也逐漸變成孺慕之情。父親曾鼓勵我讀東周列國志、三國演義等，而且不時問我的讀後心得，以及學校各種課業的進展。但正當我感到與父親間心靈逐漸緊密契合時，民國五十一年二月十四日，十四歲的我卻驟然失去了這位生命的榜樣、精神上的支柱與朋友般的摯誼。

在其後的年歲裏，我飽嘗喪父之痛。我曾多次默默地肅立在父親遺像前深思，向他立志、向他保證，而我也似乎常看到他眼中露出肯定的微笑。

令人常懷念

三十年來，我在國內外讀到有關父親的文章甚多，也從各方人士口中聽到許多關於他的事蹟。父親的功業自有史筆的評論，而最令我驚訝與感動的，是凡與父親接觸較久、認識較深的人，不論是師長、同學、朋友、部屬，都是那樣地尊敬他、推崇他、愛護他。

經國先生當年與父親交往甚多也甚深，後來在我出國留學前向他辭行，敬請訓誨時，他曾感慨的說：「你父親是我最好的朋友！」

何應欽上將在九十多歲訪問南非時，一再向當時正在南非服務的我認真地強調：「你父親是我最喜歡的學生。」黃埔一期的幾位老伯，最近還對我吐露，父親是他們心目中最尊敬的同學。

另外一位曾任父親長官的蔣鼎文伯父，在二十多年前某個春節來家裡向先母賀節時，巧遇我帶了當時還是女朋友的內子第一次回家介紹給先母。蔣老先生看到我的女友，深深注目，連連點頭，然後直趨客廳父親遺像前，幾乎聲淚俱下的大聲說道：「宗南！宗南！你可以放心了，胡家有後了！」害得女友滿臉通紅。

警界一位首長（盧毓鈞署長）說，當年他在派出所任警員時檢查戶口，有一次到曾任父親參謀長的盛文將軍府中。一提到父親，盛將軍百感交集，竟然一面哭，一面喊著：「胡先生！胡先生！」這位首長說，從來沒有看到長官對部屬感召有如此強烈者。

不但如此，父親的故舊學生，每年到了父親忌日必定聚會，風雨無阻的登陽明山竹子湖墓園紀念。一個人去世了三、五年，他的故舊去紀念固屬常情；但去世已逾三十多年，每年還能有數百人聚集致意，實在是稀少而可感的事。

皇軍最難纏的敵人

我常常想，雖然父親愛護朋友，獎掖人才，尤其喜歡培植青年，且在日記中也立志「要盡一切力量，為部屬、同學、朋友學生謀出路」，然而並不是人人都能獲得升遷，都可如願以償也並非人人都能發達，能遂其心意。但為什麼有這麼多人，經歷這麼長久的時間之後，還這樣深切感念著他？又是什麼因素、什麼力量促使他們這樣長久的維繫在一起？

這可能不是一兩句話說得完的。但起碼我因為看到及聽到許多有關父親的感人事蹟，所以相信父親所部必是上下一心的優秀部隊。

他們能夠在中共「長征」期間，翻山越嶺，窮追苦戰，度越松潘，深入甘肅，屢敗共軍。且能在抗戰期間以血肉之軀，抵抗日軍的戰機大砲，死守淞、滬長達六週之久。當時排、連、團長大多壯烈犧牲，存者誓死不退，令國際間對我國刮目相看。其後部隊北調陝西，日軍進犯河洛多次均不得逞，當時日本評論家稱父親的部隊是「皇軍最難纏的敵人」。

民國三十六年，父親所部在短短的五日之內，迅速進擊，攻克共軍盤據了十餘年、工事最為堅固的首府延安，使得中共因喪失首都，雖在大陸上逐漸擴大佔領區，其政權卻不為國際所承認。惟中央受共諜謀略影響，總在軍隊調動上不予父親有集中兵力、圍殲共軍的機會。

其後全國局勢逆轉，父親直屬部隊多被分配散調往東北、華北、新疆各路支援。剩餘的幾個軍於三十八年為了千里勤王，維護總裁及中央政府，寧可犯戰略之大忌，奉命自漢中跋涉千餘里外的重慶與成都，支援友軍；卻因友軍或棄守或降敵，主力未開到，就被迫逐次投入戰場。結果雖因奮戰而爭取到時間，使中央政府得以順利轉進來台，所部精銳卻在大量共軍與叛軍圍擊中，遭到慘重損失。

父親續飛西昌重整旗鼓，召訓散兵新兵，迅速擴充至數萬人。中共以芒刺在背，乃於準備數月後，調集十數倍以上的兵力，在民國三十九年圍堵擊破了此一國軍在大陸最後據點。父親則在蔣公的命令與部屬的苦勸下，為爾後號召流散之故舊、學生而赴台，成為國軍高級將領在大陸奮戰的最後一人。

四川及西康之役，實為掩護政府在台灣站穩腳步之重要戰略作為，然將士犧牲之慘烈，每當我讀到此段悲壯的戰史，莫不為之掩卷長嘆。父親自己則是把他椎心的苦痛深埋心底，從頭幹起，致力明恥教戰；日記中充滿著絕不灰心氣餒的積極精神，對於外界不明真相的謗語，更是從無一語自解。

先生道與日光明

我任職於駐芝加哥辦事處時，常有機會遇見大陸學人；當他們由別人那裡知曉胡某某是我父親時，對我都非常感到興趣。他們大多對中共的教條產生質疑，所以常常問及我過去所知悉的歷史真相。一日，我反問一位年輕的大陸學生：「你何以這麼年輕還知道胡某某？」他答道：「我們每一個人都知道，因為從小看的小人書，都說是打胡宗南。」啊！父親！如此，我更明瞭您當年為了多難的國家，付出了您的一切。

父親在台灣始終不願出任重職。反而請纓到大陳島去，將那至苦的不毛之地，建成反共堡壘。後來在澎湖，除了著重軍事建設之外，還大規模的協助地方建設，增進居民福利（包括籌建跨海大橋）。

他愛才、愛民的天性，贏得了當地父老的尊敬和讚賞。前年澎湖縣縣長王乾同訪問芝加哥時，我自我介紹，他大表高興；返國後立即寄來林投公園中父親銅像的照片，代表當地同胞的深切懷念。

近年來，國際局勢丕變於瞬息之間；今天，中共的許多變化也不避免的在進行，在父親逝世三十年後的今日，國際上既有如此有利於我的發展，而父親奉獻一生心血的中華民國，又在寶島成長茁壯。父親的千萬朋友、學生正繼續著他的精神，為熱愛的國族獻身，正是「先生道與日光明」。

我相信，父親在天之靈一定可以含笑了。

本文原載《遠見雜誌》八十一年二月號。作者為胡上將長子。

忠黨愛國，無私無我的大丈夫

胡為善

（民國一〇三年撰）

在戰事頻仍，戎馬倥傯之際，父親往往成為家庭生活的缺席者。在我們幼小心靈中，父親不在家已成常態，偶爾回來，雖對我們愛護備至，但恨鐵不成鋼，一股腦的教導訓誨，讓小小年紀的我，備感壓力！「男兒流血不流淚，丈夫有淚不輕彈」的教育，對一個至情至性的小男孩來說，更是大不易，在為善心裏，雖說對父親敬畏有加，但畏的成份似乎超出甚多。及至年行漸長，多閱史書，多聞先賢前輩之言，看到父親之摯友與部屬對父親超乎尋常的敬愛與懷念，在在令我感動，也才真正體認到，父親真是一位文武兼備、忠黨愛國，有節有度、無私無我的大丈夫。

綜觀父親一生，走遍千山，涉過萬水，歷經人世滄桑；雖曾受人尊崇，但也嚐盡誣衊，無論遇何環境，均處之泰然，其所展現出儒將之崇高內涵與鐵錚風骨，令人讚嘆！謹就下列四點略述其一二：

自奉甚儉，待人以豐

父親一向簡樸正直，不尚浮華。在我讀中學時，常穿著父親留下的破舊毛背心，其上有極多的補釘！常言道：「新三年，舊三年，縫縫補補又三年」，但對我們父子而言，則是「新十年，舊十年，縫縫補補又十年」。在軍中父親總是與官兵同食共寢，同甘共苦。在西安事變爆發後，黃杰將軍去西安探望先父，天氣非常寒冷，在窯洞裏，父親既未著皮衣，也未生火，以致手臉凍得紅腫，黃伯伯問他為何不加衣，不烤火，父親回答：「弟兄們享受不到的，我也不要享受，今天是需要我們上下一心來克服困難，身體髮膚的煎熬算不了什麼！」此話讓黃伯伯深感佩服，形容父親是一位「沒有存留半點私念，過著衣粗食糲的苦行者。」父親一生，不置房產，沒有存款，清廉度日，甘之如飴。猶記得我幼年時幫母親記帳，發現月月赤字，因為父親不讓身為博士的母親出外教書，好全心教養四個子女，卻只將三分之一的薪水，寄回家用。但父親對部屬家庭生活的照顧則無微不至，除將薪水的三分之一，供應食指浩繁的屬下外，更替來台部屬規劃興建眷舍，迄今其後代仍感念不已。

赤肝義膽，忠黨愛國

先父一生謀國以忠，不忮不求，服膺主義，擁戴領袖。雖受長官賦予重任，但未嘗有矜伐之意，在叢謗交集之際，更未嘗有詆毀之心。他始終是堅持立場，固守崗位，堅守對領袖效忠的赤忱，不憂、不惑、不懼。此外，父親深通韜略，才華內斂，披肝瀝膽，身先士卒，因而戰必勝，攻必克，使敵人聞風喪膽。

淡泊明志，忍辱負重

父親一生不好宣傳，不願他人為其照相，不貪名利，不圖享受。爭道義而不爭利害，爭貢獻而不爭名位。對於任何誣衊、中傷，從不辯白自己，但求俯仰無愧而已！縱使遭受到極大之冤屈，父親也只淡淡的說：「是非自有公論」，然後牽著我，在木柵山中，仰天長嘯，以抒發內心深處的鬱悶與不平。日後父親參與母親與戴師母的查經禱告聚會，從此行在神的光中，將一切的重擔卸給神，享受在主裡的平安與喜樂。

明恥教戰，全人教育

父親於抗戰初期，思及抗日將為長期戰爭，必須大量培育軍政幹部，因此請准先後成立中央軍校第七分校，戰幹第四團及西北幹訓團，培植訓練無數青年學子。先父以教育後進，培養國軍幹部為己任，將革命軍人應「生於理智，長於戰鬥，成於艱苦，終於道義」之哲理，傳達於每一位師生。王曲軍校的教育，是完整的軍官養成教育，學科與術科並重，父親尤重精神感召，其中最著名之演講：「今日之戰士」，對七分校學生之人格、品德，有極深遠的影響。正如其學生何碑基在父親去世二十五週年時所言：「四十四年前『今日的戰士』之寶貴訓勉，並未因時間的消逝而有所忘懷，反而隨時光過去而與日俱增，追念之情深切，當時聆聽之心得與感受；乃是我們同學日後奮鬥的泉源與實踐篤行的南針，也是吾輩一生中最珍貴的無形財產和寶藏」。如今父親辭世已五十二年，目前健在的學生中，多人雖已達九〇高齡，卻仍能琅琅上口「今日之戰士」的主要內容。我雖忝於大學任教逾二十年，且一直提醒自己要效法父親「做經師也做人師」的風範，但自己絕不敢侈言，因為學生會記得我的任一篇講章，更遑論終身奉行了！

感謝神，賜給我一位這麼不平凡的父親，我真以他為榮為傲！願父親的高風亮節，讓功承謗的大丈夫情操，以及公忠體國，寬宏豁達的精神，永遠成為兒孫輩效法的典範！

作者為胡將軍次子，美國奧克拉荷馬大學博士，任教於大學多年，亦曾任中原大學副校長。

人間正道憶父親

胡為美

（民國一〇三年撰）

父親在我九歲的時候就去世了。他生病住院的時間只有一個禮拜。還記得當年母親忙亂的身影，來去匆匆跑醫院，又要照顧我們四個孩子。父親是在西洋情人節那天突然去世的，那年是虎年，正過著年，我的生日就在年前，母親還剛替我請過幾個小朋友來家慶生，家裡其他的活動也照常進行，只有少數親友得知父親住院的消息，都以為他只是做些檢查，很快就可以回家了。沒有想到幾天以後的深夜，一通電話，母親剛回家又趕回醫院，第二天早晨，程媽媽陪著雙眼紅腫，哭得筋疲力盡的母親回家，我被宣佈父親走了。還記得當時驟聽之下，心裡一緊，不願面對，以為是誰開的玩笑，連忙追問爸爸什麼時候再回來？看到周圍大人們憐憫的眼神，我不知如何是好，下意識地躲到廁所裡把門鎖上，反覆思索父親走了是怎麼一回事？是再也不回家了嗎？是永遠離開我們了嗎？是從今天起我再也看不見爸爸了嗎？我不敢想像沒有爸爸的日子，沒有爸爸我們和媽媽怎麼辦？我越想心中越亂，茫茫然不知如何是好，程媽媽在洗手間門外敲門要我快開門，她著急的說：大妹快開門出來，我有話要告訴妳。我擦擦眼睛，並沒有淚，卻有著莫名的惶恐，父親不在了，以後家裡永遠少了他，該怎麼過下去呢？神思恍惚地開了門，程媽媽一把抱住我，哽咽地說：大妹，妳爸爸被耶穌接到天上去了，我連忙又追問：那他什麼時候再回來？程媽媽說：爸爸不會再回來了，他會在天上照顧你們。我忙說：不要不要，我要爸爸回來，我不要他在天上。程媽媽緊緊地抱住我說：可憐的孩子，這麼小就沒了爸爸。程媽媽（程開椿夫人）是我小時候最親近的長輩之一，她會做好吃的南京菜，也會做好看的衣服，我最聽她的話，也有點怕她，她這一說，我終於哭出聲來了。她連忙在我耳朵邊輕輕提醒我道：大妹不哭，媽媽剛躺下休息，她太累了讓她睡會兒，等她睡醒了，我跟她商量，把妳和小明帶到我們家去住幾天，程媽媽和程哥哥陪妳們玩好不好？

我點點頭，馬上就後悔了，連忙又搖搖頭哭道：我不要離開媽媽，我不要離開媽媽。現在回想起那時的情景，既歷歷在目又虛幻如影，而那心中隱隱的，小針輕扎的痛，說不出的難捨傷逝，直至今日，每思想起，心裡仍然沉甸甸的有不能承受之重感。

幼年喪父的陰影，擱在誰家都不容易，好在母親是有信仰的堅強女性，從一開始的悲痛欲絕，不能接受，到收拾起心情，把父親後事一步步料理清楚，再出外工作，賺錢養家，撫養我們四個孩子長大，這中間的過程，雖然漫長，但是我們都走過來了，還記得父親剛走的那段日子，家裡人進進出出，父親的參謀，勤務，每天自發自動地到家中待命，母親早上固定去殯儀館陪伴父親靈柩，向父親傾訴心情，在那裡我相信母親也虔誠祈禱，向慈悲天父求智慧也求交託，中午母親一臉倦容回到家中吃完午飯小睡片刻，下午就是面對訪客，籌劃喪事，阿姨（媽媽的親妹妹），程媽媽，夏媽媽（夏新華夫人）每天都來陪伴媽媽處理家事，招待訪客，記憶中所有在士林凱歌堂聚會的媽媽們都來了，蔣夫人，陳夫人，幾乎每隔一天都來，與戴師母一起，陪伴媽媽祈禱，唱聖詩，持續了一個多月，直到父親安葬為止。這其間，我和妹妹小明還被送到夏媽媽開辦的育航幼兒園裡住了幾天，讓媽媽騰出時間來去勘查墓地及安排工作。

父親的葬禮是備極哀榮的，小小年紀的我們，雖然當時並不明白父親的死與國家，與總統有什麼關聯，但是幾乎所有報紙，電視上我曾經重複看到過照片的那些穿軍服戴勳章的人都來了，他們都出現在出殯前治喪委員會公祭的隊伍中。每人胸前都掛滿了勳章，好多好多的勳章啊！但是他們的神色好嚴肅好哀戚啊。公祭的場面很隆重，司儀一個接一個唱名，我最記得的是西北五省同鄉會大老伯伯公祭時所穿的長袍馬褂與雪白的長鬍子。我也記得總統府公祭時主祭何應欽伯伯哀傷的眼神及國防研究院公祭時主祭張曉峯伯伯對父親遺像至情至性所行的深深的三鞠躬禮。陳誠副總統，經國先生，他們都曾來家裡探望過我們，公祭禮堂上，他們也都早早的來向爸爸告別。看到經國先生紅腫的眼睛，滿臉的哀思，我更忍不住跟著哭了。

我和哥哥，妹妹穿著黑色孝服，有人幫妹妹和我紮起雙辮，讓我們趴在爸爸的棺木上看他最後一眼。蓋棺的時候，大家又都放聲哭了。

記憶中還有大老們在爸爸棺木上覆蓋國旗和黨旗的儀式，還有周聯華牧師主持的追思禮拜，禮堂裡黑壓壓一大片都是人，好多好多的人。大家的眼睛都是紅通通的。

隨後移靈陽明山墓地，十四歲的哥哥捧著爸爸的衣缽牌位，在靈車前緩緩而行，父逝的悲憤鎖在他緊抿的嘴角裡。十一歲的二哥紅腫著眼睛表情木然，完全失去了他平日樂呵呵的神采。媽媽哭著要到墓穴裡去陪爸爸，大家不停地勸她，剛安靜下來不久，老總統與夫人又上山來看父親了。老總統緊抿雙唇，一言不發由衛士陪同走進父親停棺的墓穴，夫人走過來和母親說了好些安慰的話，我們低頭答禮，等了許久，老總統才從父親的墓穴裡出來，走過來跟母親說話，還摸摸我們的頭，交代我們要好好讀書，孝順媽媽。老總統和夫人離開後，母親終於同意封墓，我們的爸爸，就這樣安葬了。

古人說蓋棺論定，幼小的我們不懂這些，只記得當時的場面，記得母親椎心的哭泣聲。

父親一生不為自己打算，走後家無恆產，母親面對現實，積極果斷地決定外出工作，以撫育我們四個孩子。母親是美國威斯康辛麥迪森校區的政治學博士，最終選擇辦學，繼承父親教育救國的遺志。應邀協助曾經擔任過教育部長，與父親生前教育理念一致的好友張其昀博士，創辦私立文化學院研究所（現文化大學前身，初創時一度命名私立遠東大學），並且兼任家政研究所主任，校址選在陽明山山仔后，從此開始了她獻身教育事業，早出晚歸的職業婦女生活。而曉峯先生為了紀念父親當年所說：「中國復國的人才需要具有哲學，科學，兵學與品德的修養。」將文大訓練新生的大講堂，定名為「宗南堂」，並一度陳列了父親生前所有的勳章，遺墨，佩戴過的武器，紀念品等，以激勵學子，告慰父親在天之靈。

身為父親的女兒，我是幸運的。以今天的眼光來看，他六十七歲就辭世的年紀，不算長壽。而他終其一生，作為一位黃埔一期的革命戰士，效忠領袖，報效國家，歷經北伐，抗戰，內戰，雖然並沒有為自己求得到戰死沙場的死所，但是他留下了我們四個孩子。哲人日已遠，典型在夙昔。父親一生的氣節和勇氣，成就了他為理想獻身的愛國心，也給我們樹立了高標準的榜樣。父親曾親筆寫下：辦大事者非精心果力之難為，而仁恕存心，相忍為國之不易也。他也曾一笑置之地回應別人因不瞭解實情而對他產生的種種誤解，搖頭說道：「大丈夫俯仰無愧，何必求人諒解」，他是仁恕存心，能捨能忍的革命軍人，他是國民黨將領中，在大陸奮戰到最後的一人。歷史會還原真相，今天我們紀念父親，不是要表彰他的功勳或人格，或是要數算他為人民保家衛國所作的犧牲與奉獻，這些都不是他無名為大的初衷，更不是他「凡事盡其在我而無我」的天性所看重的。而是要再一次的提醒自己，身為父親的骨肉，我們的天性已定，重精神輕物質是我們的宿命，經由父母的傳承及後天信仰與教育的感動，我們吸取了太多生命的靈氣，也更加確認了我們生命的意義——那就是，無論如何，作為父親的後代，我們要傳承下來的就是盡力活出父親的精神，堅持作一個尊師重道，仁恕存心，盡其在我，力挽狂瀾，勇敢忠誠，俯仰無愧的人。

作者為胡將軍之長女，輔仁大學及美國威斯康辛大學研究所畢業，海外女作家協會創會會員。

父親對我的愛讓我知道天父的愛

胡為明

（民國一〇三年撰）

父親在我七歲的時候就與世長辭了，我跟父親在一起只有短短的七年，但我永不會忘記的，是他陪我玩、教導我、用無盡的愛來照顧我。他讓我從小就得到父親的愛，以致等我後來信主的時候，非常容易地懂得天父的愛。

我生下來就有一副鬥眼，父親跟母親帶我去看眼科醫生，接受手術治療。那時我是五歲大，父親答應我他會到醫院來看我。那天已經很晚了，母親都以為父親不會來了，但不久我聽到有人進來坐在我床對面的沙發上，我因為眼睛蒙起來，看不見，媽媽輕聲問我是誰來看我了，我馬上快樂的叫起來：是爸爸來看我了！父親是那樣的溫柔慈愛，謹守諾言，就是對五歲的我也不失信。我感謝神賜給我這樣愛我的父親。

記得父親生前週間都在辦事處，只有週末回家和我們團聚，我們最高興父親回家，父親的車子還在巷口，我們已把拖鞋放好了。他也常常會帶給我們小孩最喜愛的東西。他帶著我們和媽媽到台大校園去散步，買台大農場的冰淇淋三明治給我們吃，那是我們的天堂。他也常常和我們談話，鼓勵我們用功讀書。得到好成績時父親會給我們郵票為獎品，讓我們力爭上游，將來可以報效國家，像他一樣。雖然他逝世得早，但足夠我一輩子去回憶，感恩。父親躺在棺木裏的時候，母親叫我們去看父親最後一眼，我不相信父親已死了，我跟母親說，爸爸是在和我們玩裝死人的遊戲，我去親他他就會醒了，惹得母親流淚傷心。這真是無比大的傷痛，失去了父親，但願將一生的思念化作期盼，盼將來在天家與父親相見。

作者為胡將軍次女，國立政治大學及美國舊金山大學研究所畢業，旅美擔任華人教會師母數十年。

附錄

胡宗南將軍年表

時間	年歲	事蹟
民國前十六年	一歲	五月公降生於浙江鎮海。
民國前一〇年	七歲	十二月公父際清先生挈公來浙江孝豐（今安吉縣）。
民國前一年冬	一六歲	公畢業於縣立高等小學堂。
民國　四年	二〇歲	畢業於公立吳興中學校，受聘為縣立小學校國文史地教員。
民國　五年	二一歲	受聘於私立王氏小學高年級主任教員。
民國　十年	二六歲	遊塘沽山海關間。
民國十二年	二八歲	考入黃埔中央軍官學校第一期。
民國十四年	三〇歲	軍校畢業，參加東征，升教導第二團營長，攻佔河婆橫峯敵陣。組織孫文主義學會。
民國十五年	三一歲	升上校團長，隨同北伐，擊潰銅鼓孫傳芳敵軍。　解救二十六軍新登之圍。
民國十六年	三二歲	擊破孫傳芳洋埠富陽之敵，克復杭州。　擊潰直魯聯軍畢庶澄部，佔領上海莘莊龍華及上海兵工廠。　五月，升第一師少將副師長，仍兼第二團團長。　同月渡江北伐至山東郯城。　八月，率第一師參加龍潭之戰。　十一月，公升任第二十二師師長，會克徐州。
民國十七年	三三歲	四月，擊破直魯聯軍於侯孟六十子克韓莊。　同月會克濟南。　六月，回師曲阜；縮編任第一師第二旅少將旅長。第二旅被譽為模範旅，其第三團經評比為全國陸軍第一。

民國十八年	三四歲	三月西征，第二旅首先入武漢。　七月入豫，十月討伐馮玉祥。　十二月唐生智叛，戰於豫南。
民國十九年	三五歲	元月討唐，降其團長九人，唐逆解體。　五月參加中原戰役，升任師長。擊潰馮部主力，確保總司令安全。　設開封訓練班，創半傷殘年會。
民國二十年	三六歲	令第一旅、獨立旅肅清河南各地積匪。　四月入冀，會同友軍敉平石友三之叛。　首設立師屬無線電臺，訓練人員。
民國二十一年	三七歲	參加一二八淞滬戰役，修築澄錫常溧公路。　五月入皖剿共，收復六安霍山。　七月，剿贛鄂之共軍，九月，追中共徐向前入甘。
民國二十二年	三八歲	全師入駐甘肅隴南。　六月敉平孫殿英之叛。　成立天水訓練班。　禁煙、修築飛機場，設各種訓練班，協助甘政府施政。
民國二十三年	三九歲	為天水、甘谷兩縣修復水利。
民國二十四年	四〇歲	元月命獨立旅擊潰四川昭廣共軍。赴松潘長途追擊剿共，自三月起至十一月方回駐甘肅甘谷縣。
民國二十五年	四一歲	兩廣異動，率部至長沙備禦。　十月擴編第一師為第一軍，公任軍長。　剿共隴東，包圍中共，正欲進兵陝北，西安事變，移師赴難。
民國二十六年	四二歲	全軍移駐徐州歸德護路，作抗日訓練。參加淞滬抗戰自八月起血戰至十一月。　升任十七軍團司令。
民國二十七年	四三歲	十七軍團移駐關中。　成立第七分校、戰時工作幹部訓練第四團、西北幹部訓練團。　增援蘭區作戰，增援信陽作戰。支援武漢會戰。
民國二十八年	四四歲	成立長淮招募處，爭取陷區青年，於翠華山成立西北游擊幹部訓練班。

民國二十九年	四五歲	五月，擴編十七軍團為三十四集團軍。第二次援晉，收復晉西南各縣。
民國　三十年	四六歲	戰區變更，公部歸第八戰區指揮。動員指揮部成立與裁撤。第三次援豫。日軍犯東龍門山。將校訓練班第一期開訓。
民國三十一年	四七歲	赴晉見閻長官錫山。兼職軍令部西安辦公廳主任。奉召赴蘭，隨侍委座視察河西等地。所部擴編為三十四、三十七、三十八等三個集團軍。
民國三十二年	四八歲	建立生產事業機構。派盛文敉平甘亂。派周保黎山東募兵。
民國三十三年	四九歲	二次入晉謁閻長官。五月，日寇攻陷洛陽，率部戰於陝州靈寶拒止之，確保潼關及重慶。戰區變更，公以第八戰區副長官改任為第一戰區副長官。日軍陷貴州獨山，調兵增援，並空運增援重慶。遣兵救援榆林。遣李鐵軍部入新疆平亂，苦戰經年。
民國三十四年	五〇歲	升任第一戰區司令長官。三月寇犯西荊公路，指揮三十一集團軍王仲廉等擊敗之，造成西峽口大捷，為抗戰勝利前最重要之勝利。中美合作共同訓練部隊。抗戰勝利，奉命在鄭州受降。共軍阻撓受降，圍攻彰德湯陰等地擊敗之。十一月赴渝參加整軍會議。晉上將銜，並當選中國國民黨中委。
民國三十五年	五一歲	七分校停辦，改為督訓處。整編部隊為三軍十師二十五旅。清剿豫北共軍，李先念王震等竄擾陝南，擊潰之。第四次援晉，打通同蒲路。公命調查歷年死事先烈事蹟，撫養遺族，及籌辦文化事業。
民國三十六年	五二歲	收復延安及陝北各縣。與葉霞翟博士結婚。第一戰區裁撤，改設西安綏靖公署，公任主任。蔣中正巡視延安讚陝北軍人為全國軍人模範。建議編練新軍。遣兵馳救榆林。

民國三十七年	五三歲	國防部共諜劉斐調陝北剿共主力第一軍赴豫，力爭未果。　二月馳救宜川，戰於瓦子街失利，劉戡嚴明李達周由之等陣亡。　三月誘擊共軍於涇渭河谷之間，大破之。　第六次援晉，協防太原與臨汾據點。　共軍犯大荔再擊破之。　是年公自調軍食。
民國三十八年	五四歲	經始規劃漢南，五月西安綏署奉命遷至漢中。　戰於武功，收復西安未成。　共軍犯安康，盛文部擊破之。　經營隴南，公兼任川陝甘邊區綏靖主任。　十一月第一軍奉命馳援重慶，翊衛領袖及政府赴蓉，全軍南移入川，成都保衛戰。　蔣總裁與政府法統得安遷來臺。　改西安綏署為西南長官公署，公任副長官，部隊轉進西昌。
民國三十九年	五五歲	西昌苦戰，公奉令回臺任戰略顧問。　西南長官公署裁撤。　監委以不實資料欲彈劾未成。　立法委員一〇八人為公辯誣。
民國四十　年	五六歲	奉命赴浙江外海大陳列島，整理沿海游擊部隊，率部救洞頭，突擊沿大陸各島。
民國四十一年	五七歲	兼任浙江省政府主席。
民國四十二年	五八歲	兼任浙江黨務特派員。　攻擊大小鹿山羊嶼。　積穀山淪陷，反共救國軍總部裁撤，公回臺灣入國防大學。　於極艱苦條件下，在大陳不到兩年而突擊大陸三十九次。
民國四十三年	五九歲	國防大學畢業，名列優等。　七月，以旁聽名義參加實踐學社聯合作戰研究班第二期受訓。
民國四十四年	六〇歲	三月，聯戰班結業。　八月，受命擔任澎湖防衛司令，籌建澎湖軍屬眷村。強化戰備，全面植樹。
民國四十五年	六一歲	赴美參觀。　駐軍九十三師獲全國陸軍師評比第一。
民國四十六年	六二歲	積極強化軍經建設改築澎湖飛機場，建軍人公墓。

民國四十七年	六三歲	改良漁民生活，建議籌建跨海大橋。全力支援金門砲戰，終獲勝利。
民國四十八年	六四歲	任滿回臺灣，進國防研究院第一期深造。
民國四十九年	六五歲	國防研究院第一名畢業，被選任為同學會會長。蔣中正總統屢欲委以實職，均婉謝。
民國五十　年	六六歲	患血糖及血脂肪過多病。
民國五十一年	六七歲	在臺北逝世，葬陽明山。
民國五十一年		公逝世後，其故舊門生每年集會紀念，歷五十餘年而不輟。臺北陽明山中國文化學院（即今文化大學）成立，特設立「宗南堂」，並陳展公之文物，以作紀念。
民國五十七年		澎湖軍民為公鑄立銅像、紀念亭，東引游擊舊部為公建「東昌閣」。
民國六十一年		國防研究院同學為公立碑表德。
民國八十　年		高雄鳳山陸軍軍官學校校史館成立公之專櫃，陳展文物，以教育該校師生。
民國八十四年		公於抗戰期間所主持之中央軍校第七分校，其在台師生組成「王曲聯誼會」，繼於民國七十八年起編組開始編撰《王曲文獻》，以軍校校史，師生們所參與之抗日及戡亂戰史，及胡宗南上將專集等為重點，共計八大冊，於民國八十四年完成，對外發行。
民國八十八年		韓國金大中政府追贈公「建國勳章獨立章」，以表揚公在抗戰期間訓練，裝備及協助韓國光復軍抗日，有助於韓國獨立之功勳，由公之長子胡為真博士及長孫胡斯廣博士赴首爾代表接受。
民國九十八年		電腦專才朱君於網路闢建「胡宗南紀念館」，摘錄公之各項事績供外界點閱。

民國一〇三年		臺北國立政治大學成立「民國史料館及名人書房」，其首展即以實物及數位化方式陳展公之文物、作品、書籍，以表彰公對國家及歷史之貢獻。臺灣商務印書館將公之文存、紀念集、年譜及傳記重新編修，出版「胡宗南先生四書」中之傳記《一代名將胡宗南》及年譜，並舉行新書發表會，馬英九總統特錄影祝賀，中國國民黨連戰榮譽主席蒞臨致詞。年底出版《令人懷念的胡宗南將軍》。
民國一〇四年		國史館為慶祝抗戰勝利七〇週年，出版公之日記史料以供國內外人士研究。
民國一〇五年		國史館舉行「胡宗南將軍與民國」圖片、實物及數位化展覽；中央社出版《百戰忠魂——胡宗南將軍圖文傳》；臺灣商務印書館出版《胡宗南先生文存》，完成「胡宗南先生四書」之出版，大陳同鄉會等社團紀念大陳遷臺六十週年舉行大會及展覽，請中華郵政發行郵票並集資出版《大陳遷臺六十週年紀念集》，尊胡宗南先生為大陳六大恩人之一。吳敦義副總統及中國國民黨洪秀柱主席均蒞臨致詞對公讚揚。

胡宗南先生四書

令人懷念的胡宗南將軍

編纂◆胡故上將宗南先生編輯委員會
校訂◆胡為真
發行人◆王春申
編輯指導◆林明昌
副總經理兼任副總編輯◆高珊
責任編輯◆吳素慧
校對◆鄭秋燕
美術設計◆吳郁婷

出版發行：臺灣商務印書館股份有限公司
23150 新北市新店區復興路 43 號 8 樓
電話：(02)8667-3712　傳真：(02)8667-3709
讀者服務專線：0800056196
郵撥：0000165-1
E-mail：ecptw@cptw.com.tw
網路書店網址：www.cptw.com.tw
網路書店臉書：facebook.com.tw/ecptwdoing
臉書：facebook.com.tw/ecptw
部落格：blog.yam.com/ecptw

局版北市業字第 993 號
初版一刷：2014 年 12 月
初版二刷：2017 年 7 月（修訂）
定價：新台幣 550 元

ISBN 978-957-05-2964-7

令人懷念的胡宗南將軍 / 胡故上將宗南先生編輯委員會編纂. 初版. -- 臺北市：臺灣商務， 2014. 12
面 ； 公分. --（胡宗南先生四書；4）

ISBN 978-957-05-2964-7(平裝)

1.胡宗南 2.臺灣傳記 3.文集

783.3886 103018319